丁鼎
（程奇立）

　　山东莱西人，历史学博士。现任孔子研究院"尼山学者"特聘专家，教育部人文社会科学重点研究基地山东师范大学齐鲁文化研究院教授、博士生导师。兼任山东省孔子学会副会长、中国孔子基金会学术委员。多年来主要致力于儒家经学史和中国古代文化史等领域的教学和研究工作。现已出版学术专著 11 部，发表学术论文 140 余篇；获得省、部级科研成果奖 10 项；已主持完成国家社科基金项目《三礼学通史》和教育部重大项目《汉魏齐鲁经学史》。现主持国家社科基金项目《中国礼图学史研究》和山东省社科规划项目《考古学视阈下的〈新定三礼图〉研究》。

尼山儒学文库

第一辑

总主编：杨朝明

洙泗儒林跬步集

丁鼎 主编

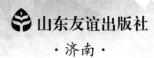
山东友谊出版社

·济南·

图书在版编目（CIP）数据

洙泗儒林跬步集 / 丁鼎主编 . -- 济南：山东友谊
出版社 , 2022.1
（尼山儒学文库 / 杨朝明总主编 . 第一辑）
ISBN 978-7-5516-2390-2

Ⅰ . ①洙… Ⅱ . ①丁… Ⅲ . ①经学—中国—文集
Ⅳ . ① Z126-53

中国版本图书馆 CIP 数据核字 (2021) 第 201795 号

洙泗儒林跬步集

ZHUSI RULIN KUIBU JI

责任编辑：孙　锋
装帧设计：刘一凡

主管单位：**山东出版传媒股份有限公司**
出版发行：**山东友谊出版社**
　　　　　地址：济南市英雄山路 189 号　　邮政编码：250002
　　　　　电话：出版管理部（0531）82098756
　　　　　　　　发行综合部（0531）82705187
　　　　　网址：www.sdyouyi.com.cn
印　　刷：**济南乾丰云印刷科技有限公司**

开本：710 mm×1000 mm　　1/16
印张：23.5　　　　　　　　字数：330 千字
版次：2022 年 1 月第 1 版　　印次：2022 年 1 月第 1 次印刷
定价：86.00 元

编 委 会

总　序

2013 年 11 月 26 日，习近平总书记在考察孔子研究院时指出：世界儒学传播，中国要保持充分话语权；要"大力弘扬中国传统文化"，搞好"四个讲清楚"，要引导人们更加全面客观地认识历史的中国、当代的中国，使我国在东亚文化圈中居于主动。

多年来，孔子研究院牢记总书记嘱托，依托山东省泰山学者工程、济宁市尼山学者工程，全面开展儒学人才高地建设，重点引进了一批国内外著名儒学研究高端人才。他们齐聚孔子故里，围绕儒家思想的研究与阐发，深入思考"两创"时代课题，回应时代的重大关切；他们举办"春秋讲坛"、高端儒学会讲等学术活动，与新时代儒学研究发展同步；他们参加亚洲文明对话大会、尼山世界文明论坛、世界儒学大会等国内外重要学术会议，或登台演讲，或提交论文，在不同的舞台上发出了中华文化的时代强音，握牢了儒学研究领域的话语权；他们立足"原点"，开展儒学研究，提出了许多富有创新意义的学术观点，取得了一批具有时代高度的标志性成果，展现了当代儒学研究的前沿风貌。

尼山是儒学的发源地，也是中国传统文化的重要发祥地。就像孔子"元功济古，至道纳来"那样，尼山作为孔子出生地，同样具有极其重要的象征意义。她虽然"奇不过三山，高不过五岳"，但令人仰止。可以说，尼山是"一座震古烁今的文明之山"，是"一座弥高弥新的思想之山"，是

"一座栖息心灵的精神之山",是"一座弦歌不辍的教化之山",是"一座光耀四海的智慧之山"。2019 年 8 月,山东省整合力量,正式成立尼山世界儒学中心,确立了打造世界儒学研究高地、儒学人才集聚和培养高地、儒学普及推广高地、儒学国际交流传播高地的发展目标,新时代世界儒学的发展将从尼山再出发。

为认真解答"四个讲清楚"的重大历史与现实课题,深入做好"两个结合"文章,全面加强儒学思想文化研究,及时有效地回顾、总结、前瞻,我们将孔子研究院部分特聘专家近年来具有代表性的学术论文、研究报告、访谈演讲文稿、著作摘录等予以汇总,结集为《尼山儒学文库》(第一辑)。这些专家中,有山东省特聘儒学大家、泰山学者特聘专家、泰山学者青年专家,也有济宁市尼山学者,整体上以中国学者为主,旁涉美国、韩国学者,可以说具有很强的代表性。

《尼山儒学文库》注重思想性、学术性、时代性、普及性的统一,强调学者的学术观点和学术贡献,既有宏观的儒学元典研究,也有微观的专题思考,有助于读者了解当代儒学研究领域代表性学者之所思所想,把握新时代儒学研究的发展方向,进而反躬自省,浸润于中华优秀传统文化。我们希望读者在品读本套书的过程中,能够体悟经典、了解儒家文明,感触中华文化的独特魅力。

是为序。

杨朝明

2021 年 8 月 16 日

2016年春，不佞被孔子研究院聘任为"尼山学者"特聘研究员，来到至圣先师孔夫子当年聚徒讲学、删述六经的曲阜古城，在洙泗之间这片洋溢着儒风雅韵的古老土地上从事儒学研习工作。

近五年来，在这里得以踵武先贤足迹，徜徉阙里，拜赏杏坛弦歌之遗音；流连陋巷，品享箪食瓢饮之情味；逍遥沂水，沐浴舞雩台下之春风。信可乐也！近五年来，在这里得到了孔子研究院领导的多方关照和指导，得以与院内外的专家学者问学论道，何其荣幸！

来孔子研究院伊始，不佞就在院领导的组织安排下，与院内青年学者刘敏、杨富荣、刘文剑三位助理研究员和曲阜师范大学张帅副教授等组建了一个以儒家经学和礼学研究为主攻方向的学术研究团队。在五年的合作研究工作中，我们时相过从，纵论剧谈，既有疑义相与析之乐，又免独学无友之虞，共同度过了一段值得追忆的美好时光。合作期间，我们联手取得了如下两项值得称道的成果：其一是申报成功一项国家社科基金项目——"中国礼图学史研究"（批准号：18BZS018），其二是在孔子研究院的支持下，成功举办了一场全国性的学术会议——"三礼学与中国传统文化学术研讨会"。

于今服务期即将结束，孔子研究院领导要求各位特聘研究人员将近五年来的学术研究工作进行总结，并将有关儒学研究的成果结集出版。于是我便与本研究团队各位同道把近五年来在报刊上发表过的文章和在一些学术会议上发表过的论文或学术报告汇集为这部论文集，并命名为《洙泗儒林跬步集》，作为对我们近五年来在孔子研究院从事儒学研究工作的总结与纪念。

本文集收录自2016年初应聘至孔子研究院工作以来，我与我们团队所发表的二十七篇学术文章。这些成果在内容上主要涉及儒家经学和经学史研究领域，尤以"三礼"学研究为重点。大致说来，本论文集所收文章主要包括如下几方面的内容：（一）梳理考察了人们对"六经之首"的误解，探讨了《易经》在经学史上的定位，探讨了《易经》的思想精神与儒家礼乐教化思想的关系。（二）对"六经皆礼"这一命题进行了考察和申论，并从宋代理学家的有关论述入手，分析探讨了"礼"在儒家思想体系中的核心地位。（三）论述了虞舜对我国古代礼乐文化的划时代贡献，探讨了孔子的"大一统"思想及其对中华民族形成和发展的重大意义。（四）考察探讨了《周礼》的行政制度设计及其对后世政治的影响；分析论述了《周礼》的社会治理思想——礼法相济、礼主法辅。（五）论述了《礼记》的思想价值及其在儒家经典体系中的重要地位。并对《礼记》与"内圣外王"之道的关系、《礼记·月令》与"齐学"的关系等问题进行了探讨。（六）探讨论述了刘歆在《周礼》学传承方面的贡献，对郑玄在三礼学领域的成就进行了较全面的总结和论述。（七）考察论述了中国礼图学的历史、现状与发展趋势。（八）论述了儒家礼乐文化的价值取向及其在中华民族精神建构中的重要价值。（九）考察、探讨了齐鲁文化在两汉经学传承谱系中的重要地位；分析论述了齐学、鲁学与汉代今、古经学的关系。（十）对《论语》何时成为经典与《孝经》在儒家经典体系中的地位变迁等问题进行了新的考察和探讨。（十一）从思想史、哲学和文献学的角度对孔子的礼乐教化思想、孔子的实践哲学、陆九渊心学、孔广森的世系和陈献章的学术历程等问题进行了探讨。

最后，需要向读者诸君说明如下两点：（一）本文集各篇文章题目之下标注作者名字，并于文末标注文章原刊报刊名称和期次或学术会议名称和时间。（二）本文集所收文章原刊于多种不同报刊，因而各篇原文体例格式有所不同。此次结集出版，我们根据出版社要求对所收文章在体例格式上稍微统一，注释等则保持原状。

丁 鼎

2020 年 12 月 19 日于曲阜六艺苑寓所

目 录

前 言

儒家"六经之首""群经之首"探微

丁　鼎　王元臣

在儒家经典体系中，由孔子整理传承下来的《诗》《书》《礼》《乐》《易》《春秋》等六部典籍被称为"六经"或"六艺"。现代学术界普遍将《易经》列于"六经之首"，而且几乎将"六经之首""群经之首"或"众经之首"当成了《周易》的同义语。比如人们往往强调《周易》在儒家经典体系中居于"六经之首""群经之首"的地位，甚至有学者直接以《周易·六经之首》作为书名①，将"六经之首"看作《周易》的代称。有人说，《周易》是中国最古老的经典之一，历来被尊为六经之首。甚至有人认为《周易》"在文化和政治上的地位，是高居于其他众经之上的"②。但考诸相关文献便知，这些说法虽然渊源有自，持之有故，并非空穴来风，但并不确切，并不符合历史实际。有鉴

---

① 王天红：《周易·六经之首》，北京：中国社会出版社，1999年版。
② 陈隆予：《论〈易经〉被尊为群经之首的历史动因》，《河南大学学报》，2010年第4期。

于此，笔者拟在本文中对这一问题加以探讨和论述。

一、《周易》并非"历来被尊为六经之首"

历史上，"六经"有多种排列顺序。除了《周易》居首的排列顺序之外，还曾通行过以《诗经》《孝经》和其他经典居首的"六经"排序或"群经"排序。

（一）最早被列于"六经"之首者是《诗经》，而并非《易经》。

《易经》并非"历来被尊为'六经之首'"，历史上最早被列于"六经"之首者是《诗经》。先秦至西汉时期的许多文献记载均可说明这一问题。如：

《礼记·经解》载："孔子曰：'入其国，其教可知也。其为人也，温柔、敦厚，《诗》教也；疏通、知远，《书》教也；广博、易良，《乐》教也；絜静、精微，《易》教也；恭俭、庄敬，《礼》教也；属辞、比事，《春秋》教也。故《诗》之失愚，《书》之失诬，《乐》之失奢，《易》之失贼，《礼》之失烦，《春秋》之失乱。"[①]

《庄子·天运》曰："孔子谓老聃曰：'丘治《诗》《书》《礼》《乐》《易》《春秋》六经。'"[②]

《庄子·天下》曰："《诗》以道志，《书》以道事，《礼》以道行，《乐》以道和，《易》以道阴阳，《春秋》以道名分。"[③]

《荀子·儒效》曰："故《诗》《书》《礼》《乐》之归是矣。《诗》言是其志也，《书》言是其事也，《礼》言是其行也，《乐》言是其和也，《春秋》言是其微也。"[④]

《春秋繁露·玉杯》曰："《诗》《书》序其志，《礼》《乐》纯其美，《易》《春秋》明其知。六学皆大，而各有所长。"[⑤]

《史记·儒林列传》曰："自是之后，言《诗》于鲁则申培公，于齐则辕固

[①] 孙希旦：《礼记集解》，北京：中华书局，1989 年版，第 1254 页。

[②] 王先谦：《庄子集解》，上海：上海书店，1986 年版，第 95 页。

[③] 王先谦：《庄子集解》，上海：上海书店，1986 年版，第 216 页。

[④] 王先谦：《荀子集解》，上海：上海书店，1986 年版，第 84—85 页。

[⑤] 苏舆：《春秋繁露义证》卷第一，北京：中华书局，1992 年版，第 35 页。

生，于燕则韩太傅。言《尚书》自济南伏生。言《礼》自鲁高堂生。言《易》自菑川田生。言《春秋》于齐、鲁自胡毋生，于赵自董仲舒。"①

上述《礼记》《庄子》《荀子》《春秋繁露》和《史记》等文献记载中的"六经"次序虽略有不同，但基本上都以《诗》《书》《礼》《乐》《易》《春秋》为次，且均以《诗经》居首。这说明先秦至西汉时期（刘歆之前）儒家六经的排列顺序基本上一直是以《诗经》作为"六经之首"，而并非以《易经》居首。其间虽偶有将《礼》或《书》列于"六经之首"者（见下文），但未见将《易经》列于"六经之首"者。

（二）历史上，《仪礼》《尚书》和《孝经》也曾被列于"六经之首"或"群经之首"。

前揭《荀子·儒效》在论述六经时把《诗》列于首位。但《荀子》有时又将《礼》或《书》列于"六经之首"。如《荀子·劝学》曰："《书》者，政事之纪也；《诗》者，中声之所止也；《礼》者，法之大分，类之纲纪也。故学至乎《礼》而止矣，夫是之谓道德之极。《礼》之敬文也，《乐》之中和也，《诗》《书》之博也，《春秋》之微也，在天地之间者毕矣。"②《荀子·劝学》又曰："《礼》《乐》法而不说，《诗》《书》故而不切，《春秋》约而不速。"③可见《荀子》一书中还曾在列举儒家经典时以《礼》和《书》居首。而且不仅不曾以《易》居首，甚至往往连《易经》的位次都忽略不言。这说明《易经》在荀子这位儒学大师的心目中地位不是太高。

此外，历史上还曾经出现过将《孝经》列于群经之首的做法。汉代经学大师郑玄就特别重视《孝经》，他在《六艺论》中说："孔子以六艺题目不同，指意殊别，恐道离散，后世莫知根源，故作《孝经》以总会之。"④在郑玄看

① 司马迁：《史记》卷一二一《儒林列传》，北京：中华书局，1959年版，第3118页。
② 王先谦：《荀子集解》，上海：上海书店，1986年版，第7页。
③ 王先谦：《荀子集解》，上海：上海书店，1986年版，第8页。
④ 郑玄《六艺论》原书已佚，转引自邢昺《孝经注疏》卷首"御制序并注"下邢疏，影印《十三经注疏》，北京：中华书局，1980年版，第2539页。

来，《孝经》是孔子亲自撰作，思想内容非常重要，是六经的"根源"，可以涵盖六经。南朝齐王俭更是在其目录学著作《七志》中直接将《孝经》列于群经之首。据陆德明《经典释文·叙录》记载："王俭《七志》，《孝经》为初。"①这说明将《孝经》列于群经之首的排列方法始见于王俭的《七志》。北宋范祖禹《进古文孝经说札子》也认为《孝经》的思想内容非常重要，位居"群经之首"。他说："愚窃以圣人之行，莫先于孝；书，莫先于《孝经》。……伏惟陛下方以孝治天下，此乃群经之首、万行之宗，傥留圣心则天下幸甚。"②

二、《周易》被列于"六经之首"始于刘歆《七略》

前已述及，先秦迄西汉时期通行以《诗》居首的六经次序。大约至西汉后期刘歆的《七略》始采用以《易》居首的六经排列次序。这种排列次序为东汉班固的《汉书·艺文志》和《汉书·儒林传》所承用。《汉书·艺文志》序六经次第，即以《易》《书》《诗》《礼》《乐》《春秋》为序。《汉书·儒林传》叙述西汉初期五经的传承谱系也说："汉兴，言《易》自淄川田生；言《书》自济南伏生；言《诗》，于鲁则申培公，于齐则辕固生，燕则韩太傅；言《礼》，则鲁高堂生；言《春秋》，于齐则胡毋生，于赵则董仲舒。"③对于《汉书》所叙的六经次序，徐复观在《中国经学史的基础》一书中解释说："这是班固受了刘歆的影响，以刘歆《七略》中六艺略的序列为序列的。……这是刘歆以前所没有的新说。班固删要《七略》以为《艺文志》，更以《七略》中六艺略的序列为《儒林传》中的序列。这是新的序列，遂为后来经学家所传承而不变。"④

班固之后，阮孝绪的《七录》、陆德明的《经典释文》、魏征等的《隋书·经籍志》、颜师古的《五经定本》和孔颖达的《五经正义》皆沿用了《易》《书》《诗》《礼》《春秋》这一排列次序。由于《五经正义》《五经定本》皆为

---

① 陆德明：《经典释文·叙录》，北京：中华书局，1983 年版，第 3 页。

② 范祖禹：《范太史集》卷十四，影印文渊阁《四库全书》第 1100 册，台北：台湾商务印书馆，1986 年版，第 205 页。

③ 班固：《汉书》卷八八《儒林传》，北京：中华书局，1962 年版，第 3593 页。

④ 徐复观：《徐复观论经学史二种》，上海：上海书店出版社，2002 年版，第 66 页。

唐王朝所颁布的权威定本，因而被当时及后世奉为圭臬。正如清儒皮锡瑞所说："自《正义》《定本》颁之国胄，用以取士，天下奉为圭臬。唐至宋初数百年，士子皆谨守官书，莫敢异议矣。"[①] 于是刘歆《七略》的六经排列次序通过《汉志》《五经定本》和《五经正义》等典籍的传承而为后世学术界所认同和广泛沿用。《易》《书》《诗》《礼》《春秋》的次序成为东汉以后最通行的六（五）经排列次序。

三、《诗经》与《易经》分别被列于"六经之首"的原因

历史上，主要通行以《诗经》居首和以《易经》居首两种六经次序。下面我们对这两种六经次序的成因分别进行一番考察和分析论述。

（一）《诗经》被列于"六经之首"的原因

先秦至西汉，为什么将《诗》排在六经之首？现代著名经学家周予同《经今古文学》一文认为：以《诗》居首与以《易》居首两种排列次序分别代表了汉代经今古文两家不同的思想认识。他解释说："今文家认为孔子是政治家、哲学家、教育家，所以他们对于《六经》的排列，是含有教育家排列课程的意味。他们以《诗》《书》《礼》《乐》是普通教育或初级教育的课程；《易》《春秋》是孔子的哲学、孔子的政治学和社会学的思想所在，非高材不能领悟，所以列在最后，可以说是孔子的专门教育或高级教育的课程。……它们的排列是完全依照程度的深浅而定。"[②] 其说甚是，可以信从。

当然，历史上也有学者试图从以《诗》居首的排列次序中寻找"微言大义"，强调《诗经》思想内容的重要性。如宋人王禹偁就认为："仲尼以三百篇为六经之首，以其本于人情而基于王化故也。"[③] 显然，王氏认为由于《诗经》具有政治教化的功能，因而被列于"六经之首"。我们认为这种解释缺乏

① 皮锡瑞：《经学历史》，北京：中华书局，2004 年版，第 146 页。

② 朱维铮编：《周予同经学史论著选集》，上海：上海人民出版社，1983 年版，第 8 页。

③ 王禹偁：《王黄州小畜集》卷二十《冯氏家集前序》，影印文渊阁《四库全书》第 1086 册，台北：商务印书馆，1986 年版，第 193 页。

说服力。《诗经》固然具有重要的礼乐教化功能，正如《论语·阳货》所说："诗可以兴，可以观，可以群，可以怨，迩之事父，远之事君，多识于鸟兽草木之名"①；《礼记·经解》所说："温柔敦厚，诗教也"；《诗大序》所说："故正得失，动天地，感鬼神，莫近于诗。先王以是经夫妇，成孝敬，厚人伦，美教化，移风俗。……上以风化下，下以风刺上。"②但是在儒家经典体系中，《春秋》与三《礼》所承载的儒家的社会政治思想、伦理思想、礼乐教化观念等丰富的思想文化内容远在《诗经》之上。因而似乎不宜从价值判断的角度理解以《诗》居首的六经次序。也就是说，以《诗》居首的六经次序，可能确如周予同先生所说只是依照思想内容上的深浅程度和教学（教化）上循序渐进的步骤做出的排序，而不是以思想内容的重要性来排列次序。

（二）《易经》被列于"六经之首"的原因

刘歆为什么改变先秦以迄西汉通行的六经排列次序，而把《易经》排列于六经首位？我们先来看刘歆自己的解释。《汉书·艺文志》所载《六艺略》之后的小叙曰："六艺之文：《乐》以和神，仁之表也；《诗》以正言，义之用也；《礼》以明体，明者著见，故无训也；《书》以广听，知之术也；《春秋》以断事，信之符也。五者，盖五常之道，相须而备，而《易》为之原。故曰'《易》不可见，则乾坤或几乎息矣'，言与天地为终始也。至于五学，世有变改，犹五行之更用事焉。"③按《汉书·艺文志》乃是班固删节刘歆《七略》而成，然则上引《六艺略》后的小叙当是出于刘歆《七略》原文。刘歆在此以"五经"象"仁、义、礼、智、信"五常，五常又与五行相配，并把《易》看作其他五经的本原。其理由当是本于《易·系辞上》所谓："《易》与天地准，故能弥纶

---

① 刘宝楠：《论语正义》卷二十，上海：上海书店，1986年版，第375页。

② 孔颖达：《毛诗正义》卷一，影印《十三经注疏》本，北京：中华书局，1980年版，第2—3页。

③ 班固：《汉书》卷三十《艺文志》，北京：中华书局，1962年版，第1723页。

天地之道。"①既然《易》能"弥纶天地之道",而天地之道是五常之道的本原,那么在刘歆看来《易》被列于"六经"之首便是顺理成章的事情了。这或许就是刘歆将《易》列于"六经"之首的深层原因。后世许多学者认同刘歆的主张,如明代王恕推阐刘歆之说曰:"噫!《易》之书广大悉备,变化无穷。大而修齐治平之理,小而宴饮起居之节,靡不该载。故为六经之首。"②王恕也是从《易经》内容广大重要的角度,也就是从价值判断的角度,来说明将《易》列于六经之首的理由。

不过,需要注意的是唐代著名学者陆德明虽然在《经典释文》中承用了刘歆以《易》居首的六经排序,但并不认同刘歆的排序理论。陆氏在《经典释文·叙录》中对以《易》居首的六经排序做出新的解释说:"五经六籍,圣人设教,训诱机要,宁有短长?然时有浇淳,随病投药,不相沿袭,岂无先后?所以次第互有不同,如《礼记·经解》之说,以《诗》为首;《七略》《艺文志》所记,用《易》居前,阮孝绪《七录》亦同此次。而王俭《七志》,《孝经》为初。原其后前,义各有旨。今欲以著述早晚,经义总别,以成次第,出之如左:《周易》,虽文起周代,而卦肇伏羲,既处名教之初,故《易》为七经之首。……古文《尚书》,既起五帝之末,理后三皇之经,故次于《易》。……《毛诗》,既起周文,又兼《商颂》,故在尧、舜之后,次于《易》《书》。……《周》《仪》二礼并周公所制,宜次文王。……《春秋》,既是孔子所作,理当后于周公,故次于《礼》。"③陆德明认为"五经六籍"没有"短长"(高低)差别,而只有排列先后的区分。《礼记·经解》将《诗》排在首位;《七略》《汉书·艺文志》和《七录》将《周易》排在首位;而王俭《七志》则把《孝经》排在首位。刘歆《七略》中的六经次序,是按各经的产生时间来排列次序的。《易经》八卦相传为三皇之一的伏羲所画,在六经中产生时间最早,因而被排

---

① 孔颖达:《周易正义》卷七《系辞上》,影印《十三经注疏》本,北京:中华书局,1980年版,第65页。

② 王恕:《王端毅公文集》卷八《易》,明嘉靖三十一年乔世宁刻本。

③ 陆德明:《经典释文》,北京:中华书局,1983年版,第3页。

列在儒家群经的首位。《周易》之外的其他五经的次序也都依照其撰作时代排列。

现代著名经学家周予同继承并发展了陆德明的观点，他认为以《诗》居首和以《易》居首这两种六经排序分别代表了汉代今、古文经学的思想观点。刘歆以《易》居首的六经排序即代表了汉代古文经学家的观点。他说："古文家的排列次序是按《六经》产生时代的早晚，今文家却是按《六经》内容程度的深浅。古文家以《易经》的八卦是伏羲画的，所以《易》列在第一；《书经》中最早的篇章是《尧典》，较伏羲为晚，所以列在第二；《诗经》中最早的是《商颂》，较尧、舜又晚，所以列在第三；《礼》《乐》，他们以为是周公制作的，在商之后，所以列在第四、第五；《春秋》是鲁史，经过孔子的修改，所以列在末了。"①

周予同的上述观点得到了现代学术界的广泛认同。当然也有不以为然者，如卢翠琬就认为：周予同的"观点不够精密，经不起仔细的推敲。"其首要的理由是"'以《诗》居首'的'六经'次序，渊源很早，至迟是在战国时期，而战国时期本无今古文之争，故周予同的论点从时间上来看就不符合逻辑"②。我们认卢氏对周氏的批评有失于轻率，理据不够充分。不能因为先秦时期的《庄子》《荀子》中就出现了"以《诗》居首"的六经次序，就怀疑或否定周予同关于以《诗》居首和以《易》居首的两种六经排序分别代表了汉代今、古文经学的观点。因为汉代今文学派所主张的六经排序观点完全可以继承和发扬先秦人的观点，不必完全出于他们自己的戛戛独造。此理不待言自明。

四、结论

综上所述，可知将《周易》列为"六经之首"或"群经之首"的经典排列次序，只是经学史上的一家之言。因为经学史上还通行过以《诗》居首和以

① 朱维铮编：《周予同经学史论著选集》，上海：上海人民出版社，1983 年版，第 6 页。
② 卢翠琬：《〈易〉为群经之首溯源》，《湖南科技学院学报》，2009 年第 2 期。

《孝经》及其他经典居首的排列次序。尤其是以《诗》居首的六经排列顺序早在先秦时期就已基本定型，且一直通行到西汉时期。而以《周易》居首的六经排序直到西汉晚期才出现。我们赞同陆德明、周予同的解读：以《易经》为"六经之首"只是古文经学的排列方法，是按经书撰写时代而排列的。而以《诗》为六经之首的排列方法是古已有之的排列方法，为汉代今文学家所沿用，这是依照经典的深浅程度和教学上循序渐进的步骤排列的。

我们认为将《周易》列于"六经之首"或"群经之首"如同将《诗经》列于"六经之首"一样，只是一个"事实判断"，只是说明历史上或现实中曾经有人出于种种考虑而这样排列经典次序，而不应将其理解为一个"价值判断"，不宜从思想内容的重要性方面来解读这种经典排列方法。尽管历史上与现实中都有人将其理解为一个价值判断，但我们认为这样的理解和解读既不符合历史实际，也不符合《周易》的思想价值在儒家经典体系中的实际地位。因为如果就政治思想和伦理思想而言，《春秋》与《礼记》的价值都要远远高于《周易》与《诗经》。

五、附论

众所周知，儒家思想主要是一种关于社会政治和家庭伦理的思想学说，就这方面的思想价值而言，《周易》与《诗经》都不具备担当儒家"六经之首"和"群经之首"的资格。因为《易经》本是一部卜筮之书，其"易传"（十翼）主要是阐释阴阳变化的哲学思想，而并未对儒家的社会政治思想和伦理道德观念进行全面系统的论述；而《诗经》只是一部古代诗歌总集，虽然其三百多篇诗歌的基本格调符合儒家的价值诉求与审美情趣，但它并没有也不可能全面系统地阐释儒家的社会政治思想。因此，我们认为无论是《易经》还是《诗经》，虽然他们在儒家经典的排列顺序上都曾被排列于首位，但从思想意义的重要性来说，都不具备担当儒家"群经之首"的资格。

那么哪部经典在思想价值上最有资格担当儒家经典体系的"群经之首"呢？我们认为《礼记》最有资格担当这一重任。我们之所以做出这样的判断，理由如下：因为《礼记》这部儒家经典最集中、最全面、最系统地体现和阐述了儒家政治思想、伦理思想和社会理想。《礼记》四十九篇虽然原本不在"六经（六艺）"之列，只是《仪礼》十七篇的附庸，但由于它蕴含着丰富而重要的思想价值，因而唐修《五经正义》，将《礼记》升格为"五经"；宋朱熹将《礼记》中的《大学》《中庸》抽出，与《论语》《孟子》并列于"四书"之中。而在朱子的心目中"四书"的地位是高于"五经"的。凡此种种都体现了《礼记》在儒家经典体系中的重要地位。从这个意义上来说，《礼记》在社会政治思想和伦理思想方面的价值显然要超过《周易》。因此，不宜从"在文化和政治上的地位，是高居于其他众经之上"的意义上来解读《周易》被列于"六经之首"或"众经之首"的现象。需要强调的是：我们这样讲，并非主张要将《礼记》列于"群经之首"，亦即并不是主张在论述六经或群经时要将《礼记》排在首位，而只是主张不宜从价值判断的角度来解读《周易》被列于"六经之首"或"众经之首"的现象。

（本文原刊于《中国经学》第十八辑，广西师范大学出版社 2016 年）

"六经皆礼"说申论

丁　鼎　马金亮

　　六经，是指中国古代伟大的思想家、教育家孔子所整理、传承下来的《诗》《书》《礼》《乐》《易》《春秋》等六部典籍。六经不仅是儒家经典，而且是中国传统文化的元典，可谓中国传统文化的根本和源头。

　　六经的思想内容虽然有所不同，各有侧重，各有千秋，但由于它们均是孔子整理编订和传承下来的儒家经典，因而其思想内容应当具有某种统一性。关于六经思想内容的统一性问题，我国学术史上曾形成过"六经皆德"①、"六

---

① 贾谊《新书·道德说》："《书》者，著德之理于竹帛而陈之令人观焉，以著所从事。……《诗》者，志德之理而明其指，令人缘之以自成也。……《易》者，察人之循德之理与弗循而占其吉凶。……《春秋》者，守往事之合德之理与不合而纪其成败，以为来事师法。……《礼》者，体德理而为之节文，成人事。……《乐》者，《书》《诗》《易》《春秋》《礼》五者之道备，则合于德矣。合则欢然大乐矣"。（贾谊撰，阎振益、钟夏校注：《新书校注》，北京：中华书局，2000年版，第327—328页。）

经皆史"①、"六经皆文"②、"六经皆诗"③和"六经皆礼"等诸多命题。在这诸多有关六经性质的命题中，"六经皆史"说影响最大，基本上得到了学术界的普遍认可。而其他诸说，相对说来则影响较小。

"六经皆礼"之说重视和强调"礼"具有统摄"六经"思想内容的重要地位和作用。当然，这里所谓的"礼"，不是指"礼"之文或"礼"之仪，而是指"礼"之义，即指各种礼仪所蕴含的思想内容，亦即具有"礼"之意义的礼法、制度、规范和相应的思想观念。"六经皆礼"说虽然渊源有自，不仅可以溯源到《礼记》《史记》《汉书》，而且得到了清代许多学者的认同和论证，但现代学术界很少有人明确倡言和深入、系统论证"六经皆礼"这一命题。有鉴于此，本文拟在前贤时修研究的基础上，对"六经皆礼"这一命题作进一步的考察、探讨和论证。不当之处，容或多有，尚祈方家不吝赐正。

一、"六经皆礼"说源流述略

我国古代并无"六经皆礼"这一命题，只是有类似的说法和表述而已。现代著名学者蔡尚思认为"六经皆礼"说是戴季陶首先提出来的。他说："前人只有六经皆史说，到了戴（季陶）先生，却正式提出六经皆礼说。"④按蔡先生此说有误。戴季陶确实曾经于1944年在《与陈立夫先生述起草礼制通议经过书》一文中说过这样的话："历代礼制，惟周为盛，孔子著述及与门弟子

① 倡导此说者，当以清代学者章学诚为代表，关于章氏"六经皆史"说，可参见刘巍《章学诚"六经皆史"说的本源与意蕴》，《历史研究》，2007年第4期。

② "六经皆文"说，以清代文人袁枚为代表，可参见黄爱平《袁枚经学观及其疑经思想探析》，《清史研究》，2004年第3期；傅道彬《"六经皆文"与周代经典文本的诗学解读》，《文学遗产》，2010年第5期。

③ "六经皆诗"说，以现代学者钱锺书为代表，可参见傅道彬《"六经皆文"与周代经典文本的诗学解读》，《文学遗产》，2010年第5期；龚刚《论钱钟书对"六经皆史"、"六经皆文"说的传承发展》，《中华文史论丛》，2014年第3期。

④ 蔡尚思：《戴季陶的礼教道统说》，《蔡尚思全集》第6册，上海：上海古籍出版社，2005年版，第419—420页。

讲学之记，皆为习礼之传，若谓六艺皆史，则六经皆不离礼。"① 但他并未明确提出"六经皆礼"这一命题。其实早在1919年，北京大学国文教员陈钟凡就明确提出了"六经皆礼"这一命题。他在《诸子通谊·原始》中开宗明义说："六经皆古之典礼，百家者礼教之支与流裔也。"② 又推论诸子的本源说："今推寻本氏，反大辂于椎轮，穷层冰于积水，以六经皆礼，诸子皆礼教之支与流裔。"③ 1924年，东南大学顾实教授在《诸子文学略说》一文中也明确提出"六经皆礼"这一命题，他说："然礼名儒书(《左·哀》二十一年传)，六经皆礼。故习六艺之术者，独得占儒之名矣。"④ 此外，顾实还在1928年出版的《〈庄子·天下篇〉讲疏》中，于"其在于《诗》《书》《礼》《乐》者，邹鲁之士，缙绅先生多能明之"之下讲疏曰："盖六经皆礼，礼不下庶人，故除邹鲁之士为例外，其余中国之人诵经者，多为服官之缙绅先生也。"⑤ 据此可以断言"六经皆礼"这一命题并非戴季陶首先正式提出。戴季陶《学礼录》虽然曾明确倡言"六经皆不离礼"，但不仅比陈钟凡与顾实明确提出"六经皆礼"之说晚出，而且并未直言"六经皆礼"。

"六经皆礼"这一命题虽然直到20世纪初才正式提出，但追根溯源，"六经皆礼"之说可追溯到《礼记·经解》与《史记》《汉书》等古代文献。

《礼记·经解》开篇即载孔子阐释六经的教化功用说："入其国，其教可知也。其为人也，温柔敦厚，《诗》教也；疏通知远，《书》教也；广博易良，

「六经皆礼」说申论

---

① 戴季陶：《戴传贤选集·学礼录》，载于台湾各界纪念国父百年诞辰筹备委员会学术著作编纂委员会主编《革命先烈先进诗文选集》第四册，1965年版，第298—299页。

② 陈钟凡：《诸子通谊·原始》，原刊于《国故》1919年第1期，第2页。按陈氏《诸子通谊》先于1919年分篇发表于《国故》，后于1925年收入《东南大学丛书》，由上海商务印书馆结集出版。

③ 陈钟凡：《诸子通谊·原始》，《国故》1919年第1期，第7页。

④ 顾实：《诸子文学略说》，原刊于《国学丛刊》，1924年，第2卷第2期。后收录于许结等编著《中国古代文学研究导引》，南京：南京大学出版社，2006年版，第132页。

⑤ 顾实：《庄子·天下篇讲疏》，上海：商务印书馆，1928年版。后收录于张丰乾编《庄子天下篇注疏四种》，北京：华夏出版社2009年版，第21页。

《乐》教也；絜静精微，《易》教也；恭俭庄敬，《礼》教也；属辞比事，《春秋》教也。"孔疏曰："此篇分析六经体教不同，故名曰《经解》也。六经，其教虽异，总以礼为本，故记者录入于礼。"①《经解》经文在这里分别阐明了六经对于国家教化的重要意义和功用。而孔疏则强调六经的内容虽各有不同，但均"以礼为本"，也就是说"礼"是六经一以贯之的共同的宗旨。

接下来，《经解》又特别强调"礼"对于国家政治和社会治理的重要意义说："礼之于正国也，犹衡之于轻重也，绳墨之于曲直也，规矩之于方圆也。……是故隆礼、由礼，谓之有方之士；不隆礼、不由礼，谓之无方之民。……孔子曰'安上治民，莫善于礼。'此之谓也。"全篇末尾又极言"礼之教化"的重要性："夫礼，禁乱之所由生，犹坊止水之所自来也。故以旧坊为无所用而坏之者，必有水败；以旧礼为无所用而去之者，必有乱患。……故礼之教化也微，其止邪也于未形，使人日徙善远罪而不自知也，是以先王隆之也。"②《经解》认为六经均有各自的教化功能，而这些教化功能都可归属于"礼之教化"。因而我们认为《经解》的这些阐述可以看作"六经皆礼"说的滥觞。

司马迁《史记·滑稽列传》引孔子之语曰："六艺于治一也。《礼》以节人，《乐》以发和，《书》以道事，《诗》以达意，《易》以神化，《春秋》以义。"张守节《正义》曰："言六艺之文虽异，《礼》节《乐》和，导民立政，天下平定，其归一揆。"③张氏对《史记》上引孔子之语的理解非常中肯，然则六经在国家治理方面的宗旨是一致的，都是以礼乐的方式治国平天下。

而班固《汉书·礼乐志》则更直接明确地指出："《六经》之道同归，而礼、乐之用为急。治身者斯须忘礼，则暴嫚入之矣；为国者一朝失礼，则荒

---

① 孔颖达：《礼记正义》卷五十，影印《十三经注疏》本，北京：中华书局，1980年版，第1609页。

② 孔颖达：《礼记正义》卷五十，影印《十三经注疏》本，北京：中华书局，1980年版，第1610—1611页。

③ 司马迁：《史记》卷一二六，北京：中华书局，1959年版，第3197页。

乱及之矣。"①这是讲六经之道皆以礼、乐为旨归,修身治国都离不开礼。显然,《汉书·礼乐志》的上述论述可以看作是后世"六经皆礼"说的直接源头。

南朝梁人皇侃进一步强调礼在六经中的统摄地位说:"六经,其教虽异,总以礼为本。"②皇侃的这段论述非常简约,但与上引班固的论述有异曲同工之妙。

降至清代,"六经皆礼"这一命题虽然仍未被明确地提出来,但许多学者对这一命题的内容进行了多方面的、较清晰深入的论述。清初著名礼学家张尔岐《中庸论》上论述说:

> 礼者,道之所会也,虽有仁圣,不得礼,无以加于人。则礼者,道之所待以征事者也,故其说不可殚。圣人之所是,皆礼同类也。圣人之所非,皆礼反对也。《易》之失得,《书》之治乱,《诗》之贞淫,《春秋》之诛赏,皆是物矣。尽"六经"之说,而后可以究"礼"之说,……礼之所统不既全矣乎!③

张尔岐这里所谓"皆是物矣",即言"皆礼也"。在张氏看来,"礼"是统摄六经的,《周易》所探讨的"失得",《尚书》所记述的"治乱",《诗经》所吟诵的"贞淫",以及《春秋》所蕴含的"诛赏",都属于"礼"的范畴。张尔岐虽然并未正式使用"六经皆礼"这一术语,但他的上述论述实际上已经完整地蕴含着"六经皆礼"这一命题的内涵。当代学者王建美博士对张尔岐的"六经皆礼"说论述说:"儒家的道来自《六经》,而礼是道在人伦日用中的具体体现,礼可以征道于事,圣人的臧否、是非以礼为准绳,圣人之理寓于礼中,据礼以显,所以言礼,理已在其中。《六经》从不同侧面阐述了礼,使礼

---

① 班固:《汉书》卷二二,北京:中华书局,1962年版,第1027页。

② 孔颖达《礼记正义》卷五十所引,影印《十三经注疏》本,北京:中华书局,1980年版,第1609页。

③ 张尔岐:《蒿庵集》卷一《中庸论》上,张翰勋等点校,济南:齐鲁书社,1991年版,第24页。

更具体实在。在这里张尔岐强调了礼在明理守道中的作用，使《六经》中的理可以征于事，容易把握。张尔岐的'六经皆礼'说实是将宋明理学家所说的理还原为礼，为圣学儒道找一明晰可见的尺度规矩，以免出现游移不定、圣道衰息的局面。"① 王建美博士在这里不仅将"六经皆礼"这一命题的首倡之功归属于张尔岐，而且指出"张尔岐的'六经皆礼'说实是将宋明理学家所说的理还原为礼"，很有见地。

张尔岐之后，清代还有多位著名经学家从不同的视角对"六经皆礼"说作了进一步的论述。

晚清著名学者王闿运提出："治经必先知礼，经所言皆礼制。"② 显然，在王闿运看来儒家群经的核心宗旨就是"礼"。

清末著名今文经学家皮锡瑞在《经学通论·三礼》中说："六经之文，皆有礼在其中。六经之义，亦以礼为尤重。"③

清末民初著名古文经学家曹元弼《礼经学·会通》云："六经同归，其指在礼。《易》之象，《书》之政，皆礼也。《诗》之美刺，《春秋》之褒贬，于礼，得失之迹也。"④ 曹说可谓对前述《汉书·礼乐志》"《六经》之道同归，而礼、乐之用为急"之说的进一步阐述和发明。

在现代学术语境下专门探讨或随文论及"六经"（或某一经）与"礼"之

---

① 王建美：《张尔岐理学思想论略》，《天津师范大学学报（社会科学版）》，2004 年第 5 期。

② 王闿运：《论习礼》，《湘绮楼诗文集》，长沙：岳麓书社，1996 年版，第 519 页。

③ 皮锡瑞：《经学通论·三礼》，北京：中华书局，1982 年版，第 81 页。

④ 曹元弼：《礼经学》卷四，《续修四库全书》第 94 册，上海：上海古籍出版社，2002 年版，第 713 页。

关系,可谓不乏其人^①,其中尤以蔡尚思、陈戍国及刘丰等先生的见解颇有代表性。蔡尚思先生论述说:

> 过去不少的学者深信'六经皆史',经学即史学之说;但我从更本质的一方面来看,觉得在孔子心目中,也未尝不可以说是:六经皆礼(孔门儒家把六经当作礼教的教科书是主要的一方面),经学即礼学。孔子是史学家,孔子更是礼教家。从'继往'方面说,他是礼的集大成者;从'开来'方面说,他又是礼学的开山祖师。到了孔子,'礼'才正式成为'礼学'。"^②

虽然我们不认同蔡尚思先生批孔、反孔的立场和态度,但我们赞同他的"六经皆礼"之说。

---

① 如刘师培:《典礼为一切政治学术之总称考》,《国粹学报》1906年第13期,后收入《刘申叔遗书》,南京:江苏古籍出版社1997年版,第1543—1545页;黄巩:《五经一贯于礼讲义》,《船山学报》1935年第1期,第6—9页;段熙仲:《礼经十论》,《文史》第一辑,中华书局1962年,第1—32页;王蘧常:《诸子学派要诠》,上海:中华书局,1936年版,第6页;戴季陶:《学礼录》,南京:正中书局1945年版,后收入台湾各界纪念国父百年诞辰筹备委员会学术著作编纂委员会主编《革命先烈先进诗文选集》第四册,1965年,第298—299页;蔡尚思:《孔子思想体系》,上海人民出版社,1982年版,第282页;邹昌林:《中国礼文化》,北京:社会科学文献出版社2000年版,第23页;陈戍国:《论六经总以礼为本》,载浙江大学古籍研究所编《礼学与中国传统文化——庆祝沈文倬先生九十华诞国际学术研讨会论文集》,北京:中华书局2006年版,第136—145页;张富祥:《从王官文化到儒家学说——关于儒家起源问题的推索和思考,《孔子研究》1997年第1期,第40—55页;蒋庆:《论当代儒学发展之解经学问题——重建"以制说经"的政治儒学传统》,《中国文化》第17、18期合刊,第115—132页;张永俊:《"礼"的人文思想与人道关怀》,载沈清松主编《诠释与创造——传统中华文化及其未来发展》,台北:联经出版事业股份有限公司1995年版,第89—111页;刘丰《先秦礼学思想与社会的整合》,北京:中国人民大学出版社2003年版,第47—59页);陈赟:《先王的政教实践与孔子之前的古"六艺"——孔子能够"定"六经的历史前提》,《齐鲁文化研究》第13辑,2013年,第24—42页;李才朝:《"六经皆礼"说考论》,《国际儒学论丛》2016年第2期,第175—187页;顾涛:《论"六经皆礼"说及其延伸路径》,《中国哲学史》2018年第2期,第34—44页。

② 蔡尚思:《孔子思想体系》,上海:上海人民出版社,1982年版,第282页。

"六经皆礼"说申论

陈戍国先生《论六经总以礼为本》一文对"六经"与"礼"的密切关系作了较为深入的研究，分析探讨了"《周易》与礼""《尚书》与礼""《诗》与礼""乐与礼""《春秋》与礼"之间密切的伴生关系，并从多方面探讨论证了南朝梁皇侃所谓"六经总以礼为本"的思想内涵①。刘丰先生则论述说："'六经'的宗旨是礼，……孔门后学在孔子思想的基础上又有所发挥，这就是《易传》、《春秋》三传及《礼记》，而贯穿其中的思想依然是礼。"②陈、刘等先生的论述虽然均未明确倡言"六经皆礼"这一命题，但其实质均可以看作是对"六经皆礼"这一命题的论证和阐释。

二、六经"总以礼为本"

在古人的论述中，南朝梁人皇侃所谓"六经总以礼为本"最能揭示"六经皆礼"命题的精髓，是对"六经皆礼"命题最简约、最概括的阐释和论述。下面我们拟以皇氏的这一论断为纲领，从"六经皆源于'礼'""六经皆具备'礼'的教化功用"和"六经的内容皆与'礼'相通"等三个方面对"六经皆礼"这一命题加以申论。

（一）六经皆源于"礼"

我们说六经皆源于礼，从宏观角度讲，是指六经皆为礼文化的产物，皆产生于礼文化的土壤之中。《论语·为政》载孔子曰："殷因于夏礼，所损益，可知也；周因于殷礼，所损益，可知也。其或继周者，虽百世，可知也。"《八佾》又载孔子曰："夏礼，吾能言之，杞不足征也；殷礼，吾能言之，宋不足征也。文献不足故也。足，则吾能征之矣。"这是夏商周三代礼乐文化因革损益和周代礼乐文化达于极盛的文献学依据。而从考古学来看，我国远古的礼和礼制发展到夏商时已渐趋成熟，及至西周损益殷礼而建周礼，则达到了

---

① 陈戍国：《论六经总以礼为本》，《礼学与中国传统文化——庆祝沈文倬先生九十华诞国际学术研讨会论文集》，北京：中华书局，2006年版，第143页。

② 刘丰：《先秦礼学思想与社会的整合》，北京：中国人民大学出版社，2003年版，第58—59页。

鼎盛阶段①。三代时期既然作为中国文化之核心的礼文化处于日渐成熟以至鼎盛的阶段，那么在这一背景下产生的制度、文本、礼俗等，皆可归因于礼文化。换言之，从宏观层面来看，我们说六经为礼文化的产物，应当是符合历史事实的。

儒家学派的宗师孔子非常重视礼，《礼记·礼运》载孔子曰："夫礼，先王以承天之道，以治人之情。故失之者死，得之者生。……是故夫礼，必本于天，效于地，列于鬼神，达于丧祭射御冠昏朝聘。故圣人以礼示之，故天下国家可得而正也。"可见，孔子对"礼"极其重视，准此可以断言"礼"是孔子思想体系的核心。孔子既然非常重视"礼"，那么他在编订、整理和传授六经的过程中，必然会将其礼学和礼制思想贯通于六经之中，并把六经作为礼乐教化的重要工具。正如蒋梅笙先生在《国学入门》中所说：

> （孔子）感于周室微，礼乐废，《诗》、《书》缺，追考三代之礼，序《书》《传》，正《乐》，删《诗》，《礼》《乐》自此可得而述。其雅言也，《诗》《书》、执《礼》；其设教也，《诗》《书》《礼》《乐》。又赞《周易》，修《春秋》，六经既完，文教大备，而其骨干，实在于礼；是以后世尊儒者，莫不盛言礼制；而病礼者亦因而病儒。②

从微观或具体层面来看，我们说六经皆源于礼，是从"六经皆史"与"六经皆礼"相通的角度而言。章学诚《文史通义·易教》开篇即云："六经皆史也。古人不著书，古人未尝离事而言理，六经皆先王之政典也。"③所谓"政典"，即政教典章，它具有经法、典制、纲纪之意义，这是"六经"由史进为经的根本依据，而"《论语》诸篇不称经者，以其非政典也"④。事实上，礼即为

---

① 杨群：《从考古发现看礼和礼制的起源与发展》，《孔子研究》，1990年第3期。

② 蒋梅笙：《国学入门》，南京：正中书局，1947年版，第35页。

③ 章学诚著、叶瑛校注：《文史通义校注》，北京：中华书局，1985年版，第1页。

④ 章学诚著、叶瑛校注：《文史通义校注》，北京：中华书局，1985年版，第110页。此外，章学诚《校雠通义》卷三《汉志六艺》亦云："至于《论语》《孝经》《尔雅》，则非六经之本体也，学者崇圣人之绪余，而尊以经名，其实皆传体也，可以与六经相表里，而不可以与六经为并列也。"（光绪十一年汇印《粤雅堂丛书》本）

经法、典制和纲纪，《左传·僖公十一年》："礼，国之干也。"《礼记·经解》："礼之于正国也，犹衡之于轻重也。……孔子曰：'安上治民，莫善于礼。'"《礼记·曲礼上》："道德仁义，非礼不成；教训正俗，非礼不备；分争辨讼，非礼不决；君臣上下父子兄弟，非礼不定；宦学事师，非礼不亲；班朝治军，莅官行法，非礼威严不行。"上述诸条经文从不同角度阐述了"礼"在国家行政和社会管理系统中的纲领性地位。

而晚清经学家曹元弼《经礼曲礼说》则论述得更为深刻而具体：

古者凡治天下之事，通谓之礼，故曰："为国以礼。"《春秋左氏传》自吉、凶、宾、军、嘉而外，凡刑法、政俗，一切得失，皆断之曰"礼"，曰"非礼"。二戴《礼记》，于治天下之事无不备。然则礼者，王治之通名。析言，则宗伯所掌，谓之礼。统言，则六典皆谓之礼。故《周官》称《周礼》。①

据此可知，礼与"政典"同义，为治国、平天下和安身立命之根本。章学诚虽力倡"六经皆史"说，但也很看重礼之于六经的重要性，他说："九流之学，成官曲于六典，虽或原于《书》《易》《春秋》，其质多本于礼教，为其体之有所该也。"② 同时，章氏在《礼教》篇中也论及了"礼"与"官典"之关系："礼之所包广矣，官典其大纲也。"③ 在此基础上，章氏进一步推论《易》《书》《诗》三经皆为周礼说：

《易》为周礼，见于太卜之官。三易之名，八卦之数，占揲之法，见于《周礼》，所谓人官之纲领也。……《书》亦周礼也，见于外史之官，三皇五帝之名，见于《周官》，所谓人官之纲领也。……《诗》亦周礼也，见于太史之官，风雅颂之为经，赋兴比之为纬，见于《周官》，所谓人官

① 曹元弼：《礼经学》卷五，《续修四库全书》第94册，上海：上海古籍出版社2002年版，第736页。

② 章学诚著，叶瑛校注：《文史通义校注》，北京：中华书局，1985年版，第61页。

③ 章学诚著，仓修良编注：《文史通义新编新注》，杭州：浙江古籍出版社，2005年版，第69页。

之纲领也。①

由此可见，章学诚不仅倡导"六经皆史"，而且实际上也认同"六经皆礼"，只是未曾明言而已。在章氏那里，"六经皆史"是指六经皆是先王的政教典章，其所谓"史"与广义的"礼教"同义或近义。

民国时期著名学者刘咸炘先生也认为"礼"与"典章制度"意义相通，他在《认经论》中云：

> 礼者，秩序之义，典章制度之通名，故儒者称《周官》曰《周礼》。……今人有驳章氏"六经皆史"之说者，谓史乃官名非书名，当云"六经皆礼"。夫章氏所谓史者，乃指典守之官与后世之史部言，示学者以书本记事，古今同体耳。要之，为官守之政教典章，以其官与下流部目言，则谓之史；以其为秩序言，则谓之礼；以其为典章制定之常法言，则谓之经。三名一实，而义不相该。②

刘氏此论，可谓卓识。礼为秩序，与典章制度通名，政教典章不仅是史，也是礼，也是经。史、礼、经三者可谓同实而异名。钱穆先生也持类似看法，他在《国学概论》中说：

> 盖礼有先例之礼，有成文之礼。先例之礼，本于历史，《春秋》《世》《语》《故志》《训典》之类是也。成文之礼，本乎制度，礼、令之类是也。而后王本朝之制度法令，亦即先王前朝之先例旧贯也。盖昔人尊古笃旧，成法遗制，世守勿替，即谓之"礼"。舍礼外无法令，舍礼外无历史。"史""礼""法"之三者，古人则一以视之也。③

由此可见，史、礼、经（或言法）三者在古代的确是相通的，均为先王之政教典章。事实上，"经史""经礼"之说，只是立论角度的不同，正如张富

① 章学诚著、仓修良编注：《文史通义新编新注》，杭州：浙江古籍出版社，2005年版，第72页。

② 刘咸炘：《认经论》，载氏著《推十书》（增补全本）甲辑，第1册，上海：上海科学技术文献出版社，2009年版，第32页。

③ 钱穆：《国学概论》，台北：联经出版事业股份有限公司，1998年版，第24页。

祥先生所说："注重儒家经典出于史官文化的一面，可称'六经皆史'；注重儒家以'复述'传统礼制为己任的一面，可称'六经皆礼'。史之与礼，同步而进，原是一个统一的过程；而在史学尚不发达的阶段，注重礼学也就是儒家更为'本质'的一面。"① 因此，从这一意义上来讲，"六经皆史"与"六经皆礼"是相通的，换言之，如果说"六经皆先王之政典"，那么也可以说"六经皆源于礼"。

(二) 六经皆具备"礼"的教化功用

孔子所创建的儒家学派特别重视伦理教化，而孔子整理传承的六经皆具备伦理教化功用。当然六经教化的标准和目标就是"礼"。六经的教化功能各有侧重，《礼记·经解》开篇即云：

> 孔子曰："入其国，其教可知也。其为人也，温柔敦厚，《诗》教也；疏通知远，《书》教也；广博易良，《乐》教也；絜静精微，《易》教也；恭俭庄敬，《礼》教也；属辞比事，《春秋》教也。"②

虽然六经的教化功能各有不同、各有侧重，但宗旨在"礼"。正如著名经学家曹元弼所云："三代之学，皆所以明人伦，六艺殊科，礼为之体。"③ 礼学正是明人伦之学，六经自然以"礼"为体，所以《经解》篇随后极言"礼"之重要性：

> 礼之于正国也，犹衡之于轻重也，绳墨之于曲直也，规矩之于方圆也。……孔子曰："安上治民，莫善于礼。"此之谓也。故朝觐之礼，所以明君臣之义也。聘问之礼，所以使诸侯相尊敬也。丧祭之礼，所以明臣子之恩也。乡饮酒之礼，所以明长幼之序也。昏姻之礼，所以明

---

① 张富祥：《从王官文化到儒家学说——关于儒家起源问题的推索和思考》，《孔子研究》，1997年第1期。

② 孔颖达：《礼记正义》卷五十，影印《十三经注疏》本，北京：中华书局，1980年版，第1609页。

③ 曹元弼：《礼经学》卷四，《续修四库全书》第94册，上海：上海古籍出版社，2002年版，第713页。

男女之别也。夫礼，禁乱之所由生，犹坊止水之所自来也。……故礼之教化也微，其止邪也于未形，使人日徙善远罪而不自知也，是以先王隆之也。①

前揭皇侃"六经其教虽异，总以礼为本"之论断，盖本于《礼记·经解》。正是因为"礼"旨在"明人伦"，能够"禁乱""安上治民"，"使人日徙善远罪而不自知"，对于修身齐家、治国平天下皆有重要意义，所以它才会成为儒家经典的本体内容，这也是《经解》篇的大义所在。

皮锡瑞《三礼通论》"论六经之义'礼'为尤重，其所关系为尤切要"条称："六经之文，皆有'礼'在其中。六经之义，亦以'礼'为尤重。于何征之？于《经解》一篇征之。《经解》首节泛言六经，其后乃专归重于礼。"② 皮氏"六经之义'礼'为尤重"，正是言六经皆以"礼"为本。

学者不明礼，则难以明六经，清人凌廷堪《学古诗》说得好：

> 儒者不明礼，六籍皆茫然。于此苟有得，自可通其全。不明祭祀制，《洛诰》何以诠？不明宫室制，《顾命》何以传？不明《有司彻》，安知《楚茨》篇？不明《大射仪》，安能释《宾筵》？不明盥与荐，《易》象孰究研？不明聘与觐，《春秋》孰贯穿？③

六经同归，其旨在礼。《史记·滑稽列传》载孔子曰："六艺于治一也。"《汉书·礼乐志》所谓"六经之道同归，而《礼》《乐》之用为急。"以及皇侃所谓："六经总以礼为本。"均是极言"礼"在国家治理方面的重要性，旨在强调"礼"的社会教化功用为六经之旨归。对此，曹元弼先生曾作过非常全面、详明的论述：

> 六经同归，其指在礼。《易》之象，《书》之政，皆礼也。《诗》之美

"六经皆礼"说申论

① 孔颖达：《礼记正义》卷五十，影印《十三经注疏》本，北京：中华书局，1980年版，第1610—1611页。

② 皮锡瑞：《经学通论》卷三《三礼通论》，北京：中华书局，1954年版，第81页。

③ 凌廷堪：《校礼堂诗集》卷五，《续修四库全书》第1480册，上海：上海古籍出版社，2002年版，第40页。

刺,《春秋》之褒贬,于礼,得失之迹也。《周官》,礼之纲领,而《礼记》则其义疏也。《孝经》礼之始,而《论语》则其微言大义也。故《易》之言曰:"圣人有以见天下之动而观其会通以行其典礼。"《书》之言曰:"天叙有典,天秩有礼。"《诗序》之言曰:"发乎情,止乎礼义。"《春秋》宪章文武,约以周礼,所讥所善,按礼以正之。《孝经》开宗明义,言至德要道,要道谓礼乐。《论语》言礼者,四十余章,自视听言动,与凡事亲教子、事君使臣、使民为国,莫不以礼。《周礼》《仪礼》发源是一,《礼记》则七十子之徒共撰所闻,或录旧礼之义,或录变礼所由。盖圣人之道,一礼而已。三代之学,皆所以明人伦,六艺殊科,礼为之体。故郑君以礼注《易》《书》《诗》《孝经》,伏生以礼说《书》,毛公以礼说《诗》,左氏以礼说《春秋》,《公羊》《穀梁》亦皆言礼,而班氏《白虎通义》之论礼,郑君、孔氏、贾氏之注礼疏礼,又皆以群经转相证明。礼之义,诚深矣,尽六经之文,无一不与相表里。①

曹元弼在为张锡恭《丧服郑氏学》所作的序言中也强调指出:"天道至教,圣人至德,著在六经。六经同归,其指在礼。"②曹元弼所论极是,六经(甚至包括儒家其他经典)皆以礼为体,皆与礼相表里。三代之学皆以明人伦、明礼为旨归。"礼"囊括六经又蕴涵于六经之中,礼与六经之文转相证明,所以"尽六经之文,无一不与(礼)相表里",所以说六经同归,其旨在礼。

近代学者黄巩也强调"礼"在五经中的纲领性质说:"孔子订五经而约之以礼。其《经解》篇曰:'入其国,其教可知也。其为人也,温柔敦厚,《诗》教也;……属辞比事,《春秋》教也。'虽其成就之者,若有分见之长,而要不外范围于礼,俾人声律身度,君臣父子兄弟夫妇朋友而各有秩序,故曰五经一贯于礼也。盖礼之教化也微,感于未萌,使人日改过迁善而不自知也。……

---

① 曹元弼:《礼经学》卷四,《续修四库全书》第94册,上海:上海古籍出版社,2002年版,第713页。

② 曹元弼所作序言,见于〔清〕张锡恭著、吴飞点校:《丧服郑氏学》卷首,上海:上海书店出版社,2017年版,第1页。

故曰：五经者礼之精意，而礼者五经之法象也。"① 黄氏在这里非常中肯地指出"五经一贯于礼"，并阐明五经中所蕴含的"礼"具有重要的"教化"功用。

（三）六经的内容均与"礼"相通

以上所述，是将"六经"作为一个整体而泛论"礼"在其中的主体与纲领性质。为充分论证"六经皆礼"这一命题，下面具体来分析各经何以以"礼"为本。六经之中，《礼》固以礼为本，无需赘言。以下仅就《诗》《书》《乐》《易》《春秋》五经来对这一问题进行论述。

1.《诗》以礼为本

先秦时期，《诗》、礼、乐三者是密不可分的，尤其是《诗三百》中的《雅》《颂》，更是如此。"雅诗"主要是周王朝宫廷宴享或朝会时的乐歌，分《大雅》31篇和《小雅》74篇，《诗·大序》云："雅者，正也，言王政之所由废兴也。"② 这些西周王畿地区的"正声"，正是配合典礼的乐歌。《诗经》中的"颂诗"分《周颂》31篇、《鲁颂》4篇和《商颂》5篇，这些"颂诗"是贵族在宗庙中祭祀鬼神和赞美祖先、统治者功德的乐曲，所谓"国之大事，在祀与戎""礼莫重于丧祭"，因此祭祀典礼中尤其强调《诗》、礼、乐、舞的配合。《诗经》中的"十五国风"主要是反映民众生活的民歌，其中也有明确以"礼"为主题的诗，如《诗·鄘风·相鼠》：

> 相鼠有皮，人而无仪！人而无仪，不死何为？
>
> 相鼠有齿，人而无止！人而无止，不死何俟？
>
> 相鼠有体，人而无礼！人而无礼，胡不遄死？！③

《礼记·射义》引"逸诗"：

> 故《诗》曰："曾孙侯氏，四正具举。大夫君子，凡以庶士，小大莫

---

① 黄巩：《五经一贯于礼讲义》，《船山学刊》第七期，1935年，第7—8页。

② 孔颖达：《毛诗正义》卷一之一，影印《十三经注疏》本，北京：中华书局，1980年版，第272页。

③ 孔颖达：《毛诗正义》卷三之二，影印《十三经注疏》本，北京：中华书局，1980年版，第319页。

处，御于君所，以燕以射，则燕则誉。"言君臣相与尽志于射，以习礼乐，则安则誉也。①

事实上，《诗经》中言"礼"篇目众多，据陈戍国先生《诗经刍议》一书的统计，《诗经》中言"礼"者，至少占三分之一的篇数。其中，《风》《雅》为66篇，《颂》诗39篇，共计105篇②。《诗经》中有三分之一以上的篇数直接或间接言"礼"，足见《诗》以"礼"为本之说是成立的。

先秦时期的典礼一般包括礼仪、礼乐、礼辞，三者相辅相成，缺一不可，其中，礼辞即"诗"，如《仪礼·士冠礼》所载"三加"礼中的祝辞：

> 始加祝曰："令月吉日，始加元服。弃尔幼志，顺尔成德。寿考惟祺，介尔景福。"再加曰："吉月令辰，乃申尔服。敬尔威仪，淑慎尔德。眉寿万年，永受胡福。"三加曰："以岁之正，以月之令，咸加尔服。兄弟具在，以成厥德。黄耇无疆，受天之庆。"③

关于典礼中用"诗"的意义，曹元弼《礼经学·会通》论述说：

> 夫《诗》，感礼教之兴衰而作也。……礼者，人情之实，以《诗》情求礼意，非惟不苦其难，将好之乐之，知其为吾性之所固有而安处，善乐循礼，忽不自觉其入于圣贤之域矣。昔周公制礼，《诗》为乐章，《乡饮》《燕》《射》诸篇，以歌笙间合所用《诗》求之，陶情淑性，事半功倍，余篇可类推之。孔子纯取周诗，故礼经节文尤多合。④

正所谓"诗言志"，而"礼缘乎人情"。由此可见，诗、礼之所以本质上相通乃是因为二者皆关乎人情之实，皆缘于人情心志而作。此外，用《诗》不仅体现在典礼上，而且还普遍地表现在礼节交往上，《左传》多有记载，今试

---

① 孔颖达：《礼记正义》卷六二，影印《十三经注疏》本，北京：中华书局，1980年版，第1687页。

② 陈戍国：《诗经刍议》，长沙：岳麓书社1997年版，第126—127页。

③ 贾公彦：《仪礼注疏》卷三，影印《十三经注疏》本，北京：中华书局，1980年版，第957页。

④ 曹元弼：《礼经学》卷四，《续修四库全书》第94册，上海：上海古籍出版社，2002年版，第714—715页。

举三例：

《左传·桓公六年》：

公之未昏于齐也，齐侯欲以文姜妻郑大子忽。大子忽辞，人问其故，大子曰："人各有耦，齐大，非吾耦也。《诗》云：'自求多福。'在我而已，大国何为？"①

《左传·庄公二十二年》：

齐侯使敬仲为卿。辞曰："羁旅之臣，幸若获宥，及于宽政，赦其不闲于教训，而免于罪戾，弛于负担，君之惠也。所获多矣，敢辱高位，以速官谤？请以死告。《诗》云：'翘翘车乘，招我以弓，岂不欲往，畏我友朋。'"使为工正。②

又《左传·文公三年》：

晋侯飨公，赋《菁菁者莪》。庄叔以公降拜，曰："小国受命于大国，敢不慎仪？君贶之以大礼，何乐如之？抑小国之乐，大国之惠也。"晋侯降辞。登成拜。公赋《嘉乐》。③

由典礼、礼节中用"诗"的频繁性和必要性可见，"诗""礼"极为密切，清代学者魏源云："古之学者，歌诗三百，弦诗三百，舞诗三百，未有离礼乐以为诗者。礼乐而崩丧矣，诵其词，通其训诂，论其世，逆其志，果遂能反情复性，同功于古之诗教乎？"④ 可见，诗教离不开礼乐，换言之，诗教与礼教是相通的。毛公以"礼"解《诗》，郑玄以"礼"笺《诗》，皆可见"礼"、《诗》

"六经皆礼"说申论

---

① 孔颖达：《春秋左传正义》卷六，影印《十三经注疏》本，北京：中华书局，1980年版，第1750页。

② 孔颖达：《春秋左传正义》卷九，影印《十三经注疏》本，北京：中华书局，1980年版，第1774页。

③ 孔颖达：《春秋左传正义》卷十八，影印《十三经注疏》本，北京：中华书局，1980年版，第1840页。

④ 魏源：《魏源集》卷一《默觚上·学篇四》，北京：中华书局，1976年版，第12页。

相通。宋儒王安石云："《诗》《礼》足以相解，以其理同故也。"① 笔者认为，诗、礼之所以"相解"和"理同"，除了因其所反映的时代背景、名物制度相同以外，根本之处在于二者在教化的方向上是一致的。相解，即相通；理同，即道同，也即教化之旨相同，都可作为教化的"理法"。准此而言，孔子所云"温柔敦厚"，又何尝不是礼教的结果？沈文倬先生说其师曹元弼先生"幼年好《毛诗》，读陈奂《诗毛氏传疏》，见其所述名物制度与礼经多不合，领会到通礼才能通诗，遂专攻'三礼'郑注，尽得郑玄精义，成为笃守郑氏之学的经学家"②。唯有"通'礼'才能通《诗》"，由此亦可间接说明《诗》与"礼"相通，"礼"为《诗》之本。

正因为诗、礼相通，故孔子在教学过程中首重诗、礼教育，《论语·季氏》载孔子曰："不学《诗》，无以言；不学礼，无以立。"《论语·泰伯》载孔子曰："兴于《诗》，立于礼，成于乐。"《礼记·仲尼燕居》载孔子曰："不能《诗》，于礼缪。"《礼记·孔子闲居》载孔子曰："志之所至，《诗》亦至焉。《诗》之所至，礼亦至焉。礼之所至，乐亦至焉。"可见，孔子已视"诗""礼"为一体。马一浮《礼教绪论》云：

> 六艺之教，莫先于《诗》，莫急于《礼》。诗者，志也；礼者，履也。在心为志，发言为诗；在心为德，行之为礼。故敦诗说礼，即是蹈德履仁。君子以仁存心，以义制事。诗主于仁感而后兴，礼主于义，以敬为本。……"诗之所至，礼亦至焉"。所行必与所志相应，亦即所行必与所言相应也。……故言《诗》则摄《礼》，言《礼》则摄《乐》，《乐》亦《诗》摄，《书》亦《礼》摄，《易》与《春秋》亦互相摄，如此总别不二，方名为通。③

马一浮先生将心、言、行三者统一起来，强调德志统一，言行一致，认为

---

① 王安石：《临川先生文集》卷七四《答吴孝宗书》，北京：中华书局，1959年版，第786页。

② 沈文倬：《曹元弼〈古文尚书郑氏注〉笺释》，《文献》，1980年第3辑，第226页。

③ 马一浮：《复性书院讲录》，济南：山东人民出版社，1998年版，第184页。

"所行必与所志相应"，可以说很好地诠释了"诗""礼"何以相通。

综上所述可知，《诗》、礼、乐三者密不可分，《诗》中有三分之一以上的篇幅言礼，《诗》、礼在本质上相通，诗教与礼教也是一致的，而且惟有通"礼"才能通《诗》，因此我们说，《诗》以"礼"为本。

2.《书》以礼为本

《尚书》的内容不外虞、夏、商、周时期的典、谟、诰、命，可谓上古三代之政典，而这些政典与礼教又是密不可分的。《左传·成公十二年》载："政以礼成，民是以息。"正如邹昌林先生所说："在三代，政教合一，礼乐刑政是一个整体，其政，是以礼行政，所谓'为政先礼，礼者，政之本与！'是也。其刑，是以礼定刑，所谓'礼乐不兴，则刑罚不中'是也。"① 在政教合一的社会里，政治与教化是相通的，而且前文已经论及，"六经皆史"与"六经皆礼"是相通的，政教典章即礼，从这一意义上来讲，《书》无疑以"礼"为本。清代学者郭嵩焘云："三代政教所以纳民轨物，无一不本于礼。"② 又云："三代王者之治，无一不依于礼。将使习其器而通其意，用其文以致其情，神而化之，使民宜之。"③ 三代政教、王治均本于礼，而《尚书》所载，概而言之，即是王治之事，因此《尚书》亦是本于礼。

曹元弼《礼经学》论述《书》与"礼"的关系说：

> 孔子曰："为政先礼，礼其政之本与！"礼者，人伦也。尧之所以治民，舜之所以事君，周公之所以为子、为弟、为臣，皆立人伦之极，以爱敬、生养、保卫天下之民，立功立事，良法美意，仁覆万世，故《书》者，圣人以礼治天下之实政也。④

曹元弼先生引孔子之言，更申而论之：礼为人伦，《尚书》记事皆以"立

---

① 邹昌林：《中国礼文化》，北京：社会科学文献出版社，2000年版，第23页。

② 郭嵩焘：《郭嵩焘诗文集》，杨坚点校，长沙：岳麓书社，1984年版，第111页。

③ 郭嵩焘：《郭嵩焘诗文集》，杨坚点校，长沙：岳麓书社，1984年版，第118页。

④ 曹元弼：《礼经学》卷四，《续修四库全书》第94册，上海：上海古籍出版社，2002年版，第714页。

人伦"为旨，其谓《尚书》为"圣人以礼治天下之实政"，可谓灼见。

陈戍国先生在《论六经总以礼为本》一文中，充分论证了《今文尚书》与"礼"之密切关系，可资参考①。不过，陈先生以为传世《古文尚书》为"伪书"，故只考察了《今文尚书》部分，而对传世《古文尚书》弃之不论。我们认为关于《古文尚书》的真伪问题，迄今尚无定论②，因而拟在这里考察探讨一下传世《古文尚书》中"晚书"部分与"礼"之关系，作为陈文之补充，以便更全面地说明《尚书》与"礼"之关系。限于篇幅，兹仅举数例如下：

《虞书·大禹谟》："儆戒无虞，罔失法度，罔游于逸，罔淫于乐。"按：这是舜的大臣益的劝诫之语，不要违反法度，不要过于安逸和享乐。事实上，法度即礼，这里正是强调要遵循礼法。又："德惟善政，政在养民。"按：此可与《论语》中孔子所云"道之以德，齐之以礼，有耻且格"相对应。善政和养民，均离不开礼。又："明于五刑，以弼五教。期于予治，刑期于无刑。"按：先秦时期，礼乐刑政统一，刑罚和礼教合一，孔子云："礼乐不兴，则刑罚不中。"《礼记·乐记》："礼乐刑政，其极一也，所以同民心而出治道也。……礼乐刑政，四达而不悖，则王道备矣。"因此，言刑罚亦即言礼。

《夏书·胤征》："其或不恭，邦有常刑。"按：不合礼度，即有常刑。又："旧染污俗，咸与惟新。"按：礼、俗相依，污俗，即不合礼之俗。

《商书·汤诰》："凡我造邦，无从匪彝，无即慆淫，各守尔典，以承天休。尔有善，朕弗敢蔽；罪当朕躬，弗敢自赦。"按：匪彝，指不合礼法；各守尔典，亦指守礼法。奖惩分明、不敢谋私，是按规章制度做事。

《商书·太甲上》："先王顾諟天之明命，以承上下神祇。社稷宗庙，罔不祗肃。"按：天地、社稷、宗庙，为祭礼之大者。

《商书·太甲中》："伊尹以冕服奉嗣王归于亳。……欲败度，纵败礼，

① 陈戍国：《论六经总以礼为本》，载浙江大学古籍研究所编《礼学与中国传统文化——庆祝沈文倬先生九十华诞国际学术研讨会论文集》，北京：中华书局，2006年版，第138—140页。

② 参见丁鼎：《"伪〈古文尚书〉案"平议》，《古籍整理研究学刊》，2010年第2期。

以速戾于厥躬。"按：冕服，为帝王的礼帽和礼服。纵败礼，指放纵败坏了礼仪。

《商书·咸有一德》："七世之庙，可以观德。"按：《礼记·王制》："天子七庙，三昭三穆，与太祖之庙而七。"七世之庙，七代先祖之庙，天子有七庙，亲尽则迁，有德则不迁。七庙之制，属礼制。

《周书·泰誓上》："惟受罔有悛心，乃夷居，弗事上帝神祇，遗厥先宗庙弗祀。"按：上帝神祇、宗庙祭祀，皆祭礼。

《周书·毕命》："世禄之家，鲜克由礼。"按：此直言礼。

通过对上述书证的分析可知，《古文尚书》中的"晚书"25篇亦皆言"礼"，只不过有多少、显隐之别。结合陈戍国先生对于《今文尚书》与"礼"关系的论证，我们可以断言：《尚书》亦以"礼"为本。

3.《乐》以礼为本

前文已论及，诗、礼、乐三者密不可分，而礼、乐之关系可谓尤为密切，典礼的举行需要乐的配合，而乐的演奏更要本于礼典，正如郑樵《通志》所云："礼乐相须以为用，礼非乐不行，乐非礼不举。"[1] 礼、乐一体，可谓"无礼不乐"[2]。《左传·桓公九年》："冬，曹大子来朝，宾之以上卿，礼也。享曹大子，初献，乐奏而叹。"曹太子来朝，鲁国以上卿之礼待之。宴享中，有献酒礼，初献乐奏，曹太子闻乐而叹。此为礼、乐"相须为用"之明证。礼、乐相辅相成，以冠礼为例，《左传·襄公九年》载：

公送晋侯。晋侯以公宴于河上，问公年，季武子对曰："会于沙随之

---

① 郑樵：《通志二十略》，王树民点校，北京：中华书局，1995年版，第883页。

② "无礼不乐"，此处指通常情况下，礼、乐相须为用。若置于具体语境，此语另当别论，《左传·文公七年》："义而行之，谓之德、礼。无礼不乐，所由叛也。若吾子之德，莫可歌也，其谁来之？"杨伯峻先生解释"无礼不乐"说："无礼，即无德，此只言'礼'。乐为音乐之乐，亦为快乐之乐，歌是音乐；不乐，犹言无可歌者。对霸主无可歌，则虐政肆行，亦无可乐矣。"（杨伯峻：《春秋左传注》，中华书局2009年版，第564页。）陈戍国《论六经总以礼为本》说："《左传》文公七年说'无礼不乐'。换个说法，可以说'有礼才用乐'。"陈氏之说，似有断章取义之嫌。

岁，寡君以生。"晋侯曰："十二年矣！是谓一终，一星终也。国君十五而生子。冠而生子，礼也，君可以冠矣！大夫盍为冠具？"武子对曰："君冠，必以裸享之礼行之，以金石之乐节之，以先君之祧处之。今寡君在行，未可具也。请及兄弟之国而假备焉。"晋侯曰："诺。"公还，及卫，冠于成公之庙，假钟磬焉，礼也。①

鲁襄公举行冠礼，要行裸享之礼，同时要"以金石之乐节之"，因为鲁襄公、季武子一行在路途中，不具备举行冠礼的条件，故到兄弟之国卫国，借用礼器以成礼。"假钟磬焉，礼也"，是说奏乐是符合礼的，此亦为"礼乐相须"之例证。

《礼记》是战国以至汉初诸子论"礼"的论集，其中含有《乐记》篇，从这一点即可见《礼记》编纂者对于"礼""乐"密切关系的认同。更重要的是，《乐记》篇对"礼乐一体""礼乐相辅相成"有相当多的论述，兹略举数例如下：

知乐则几于礼矣。礼乐皆得，谓之有德。……乐者为同，礼者为异。同则相亲，异则相敬。乐胜则流，礼胜则离。……大乐必易，大礼必简。乐至则无怨，礼至则不争。揖让而治天下者，礼乐之谓也。……圣人作乐以应天，制礼以配地。礼乐明备，天地官矣。②

乐也者，情之不可变者也。礼也者，理之不可易者也。乐统同，礼辨异，礼乐之说，管乎人情矣。③

"君子曰：礼乐不可斯须去身。……致礼乐之道，举而错之天下无难矣。乐也者，动于内者也；礼也者，动于外者也。……礼有报，而乐有

---

① 孔颖达：《春秋左传正义》卷三十，影印《十三经注疏》本，北京：中华书局，1980年版，第1943页。

② 孔颖达：《礼记正义》卷三七，影印《十三经注疏》本，北京：中华书局，1980年版，第1528—1531页。

③ 孔颖达：《礼记正义》卷三八，影印《十三经注疏》本，北京：中华书局，1980年版，第1537页。

反。礼得其报则乐，乐得其反则安；礼之报，乐之反，其义一也。"①

由此可见，礼、乐关乎人情，相须为用，二者相应，以至和合；同时礼、乐又相辅相成，礼离不开乐，乐离不开礼。不同的典礼，需要不同的乐来配合，换言之，乐的演奏要适应并合乎礼的要求，这也正体现乐以礼为本，如冠礼、朝聘、宴享、射礼，所奏之乐各不相同。同时，奏乐要合乎礼制，春秋时期礼坏乐崩，违背礼制的现象时有发生，《论语·八佾》："孔子谓季氏：'八佾舞于庭，是可忍也，孰不可忍也？'"八佾，为天子规格的乐舞，《礼记·祭统》："八佾，以舞《大夏》，此天子之乐也。"季氏作为大夫按礼为四佾，其擅用八佾乐舞，可谓僭越礼制，孔子尚礼，故对此十分反感。《左传·庄公二十年》："冬，王子颓享五大夫，乐及遍舞。郑伯闻之，见虢叔，曰：'寡人闻之，哀乐失时，殃咎必至。今王子颓歌舞不倦，乐祸也。夫司寇行戮，君为之不举，而况敢乐祸乎！'"王子颓享五大夫，舞六代之乐，违背礼制，所以郑伯称之为"乐祸"。

前文说礼、乐不相离，是指常礼，而有些情况下，礼、乐会相离，这属于"变礼"，例如：《礼记·曲礼上》："齐者不乐不吊。"②《礼记·檀弓上》："忌日不乐。"③《礼记·曾子问》："孔子曰：'嫁女之家，三夜不息烛，思相离也。取妇之家，三日不举乐，思嗣亲也。'"④《礼记·郊特牲》："昏礼不用乐，幽阴之义也。乐，阳气也。昏礼不贺，人之序也。"⑤《礼记·杂记》：

『六经皆礼』说申论

---

① 孔颖达：《礼记正义》卷三九，影印《十三经注疏》本，北京：中华书局，1980年版，第1543—1544页。

② 孔颖达：《礼记正义》卷三，影印《十三经注疏》本，北京：中华书局，1980年版，第1248页。

③ 孔颖达：《礼记正义》卷六，影印《十三经注疏》本，北京：中华书局，1980年版，第1275页。

④ 孔颖达：《礼记正义》卷十八，影印《十三经注疏》本，北京：中华书局，1980年版，第1392页。

⑤ 孔颖达：《礼记正义》卷二六，影印《十三经注疏》本，北京：中华书局，1980年版，第1456页。

"君于卿大夫，比葬不食肉，比卒哭不举乐；为士比殡不举乐。"①《礼记·祭义》："乐以迎来，哀以送往，故禘有乐而尝无乐。"②

以上所举"变礼"虽不奏乐，但乐的演奏与否要根据具体的礼仪情形而变化，恰好说明，乐以礼为本。

正因礼、乐关系密切，所以在古代典籍中"礼乐"一词常被提及和使用，根据检索，《论语》中出现9次，例如《论语·季氏》："孔子曰：'天下有道，则礼乐征伐自天子出；天下无道，则礼乐征伐自诸侯出。'"而《礼记》中出现50次，兹不赘引。此外，"诗书礼乐""礼乐文化"等词，也成为惯用语而常被使用。综上可知，礼、乐相须为用，相辅相成，乐以礼为本。

4.《易》以礼为本

《周易》本是占筮之书，包括《易经》和《易传》两部分。《左传·昭公二年》："晋侯使韩宣子来聘，且告为政而来见，礼也。观书于大史氏，见《易》象与《鲁春秋》，曰：'周礼尽在鲁矣。吾乃今知周公之德，与周之所以王也。'"③杜预《春秋左氏传序》曰："韩子所见，盖周之旧典、礼经也。"④此为《易》、礼相通之明证。又《礼记·礼运》篇载：

> 言偃复问曰："夫子之极言礼也，可得而闻与？"孔子曰："我欲观夏道，是故之杞，而不足征也，吾得《夏时》焉。我欲观殷道，是故之宋，而不足征也，吾得《坤乾》焉。《坤乾》之义，《夏时》之等，吾以是

---

① 孔颖达：《礼记正义》卷四三，影印《十三经注疏》本，北京：中华书局，1980年版，第1566页。

② 孔颖达：《礼记正义》卷四七，影印《十三经注疏》本，北京：中华书局，1980年版，第1592页。

③ 孔颖达：《春秋左传正义》卷四二，影印《十三经注疏》本，北京：中华书局，1980年版，第2029页。

④ 孔颖达：《春秋左传正义》卷一，影印《十三经注疏》本，北京：中华书局，1980年版，第1704页。

观之。①

《坤乾》为易书，孔子以之观殷礼，可见在孔子看来，《易》亦为礼书。清代学者王夫之云："礼之兴也于中古，《易》之兴也亦于中古。《易》与礼相得以章。"② 章学诚《文史通义·易教》云："夫悬象设教与治历授时，天道也。……《易》象亦称周礼，其为政教典章，切于民用而非一己空言，自垂昭代而非相沿旧制，则又明矣。"③ 由此可见，《周易》与"礼"是相通的，《易》为周礼之内容。清代学者张惠言《虞氏易礼·自序》云：

> 《记》曰："夫礼必本于太一，转而为阴阳，变而为四时，其降曰命。"故知《易》者，礼象也。……虞氏于礼，盖已略矣，然以其所及，揆诸郑氏原流本末，盖有同焉。何者其异者？所用之象也。而所以为象者不殊，故以虞氏之注推礼以补郑氏之缺，其有不当则阙如，一以消息为本。④

郑玄"以礼解《易》"⑤，张惠言根据虞氏《易》注"推礼以补郑注"，可谓深得《易》、礼相通之旨，其"《易》者，礼象也"之说，颇有创见，换言之，可谓"礼为《易》之本"。曹元弼《礼经学》亦云：

> 《易》，礼象也，法象莫大乎天地。伏羲定乾坤，索六子，立三纲，叙五伦，别人类于禽兽，而礼之大本立。八卦重为六十四，屯建侯以作之君，蒙养正以作之师。开物成务，崇德广业，变草昧为文明而礼之大用行。……士冠礼，筮于庙门。注曰："以蓍问日吉凶于《易》也。"疏曰：

① 孔颖达：《礼记正义》卷二一，影印《十三经注疏》本，北京：中华书局，1980年版，第1415页。

② 王夫之：《周易外传》卷六，北京：中华书局，1977年版，第231页。

③ 章学诚著，叶瑛校注：《文史通义校注》卷一《易教上》，北京：中华书局，1985年版，第2页。

④ 张惠言：《虞氏易礼·自序》，《续修四库全书》第26册，上海：上海古籍出版社，2002年版，第601页。

⑤ 张惠言在《周易郑荀义》一书的《自序》中谓郑玄"以礼解《易》"，并称郑氏《易》注"列贵贱之位，辨大小之序，正不易之伦，经纶创制，吉凶损益，与诗书礼乐相表里，则诸儒未有能及之者也。"（〔清〕张惠言：《周易郑荀义》，《续修四库全书》第26册，上海：上海古籍出版社2002年版，第671页。）

"不于寝门筮者，取鬼神之谋。"《系辞》云："人谋鬼谋。"郑注云："谋卜筮于庙门是也。"按：冠礼、丧礼、祭礼、聘礼，皆有筮，筮仪在《礼》，筮法在《易》。《系辞》郑注说礼，多引《易》为证。①

曹元弼认为《周易》的旨归在礼，颇有识见。《周易》中有礼仪过程中所必需的筮法，郑玄注《系辞》多引《易》以说礼，可谓《易》、礼在本质上的相通关系。占筮与礼学密切相关，近人王葆玹先生认为，在先秦儒学中，易学属于礼学，"占筮学在先秦儒学体系中的地位尚未重要到可与《诗》《书》并列的程度，当时占筮学乃是从属于礼学的，《易》学不过是礼学的一部分。"②

刘师培认为："《周易》为周礼之一。《左氏传》昭二年，韩宣子观书于鲁，见《易》象，曰周礼尽在鲁矣。……故郑氏、虞氏均本礼以说《周易》。而《易经》一书具备五礼。"③他曾撰《群经大义相通论》，其中有《〈周易〉、周礼④相通考》一篇，该篇从《周易》一书中抉出33条"言礼"的例证：郊祀之礼见于《益》《豫》《鼎》；封禅之礼，见于《随》《升》；宗庙之礼见于《观》；时祭之礼见于《萃》《升》《既济》；馈食之礼见于《损》《困》；省方之礼见于《观》；宾王之礼亦见于《观》；时会之礼见于《萃》；酬庸之礼见于《大有》；

---

① 曹元弼：《礼经学》卷四，《续修四库全书》第 94 册，上海：上海古籍出版社，2002 年版，第 713 页。

② 王葆玹：《今古文经学新论》，北京：中国社会科学出版社，1997 年版，第 35 页。

③ 刘师培：《群经大义相通论》，载《刘申叔遗书》，南京：江苏古籍出版社，1997 年版，第 366 页。

④ 陈戌国《论六经总以礼为本》一文称："上世纪初，刘师培先生著《群经大义相通论》。此文最后一部分是'《周易》、《周礼》相通考'，其中'周礼'二字刘氏以为指书，我们以为以不用书名号为宜。"（载《礼学与中国传统文化——庆祝沈文倬先生九十华诞国际学术研讨会论文集》，北京：中华书局 2006 年版，第 136 页。）按：陈先生认为这里的"周礼""以不用书名号为宜"是正确的，但他认为"'周礼'二字刘氏以为指书"则是误解，实际上刘氏原书并没有书名号。通读刘师培《群经大义相通论》原文可知，刘师培"《周易》、周礼相通考"中所言"周礼"并非指《周礼》一书，而是泛指周代礼制。另外，刘氏在《群经大义相通论》中是以《周官》来称谓《周礼》一书的，如该文中专设"《周官》《左氏》相通考"一节，可谓明证。

朝觐之礼见于《丰》；聘礼见于《旅》；王臣出会之礼见于《坎》；田狩之礼见于《屯》《师》《比》《大畜》《解》《巽》；婚礼见于《泰》《归妹》《咸》《渐》；丧礼见于《大过》《益》《萃》《涣》《小过》。①

这33条例证可谓对《易》、礼相通作了有力考证，由此可知"礼"的确贯穿于《周易》一书，《周易》不仅具备五礼，而且以礼为本。《易》为礼之象，《周易》中包含诸多礼象、礼制内容，张惠言《周易郑荀义》一书梳理了郑氏《易》注言"礼象"之例23条②，其《虞氏易礼》又"以虞氏之注推礼以补郑氏之缺"③，可谓对《周易》之典制考证颇详。对此，刘师培云：

> 若用张氏惠言《虞氏易礼》之例汇而列之，则《周易》一书兼有裨于典章制度之学矣。且《易经》大义不外元亨利贞，孔子之释亨字也，谓嘉会足以合礼。又《系辞上》曰"圣人可以见天下之动而观其会通，以行其典礼"，亦《易经》言礼之明征。……近儒以《易》为言礼之书，岂不然哉？！④

刘氏所云极是，《周易》为言"礼"之书，其以"礼"为本，则其有裨于典章制度之学明矣。

《易传》与《礼记》中有一段较为明显的"重文"，《易传·系辞上》云：

> 天尊地卑，乾坤定矣。卑高以陈，贵贱位矣。动静有常，刚柔断矣。方以类聚，物以群分，吉凶生矣。在天成象，在地成形，变化见矣。是故

① 刘师培：《群经大义相通论》，载《刘申叔遗书》，南京：江苏古籍出版社，1997年版，第366—368页。

② 即中春嫁娶、三十而娶二十而嫁、天子之女、后无出道、郊禘、时祭、祭礼盥而不荐、二簋用享、长子主器、享西山、时会而盟、尊酒簋贰用缶、朝觐、聘、侯封、贡赐、中国七千里、大夫有地、军赋、宾士、世子不孝之刑、剧诛、围土等共计23条。参见〔清〕张惠言：《周易郑荀义》，《续修四库全书》第26册，上海：上海古籍出版社，2002年版，第680—690页。

③ 张惠言：《虞氏易礼》，《续修四库全书》第26册，上海：上海古籍出版社，2002年版，第601—626页。

④ 刘师培：《群经大义相通论》，载《刘申叔遗书》，南京：江苏古籍出版社，1997年版，第368页。

"六经皆礼"说申论

刚柔相摩，八卦相荡，鼓之以雷霆，润之以风雨；日月运行，一寒一暑。①

《礼记·乐记》云：

> 天尊地卑，君臣定矣。卑高已陈，贵贱位矣。动静有常，小大殊矣。方以类聚，物以群分，则性命不同矣。在天成象，在地成形，如此，则礼者天地之别也。地气上齐，天气下降，阴阳相摩，天地相荡，鼓之以雷霆，奋之以风雨，动之以四时，暖之以日月。②

由上引"重文"可知，二者在形式与内容上颇具相通性。因此从某种意义上可以说，《易传》与《礼记》是相通的，《易》与《礼》是相通的③。此处更值得注意的是，《易传》所说的尊卑、贵贱、分类等，都与礼密切相关，因为礼之功用正在于明贵贱、别同异。因此上引《系辞上》之内容虽是言《易》，实则言"礼"。《易纬·乾凿度》云：

> 孔子曰："方上古之时，人民无别，群物无殊，未有衣食器用之利。于是，伏羲乃仰观象于天，俯观法于地，中观万物之宜，始作八卦，以通神明之德，以类万物之情。故《易》者，所以经天地，理人伦，而明王道。是故八卦以建五气，以立五常，以之行。象法乾坤，顺阴阳，以正君臣父子夫妇之义。度时制宜，作网罟，以畋以渔，以赡人用。于是人民乃治，君亲以尊，臣子以顺，群生和洽，各安其性，八卦之用。"④

这一段文字更是将《易》与"礼"浑而为一、视为一体，由此可知《易》、

---

① 孔颖达：《周礼正义》卷七，影印《十三经注疏》本，北京：中华书局，1980年版，第75—76页。

② 孔颖达：《礼记正义》卷三七，影印《十三经注疏》本，北京：中华书局，1980年版，第1531页。

③《易传·系辞上》："是故《易》有大极，是生两仪。两仪生四象。四象生八卦。八卦定吉凶，吉凶生大业。"《礼记·礼运》："是故夫礼，必本于大一，分而为天地，转而为阴阳，变而为四时，列而为鬼神。"按：此亦为《易》《礼》相通之例证，《易》、礼之所以相通，正如邹昌林先生所说："《易》为礼之故，盖在于'易'与'礼'，其本源都在于取象于天地，以类万物，以征人事。"（邹昌林：《中国礼文化》，北京：社会科学文献出版社，2000年版，第23页。）

④ 林忠军：《〈易纬〉导读》，济南：齐鲁书社，2002年版，第78—79页。

礼相通，不仅在于《易》为言"礼"之书，还在于《易》教与礼教本质上是相通的，《礼记·经解》云："絜静精微，《易》教也。"清代学者英和云："易之道，不外吉凶悔吝。"① 不论絜静精微，还是吉凶悔吝，《周易》都是教人如何立身处事、趋吉避凶的，王夫之《周易外传》云："三圣人者本《易》治礼，本礼以作《春秋》，所谓以礼存心而不忧横逆之至者也。"② 由此可知，《易》之教在本质上与"礼"之教是相通的，正如陈戍国先生所说："以礼治国安邦，以礼守身行事，才能避凶就吉，致福无过。《易》以明礼，礼为《易》之本，这中间的道理不难明白。"③

此外，我们还可以从《周易》与《礼记·中庸》的关系来看《易》、礼相通。清代学者钱大昕云："《易》六十四卦三百八十四爻，一言以蔽之，曰'中'而已矣。子思述孔子之意而作《中庸》，与《大易》相表里。"④《易经》之卦、爻辞，及《易传》之《彖》、《象》辞中，言"中"、"中正"之例，颇为多见，而且《中庸》与《易传》颇为相通⑤。《周易》与《中庸》相表里，其根本在于"中"字，何谓"中"？《礼记·中庸》："中也者，天下之大本也。"《礼记·仲尼燕居》："夫礼，所以制中也。"《荀子·儒效》："曷为中，礼义也。"由此可见，所谓"天下之大本"的"中"即是"礼"。清代学者张尔岐认为《中庸》以"礼"为核心，其《中庸论》上云：

　　天地之所统；纲纪之所维；帝王之所公，以为制作；匹夫之所私，以

———————

① 英和：《江都焦氏雕菰楼易学序》，载焦循：《雕菰楼易学》，陈居渊校点，北京：北京大学出版社，2012年版，第675页。

② 王夫之：《周易外传》卷六，北京：中华书局，1977年版，第233页。

③ 陈戍国：《论六经总以礼为本》，载《礼学与中国传统文化——庆祝沈文倬先生九十华诞国际学术研讨会论文集》，北京：中华书局，2006年版，第138页。

④ 钱大昕著，吕友仁校点：《潜研堂集》卷三《中庸说》，上海：上海古籍出版社，1989年版，第39页。

⑤ 金德建《〈中庸〉思想和〈易〉理的关系》一文列举十二条《中庸》与《系辞传》、《文言传》相通的证据，可以据信。参见金德建：《先秦诸子杂考》，郑州：中州书画社，1982年版，第171—173页。

为学问；士君子之所循，以为出处进退；则又何物以善其会通？吾知必礼也。由礼而后可以中节，中节而后可以为中庸。则《中庸》云者，赞礼之极辞也。《中庸》一书，礼之统论约说也。夫礼，抑人之盛气，抗人之懦情，以就于中。天下之人质之所不便，皆不能安。①

张氏所言，切中肯綮，《中庸》以"礼"为核心，"中"，即"中节""中正"，亦即"礼"，《中庸》与《周易》相表里，则《周易》必然以"礼"为核心。

综上可知，《周易》五礼具备，为言"礼"之书，《易》教与礼教在本质上是相通的，《周易》以礼为核心，以礼为本。

5.《春秋》以礼为本

《春秋》初为国史之通名，后为鲁国史书之专名，其记事简约，微言大义，所以《左传》等三《传》为之传解，二者可谓相为表里，不可分离。《春秋》一书虽无"礼"字，但处处言礼，《左传·昭公二年》载，韩宣子聘鲁，见《鲁春秋》，以为周礼尽在鲁，可见《鲁春秋》为言"礼"之书。杜预注云："韩子所见，盖周之旧典礼经也。周德既衰，官失其守。上之人不能使《春秋》昭明，赴告策书，诸所记注，多违旧章。仲尼因鲁史策书成文，考其真伪，而志其典礼，上以遵周公之遗制，下以明将来之法。"②孔子作《春秋》，考真伪，志典礼，正为定名分、复周礼，可以说《春秋》之旨在礼。《史记·太史公自序》载孔子之言曰：

> 夫《春秋》，上明三王之道，下辨人事之纪，别嫌疑，明是非，定犹豫，善善恶恶，贤贤贱不肖，存亡国，继绝世，补敝起废，王道之大者也。……拨乱世反之正，莫近于《春秋》。……夫不通礼义之旨，至于君

---

① 张尔岐著，张翰勋等点校：《蒿庵集》卷一《中庸论》上，济南：齐鲁书社，1991年版，第23页。

② 孔颖达：《春秋左传正义》卷一，影印《十三经注疏》本，北京：中华书局，1980年版，第1704页。

不君，臣不臣，父不父，子不子。……故《春秋》者，礼义之大宗也。①

当代学者谢遐龄认为太史公所谓"'《春秋》者，礼义之大宗也'，深刻阐明了《春秋》与礼学关系。"②其说甚是。

《春秋》之旨在于明王道、辨人事、别嫌疑、明是非、定犹豫，一言以蔽之，即为定名分，这也正是礼的本质。《礼记·曲礼上》云："夫礼者，所以定亲疏，决嫌疑，别同异，明是非也。……道德仁义，非礼不成，教训正俗，非礼不备。分争辨讼，非礼不决。君臣上下父子兄弟，非礼不定。"孔颖达《春秋正义序》云："夫《春秋》者，纪人君动作之务，是左史所职之书。……国之大事在祀与戎，祀则必尽其敬，戎则不加无罪，盟会协于礼，兴动顺其节，失则贬其恶，得则褒其善。此《春秋》之大旨，为皇王之明鉴也。"③正因为《春秋》之义与"礼"在本质上是相通的，所以说"《春秋》为礼义之大宗"。

《春秋》以礼为本，王夫之《周易外传》云："三圣人者本《易》以治礼，本礼以作《春秋》。"④刘文淇《春秋左氏传旧注疏证·注例》云："释《春秋》必以周礼明之。周礼者，文王基之，武王作之，周公成之。周礼明，而后乱臣贼子乃始知惧。"⑤苏舆《春秋繁露义证》云：《春秋》之义，即制礼之意。"⑥又云："《春秋》别嫌疑，明是非，常于众人之所善，见其恶焉；于众人之所忽，见其美焉。……故曰：《春秋》原于《礼》。"⑦由此可见《春秋》之义与礼义相通，《春秋》以礼为本。说《春秋》为礼书，是指《春秋》一书以礼为

① 司马迁：《史记》卷一三〇，北京：中华书局，1959年版，第3297页。

② 谢遐龄：《董仲舒礼学思想初探》，《衡水师范学院学报》2021年第3期。

③ 孔颖达：《春秋左传正义》卷首，影印《十三经注疏》本，北京：中华书局，1980年版，第1698页。

④ 王夫之：《周易外传》卷六，北京：中华书局，1977年版，第233页。

⑤ 刘文淇：《春秋左氏传旧注疏证·注例》，中国科学院历史研究所第一、二所资料室整理，北京：科学出版社，1959年版。

⑥ 苏舆：《春秋繁露义证》，钟哲点校，北京：中华书局，1992年版，第117页。

⑦ 苏舆：《春秋繁露义证》，钟哲点校，北京：中华书局，1992年版，第3页。

例，以礼贯穿全书。正如王闿运《代丰春秋例表序》所云："《春秋》，礼义之宗也。……《春秋》者，礼也。礼者，例也。"① 毛奇龄《春秋毛氏传》将《春秋》二十二门类概括为四例，即礼例、事例、文例、义例，其中关于"礼例"，毛氏云：

> 礼例，谓《春秋》二十二门皆典礼也。晋韩宣子观鲁《春秋》曰："周礼尽在鲁矣。"言《春秋》一书以礼为例，故《左传》于隐七年书名例云："诸侯策告，谓之礼经。"而杜注与孔疏皆云："发凡起例，悉本周制。"所谓礼经，即春秋例也。故孔疏又云："合典法者即在褒例，违礼度者即在贬例，凡所褒贬皆据礼以断，并不在字句之间，故曰礼例。"今试观《春秋》二十二门，有一非典礼所固有者乎？毋论改元、即位、朝聘、盟会，以至征伐、丧祭、蒐狩、兴作、丰凶、灾祥，无非吉、凶、军、宾、嘉五礼成数，即公行告至讨贼征乱，及司寇刑辟、刺放、赦宥，有何一非周礼中事？而《春秋》一千八百余条，栉比皆是，是非礼乎？故读《春秋》者，但据礼以定笔削，而夫子所为褒、所为贬，概可见也，此非书人书字所得涸也。②

毛氏所言极是，《春秋》二十二门皆是典礼，《春秋》一书以礼为例，"凡所褒贬，皆据礼以断""惩恶劝善"之旨一本于礼。《春秋》一书贯穿五礼，故读《春秋》当以礼明之。段熙仲先生认为"《礼经》《春秋》学术同源"，他说："《春秋》者，据乱世而作，将以拨乱而反诸正之书也。孔子之笔削也，有褒有贬，而壹以得失于礼为准绳。……《春秋》据乱世而致太平，乱世礼坏，圣人以礼绳之，圣人之不得已也。若夫礼，则所以致太平也。礼与《春秋》相为用，出于礼者入乎《春秋》，出于《春秋》者入乎礼者也。……孔子作《春秋》

---

① 王闿运：《代丰春秋例表序》，载氏著《湘绮楼诗文集》，长沙：岳麓书社，1996年版，第93页。
② 毛奇龄：《春秋毛氏传》卷一，影印文渊阁《四库全书》第176册，台北：台湾商务印书馆，1986年版，第11页。

以正其乱，定《礼经》以道之于正，犹《春秋》之刑德之相为用也。两经者其义既通贯，其辞亦往往从同，知其源流同也。《礼经》之大义四，曰：亲亲也，尊尊也，长长也，男女有别也。《春秋》之大义亦不外是矣。"① 段先生提出的"《礼经》《春秋》学术同源""礼与《春秋》相为用"的说法，可谓深得《春秋》与礼相通之旨，诚为不刊之论。

《春秋》以礼为本，解说《春秋》并与之相表里的三《传》无疑也是以礼为本的，以《左传》而言，"礼也""非礼也"等句式屡见不鲜，其言礼之例，可谓不计其数，单是以"礼"字检索，《左传》一书就有526处，更遑论虽无"礼"字，实则言"礼"之例，《左传》实可以媲美专门的礼书，正如陈戍国先生所说："礼寓于史，修史者借史事说礼，是《左传》的高明之处。《左传》使用'礼'字频率颇高。论礼精言，无论就频率还是准确程度而言，均可与专门的礼书相提并论。吉凶宾军嘉五礼，无所不备，且多记仪注细目，可为礼书之旁证，甚而可补礼书之不足。"② 由此可见《春秋》《左传》诚然以"礼"为本。曹元弼《礼经学·会通》云：

> 《春秋》义深于君父，君父之际，圣人加焉。故凡变礼、乱常之事，必谨书之，严辨之，以塞逆源明顺道，以遏杀机保生理，故《春秋》者，礼之大宗也。……民之所由生，礼为大。《春秋》作，而礼达于万世矣。三《传》说经皆言礼，《左氏传》可以见礼教隆污之杀，《公羊》《穀梁》则孔子秉礼作经之精义存。③

曹元弼此说上承前述司马迁《史记·太史公自序》之意，认为《春秋》深于君臣父子之义，为礼义之大宗，三《传》说经，亦皆以礼为依据。

---

① 段熙仲：《礼经十论》，《文史》第一辑，北京：中华书局，1962年版，第29—30页。

② 陈戍国：《论六经总以礼为本》，载《礼学与中国传统文化——庆祝沈文倬先生九十华诞国际学术研讨会论文集》，北京：中华书局，2006年版，第143—144页。

③ 曹元弼：《礼经学》卷四，《续修四库全书》第94册，上海：上海古籍出版社，2002年版，第725页。

综上可知，《春秋》一书贯通五礼，其褒贬论评皆以礼为依据，在某种意义上甚至可谓之专门之礼书，因此说《春秋》以礼为本。

三、结论

六经皆礼，不仅因为六经源于礼，以礼为本，而且也因为六经以礼为旨归，均可用来作为礼乐教化的工具。六经之所以以礼为旨归，首先在于"礼"是中国的核心思想[①]，是孔子思想体系乃至中国传统文化的核心[②]；其次在于"礼"统摄六经，贯通六经，从而使六经以"礼"作为教化的标准和目标。

礼在中国传统文化中的重要性，先秦诸子多有论及。《左传·僖公十一年》："礼，国之干也。"《左传·昭公十五年》："礼，王之大经也。一动而失二礼，无大经矣。言以考典，典以志经，忘经而多言举典，将焉用之？"《左传·昭公二十五年》记郑子产之言："夫礼，天之经也，地之义也，民之行也。"《左传·昭公二十六年》记晏子曰："礼之可以为国也久矣，与天地并。君令臣共，父慈子孝，兄爱弟敬，夫和妻柔，姑慈妇听，礼也。"

以孔子为代表的儒家将礼乐思想贯通于六经之中，并将六经作为礼乐教化的教科书，从而使六经成为礼乐文化与典章制度的主要载体，成为礼乐教化的文化工具。

章学诚《文史通义·易教下》云："夫子曰：'天下同归而殊途，一致而百虑。'君子之于六艺，一以贯之，斯可矣。"[③]六经中一以贯之的思想内容，无疑就是礼。《诗》《书》《礼》《乐》《易》《春秋》等六部典籍，皆产生于礼乐文化的土壤之中，皆源于礼乐文化；"六经皆史"与"六经皆礼"本质上是

---

① 钱穆先生说："在西方语言中没有'礼'的同义词。它是整个中国人世界里一切习俗行为的准则，标志着中国的特殊性。……要了解中国文化必须站得更高来看到中国之心。中国的核心思想就是'礼'。"参见：[美]邓尔麟：《钱穆与七房桥世界》，蓝桦译，北京：社会科学文献出版社，1998年版，第8—9页。

② 参见丁鼎：《礼：中国传统文化的核心》，载《礼学与中国传统文化——庆祝沈文倬先生九十华诞国际学术研讨会论文集》，北京：中华书局，2006年版，第1—5页。

③ 章学诚著，叶瑛校注：《文史通义校注》，北京：中华书局，1985年版，第18页。

相通的，六经皆源于礼。"礼"贯通于六经之中，为六经之重要内容，六经皆以"礼"为旨归，六经之教本质上即为礼教。因此"六经皆礼"这一命题虽然并非古已有之，现代学术界也较少有人明确倡言，但根据前述探讨，我们认为这一命题是可以成立的。同时，"礼"在六经及中国传统文化中的核心地位应该得到承认和重视。

（本文初稿完成于2016年，曾在2016年10月14日至16日浙江大学举办的
"纪念沈文倬先生百年诞辰暨东亚礼乐文明国际学术研讨会"上宣读过。
后经修订润色发表于《孔子研究》2021年第4期。）

"六经皆礼"说申论

《易》道与"礼教"

丁 鼎

　　《易经》又名《周易》，是一部非常特殊的文化元典，它既是儒家六经之一，也被道教奉为经典，同时又是魏晋玄学的"三玄之一"，因而在中国传统文化中占有非常重要的地位。关于《易经》的思想内容，《庄子·天下篇》曾这样概括："《诗》以道志，《书》以道事，《礼》以道行，《乐》以道和，《易》以道阴阳，《春秋》以道名分。"也就是说它是一部探讨天地人世间阴阳变化的经典著作。它的思维模式、它的人生哲学和它的象数理论都对中国乃至中华文化圈内各国人民的思维习惯、人生态度产生了重要而深远的影响。

　　本文不是探讨《易经》的阴阳变化思想，而是要与大家一起讨论《易经》中所蕴含的"礼教"思想。主要是与大家讨论一下如下两个问题：

　　其一，"礼"是儒家六经中一以贯之的主要内容

　　通过申论孔子整理传承下来的儒家六经的核心就是"礼"（礼教），进一

步推论："礼"或"礼教"也应该是《易经》的主要内容。

其二，《易经》的"礼教"思想

通过探讨《易经》中的"礼教"思想，说明《周易》虽然是一部讨论阴阳变化的经典，但其中蕴含着许多与"礼"相通的内容，且五礼具备，甚至可以说"《易》以明礼，礼为《易》之本"①。因此可以得出这样的结论：就社会政治思想和哲学思想而言，《易》道与礼教在本质上都是相通的。

需要说明的是：笔者在本文中对上述两个问题的探讨属于一得之见。虽然未敢自是，但自认为言之有据。兹谨试言其详如下，尚祈各位同道不吝批评指正。

一、"礼"是儒家六经中一以贯之的主要内容

六经，是指中国古代伟大的思想家、教育家孔子所整理、传承下来的《诗》《书》《礼》《乐》《易》《春秋》等六部典籍。六经不仅是儒家经典，而且是中国传统文化的元典，可谓中国传统文化的根本和源头。

关于孔子与六经，唐代画圣吴道子在《先师孔子行教像》题辞曰："德侔天地，道冠古今；删述六经，垂宪万世。"这段题辞对于我们理解六经的思想内容很有帮助。

六经的思想内容虽然有所不同，各有侧重，各有千秋，但由于它们均是孔子整理编订和传承下来的儒家经典，而孔子自己曾声称："吾道一以贯之。"（《论语·里仁》）因而六经的思想内容应当具有某种统一性。我们认为统摄六经的思想内容，或者说"一以贯之"的孔子思想的核心内容就是"礼"。因此，我们认为可以提出"六经皆礼"这一命题。

我国古代并无"六经皆礼"这一命题，但"六经皆礼"这一命题渊源有自，不仅可以溯源到《礼记》《史记》和《汉书》，而且得到了后世许多学者的认同和论证。

---

① 陈戍国：《论六经总以礼为本》，《礼学与中国传统文化——庆祝沈文倬先生九十华诞国际学术研讨会论文集》，北京：中华书局，2006年版，第138页。

《礼记·经解》开篇即载孔子阐释六经的教化功用说："入其国，其教可知也。其为人也，温柔、敦厚，《诗》教也；疏通、知远，《书》教也；广博、易良，《乐》教也；絜静、精微，《易》教也；恭俭、庄敬，《礼》教也；属辞、比事，《春秋》教也。"这里分别阐明了六经对于国家教化的重要意义和功用。接下来，又特别强调"礼"对于国家政治和社会治理的重要意义说："礼之于正国也，犹衡之于轻重也，绳墨之于曲直也，规矩之于方圆也。……是故隆礼、由礼，谓之有方之士；不隆礼、不由礼，谓之无方之民。……孔子曰'安上治民，莫善于礼。'此之谓也。"全篇末尾又极言"礼之教化"的重要性说："夫礼禁乱之所由生，犹坊止水之所自来也。故以旧坊为无所用而坏之者，必有水败；以旧礼为无所用而去之者，必有乱患。……故礼之教化也微，其止邪也于未形，使人日徙善远罪而不自知也，是以先王隆之也。"①《经解》认为六经均有各自的教化功能，而这些教化功能都可归属于"礼之教化"。因而我们认为《经解》的这些阐述可以说明"礼"是儒家六经一以贯之的主要内容。

而班固《汉书·礼乐志》则更直接明确地指出："六经之道同归，而《礼》《乐》之用为急。治身者斯须忘礼，则暴嫚入之矣；为国者一朝失礼，则荒乱及之矣。"②这是讲六经之道皆以礼、乐为旨归，修身治国都离不开礼。显然，《汉书·礼乐志》的上述论述可以看作是后世"六经皆礼"说的直接源头。

南朝梁人皇侃进一步强调礼在六经中的统摄地位说："六经其教虽异，总以礼为本。"③皇侃的这段论述非常简约，但与上引班固的论述有异曲同工之妙。

降至清代，"六经皆礼"这一命题虽然仍未被明确地提出来，但许多学者对这一命题的内容进行了多方面的、较清晰深入的论述。清初著名礼学家张

① 孙希旦：《礼记集解》，北京：中华书局，1989 年版，第 1254—1257 页。

② 班固：《汉书》卷二二，中华书局，1962 年版，第 1027 页。

③ 孔颖达：《礼记正义》引皇侃之语，影印《十三经注疏》本，北京：中华书局，1980 年版，第 1609 页。

尔岐《中庸论》上论述说：

> 礼者道之所会也，虽有仁圣，不得礼，无以加于人。则礼者道之所待以征事者也，故其说不可殚。圣人之所是，皆礼同类也。圣人之所非，皆礼反对也。《易》之失得，《书》之治乱，《诗》之贞淫，《春秋》之诛赏，皆是物矣。尽"六经"之说，而后可以究《礼》之说，……礼之所统不既全矣乎！①

张尔岐这里所谓"皆是物矣"，即言"皆礼也"。在张氏看来，"礼"是统摄六经的，《周易》所探讨的"失得"，《尚书》所记述的"治乱"，《诗经》所吟诵的"贞淫"，以及《春秋》所蕴含的"诛赏"，都属于"礼"的范畴。张尔岐虽然并未正式使用"六经皆礼"这一术语，但他的上述论述实际上已经完整地蕴含着"六经皆礼"这一命题的内涵。

张尔岐之后，清代还有多位著名经学家从不同的视角对"六经皆礼"说作了进一步的论述。

晚清著名学者王闿运提出："治经必先知礼，经所言皆礼制。"②显然，在王闿运看来儒家群经的核心宗旨就是"礼"。

清末著名今文经学家皮锡瑞在《经学通论·三礼》中说："六经之文，皆有礼在其中。六经之义，亦以礼为尤重。"③

清末民初著名古文经学家曹元弼《礼经学·会通》云："六经同归，其指在礼。《易》之象，《书》之政，皆礼也。《诗》之美刺，《春秋》之褒贬，于礼，得失之迹也。《周官》，礼之纲领，而《礼记》则其义疏也。《孝经》礼之始，而《论语》则其微言大义也。"④曹说可谓对前述《汉书·礼乐志》"六经之道

---

① 张尔岐著，张翰勋等点校：《蒿庵集》卷一《中庸论》上，济南：齐鲁书社，1991年版，第24页。

② 王闿运：《论习礼》，《湘绮楼诗文集》，长沙：岳麓书社，1996年版，第525页。

③ 皮锡瑞：《经学通论·三礼》，北京：中华书局，1982年版，第81页。

④ 曹元弼：《礼经学》卷四，《续修四库全书》第94册，上海：上海古籍出版社，2002年版，第713页。

同归，而《礼》《乐》之用为急"之说的进一步阐述和发明。

在现代学术语境下专门探讨或随文论及"六经"（或某一经）与"礼"之关系，可谓不乏其人。其中以蔡尚思、陈戍国及刘丰等先生的见解颇有代表性。蔡尚思先生论述说：

> 过去不少的学者深信'六经皆史'，经学即史学之说；但我从更本质的一方面来看，觉得在孔子心目中，也未尝不可以说是：六经皆礼（孔门儒家把六经当做礼教的教科书，是主要的一方面），经学即礼学。孔子是史学家，孔子更是礼教家。从'继往'方面说，他是礼的集大成者；从'开来'方面说，他又是礼学的开山祖师。到了孔子，'礼'才正式成为'礼学'。"①

虽然我们不认同蔡尚思先生一贯批孔、反孔的立场和态度，但我们赞同他的"六经皆礼"之说。

陈戍国先生《论六经总以礼为本》一文对"六经"与"礼"的密切关系作了较为深入的研究，分析探讨了"《周易》与礼"《尚书》与礼"《诗》与礼"礼与礼"《春秋》与礼"之间密切的伴生关系，并从多方面探讨论证了南朝梁皇侃所谓"六经总以礼为本"的思想内涵。② 刘丰先生则论述说："'六经'的宗旨是礼，……孔门后学在孔子思想的基础上又有所发挥，这就是《易传》《春秋》三传及《礼记》，而贯穿其中的思想依然是礼。"③ 陈、刘等先生的论述虽然均未明确倡言"六经皆礼"这一命题，但其实质均可以看作是对"六经皆礼"这一命题的论证和阐释。

通过以上简要陈述，基本上可以断言孔子整理传承下来的六经的核心思想就是"礼"。

---

① 蔡尚思：《孔子思想体系》，上海：上海人民出版社，1982年版，第282页。
② 陈戍国：《论六经总以礼为本》，《礼学与中国传统文化——庆祝沈文倬先生九十华诞国际学术研讨会论文集》，北京：中华书局，2006年版，第143页。
③ 刘丰：《先秦礼学思想与社会的整合》，北京：中国人民大学出版社，2003年版，第58—59页。

在孔子的思想体系中，"礼"是孔子政治思想和社会伦理思想的出发点和归宿点。在以《礼记》的作者为代表的先秦儒家看来，"礼"是天地间一切事物的关系和秩序的规范和准则。如《礼记·乐记》说："礼者，天地之序也。"这就从形而上的高度论证了"礼"的至高无上的地位，也就是说，"礼"在儒家学说中是与天道一样具有形而上的本体地位的，因此，将孔子思想体系的核心概括为"礼"当是符合历史实际的。

综上所述，我们可以推出这样的结论，既然可以论定孔子的思想体系的核心是"礼"，而且"六经皆礼"这一命题可以成立，那么作为六经之一的《易经》也应当蕴含着"礼"或"礼教"的思想。

二、《易经》所蕴含的"礼教"思想

以上所述，是将"六经"作为一个整体而泛论"礼"或"礼教"在其中的主体与纲领性质。下面我们来具体考察探讨一下《易经》的"礼教"思想。

《周易》本是占筮之书，包括《易经》和《易传》两部分。《左传·昭公二年》："晋侯使韩宣子来聘，且告为政而来见，礼也。观书于大史氏，见《易》《象》[①]与《鲁春秋》，曰：'周礼尽在鲁矣。吾乃今知周公之德，与周之所以王也。'"[②]杜预《春秋左氏传序》曰："韩子所见，盖周之旧典、礼经也。"[③]此为《易》、礼相通之明证。

又《礼记·礼运》篇载：

> 言偃复问曰："夫子之极言礼也，可得而闻与？"孔子曰："我欲观夏道，是故之杞，而不足征也，吾得《夏时》焉。我欲观殷道，是故之宋，而不足征也，吾得《坤乾》焉。《坤乾》之义，《夏时》之等，吾以是

---

① 按：关于"象"，历来有两种解释，一是与前之"易"字连读，即"易象"，指《周易》上下经之《象》辞；一是与前之"易"字分读，"易"指《周易》，"象"是象阙、魏阙之简称，指宫门外悬挂法令使众人周知的地方，此处指鲁国历代之政令，参见杨伯峻：《春秋左传注》，中华书局，1981年版，第1226—1227页。

② 孔颖达：《春秋左传正义》卷四二，影印《十三经注疏》本，1980年版，第2029页。

③ 孔颖达：《春秋左传正义》卷一，影印《十三经注疏》本，1980年版，第1704页。

观之。①

《坤乾》为易书，孔子以之观殷礼，可见在孔子看来，《易》亦为礼书。清代学者王夫之云："礼之兴也于中古，《易》之兴也亦于中古。《易》与礼相得以章。"② 章学诚《文史通义·易教》云："夫悬象设教，与治历授时，天道也。……《易》象亦称周礼，其为政教典章，切于民用而非一己空言，自垂昭代而非相沿旧制，则又明矣。"③ 由此可见，《周易》与"礼"是相通的，《易》为周礼之内容。清代学者张惠言《虞氏易礼·自序》云：

> 《记》曰"夫礼必本于太一，转而为阴阳，变而为四时，其降曰命"，故知《易》者，礼象也。……虞氏于礼，盖已略矣，然以其所及，揆诸郑氏原流本末，盖有同焉。何者其异者？所用之象也。而所以为象者不殊，故以虞氏之注推礼以补郑氏之缺，其有不当则阙如，一以消息为本。④

郑玄"以礼解《易》"⑤，张惠言根据虞氏《易》注"推礼以补郑注"，可谓深得《易》、礼相通之旨，其"《易》者，礼象也"之说，颇有创见，换言之，可谓"礼为《易》之本"。曹元弼《礼经学》亦云：

> 《易》，礼象也，法象莫大乎天地。伏羲定乾坤，索六子，立三纲，叙五伦，别人类于禽兽，而礼之大本立。八卦重为六十四，屯建侯以作之君，蒙养正以作之师。开物成务，崇德广业，变草昧为文明而礼之大用行。……士冠礼，筮于庙门。注曰："以蓍问日吉凶于《易》也。"疏曰："不于寝门筮者，取鬼神之谋。"《系辞》云："人谋鬼谋。"郑注云："谋

---

① 孔颖达：《礼记正义》卷二一，影印《十三经注疏》本，1980年版，第1415页。

② 王夫之：《周易外传》卷六，北京：中华书局，1977年版，第231页。

③ 章学诚著，叶瑛校注：《文史通义校注》，北京：中华书局，2004年版，第2页。

④ 张惠言：《虞氏易礼·自序》，《续修四库全书》第26册，上海：上海古籍出版社，2002年版，第601页。

⑤ 张惠言在《周易郑荀义》一书的《自序》中言郑玄"以礼解《易》"，并称郑氏《易》注"列贵贱之位，辨大小之序，正不易之伦，经纶创制，吉凶损益，与诗书礼乐相表里，则诸儒未有能及之者也"。（张惠言：《周易郑荀义》，《续修四库全书》第26册，上海：上海古籍出版社，2002年版，第671页。）

卜筮于庙门是也。"按：冠礼、丧礼、祭礼、聘礼，皆有筮，筮仪在《礼》，筮法在《易》。《系辞》郑注说礼，多引《易》为证。①

曹元弼认为《周易》的旨归在礼，颇有识见。《周易》中有礼仪过程中所必需的筮法，郑玄注《系辞》多引《易》以说礼，可谓《易》、礼在本质上的相通关系。占筮与礼学密切相关，近人王葆玹先生认为，在先秦儒学中，易学属于礼学，"占筮学在先秦儒学体系中的地位尚未重要到可与《诗》《书》并列的程度，当时占筮学乃是从属于礼学的，《易》学不过是礼学的一部分"②。

刘师培认为："《周易》为周礼之一。《左氏传》昭二年，韩宣子观书于鲁，见《易》象，曰周礼尽在鲁矣。……故郑氏、虞氏均本《礼》以说《周易》。而《易经》一书具备五礼。"③他曾撰《群经大义相通论》，其中有《〈周易〉、周礼相通考》一篇，该篇从《周易》一书中抉出33条"言礼"的例证：郊祀之礼见于《益》《豫》《鼎》；封禅之礼见于《随》《升》；宗庙之礼见于《观》；时祭之礼见于《萃》《升》《既济》；馈食之礼见于《损》《困》；省方之礼见于《观》；宾王之礼亦见于《观》；时会之礼见于《萃》；酬庸之礼见于《大有》；朝觐之礼见于《丰》；聘礼见于《旅》；王臣出会之礼见于《坎》；田狩之礼见于《屯》《师》《比》《大畜》《解》《巽》；婚礼见于《泰》《归妹》《咸》《渐》；丧礼见于《大过》《益》《萃》《涣》《小过》。④

这33条例证可谓对《易》、礼相通作了有力考证，由此可知"礼"的确贯穿于《周易》一书，《周易》不仅具备五礼，而且以礼为本。《易》为礼之象，《周易》中包含诸多礼象、礼制内容。张惠言《周易郑荀义》一书梳理了郑氏

《易》道与「礼教」

---

① 曹元弼：《礼经学》卷四，《续修四库全书》第94册，上海：上海古籍出版社，2002年版，第713页。

② 王葆玹：《今古文经学新论》，北京：中国社会科学出版社，1997年版，第35页。

③ 刘师培：《群经大义相通论》，载《刘申叔遗书》，南京：江苏古籍出版社，1997年版，第366页。

④ 刘师培：《群经大义相通论》，载《刘申叔遗书》，南京：江苏古籍出版社，1997年版，第366—368页。

《易》注言"礼象"之例23条①，其《虞氏易礼》又"以虞氏之注推礼以补郑氏之缺"②，可谓对《周易》之典制考证颇详。对此，刘师培先生云：

> 若用张氏惠言《虞氏易礼》之例汇而列之，则《周易》一书兼有裨于典章制度之学矣。且《易经》大义不外元亨利贞，孔子之释亨字也，谓嘉会足以合礼。又《系辞上》曰"圣人可以见天下之动而观其会通，以行其典礼"，亦《易经》言礼之明征。……近儒以《易》为言礼之书，岂不然哉？！③

刘氏所云极是，《周易》虽是一部讲阴阳变化的书，其实也是一部与"礼"相通的言"礼"之书。

实际上，《易经》的传文有许多内容与《礼记》相近或相似，说明《易》道与"礼教"确实有着密切的关系。如《易传·系辞上》："是故《易》有太极，是生两仪。两仪生四象。四象生八卦。八卦定吉凶，吉凶生大业。"④而《礼记·礼运》中有一段与此近似的文字："是故夫礼，必本于太一，分而为天地，转而为阴阳，变而为四时，列而为鬼神。"按：《易传》中的"大（太）极"与《礼记》中所讲的"大（太）一"均是指天地未分之前的混沌元气。《易传》所谓"是生两仪"就是《礼记》所谓的"分而为天地"；《易传》所谓"两仪生四象"与《礼记》所谓的"变而为四时"也是相通的。因此，上述《易传》与《礼记》的这两段文字可以作为《易》、礼相通之例证。《易》、礼之所以相通，正如邹昌林先生所说："《易》为礼之故，盖在于'易'与'礼'，其本源都在于

---

① 即中春嫁娶、三十而娶二十而嫁、天子之女、后无出道、郊禘、时祭、祭礼盥而不荐、二篚用享、长子主器、享西山、时会而盟、尊酒簋贰用缶、朝觐、聘、侯封、贡赐、中国七千里、大夫有地、军赋、宾士、世子不孝之刑、剧诛、圜土等共计23条。参见张惠言：《周易郑荀义》，《续修四库全书》第26册，上海：上海古籍出版社，2002年版，第680—690页。

② 张惠言：《虞氏易礼》，《续修四库全书》第26册，上海：上海古籍出版社，2002年版，第601—626页。

③ 刘师培：《群经大义相通论》，载《刘申叔遗书》，南京：江苏古籍出版社，1977版，第368页。

④ 孔颖达：《周易正义》，影印《十三经注疏》本，北京：中华书局，1980年版，第82页。

取象于天地，以类万物，以征人事。"①

此处，《易传》与《礼记》中还有一段较为明显的"重文"，可以作为《易》道与"礼教"相通的例证。《易传·系辞上》云：

> 天尊地卑，乾坤定矣。卑高以陈，贵贱位矣。动静有常，刚柔断矣。方以类聚，物以群分，吉凶生矣。在天成象，在地成形，变化见矣。是故刚柔相摩，八卦相荡，鼓之以雷霆，润之以风雨；日月运行，一寒一暑。②

《礼记·乐记》云：

> 天尊地卑，君臣定矣。卑高已陈，贵贱位矣。动静有常，小大殊矣。方以类聚，物以群分，则性命不同矣。在天成象，在地成形，如此，则礼者天地之别也。地气上齐，天气下降，阴阳相摩，天地相荡，鼓之以雷霆，奋之以风雨，动之以四时，暖之以日月。③

显然二者在形式与内容上均颇具相似和相通性。因此从某种意义上可以说，《易传》与《礼记》是相通的。此处更值得注意的是，《易传》所说的尊卑、贵贱、分类等，都与"礼"密切相关，因为礼之功用正在于明贵贱、别同异。因此上引《系辞上》之内容虽是言《易》道，实则言"礼教"。正如《易纬·乾凿度》所说：

> 孔子曰："方上古之时，人民无别，群物无殊，未有衣食器用之利。于是，伏羲乃仰观象于天，俯观法于地，中观万物之宜，始作八卦，以通神明之德，以类万物之情。故《易》者，所以经天地，理人伦，而明王道。是故八卦以建五气，以立五常，以之行。象法乾坤，顺阴阳，以正君臣父子夫妇之义。度时制宜，作网罟，以畋以渔，以赡人用。于是人民乃治，君亲以尊，臣子以顺，群生和洽，各安其性，八卦之用。"④

---

① 邹昌林：《中国礼文化》，北京：社会科学文献出版社，2000 年版，第 23 页。

② 孔颖达：《周易正义》，影印《十三经注疏》本，北京：中华书局，1980 年版，第 75—76 页。

③ 孔颖达：《礼记正义》，影印《十三经注疏》本，北京：中华书局，1980 年版，第 1531 页。

④ 林忠军：《〈易纬〉导读》，济南：齐鲁书社，2002 年版，第 78—79 页。

《易》道与「礼教」

这一段文字更是将《易》与"礼"浑而为一、视为一体，由此可知《易》、礼相通，不仅在于《易》为言"礼"之书，还在于《易》教与礼教本质上是相通的，《礼记·经解》云："絜静精微，《易》教也。"清代学者英和云："易之道，不外吉凶悔吝。"① 不论絜静精微，还是吉凶悔吝，《周易》都是教人如何立身处事、趋吉避凶的。王夫之《周易外传》云："三圣人者本《易》治礼，本礼以作《春秋》，所谓以礼存心而不忧横逆之至者也。"② 由此可知，《易》道在本质上与"礼教"是相通的，正如陈戌国先生所说："以礼治国安邦，以礼守身行事，才能避凶就吉，致福无过。《易》以明礼，礼为《易》之本，这中间的道理不难明白。"③

此外，我们还可以从《周易》与《礼记·中庸》的关系来看《易》、礼相通。清代学者钱大昕云："《易》六十四卦三百八十四爻，一言以蔽之，曰'中'而已矣。子思述孔子之意而作《中庸》，与大《易》相表里。"④ 现代学者金德建先生也指出：《易经》之卦、爻辞，及《易传》之《彖》《象》辞中，言"中""中正"之例，颇为多见，而且《中庸》与《易传》颇为相通⑤。《周易》与《中庸》相表里，其根本在于"中"字，何谓"中"？《礼记·中庸》："中也者，天下之大本也。"《礼记·仲尼燕居》："夫礼，所以制中也。"《荀子·儒效》："曷为中，礼义也。"由此可见，所谓"天下之大本"的"中"即是"礼"。清代学者张尔岐认为《中庸》以"礼"为核心，其《中庸论》上云：

---

① 英和：《江都焦氏雕菰楼易学序》，载焦循著，陈居渊校点：《雕菰楼易学》，北京：北京大学出版社，2012年版，第675页。

② 王夫之：《周易外传》卷六，北京：中华书局，1977年版，第233页。

③ 陈戌国：《论六经总以礼为本》，载《礼学与中国传统文化》，北京：中华书局，2007年版，第138页。

④ 钱大昕著，吕友仁校点：《潜研堂集》卷三《中庸说》，上海：上海古籍出版社，1989年版，第39页。

⑤ 金德建《〈中庸〉思想和〈易〉理的关系》一文列举十二条《中庸》与《系辞传》《文言传》相通的证据，可以据信。参见金德建：《先秦诸子杂考》，郑州：中州书画社，1982年版，第171—173页。

天地之所统；纲纪之所维；帝王之所公，以为制作；匹夫之所私，以为学问；士君子之所循，以为出处进退；则又何物以善其会通？吾知必礼也。由礼而后可以中节，中节而后可以为中庸。则《中庸》云者，赞礼之极辞也。《中庸》一书，礼之统论约说也。夫礼，抑人之盛气，抗人之懦情，以就于中。天下之人质之所不便，皆不能安。[①]

张氏所言，切中肯綮，《中庸》以"礼"为核心，"中"，即"中节""中正"，亦即"礼"，既然《周易》与《中庸》相表里，那么就可推论《周易》也当以"礼"为核心。

综上可知，《周易》虽然是一部讨论阴阳变化的经典，但其中蕴含着许多与"礼"相通的内容，且五礼具备，甚至可以说"《易》以明礼，礼为《易》之本"（陈戍国先生语）。因此可以得出这样结论：就社会政治思想和哲学思想而言，《易》道与礼教在本质上是相通的。

（本文原为作者在山东周易研究会 2019 年 8 月 9 日至 11 日在山东临沂举办的"周易与传统文化论坛暨山东周易研究会新老会员培训班"上所作的学术报告。）

《易》道与「礼教」

---

① 张尔岐著，张翰勋等点校：《蒿庵集》卷一《中庸论》上，济南：齐鲁书社，1991 年版，第 23 页。

试论虞舜对我国古代"礼乐"
文化的划时代贡献

丁 鼎

我国自古以来就以"礼仪之邦"著称于世。"礼乐"文化是我国传统文化的基本范式。由于《礼记·明堂位》及其他先秦文献曾记载周公"制礼作乐",因而人们往往将中华民族礼乐文化的奠基之功归诸周公。不过,考诸有关文献可知,我国古代礼乐文化的奠基其实可溯源于五帝之末的虞舜时代,虞舜对我国古代"礼乐"文化有着奠基性的划时代贡献。

李衡眉先生于1997年发表《礼仪起源于有虞氏说》一文,认为我国古代的礼仪起源于虞舜时代①。李学勤先生也在2012年撰文指出:"古书记载,中国古代的礼仪起源于虞舜时代,《礼记》《淮南子》中多次提到'有虞氏之

---

① 李衡眉:《礼仪起源于有虞氏说》,《烟台大学学报》1997年第4期。

礼''有虞氏之路''有虞氏之旗''有虞氏之库'等有关文明礼制的描述。"①

李衡眉先生和李学勤先生认为中国古代的礼仪起源于虞舜时代，对有虞氏在"礼"文化建设方面的建树给以充分关注和重视，很有道理。不过，笔者认为中国古代礼仪的源头或许还可以追溯到更早的时期，如《大戴礼记·五帝德》就记载孔子说帝尧时"伯夷主礼"②；另外，司马迁《太史公自序》也记述说："余闻之先人曰：'伏羲至纯厚，作《易》《八卦》。尧舜之盛，《尚书》载之，礼乐作焉。汤武之隆，诗人歌之。"③说明早在虞舜之前的尧时代就有了"礼"，因此可以认为礼仪应当早在虞舜之前就已经出现了。

而张华松先生于 2003 年撰文论述说："从现存文献资料看，虞舜时代已经赫然存在着早期国家所应具备的几乎一切专政机构，有整套的官僚机构、军队、刑罚，……伯夷就是虞朝的秩宗，掌管礼仪；至于乐，更要从虞舜开始。……因此，我们说，中国的礼乐文化是从大舜开始的。"④

笔者基本赞同这一观点。把中国古代"礼乐"文化（而不单是"礼仪"）的起源追溯到虞舜时期是有文献依据的，而"礼"（礼仪）的起源还可能追溯到更早的时期。下面根据有关文献记载，对虞舜在中国古代礼乐文明史上的奠基性贡献加以粗浅的论述。

处于五帝之末的虞舜时期确实是中国文明史演进过程中一个非常重要的节点，是中国古代文明一个重要的转型时期。早在 20 世纪 50 年代，杨向奎先生就曾撰文指出："有虞氏应当是处于氏族公社逐渐解体的时期""也许是父系家长制的时代，是奴隶制的开始阶段"。因此，他力主"给有虞氏一个历史地位"⑤。而王震中先生则认为"五帝时代的颛顼、尧、舜、禹时期是中国

---

① 李学勤：《中国早期文明史上的虞舜》，《湖南科技学院学报》2012 年第 11 期。

② 王聘珍：《大戴礼记解诂》卷七《五帝德第六十二》，北京：中华书局，1983 年版，第 121 页。

③ 司马迁：《史记》卷一三〇《太史公自序》，北京：中华书局，1959 年版，第 3299 页。

④ 张华松：《关于大舜研究的两个问题》，《管子研究》2003 年第 3 期。

⑤ 杨向奎：《应当给有虞氏一个应有的历史地位》，《文史哲》1956 年第 7 期。

试论虞舜对我国古代『礼乐』文化的划时代贡献

上古最初的邦国时期，属于早期文明时代，大舜所创造的灿烂文化在中华早期文明史上具有极重要的地位，产生过极其广泛的影响。"① 当今学术界普遍认为虞舜的时代是我国由原始社会向阶级社会过渡的阶段，或者说是我国社会的前国家时期。也有人认为，虞舜帝时期是我国的一个朝代。② 也就是说，这一时期国家或者说阶级基本形成，有了阶级，有了国家就必然会制定一系列礼法制度，以维护国家和社会的正常运转。

据《尚书》《大戴礼记》和《竹书纪年》等先秦文献记载，虞舜时代确实制定了礼法制度，甚至可以说出现了"礼乐"文化的雏形。

《尚书·舜典》记载：帝舜"修五礼。"传曰："修吉、凶、宾、军、嘉之礼。"据此可知虞舜时期已有了吉、凶、宾、军、嘉五礼。

《尚书·舜典》又载："帝（舜）曰：'咨！四岳，有能典朕三礼？'佥曰：'伯夷。'帝曰：'俞，咨！伯，汝作秩宗。"传曰："三礼，天、地、人之礼。……秩，序。宗，尊也。主郊庙之官。"据此可知，虞舜时已设置了掌管祭祀天神、地祇和人鬼的礼官——秩宗。

据《尚书·舜典》记载，虞舜时代不仅出现了"五礼""三礼"的概念，还出现了"刑（法）"与"五刑"等概念。"礼""法"相辅相成，共同进行社会控制的模式可能是人类文明社会早期的一种很普遍的现象。正如美国学者罗斯科·庞德所说："社会控制的主要手段是道德、宗教和法律。在开始有法律时，这些东西是没有什么区别的，甚至在像希腊城邦那样先进的文明里，人们也通常使用同一个词来表达宗教、礼仪、伦理习惯、调整各种关系的传统方式、城邦立法，把所有这一切看作一个整体；我们应该说，现在我们称为法律的这一名称，包括了社会控制的所有这些手段。"③ 放眼世界，可知各民族在文明社会（或曰阶级社会）初期大致都经历过这样一个把道德、宗教、礼

① 王震中：《大舜文化与中华早期文明》，《南方文物》2011年第1期。

② 陈泳超：《尧舜传说研究》，南京：南京师范大学出版社，2000年版，第2页。

③ [美]罗斯科·庞德著，沈宗灵译：《通过法律的社会控制》，北京：商务印书馆，2010年版，第11页。

仪、伦理习惯与法律混合在一起进行社会控制（或曰社会治理）的历史阶段。而日本著名法学家穗积陈重考证，法律与道德、宗教由混合到分化，是法律进化的普遍规律，印度的《摩奴法典》以及希腊罗马的法典都是从礼中分化出来的。[①]我国古代的"法"（刑法）也是逐步从具有道德、宗教性质的"礼"中分化衍生出来的。"礼"是体现中国传统文化特质的概念，在外延上大致相当于西方文化中的道德、宗教、制度、习俗、礼仪等。也可以说，我国古代的"礼"就相当于道德、宗教、礼仪、伦理的综合体。当时的"礼"就包括后世所谓"法律"的许多内容，发挥着多方面的社会控制作用。早期的"礼"包括了各种制度、行为和思想的规范，具有道德和法的双重性。法产生于礼之后，是从"礼"中衍生出来的，故《管子·枢言》云："法出于礼。"[②]礼被赋予了强制力便是法。"礼"既是一种社会制度规范和思想行为规范，更是一种社会道德教化工具，而"法"则是一种事后的惩罚措施。正如《大戴礼记·礼察》所说："礼者禁于将然之前，而法者禁于已然之后"。[③]礼与法虽然存在差异，但它们都在各自的领域内发挥着自己维持社会秩序的作用。

《尚书·舜典》不仅记载了"五礼""三礼"，而且明确记载了虞舜时期有了"五刑"："帝曰：'皋陶，蛮夷猾夏，寇贼奸宄。汝作士，五刑有服。'"《尚书·舜典》还记载当时各种刑罚名目说："象以典刑；流宥五刑；鞭作官刑；扑作教刑；金作赎刑。"《竹书纪年》也记载说："（帝舜）三年，命咎（皋）陶作刑。"[④]皋陶是古史传说中第一位系统制定法律的人。《左传》昭公十四年记载："昏、墨、贼、杀，皋陶之刑也。"由此可知，虞舜时代已经创制出了刑（法），与"礼"一道维护社会秩序。

尤其值得注意的是，《尚书·舜典》记载虞舜命夔为乐官，用优美的音乐

①［日］穗积陈重：《祭祀及礼与法律》，岩波书店昭和三年（1928）八月版，第199—200页。

②黎翔凤：《管子校注》（上），北京：中华书局，2004年版，第246页。

③王聘珍：《大戴礼记解诂》卷二，北京：中华书局，1983年版，第22页。

④王国维：《今本竹书纪年疏证》卷上，沈阳：辽宁教育出版社，1997年版，第46页。

感化、抚慰人们的心灵："夔！命汝典乐，教胄子，直而温，宽而栗，刚而无虐，简而无傲。诗言志，歌永言，声依永，律和声。八音克谐，无相夺伦，神人以和。"虞舜在命伯夷作"秩宗"，掌管祭礼的同时，又命夔"典乐"。礼、乐并重，可以看作是后世周公"制礼作乐"，构建礼乐文化的先声。

考之于《大戴礼记·五帝德》所载孔子之语，可知虞舜重视"礼"的建设当是对唐尧施政方针的继承，而其在重视"礼"的同时，又重视"乐"的建设，当是对唐尧的发展。《大戴礼记·五帝德》载："宰我曰：'请问帝尧。'孔子曰：'高辛之子也，曰放勋。……伯夷主礼，龙、夔教舞。'"[1]又载："宰我曰：'请问帝舜。'孔子曰：'蟜牛之孙，瞽叟之子也，曰重华。……伯夷主礼，以节天下。夔作乐，以歌籥舞，和以钟鼓。"[2]这里记载唐尧与虞舜都任命伯夷"主礼"，说明虞舜时代的"礼"当是对唐尧时代礼的沿袭和传承。这里记载唐尧时代只是任命龙与夔"教舞"[3]，而虞舜时代则是在"舞"之外，还命"夔作乐"并"和以钟鼓"。可见虞舜加强了"乐"的建设工作，说明其为后世的"礼乐文化"起到了"导夫先路"的引领作用。

关于有虞氏与"乐"的关系，许兆昌先生论述说："根据古文献的记载，舜本人及其父祖都与乐有着极为密切的关系。这一族群，在原始社会末期或文明社会早期的公共机关中应世代担任乐官一职。舜及其父瞽叟，都是古代乐器的重要制作人或发明者。舜本人创制了我国古代最重要的乐器之一——箫，……帝舜的父亲瞽叟，也是一位重要的乐器制作者。……曾在帝尧时改作过上古时期一种重要的弦乐器"瑟"，……有虞氏的远祖亦曾与乐发生过极为密切的联系。根据西周王朝末年太史伯阳的追述，舜所属的有虞氏在历

---

[1] 孔广森：《大戴礼记补注》卷七，北京：中华书局，2013年版，第131—132页。

[2] 孔广森：《大戴礼记补注》卷七，北京：中华书局，2013年版，第132—133页。

[3] 按：对于《大戴礼记·五帝德》所载唐尧时代的"龙、夔教舞"，孔广森补注曰："王肃曰：'舜时，夔典乐，龙作纳言。'然则尧时，龙亦典乐。"（《大戴礼记补注》卷七，第132页。）我们认为孔广森在这里根据夔在舜时"典乐"推断尧时"龙、夔教舞"的舞也包括"乐"，理据并不充分。若果真如此，《大戴礼记》就没有必要在舜时再加上"夔作乐""和以钟鼓"等文字。因此笔者认为还是应该按《大戴礼记》文本来理解，不必添字为训。

史上曾凭借乐成就了伟大的功业，而这一功业足与禹平水土，契合五教及弃殖百谷相提并论。《国语·郑语》记其事云："'夫成天地之大功者，其子孙未尝不章，虞、夏、商、周是也。虞幕能听协风，以成乐物生者也。夏禹能单平水土，以品处庶类者也。商契能和合五教，以保于百姓者也。周弃能播殖百谷蔬，以衣食民人者也。'"① 准此可知，有虞氏这一族群确实擅长"乐"，因而虞舜能够将"乐"与"礼"相结合，构建起礼乐相济的治国理政模式，为后世礼乐文化的发展奠定了坚实的基础。

（本文为作者在济南市社会科学院 2020 年 12 月 1 日举行的
"首届中国（济南）大舜文化论坛"上所作的学术报告）

试论虞舜对我国古代『礼乐』文化的划时代贡献

① 许兆昌：《虞舜乐文化零证》，《史学集刊》2007 年第 5 期。

孔子的"大一统"思想
及其对中华民族形成和发展的重大意义

丁　鼎

　　孔子是中国古代伟大的思想家、教育家,是儒家学派的创始人。在中国历史上,孔子是一位承前启后、继往开来的伟大人物。他以其闪耀着人文精神的思想学说、博大的仁爱精神和高尚的人格对中国历史文化的发展走向产生了重大的影响。尤其值得称道的是他的"大一统"思想为历史上中华民族的形成和发展奠定了重要的理论基础,具有重要的历史意义。

　　"大一统"思想即倡导、推崇和重视国家统一的思想。"大一统"思想对我国历史的发展进程产生了重大而深远的影响。我国数千年来之所以迭经政权分裂而终归"分久必合",总会重建一个政治统一的国家,其文化基础就是以孔子为代表的儒家学派所倡导的"大一统"理念。中国的历史是多民族的交往关系史。在民族交往、民族交融的作用下,以儒家学说为主导的中华文明也得到少数民族的认同，成为我国各民族的共同文化，并使中华民族成为我国各民族共认的"自觉的民族实体"。"大一统"思想在中华民族的形成和发展过程中一直发挥着巨大作用，并最终成为中华民族的精神支柱之一。

一、孔子的"大一统"思想

中国传统文化追求"大一统"的价值观是奠定和强化国家统一的牢固基石。早在西周时期，随着周王朝分封制度在广大地域的实施，随着周王朝统治的巩固和加强，随着周代礼乐文化的普及和实施，华夏民族的凝聚力不断增强，于是就初步形成了萌芽状态的"大一统"观念。《诗经·小雅·北山》云："溥天之下，莫非王土；率土之滨，莫非王臣。"这些诗句就表达了这种萌芽状态的"大一统"的思想诉求和价值取向。

到春秋时期，周王朝的统治力日益衰微，各诸侯国势力坐大，逐步超越了周王的权威，形成尾大不掉之势，西周王朝创立的礼乐文明遭遇到根本性的冲击。"礼乐征伐自天子出"的政治格局已趋于瓦解，西周时期以周天子为权力中心的建立在分封制基础之上的政治"一统"格局逐步为"礼乐征伐自诸侯出"和"陪臣执国命"[①]的政治格局所替代，天下缺乏合法一统的政治秩序，进入了诸侯争霸、战乱频仍的乱世。有鉴于此，孔子渴望华夏民族重新实现政治上的统一，建立起合乎礼乐制度的政治秩序，基于对这种政治理念的向往和追求，就形成了孔子的"大一统"思想理念。

就现存文献而言，"大一统"这一理念或讲法首见于《春秋公羊传》。《春秋经》"隐公元年王正月"下，《公羊传》曰："何言乎王正月？大一统也。"[②]虽然"大一统"这一概念并非孔子首先提出，并非孔子原创，而是公羊氏所作《春秋公羊传》在阐释孔子所编定、传授的《春秋》经时所概括、总结出来的。

---

① 朱熹：《论语集注》卷八《季氏》，《四书章句集注》本，北京：中华书局，1983年版，第171页。

② 徐彦：《春秋公羊传注疏》卷一，影印《十三经注疏》本，北京：中华书局，1980年版，第2196页。

但实际上，在孔子的许多论述中已经蕴涵着"大一统"的理念。下面我们根据有关文献记载，试言其详如下：

（一）孔子在《礼记·礼运》篇中对"以天下为一家"的"天下为公"的"大同"社会的向往和描绘，体现了孔子"大一统"的思想基础。

孔子在《礼记·礼运》篇中所描绘的"大同"社会的美好蓝图是：

> 大道之行也，天下为公。选贤与能，讲信修睦。故人不独亲其亲，不独子其子，使老有所终，壮有所用，幼有所长，矜寡孤独废疾者皆有所养。男有分，女有归。货恶其弃于地也，不必藏于己；力恶其不出于身也，不必为己。是故谋闭而不兴，盗窃乱贼而不作，故外户不闭，是谓大同。

这样一个美好的"大同"社会显然只有在一个统一的社会环境里才有可能实现。也就是说，孔子对"大同"社会的向往实际上体现了孔子"大一统"的政治理念。

此外，孔子在《礼记·礼运》篇中还集中阐述了"天下一家"的思想。他说："故圣人耐（能）以天下为一家，以中国为一人者，非意之也，必知其情，辟于其义，明于其利，达于其患，然后能为之。"孔颖达疏云："圣人耐以天下为一家，以中国为一人者，此孔子说圣人所能以天下和合共为一家，能以中国共为一人者。问其所能致之意，非意之也者。……释其能致之理，所以能致者，非是以意测度谋虑而已。"[①] 显然，孔子在这里认为只有圣人才能具备"天下为一家"的崇高的思想境界。孔子在这里对"天下为一家"的社会理想的推崇实际上也就是对天下"大一统"的政治理念的倡导和追求。

（二）孔子的"尊王"思想实际上也体现了他的"大一统"观念。《礼记·坊记》载："子云：'天无二日，土无二王，家无二主，尊无二上，示民有君臣之别

---

① 孔颖达：《礼记注疏》卷二二，影印《十三经注疏》本，北京：中华书局，1980年版，第1422页。

也。'"① 《礼记·曾子问》又载："孔子曰：'天无二日，土无二王，尝禘郊社，尊无二上。'"② 这两段话表面上是在强调"王"（天子）至尊无上的地位，实际上都是在论述以"王"（天子）为核心的政治"大一统"的意义。

孔子生活于春秋末期，当时随着诸侯的发展壮大，出现了"礼坏乐崩"的局面。周天子大权旁落，政权下移，由天子下移到诸侯，由诸侯下移到大夫，甚至由大夫再下移到陪臣。孔子对此颇为不满。他说："天下有道，则礼乐征伐自天子出；天下无道，则礼乐征伐自诸侯出。自诸侯出，盖十世希不失矣。……天下有道，则政不在大夫；天下有道，则庶人不议。"③ 孔子主张由周天子作为全国的首领。如果对诸侯国进行讨伐，则必须由周天子来领导进行。这样才是孔子理想的"天下有道"的社会。而春秋末期，孔子则认为是"天下无道"的社会，因为当时"礼乐征伐"不是自天子出，而是自诸侯出。孔子对于这种政权下移的状况很不满意。这种不满实际上反映了孔子主张天下政令应该统一于周天子的思想。

此外，孔子作《春秋》，以"尊王"和"退诸侯"为旨归，就是试图通过使用"春秋笔法"，来达到尊崇周天子、贬责诸侯僭礼的目的。实际上就是通过尊王来维护天下政治统一的局面。董仲舒认为，孔子有鉴于"周道衰废"而作《春秋》，其目的就是要"退诸侯，讨大夫，以达王事而已矣。"④ 也就是要"拨乱世反诸正"⑤。所谓"拨乱反正"就是恢复"礼乐征伐自天子出"的"有道"之世。孟子所说："孔子成《春秋》而乱臣贼子惧。"⑥ 正如当代学者陈其

① 孔颖达：《礼记注疏》卷五一，影印《十三经注疏》本，北京：中华书局，1980 年版，第 1619 页。

② 孔颖达：《礼记注疏》卷十八，影印《十三经注疏》本，北京：中华书局，1980 年版，第 1392 页。

③ 朱熹：《四书章句集注》，北京：中华书局，1983 年版，第 171 页。

④ 司马迁：《史记》卷一百三十《太史公自序》，北京：中华书局，1959 年版，第 3279 页。

⑤ 徐彦：《春秋公羊传注疏》卷二八，影印《十三经注疏》本，北京：中华书局，1980 年版，第 2354 页。

⑥ 朱熹：《孟子集注》卷六《滕文公下》，《四书章句集注》本，北京：中华书局，1983 年版，第 273 页。

泰先生所说："主张'大一统'和经世致用，是《春秋》对中国史学传统最重要的影响。孔子尊奉周王室，强烈地表达他的政治理想是实现统一的王权，重新实现'礼乐征伐自天子出'的有序局面。孔子的主张虽有保守的一面，但其思想内核和在历史上产生的影响，却有积极的一面。……孔子的尊王和大一统思想，正好反映了春秋战国时期历史发展的本质和主流。这对中国走向统一的历史道路是有重要意义的。"①

（三）孔子在担任大司寇、"摄相事"期间，曾经说服鲁定公"堕三都"。"三都"即鲁国贵族"三桓"的三个采邑，即季孙氏的费邑（在今山东费县境内）、叔孙氏的郈邑（在今山东东平县境内）、孟孙氏的成邑（在今山东宁阳县境内）。由于费、郈、成三邑经三桓家臣长期违制经营，已经形成城高池深的巨大城堡，因而被称为"三都"。由于此前三桓的家臣、邑宰数次凭借坚固的城堡发动叛乱，孔子便以消除叛乱根据地为由提出"堕三都"的建议，即拆毁三都的城墙及其防御设施。孔子"堕三都"的计划，后来在三桓的阳奉阴违和对抗下而失败了。毫无疑问，孔子"堕三都"计划的目的实际上就是为了维护国家的统一。表面上是限制家臣的势力，实际上是想利用这个矛盾，以达到恢复公室势力的目的。不言而喻，孔子"堕三都"的目的是维护以周天子为首的"封建"统治，体现了其"大一统"的价值取向。

（四）《论语·颜渊》载："子夏曰：商闻之矣！死生有命，富贵在天。君子敬而无失，与人恭而有礼，四海之内，皆兄弟也。"②这种"四海之内皆兄弟"的思想观念实际也是主张天下一体、天下一家，与"大一统"的政治观念是一脉相通的。虽然上述《论语·颜渊》中"四海之内皆兄弟"的观念是子夏提出的，但子夏在这里明言这是"闻之"的，即是听别人讲的。子夏是听谁讲的呢？由于子夏是孔门"十哲"之一，是孔子最得意的学生之一，因而最有可能就是听孔子讲的，也就是说，"四海之内皆兄弟"的观念应该来源于孔子。因此我们认为"四海之内皆兄弟"的观念一方面体现了以孔子为代表的儒家

---

① 陈其泰：《〈春秋〉与史学传统》，《光明日报》2001年4月17日。
② 朱熹：《四书章句集注》，北京：中华书局，1983年版，第134页。

学派的"仁爱"和"博爱"思想,另一方面反映了以孔子为代表的儒家学派对于各民族如兄弟般和睦共处,最终实现"天下一家"的"大一统"局面的政治诉求。

综上所述,可知孔子虽然没有直接提出"大一统"的概念,但《礼记》《论语》等文献中所记载的孔子的许多言行实际上已经蕴含着较为明晰的"大一统"的思想观念。

二、孔子的"大一统"观念对中华民族形成和发展的重大影响

孔子所提出和倡导的以"天下一家"为特征的"大一统"观念,为后世的许多儒家学者所继承和发扬。

先秦著名儒家学者荀子多次提到"一天下""一四海",并进一步明确提出了"四海一家"和"一统"的思想。他说:"四海之内若一家,故近者不隐其能,远者不疾其劳,无幽闲隐僻之国莫不趋使而安乐之。"[1] 另外,他还歌颂汤、武之时"天下为一,诸侯为臣,通达之属,莫不从服"的局面,批评春秋时五霸"非以修礼义也,非以本政教也",从而形成了"非以一天下"的分裂局面。[2] 这体现了荀子对"大一统"的政治局面的预期和向往。

《春秋公羊传》则明确提出了"大一统"的概念。传说《公羊传》的作者公羊高为孔子弟子子夏的弟子,亦即孔子的再传弟子。应该说,《公羊传》的"大一统"思想的形成直接承源于孔子的思想。西汉董仲舒对《公羊传》所提出的"大一统"思想作了进一步的发挥和阐释,他说:"春秋大一统者,天地之常经,古今之通谊也。今师异道,人异论,百家殊方,指意不同,是以上亡以持一统,法制数变,下不知所守。"[3] 在《春秋繁露》中,董仲舒对《公羊传》所一再强调的王正月解释说:"何以谓之'王正月'?曰:王者必受命而后王。王者必改正朔,易服色,制礼乐,一统于天下。所以明易姓,非继人,

---

① 王先谦:《荀子集解》卷五《王制》,北京:中华书局,1988年版,第161页。

② 王先谦:《荀子集解》卷七《王霸》,北京:中华书局,1988年版,第206页。

③ 班固:《汉书》卷五六《董仲舒传》,北京:中华书局,1962年版,第3523页。

通以己受之于天也。王者受命而王，制此月以应变，故作科以奉天地，故谓之王正月也。"① 这里从历法的统一来强调"王"的绝对权威和天下政令的统一，迎合了古代历代帝王都以拥有"天下"为目标的政治心理。《公羊传》隐公元年说："王者无外，言奔则有外之辞也。"何休注曰："言奔则与外大夫来奔同文，故去奔。明王者以天下为家。"② 何休在这里把"以天下为家"理解为王者应有之义。实际上也可以看作前述董仲舒所谓王者"一统于天下"格局的进一步解释。

经过汉儒董仲舒、何休等人的解释，"大一统"成为后世许多政治家的治国理念，对中华民族大家庭的形成和发展产生了重大的影响。

需要特别指出的是，《公羊传》"大一统"思想中"夷狄"与华夏可以相互转变的思想尤其可贵。这种思想超越了狭隘的种族、民族观念，使中国境内的东夷、南蛮、西戎、北狄等各兄弟民族均可在"大一统"思想的基础上，对华夏大家庭产生认同感，从而为逐步形成"中华民族"大家庭奠定思想基础。孔子的"大一统"思想经过《公羊传》和《荀子》以及董仲舒等儒家学者的阐释和发扬，逐渐成为中华民族在几千年发展过程中养成的一种民族心理和感情，成为凝聚华夏民族的精神支柱，汉民族以及中华民族的形成，无不有赖于"大一统"思想。在某种意义上，甚至可以说，没有"大一统"的心理基础，就没有中华民族的形成。这也使我国历史历经短暂的分裂割据之后总是为大一统所代替，也保证了中华民族优秀的文化传统能一代一代相传下去。因此我们从这个意义上说，孔子的思想既奠定了中国统一大业的思想基础，也奠定了中华民族形成和发展的思想基础。

现代著名学者费孝通先生指出："中华民族作为一个自觉的民族实体，是在近百年来中国和西方列强的对抗中出现的，但作为一个自在的民族实体，

---

① 董仲舒：《春秋繁露》卷七《三代改制质文》，苏典：《春秋繁露义证》本，北京：中华书局，1992年版，第185页。

② 徐彦：《春秋公羊传注疏》，影印《十三经注疏本》，北京：中华书局，1980年版，第2199页。

则是在几千年的历史过程中形成的。"① 虽然"中华民族"是近现代才形成的一个概念，也就是说"中华民族"在近现代才形成一个"自觉的民族实体"，但我们认为"中华民族"作为一个"自在的民族实体"早在夏商周三代就已初具雏形，至迟至秦汉之际就完全形成了。作为一个"自在的民族实体"，中华民族是指生活繁衍于中国境内的以华夏—汉族为主体的各民族的集合体，包括当代的和在历史上曾经存在过的各兄弟民族。大量的考古文化遗存说明了中华民族起源的多元性。早在五六千年前的新石器时代，已出现了北方、中原、南方三种不同的系统特征。在华夏、夷、三苗等族开发黄河流域、东部沿海一带和长江流域的同时或稍后，氐、羌、戎诸族开发西北和西部地区，濮、越等族开发长江中下游以南地区，狄、匈奴等族开发北部草原地区，肃慎、东胡等族开发东北地区。这些地区经济、文化的发展及其与中原地区联系的加强，为形成统一的多民族国家奠定了基础。公元前221年，秦始皇结束了从西周到战国八百年的诸侯割据，建立起统一的多民族的中央集权的封建国家。此后的两千多年来，统一不断得到巩固和发展，成为中国历史发展的主流

"中华"一词，可溯源于汉朝高诱《吕氏春秋注》。《吕氏春秋·简选》曰："吴阖庐选多力者五百人、利趾者三千人，以为前阵。与荆战，五战五胜，遂有郢。东征至于庳庐，西伐至于巴蜀，北迫齐晋，令行中国。"高诱注曰："中国，诸华。"② 意谓"中国"就是指中原地区的华夏各族。至南北朝时正式形成"中华"一词。该词语最早见于裴松之《三国志注》：

《魏略》曰："亮在荆州，以建安初与颍川石广元、徐元直、汝南孟公威等俱游学。三人务于精熟，而亮独观其大略。每晨夜从容，常抱膝长啸，而谓三人曰：'卿三人仕进可至刺史郡守也。'三人问其所至，亮但笑而不言。后公威思乡里，欲北归。亮谓之曰：'中国饶士大夫，遨游何必故乡邪！'臣松之以为《魏略》此言，谓诸葛亮为公威计者可也，若谓

① 费孝通：《中华民族多元一体格局》，北京：中央民族学院出版社，1989年版，第1页。
② 许维遹：《吕氏春秋集释》卷八《简选》，北京：中国书店，1985年版，第9—10页。

兼为己言，可谓未达其心矣。……以诸葛亮之鉴识，岂不能自审其分乎？夫其高吟俟时，情见乎言。志气所存，既已定于其始矣。若使游步中华，骋其龙光，岂夫多士所能沈翳哉！①

裴注这里所谓的"中华"当是我国古代文献中最早出现的"中华"一词。需要注意的是，这里所谓的"中华"还不具备后世"中华民族"概念的内涵，而是与裴注中所引诸葛亮所谓"中国"一词的内涵相近，当是指当时汉民族在中原地区所建立的国家政权。

两晋南北朝时期，匈奴、鲜卑、羯、氐、羌等少数民族纷纷向中原地区汇聚，建立政权。当时，虽然处于分裂混乱状态，但在儒家大一统观念的影响之下，内迁各族都表现出对中原文化传统的强烈认同意识。"中华"一词逐步成为一个超越汉族、兼容当时内迁边疆各族的概念。能否居中华正统，在当时成为一个政权是否能在社会舆论面前取得合法性统治资格的标准。因此，内迁各族多假托古代华夏圣贤作为本族的祖先，以便在血统、地缘方面为本民族所建政权制造理当居中华正统的根据。例如，鲜卑拓跋氏自称为黄帝之裔，宣称"昔者黄帝有子二十五人，或内列诸华，或外分荒服，昌意少子，受封北土，国有大鲜卑山，因以为号"②。鲜卑宇文氏自述"其先出自炎帝神农氏，为黄帝所灭，子孙遁居朔野"③。铁弗匈奴赫连勃勃"自以匈奴夏后氏之苗裔也"，因而建立军事割据政权，"国称大夏"④自以为夏王室的后裔而称所建政权为"大夏"。甚至于远在漠北的柔然，当其强盛之时，也曾自号"皇芮"，并曾向南齐上表宣称"皇芮承绪，肇自二仪。拓土载民，地越沧海，百代一族，大业天固。虽吴（汉）[漠]殊域，义同唇齿，方欲克期中原，龚行

① 陈寿：《三国志》卷三五《蜀书五·诸葛亮传》裴松之注所引，北京：中华书局，1959年版，第911—912页。

② 魏收：《魏书》卷一《序纪》，北京：中华书局，1974年版，第1页。

③ 令狐德棻等：《周书》卷一《文帝纪》，北京：中华书局，1971年版，第1页。

④ 房玄龄等：《晋书》卷一百三十《赫连勃勃载记》，北京：中华书局，1974年版，第3202页。

天罚。……然后皇舆迁幸，光复中华，永敦邻好"。^①不言而喻，上述种种都体现了当时众多入主中原或企图入主中原的少数民族对"中华"观念和儒家"天下一家"的大一统观念的认同。

至唐代，随着各民族的进一步融合，人们的民族观念也有了进一步发展，因而唐太宗在论述当时唐王朝的民族政策时说："自古皆贵中华，贱夷、狄，朕独爱之如一，故其种落皆依朕如父母。"[2]这说明，在唐太宗心目中，虽然地处中原的"中华"与边境地区的夷狄有区别，但唐王朝对二者是一视同仁的。显然，这充分反映了唐王朝在大一统观念影响下形成的民族观。

到元明时期，人们对王朝正统有了新的认识。比如明王朝的开创者朱元璋早年为推翻元朝的统治，在向中原地区进军时所发布的檄文中明确提出了"驱逐胡虏，恢复中华"的口号，但他又在檄文中说："自宋祚倾移，元以北狄入主中国，四海内外，罔不臣服，此岂人力，实乃天授。""归我者永安于中华，背我者自窜于塞外。……如蒙古色目虽非华夏族类，然同生天地之间，有能知礼义愿为臣民者，与中夏之人抚养无异。"[3]可见，在朱元璋看来，元王朝虽为异族所建，但也是天命所归，属于正统政权。而且认为无论是蒙古族人还是色目人，只要愿意臣服，就可以成为中华大家庭中的一员。

清朝末年，孙中山在发动辛亥革命时，虽然也明确提出了"驱除鞑虏，恢复中华"的口号，但他认识到中国各民族的不可分割性，于是提出了"五族共和"的思想："国家之本，在于人民。合汉、满、蒙、回、藏诸地为一国，合汉、满、蒙、回、藏诸族为一人。是曰民族之统一。"[4]显然，"五族共和"的思想就是传统大一统思想在新时期的发展。

---

① 萧子显：《南齐书》卷五十九《芮芮虏传》，北京：中华书局，1972年版，第1024页。

② 司马光：《资治通鉴》卷一九八《唐纪》太宗贞观二十一年五月，北京：中华书局，1956年版，6247页。

③ 高岱：《鸿猷录》卷五《北伐中原》，明嘉靖四十四年高思诚刻本。

④ 孙中山：《临时大总统就职宣言》，《孙中山选集》（上），北京：人民出版社，1956年版，第32页。

孔子的「大一统」思想及其对中华民族形成和发展的重大意义

耐人寻味的是1913年初举行的西蒙古王公会议上，西蒙古王公们通过了赞成五族共和、反对蒙古独立的决议，并通电声明："蒙古疆域与中国腹地唇齿相依，数百年来，汉蒙久成一家。我蒙同系中华民族，自宜一体出力，维持民国"。[①] 而当时作为民国总统的袁世凯，也在处理此次蒙古分裂行径的过程中致书库伦活佛哲布尊丹巴说："外蒙同为中华民族，数百年来，俨如一家。现在时局阽危，边事日棘，万无可分之理。"[②] 从民国总统袁世凯到西蒙古王公们均认为蒙古族早已是"中华民族"的现象，无疑可以说明其时统合中国境内各民族的"中华民族"不仅在实际上而且在人们的意识里都已经正式形成了。也就是说，经过长时期的发展演变，"中华民族"作为一个"自觉的民族实体"，至迟到清朝末年至中华民国的建立这一时期已经为中国境内各兄弟民族所共认。

综观我国历史上华夏——中华——中华民族的发展历程，可以认为无论是作为"自在的民族实体"的"中华民族"，还是作为"自觉的民族实体"的"中华民族"，都主要是在以孔子为代表的儒家所倡导的"大一统"观念的影响下而形成的。在"大一统"思想的影响下，历代统治者都制定出一套相应的政治、经济、军事、文化政策来维护民族统一。从秦王朝统一至清王朝垮台的两千多年中，中国共经历四次大分裂时期。秦、西汉、东汉、西晋、隋、唐、北宋、元、明、清等十个王朝，国家疆域基本上都是统一的，共约一千六百余年。三国，东晋与十六国及南北朝，五代十国，南宋等四个时期，国家疆域是分裂的，时长五百余年。可见，受孔子"大一统"思想的影响，中华民族在中国历史上"统一"始终占据主导地位。中国之所以没有像欧洲那样分裂为许多国家，并能够在屡次短暂割据分裂之后终归统一，始终保持中华民族的强大凝聚力，在一定意义上应归功于孔子的"大一统"思想的影响。

---

① 《西盟会议始末记》，转引自费孝通：《中华民族多元一体格局》（修订版），北京：中央民族大学出版社，1999年版，第349页。

② 袁世凯《致库伦活佛书》（一），载于徐有朋《袁大总统书牍汇编》卷五《函牍》，上海：上海广益书局，1914年版，第2页。

即使在暂时的政权分立时期，各族人民在"大一统"的思想指导下，仍保持着政治上的友好和经济文化上的交流。在少数民族多次进入中原的同时，中原汉族亦逐渐移民边疆。在民族政权对峙的过程中，各民族不断混杂、渗透，逐渐融为一体，从而使每次新的统一疆域更加扩大，民族大统一、大融合的趋势更为明显。在推进统一的大业中，虽历经改朝换代、国号更迭，但是，"大一统"思想对于推动中华民族的形成和发展却一刻没有停止。为实现和维护大一统王朝，历代中央王朝（无论是汉族还是少数民族建立的）对周边少数民族的治理方式多采取以因俗而治为主要特征的羁縻、怀柔政策。这些羁縻、怀柔政策在民族交往、文化交流、维护国家统一、各民族的中华文化认同等方面都产生了积极作用，从而使各民族从秦汉以来基本上处于一个统一的多民族的国家之中，而"大一统"的社会环境为"中华民族"的形成发展奠定了必要的坚实基础。正因为中华儿女在维护"大一统"的多民族国家方面世代相承的不懈努力，才使中华民族逐步发展成为一个"自觉的民族实体"，并使中国作为一个统一的国家始终傲然屹立于世界民族之林。

（本文为作者在山东社会科学院、国际儒学联合会、中国孔子基金会、
威海市人民政府于2016年10月13—14日联合举办的
"首届东亚儒学威海论坛——儒学与东亚文明学术研讨会"
上所作的学术报告。）

孔子的『大一统』思想及其对中华民族形成和发展的重大意义

试论孔子的礼乐教化思想

杨富荣

孔子首创私学、杏坛设教，不仅仅是培育道德高尚的"人格君子"，而是期望造就一批济世化民的"仕君子"乃至"圣贤"，希望这些为政者能在为政以德的政治实践中发挥道德表率作用，以影响、提升社会民众的道德素养，改变"人心不古"和"礼坏乐崩"的社会现实，从而建构一个其所理想的和谐有序的"小康"乃至"大同"社会。

一定意义上说，孔子儒家的教育不同于现在的知识性教育，虽然它也包含部分知识和技能性的内容，但其重点是"文之于礼乐"即"成人"的道德化育，这就是人们常说的"人文教化"，即"人文化成"之意。儒家的人文教化理念，以社会经济发展为基础，坚持所谓"富而后教"的原则。由此，孔子儒家的教化理念可以用"富而后教""人文化成"来简要描述和概括。

一、孔子教化思想的理论基础

孔子的教化思想，是其德政思想体系的重要组成部分，其所贯穿的一条主线为以德化人，且其以德化人的主张，不是空中楼阁、凭空说教，而是深深地植根人们当下的物质生产和现实生活中，依靠人们自我的认知和觉醒，不断完善自身的精神和道德生活，从而实现以德化人的目标。儒家认为，作为一个社会人，首先应该具备一定的物质生活基础和保障，生活不能维持，空谈人伦道德是一种不切实际的行为。诚如管仲所说，"仓廪实而知礼节，衣食足而知荣辱"①。孔子儒家正是充分认识到物质对于民众生存的重要性，与此相应地提出了"富而后教""人文化成"的教化理念。

（一）富而后教

《论语·子路》篇记载了这样一则故事，孔子与弟子们到卫国去，冉有驾车。刚入卫国境地，孔子感叹说："庶矣哉（人真多啊）！"冉有问道："既庶矣，又何加焉（还要做什么呢）？"孔子回答说："富之（让他们生活富裕起来）。"冉有又问："既富矣，又何加焉？"孔子再次回答说："教之（教化他们）。"②从孔子与冉有的对话中，可以清晰地看到孔子"庶之""富之""教之"的为政思想，而"教之"是这三个重要环节中的最后一环。

由此看出，儒家所提倡的教化，须有一定的物质基础，应在民"富"的基础上实施教化，也就是说，人们在生活富裕以后，才会有、也需要有更高的精神文化追求，后人把孔子这一教化思想用"富而后教"来描述。孔子是中国教育史上第一个将教育置于经济的条件下认识的人，他的这一思想观念自然也就成了中国教育史上一个经典论述和施教原则。

（二）人文化成

"人文化成"出自《周易·贲卦·彖传》："刚柔交错，天文也。文明以

---

① 李山、轩新丽译注：《管子》，北京：中华书局，2019年版，第2页。

② 程树德：《论语集释》，北京：中华书局，2010年版，第1042页。

止，人文也。观乎天文，以察时变。观乎人文，以化成天下。"①"观乎天文，以察时变"中的"天文"可以简单理解为是指自然界中日月星辰运转、寒来暑往相互更替的自然规律，其强调的是自然界中不以人的意志为转移的客观性和规律性，即所谓的"天道"。"观乎人文，以化成天下"中的"人文"，指的是体现人之为人的伦理道德及规范人们行为的礼乐典章制度等，强调的是人与动物不同的群体性和社会性，即所谓的"人道"。古代儒学注家对"天文"与"人文"也有一些注解，其中宋代儒学大师程颐的解释相对较好理解："天文，天之理也；人文，人之道也。天文，谓日月星辰之错列，寒暑阴阳之代变，观其运行，以察四时之迁改也。人文，人理之伦序，观人文以教化天下，天下成其礼俗，乃圣人用贲之道也。"②今人张岂之先生解释得相对简洁明了，在其《中华人文精神》一书中写道："所谓'天文'即自然，特别是天象的变化；所谓'人文'即文明，特别是社会制度的创立。"③

总的来说，"人文化成"中的"人文"是相对于"天文"说的，儒家认为"天文"与"人文"不是对立的，是相互联系、互相关照的"天人合一"。儒家强调人要尊重天道，依自然法则而行，同时认为人在自然面前不是被动的，人可以发现和掌握自然界的发展规律，可以实现《论语·卫灵公》篇提到的"人能弘道，非道弘人"④的主体性价值。不仅如此，人还可以通过用自己所创造的文明成果塑造自身，进而化成天下，实现"我欲仁，而仁斯至矣"⑤的精神境界。

历史证明，在中国数千年文明发展史上，"观乎天文，以察时变"的科学精神虽然未有突出的展现，但"观乎人文，以化成天下"的人文精神却得到了

---

① 郑玄等注，《十三经古注一：周易》，北京：中华书局，2014年版，第19页。

② 程颐：《伊川易传》卷二，影印文渊阁四库全书第9册，台北：台湾商务印书馆，1986年版，239—240页。

③ 张岂之：《中华人文精神》，西安：西北大学出版社，1997年版，第2页。

④ 程树德：《论语集释》，北京：中华书局，2010年版，第1279页。

⑤ 程树德：《论语集释》，北京：中华书局，2010年版，第571页。

充分的发展，进而形成了中华民族所独有的"人文化成"的精神品质。"人文化成"作为儒家的核心理念之一，开启了中华民族的人文精神与人文传统。

二、孔子教化思想的内容及特点

何谓教化？《说文解字》把"教"解释为"上所施，下所效也"。段玉裁注说："上施故从攵，下效故从孝。教，上所施下所效也。"[①]《说文解字》将"化"解释为"化，教行也"。段玉裁注说："教行于上，则化成于下。"[②]可见，"教"的本义是上施下效，以文为教，使人向善；"化"的本义是默然改变，上有所教，下有所行。"教"是外在的灌输、说教，"化"是内在的潜移默化、变化。教化即是指上施下效、悄然变化。诚然，这里所说的"教化"，不是知识层面的传授，而是对道德层面的教化。换句话说，教化就是人们常说的人文教化，即儒家所强调的"人文化成"之意。

孔子的教化思想，是以礼乐为核心内容的道德（仁义）教育，不是一般意义上的知识教育。《汉书·艺文志》载："游文于六经之中，留意于仁义之际。"[③]意思是说，儒家以六经为教材，但注意力集中在仁义道德方面。儒家认为，礼乐是以人性为前提并因人情而设的，通过礼乐教化可以有效地节制人情，提升人的德性素养。同时，礼乐教化也是政治治理和社会道德培育的重要手段，具有道德教化、规范秩序、化民成俗的作用，可以有效地推进天下大治。

（一）礼乐教化

礼与乐源于上古先民们的宗教祭祀活动。礼是祭祖与祭祀天地神祇活动中的一些仪式规范，乐是与这些活动相配合的乐舞。上古时期，礼与乐是不分的。从现有文献记载看，最早实施礼乐教化的行为，可追溯到中华文明的始祖黄帝时代，但礼与乐是不断损益的，上古时期产生的礼乐经过夏、商、周

---

① 段玉裁撰：《说文解字注》，北京：中华书局，2013年版，第128页。

② 段玉裁撰：《说文解字注》，北京：中华书局，2013年版，第388页。

③ 张舜徽：《汉书艺文志通释》，武汉：华中师范大学出版社，2004年版，第280页。

三代的发展和演化，形成了具有不同时代特色的礼乐文化。其中，西周的礼乐文化很是丰富，蔚为大观。

殷周之际，礼与乐发生了根本性的变化，礼乐由上古以来的宗教祭祀活动发展成周初的礼乐文化，开启了中华民族人文精神的先河。周初，周公吸取了殷商失德败政的历史教训，创造性地提出了"敬德保民""明德慎罚"的政治观念，并以此为指导制定了一系列贯彻"德政"的典章制度，史称"周公制礼作乐"。周初礼乐之制的最大特点是将道德渗透到国家的政治中，让社会各阶层结合成温情脉脉的"道德团体"，从此开始，礼乐也成为了治国理政的重要手段，明显地发挥出其独特的教化作用。随之，中华礼乐文化走向成熟。孔子称赞说："周监于二代，郁郁乎文哉！吾从周。"① 经过这一系列的转化，礼乐便由原始宗教性质的精神文化活动，发展成人们日常生活的仪规、行为准则和维系社会、国家秩序的典章制度及相关的思想观念。

春秋晚期，孔子在继承西周礼乐制度的同时，纳仁入礼，使礼、乐具有了新的内在价值和灵魂；同时，孔子沿着周代礼乐重德的方向进行了深入探讨，并对其做出了新的理解和诠释。如子曰："人而不仁，如礼何？人而不仁，如乐何？"② 孔子将"人"与"仁"联系起来看，并突出强调了人的内在本质，即人都有仁爱之心；并把"仁"视为"礼乐"的灵魂和内在的要求，由此，仁（德性）成了礼乐的内在本质，而礼乐则成了仁（德性）的外在表现。所以孔子认为，只有内外兼修即文质彬彬的人，方可成为君子。

儒家说的礼包含礼义与礼仪两个方面的含义。礼义是礼的内在精神，包含仁义、恭敬、中和等；礼仪是礼的外在行为规范，包含仪表、仪式、仪节等。礼是形式与内容的统一，缺一不可。《论语·雍也》篇记载：子曰："文质彬彬，然后君子。"③ "文"是外在的仪表礼节，"质"是指人内在的质朴本性，两者兼顾才有君子的风范。同样，乐也有内容和形式之分，内在之善是乐的

---

① 程树德：《论语集释》，北京：中华书局，2010 年版，第 212 页。

② 程树德：《论语集释》，北京：中华书局，2010 年版，第 166 页。

③ 程树德：《论语集释》，北京：中华书局，2010 年版，第 462 页。

本质, 外在之美则是乐的形式。《论语·阳货》篇记载: 子曰: "礼云礼云, 玉帛云乎哉! 乐云乐云, 钟鼓云乎哉! "[1]玉帛等礼物、钟鼓等乐器, 只是用来行礼、奏乐的外在器物; 玉帛、钟鼓所体现的内在之善即仁义道德, 才是礼乐的本质。

　　儒家常常将礼、乐并提, 认为礼、乐具有同等重要的地位。儒家认为, 礼乐是因人情而设的, 礼规范人的行为, 克制人过分的情感欲望, 唤起人的道德意识, 即 "发乎情, 止乎礼"[2]; 乐直接作用于人的内心, 调节人的情感, 使人心平和, 情感适度, 即 "入人也深, 化人也速"[3]。两者只有相互发力, 才可取得最佳的教化效果。《礼记·乐记》说: "乐者为同, 礼者为异。同则相亲, 异则相敬。乐胜则流, 礼胜则离。合情饰貌者, 礼、乐之事也。礼义立则贵贱等矣。乐文同, 则上下和矣。"[4]乐在于协调上下, 礼在于区别贵贱。上下协调互相亲近, 贵贱区别互相尊重。过于强调乐显得随便, 过分强调礼觉得疏远。要使人们内心感情融洽、外表互相尊重, 就须要礼、乐共同发挥作用。礼义立了, 上下才有区别; 乐协调了, 上下的关系才能和睦。礼、乐只有共同作用, 才会使个体身心及社会变得和谐有序。

　　(二) 强调身教

　　孔子面对 "礼坏乐崩" "陪臣执国命" 的无道社会, 以 "朝闻道, 夕死可矣" 的强烈责任感和使命感, 毕生都在探索和追求解民于 "倒悬" 的为政之道。如看到季氏八佾舞于庭僭越礼制的行为, 他气愤地说: "八佾舞于庭, 是可忍也, 孰不可忍也? "[5]当齐景公问如何治理国家时, 孔子给出了 "君君、臣臣、父父、子子" 的答案。对于如此种种人心不古的现象, 孔子对当时人伦道德、社会秩序等问题做了认真思考, 认为所出现的前所未有的混乱和无序的原因,

---

① 程树德:《论语集释》, 北京: 中华书局, 2010 年版, 第 1393 页。
② 王秀梅译注:《诗经》, 北京: 中华书局, 2015 年版, 第 5 页。
③ 杨朝明注说:《荀子·乐论》, 开封: 河南大学出版社, 2008 年版, 第 280 页。
④ 王文锦:《礼记译解》, 北京: 中华书局, 2010 年版, 476 页。
⑤ 程树德:《论语集释》, 北京: 中华书局, 2010 年版, 第 158 页。

是维系社会正常运转的礼乐制度遭到了人为破坏，因此，他大力提倡礼乐教化，尤其要求为政者应带头做好自我礼乐素养的提升。

孔子儒家认为社会上之所以会出现种种混乱的现象，是因为伦理道德的全面败坏导致对礼乐制度的全面践踏。为此，他提出了"克己复礼为仁"的时代命题，确立了以礼乐教化为先导的为政治国原则。因为在他看来，用道德教化治国理政，可以取得"众星共之"的治理效果。《论语·为政》篇写道：子曰："为政以德，譬如北辰，居其所而众星共之。"① 后人把孔子的"为政以德"理解为"以德治国"，可以说是比较恰当的。对于孔子的德治思想，周桂钿先生认为："以德治国，可以分两种情况。一是以身作则，提高当政者的道德水平，用自己的模范行为，用自己的表率作用，来引导人民，达到治理的目的；二是以教治国，通过宣传，向人民进行道德教育，使人们向善去恶，达到移风易俗的目的。"② 当政者以身作则的身教方法，是儒家仁政德治思想所特别强调的。

孔子儒家非常重视为政者个人的道德修养和表率作用，认为一个合格的为政者应是一个人格高尚的人、一个道德楷模，否则，就不具备治国理政的人格素养和道德要求。子曰："政者，正也。子帅以正，孰敢不正？"③ 子曰："其身正，不令而行；其身不正，虽令不从。"④"苟正其身矣，于从政乎何有？不能正其身，如正人何？"⑤ 这一系列的表述，即是俗话说的"正人先正己"。孔子重视为政者的表率作用，认为为政者带头做好了，百姓自然就会效仿，即所谓的"上行下效"。

孔子儒家之所以重视身教，主要是由儒家教化思想的自身特点所决定的。儒家教化是一种道德修养教育，它的目的是导人向善、教人为善，这就决定

---

① 程树德：《论语集释》，北京：中华书局，2010 年版，第 71 页。

② 周桂钿：《中国儒学讲稿》，北京：中华书局，2008 年版，第 113 页。

③ 程树德：《论语集释》，北京：中华书局，2010 年版，第 995 页。

④ 程树德：《论语集释》，北京：中华书局，2010 年版，第 1037 页。

⑤ 程树德：《论语集释》，北京：中华书局，2010 年版，第 1049 页。

了施教者既要做到以德教人，又要做到以德服人，做到率先垂范，发挥表率作用。施教者只有具备较高的道德修养，才能取得教化他人的资格条件，才可取得理想的效果。反之，为政者如果自身无德，不仅对他人没有说服力，而且也会形成较大的负面影响。

三、孔子教化思想的目标

孔子儒家推崇礼乐教化，目的是希望通过为政者道德素养的不断提高、人格的不断完善带动广大民众"克己复礼为仁"，全面提升整个社会的人文素养，推动社会移风易俗，改变天下无道的混乱局面，实现天下和谐有序，给人们的生产生活提供一个稳定祥和的社会环境。

（一）人格完善

孔子主张礼乐教化，认为人性是可以通过外在人文因素的影响而改变的。子曰："文之以礼乐，亦可以为成人矣。"[1]《述而》篇："子曰：'圣人，吾不得而见之矣。得见君子者，斯可矣。'"[2]孔子将人分为庸人、士人、君子、贤人、圣人五等，其中圣人为最高的人格标准，如尧、舜、禹、汤、文、武、周公。孔子所说的圣人一般是指有德有位的圣王明君，自己却从不以圣人自居。或许圣人的标准太高了，绝大部分人根本无法达到圣人的境界，所以孔子所理想的人格是君子。孔子所说的君子，一般是指道德高尚的有德有位者，即仕君子；退一步说，即便只是道德高尚的人，也被孔子称为君子，即人格君子，这与后世人们所说的君子人格是一致的。

孔子在《论语》中谈论较多的就是君子，如何成长为一名君子？《论语·泰伯》篇写道："子曰：'兴于《诗》，立于礼，成于乐。'"[3]一个人通过《诗》兴发向善的情志，经过礼乐的规范、调和、文饰，最终方可成长为一位君子。换句话说，礼乐教化是达成君子人格的根本方式和有效途径。

---

① 程树德：《论语集释》，北京：中华书局，2010年版，第1114页。

② 程树德：《论语集释》，北京：中华书局，2010年版，第563页。

③ 程树德：《论语集释》，北京：中华书局，2010年版，第610页。

孔子将"人"与"仁"相连,将"仁"视为人之为人的内在本质。《礼记·中庸》记载:"子曰:'仁者,人也。'"①《论语·八佾》篇也记载:"子曰:'人而不仁,如礼何?人而不仁,如乐何?'"②儒家认为,仁与礼乐是一体两面的关系,仁是礼乐的内在要求和规定,礼乐是仁的外在体现和规范。换句话说,仁是礼乐文化之道,礼乐文化是仁之器;仁是礼乐文化之体,礼乐文化是仁之用。也就是说,礼乐教化是通向理想人格的必经之路,只有"文之以礼乐",方可成人。

(二)社会和谐

礼乐对成人及社会治理的作用,孔子有着清晰而深刻的认识。《孝经·广要道章》记载:"子曰:'移风易俗,莫善于乐;安上治民,莫善于礼。'"③《礼记·礼器》也说:"先王之制礼也以节事,修乐以道志。故观其礼乐而治乱可知也。"④古代先圣明王制礼以节制事宜,制乐以引导人们的心志,通过实施礼乐教化,以取得揖让而治天下的政治功效。孔子曾指出,如果为政者明白了祭祀天地的礼义,治国就像把东西放在手掌上给人看一样容易。

礼无所不在,无所不能,渗透到社会的方方面面,小到能指导和规范人们的言行和日常生活秩序,大可经纬万邦、治平天下。对此,文献的论述十分丰富,比如,《左传·隐公十一年》载:"礼,经国家、定社稷、序民人、利后嗣者也。"⑤《礼记·经解》说:"礼之于正国也,犹衡之于轻重也,绳墨之于曲直也,规矩之于方圆也。"⑥《礼记·仲尼燕居》说:"礼之所兴,众之所治也;礼之所废,众之所乱也。"⑦这些都表明礼不但是一种政治治理的重要手段,而且是中国古代社会一种主流的意识形态。

---

① 胡平生、张萌译注:《礼记》,北京:中华书局,2019年版,第1021页。

② 程树德:《论语集释》,北京:中华书局,2010年版,第166页。

③ 郑玄等注:《十三经古注九·孝经》,北京:中华书局,2014年版,第1938页。

④ 胡平生、张萌译注:《礼记》,北京:中华书局,2019年版,第466页。

⑤ 郑玄等注:《十三经古注六·春秋经传集解》,北京:中华书局,2014年版,第1177页。

⑥ 胡平生、张萌译注:《礼记》,北京:中华书局,2019年版,第954页。

⑦ 胡平生、张萌译注:《礼记》,北京:中华书局,2019年版,第974页。

《礼记·乐记》说:"乐由中出,礼自外作。乐由中出,故静;礼自外作,故文……乐至则无怨,礼至则不争。揖让而治天下者,礼乐之谓也。"① 乐是从人心中产生的,礼是自外施于人的。乐自心中出,能使人的内心安静;礼由外施于人,使人的行为受到约束及外表得到修饰。乐使人内心调和没有怨气,礼使人限制欲望避免争夺。礼让而治平天下,是礼乐追求的治理效果。

《礼记·乐记》记载:"先王之制礼乐也,非以极口腹耳目之欲也,将以教民平好恶而反人道之正也。"② 古人制作礼乐,不是为了让人满足口腹耳目的嗜欲,而是以礼乐教化百姓,使人们具有是非之心,明白做人的道理。对此,《礼记·礼运》说:"圣人所以治人七情,修十义,讲信修睦,尚辞让,去争夺,舍礼何以治之?"③《乐论》篇又载:"礼义立,则贵贱等矣。乐文同,则上下和矣。好恶著,则贤不肖别矣。刑禁暴,爵举贤,则政均矣。仁以爱之,义以正之,如此则民治行矣。"④ 礼仪建立起来,显示了贵贱等级差别;通过乐的情感交流,上下之间就和睦了。好恶的标准明确了,贤人与不肖之徒也就有了区别。用刑罚严禁凶暴,以官位选举贤能,体现政治公平公正。凭仁心以爱民,依道义来管理民众,这样民众就可以得到很好的治理,社会就会变得和谐。

结语

以孔子为代表的早期儒家所提倡的"富而后教""人文化成"教化理念,逐渐成为中国传统社会为政治国的理论基础和价值引导,儒家"仁政德治"的政治诉求成为中国古代社会的政治底色。在孔子之后,孔子的教化思想经孟子、荀子继承和发展,形成了一套比较成熟的先秦儒家教化思想体系。

汉武帝"罢黜百家,独尊儒术"以后,儒家的礼乐教化思想开始与中国古

试论孔子的礼乐教化思想

---

① 胡平生、张萌译注:《礼记》,北京:中华书局,2019 年版,第 721 页。
② 胡平生、张萌译注:《礼记》,北京:中华书局,2019 年版,第 717 页。
③ 胡平生、张萌译注:《礼记》,北京:中华书局,2019 年版,第 432 页。
④ 胡平生、张萌译注:《礼记》,北京:中华书局,2019 年版,第 720 页。

代社会的政治相融合，后通过不同时代儒者的诠释及两千多年的政治实践，尽管有时存在过于强调教化对政治影响的现象，表现出不同程度的道德决定论的倾向，但其所蕴含的人文精神、政治理念及其价值取向等合理因素，至今仍具有重要的启示和借鉴意义。

（本文原刊于《人文天下》2019 年第 22 期，总 156 期）

从宋学看"礼"在儒家思想体系中的核心地位

丁 鼎

一、引言

我国古代伟大的思想家、教育家孔子所创建的儒家思想学说是中国传统文化的主干或主体。这一命题基本上成为现代学术界的共识。然则孔子思想的核心就是儒家思想体系的核心,也理应是中国传统文化的核心。

然而,关于孔子思想体系的核心是什么这个问题,近百年来我国思想界、学术界一直争议不休,智者见智,仁者见仁,迄今尚无定论。总括说来,学术界20世纪对于孔子思想体系核心的认识,主要可以分为三大派:第一派认为孔子思想体系的核心是"礼",以陈独秀和蔡尚思等学者为代表[①];第二派认为孔子思想体系的核心是"仁",以牟宗三、匡亚明和金景芳等学者为代表[②];第三派认为孔子思想体系的核心是"仁礼双元统一结构"[③],亦即认为"孔子的思想体系是一个(仁礼)二位一体的结构,在仁和礼中,无法把任何一个选为孔子思想体系的核心"[④]。这种观点兴起较晚,是对孔子思想"仁""礼"两种核心说的折中和调和。

2006年6月20—22日,浙江大学举办"庆祝沈文倬先生九十华诞暨礼学国际学术研讨会"。在这次会议上我宣读了专门为这次会议撰写的论文《礼:中国传统文化的核心》,对近百年来我国学术界关于孔子思想的核心是什么的争论情况进行了回顾和总结,肯定并论证了孔子思想的核心就是"礼",中国传统文化的核心也是"礼"。拙文指出,"礼"是中国传统文化的特质。它不仅包含了我国古代社会生活各个领域的制度和规范,而且还包容了与这些制度和规范相适应的思想观念。儒家六经无不渗透着浓重的"礼"学内容;而在孔子的思想体系中,"礼"是孔子政治思想和社会伦理思想的出发点和归宿点。由此可以得出结论说,"礼"是孔子思想体系的核心。从而可以进一步推论说,"礼"是中国传统文化的核心。

拙文还指出,20世纪认为孔子思想体系的核心是"礼"的学者,基本上都是反孔派或批孔派;而认为孔子思想体系的核心是"仁"的学者基本上都是尊孔派。之所以会出现这种现象,主要是在20世纪初以来形成的对"礼"的认识偏差所致。20世纪初的新文化运动时期,许多主张社会革命和文化革命的思想家和学者普遍认为,中国数千年的封建社会的种种罪恶都导源于封

① 陈独秀:《宪法与孔教》,《独秀文存》,上海:亚东图书馆,1922年版,第110页;蔡尚思:《孔子思想体系》,上海:上海人民出版社,1982年版,第238—243页。

② 牟宗三:《心体与性体》上册,上海:上海古籍出版社,1999年版,第188页;匡亚明:《孔子评传》,济南:齐鲁书社,1985年版,第192页;金景芳:《谈礼》,《传统文化与现代化》,1997年第1期。

③ 刘蔚华:《儒学,传统文化与现代文明》,《孔子研究》,1998年第3期。

④ 王世明:《孔子伦理思想发微》,济南:齐鲁书社,2004年版,第15页。

建"礼教"，而孔子所创立的儒家学说实际上就是几乎一无是处的吃人的"礼教"，于是这些主张社会革命和文化革命的学者们便普遍认为孔子的核心思想就是"礼"，孔子及其所倡导的"礼"是落后的、反动的，都在应该受到批判和反对之列。对此，蔡尚思先生在《孔子的礼学体系》一文中有过这样的阐述："古代崇拜儒家孔子者，都公开宣传礼学与孔子的密切关系；到了近现代，传入西方的民主主义、社会主义等思想后，崇拜儒家孔子者便多避而不谈孔子的礼学，甚至宣传孔子反对三纲、孔子主张臣权、孔子尊重女权等等。……我从幼至今不断研究孔子思想，写出的文字也不少，其中较大的转变，是对他从尊信到疑问，从笼统到具体，从核心是仁到核心是礼，核心是礼并不以礼为限。"[①]而一些尊孔派学者，尤其是当代新儒家的一些学者，由于意识到难以否认封建"礼教"中确实存在着许多消极、落后甚至反动的内容，又难以完全否认孔子与"礼教"的关系，因而便设法从孔子思想中挖掘、提炼出"仁"这一范畴，作为孔子思想体系的核心，而否认"礼"是孔子思想的核心。因为"仁"虽然在"以阶级斗争为纲"的年代常受到"阶级调和论"和"资产阶级人性论"的指责，但无论如何，谁也难以否认"仁爱"精神在历史上的进步性，谁也难以否认在儒学的"仁"范畴中蕴含着丰富的人道主义和民本主义精神，于是20世纪的尊孔派学者基本上都主张孔子思想体系的核心是"仁"，而不是"礼"。

拙文的观点得到了当时许多与会者的赞同。会后，会议组委会将本次会议宣讲的论文结集交由中华书局出版时，甚至将拙文编排于这本论文集的第一篇。[②]拙文正式发表十余年来，虽然迄今还未见到正面批评的文章，但曾有多位学界朋友私下里对我的观点表示质疑。由此可知现代学术界对孔子思想的核心这个问题并未取得共识。有鉴于此，笔者拟从宋学的视角对这个问题进一步加以考察和讨论。

---

① 蔡尚思：《孔子的礼学体系》，《孔子研究》1989年第3期。
② 浙江大学古籍研究所：《礼学与中国传统文化——庆祝沈文倬先生九十华诞国际学术研讨会论文集》，北京：中华书局，2006年版。

二、从"礼者，理也"这一命题看"礼"在程朱理学体系中的重要地位

程朱理学虽然将"理"看作世界万物的本原，是天命心性的本体，但他们普遍认为"礼"就是"理"。他们不仅看重礼对培养道德情感及维护社会秩序的规范与功用，将道德修养视为践礼的重要途径之一，而且把孔孟所倡导的礼义道德看作理学最根本的理论目标。正如崔大华所指出的那样："对儒家所主张的伦理制度道德规范的永恒性、合理性及其实践过程中应有充分自觉性的论证，是理学最根本、最终的理论目标，理学的全部论题都直接或间接地支撑着这一目标，然而直接显示此目标的命题却是——'礼即理'……这一命题及其论证，使儒家伦理观念在理学获得了丰富的本体性内涵。"[1]

虽然宋儒普遍关注礼与理的关系，但对于礼与理的关系问题的讨论并非肇始于宋代，早在先秦时期，就有儒家学者提出了"礼也者，理也"这样一个命题，如《礼记·仲尼燕居》记载孔子曰："礼也者，理也。乐也者，节也。君子无理不动，无节不作。不能诗，于礼缪；不能乐，于礼素；薄于德，于礼虚。"《礼记·乐记》曰："礼也者，理之不可易者也。乐统同，礼辨异，礼、乐之说，管乎人情矣。穷本知变，乐之情也：著诚去伪，礼之经也。礼乐偩天地之情，达神明之德，降兴上下之神，而凝是精粗之体，领父子、君臣之节。是故，大人举礼乐，则天地将为昭焉。"

先秦儒家还将礼的起源归为大（太）一或者天。如《礼记·礼运》曰："是故夫礼，必本于大一，分而为天地，转而为阴阳，变而为四时，列而为鬼神。其降曰命，其官于天也。夫礼必本于天，动而之地，列而之事，变而从时，协于分艺。其居人也曰养，其行之以货、力、辞让、饮、食、冠、昏、丧、祭、射、御、朝、聘。"

需要注意的是，对于《礼记·乐记》中所谓的"礼也者，理之不可易者

---

① 崔大华：《儒学引论》，北京：人民出版社，2001年版，第602页。

也”，郑玄注曰：“理，犹事也。”[1] 而对于《礼记·仲尼燕居》中所谓的“礼也者，理也”，孔颖达疏曰：“言礼者，使万事合于道理也。……君子无理不动，无节不作者，言古之君子若无礼之道理不妄兴动。”[2] 可见郑玄、孔颖达都将理释为事、道理。准此可知，《礼记》中虽然礼、理并举，但其所谓的“理”还不是哲学本体论意义的范畴，与宋明理学中具有本体意义高度的“理”还有着本质区别。

二程是宋明理学的主要奠基人，他们对宋明理学的主要贡献就是在《礼记》“礼即理”的命题基础之上建立起以天理为最高范畴的“理学”。天理说是二程对传统儒学的创新性发展。程颢自谓：“我学虽有所受，天理二字却是自家体贴出来。”[3] 二程认为世界的本源是“理”，也叫作“道”，也叫作“天理”。程颢提出“天者理也”的命题（《遗书》十一）。所谓“天”，指最高本体，认为“天即是理”，就是认为“理”是最高本体。

在二程的理学体系中，“理”是最高本体，而“礼”则是与“理”相通的。程颢曰：“礼者，理也，文也。理者，实也，本也。文者，华也，末也。”[4] 在程颢看来，“礼”的根本就是“理”，同时“礼”也是理之文，也就是理的体现。与此相应，二程还将儒家倡导的礼义道德、伦理纲常纳入了“理”的范畴之中。程颢说：“为君尽君道，为臣尽臣道，过此则无理。”（《遗书》五）“父子君臣，天下之定理”（同上）。程颐则说：“视听言动，非理不为，即是礼，

---

[1] 孔颖达：《礼记正义》卷三八《乐记》，影印《十三经注疏》本，北京：中华书局，1980年版，第1537页。

[2] 孔颖达：《礼记正义》卷五十《哀公问》，影印《十三经注疏》本，北京：中华书局，1980年版，第1614页。

[3] 程颢、程颐著，王孝鱼点校：《河南程氏外书》卷十二，《二程集》，北京：中华书局，1981年版，第424页。

[4] 程颢、程颐著，王孝鱼点校：《河南二程遗书》卷十一，《二程集》，北京：中华书局，1981年版，第125页。

礼即是理也。不是天理，便是私欲。"①

　　北宋理学家张载也认为"礼"就是"理"，并对"礼"与"理"的关系进行了辨析。《礼记·仲尼燕居》曰："礼也者，理也。"《礼记·乐记》曰："礼也者，理之不可易者也。"张载据以认为礼就是理，知理才能制礼。他说："礼者理也，须是学穷理，礼则所以行其义，知理则能制礼，然则礼出于理之后。"②张载认为，理出于礼之先，为礼之依据。张载在《横渠易说·系辞上》中解释《周易·系辞》"形而上者谓之道，形而下者谓之器"曰："形而上者是无形体者也，故形而上者谓之道也；形而下者，是有形体者，故形而下者谓之器。无形迹者即道也，如大德敦化是也；有形迹者即器也，见于事实即礼义是也。"③在张载看来，道是根本、原理，器是表象、事实，道、理是礼的形上依据，礼是道的形下事实，然而道与器不可分离，礼与理亦不可分。由此可见，张载一方面将礼升华到形上依据的高度来看待，礼与理一样，具有恒常意义。另一方面，在张载的思想体系中，理并非礼的终极根源，这一点与二程的认识有所不同。当代学者林乐昌先生曾著文论述说："在张载思想体系中，由于'理'是居于'天'之下的次级范畴，'理'和'天'并未如二程洛学那样同一化为一个整体观念；理虽具有根源含义，但毕竟还不是终极根源。"④张载将礼的终极依据称作"太虚"，他说："大虚（太虚）即礼之大一（太一）也。大者，大之一也，极之谓也。"⑤此所云"太虚"，是无形的、聚而

————————

① 程颢、程颐著，王孝鱼点校：《河南二程遗书》卷十五，《二程集》，北京：中华书局，1981年版，第144页。

② 张载著，章锡琛点校：《张子语录·语录下》，《张载集》，北京：中华书局，1978年版，第326—327页。

③ 张载著，章锡琛点校：《横渠易说·系辞上》，《张载集》，北京：中华书局，1978年版，第207页。

④ 林乐昌：《张载礼学论纲》，《哲学研究》2007年第12期。

⑤ 卫湜：《礼记集说》卷五十八，影印文渊阁《四库全书》第118册，台北：台湾商务印书馆，1986年版，第216页。

未散的气，"太虚无形，气之本体，其聚其散，变化之客形尔"①。张载于此所说的"本体"，是指原始的、本来如此的、永恒的状态。张载以礼源于太虚，即以礼来源于属于本体范畴的气。张载还认为礼本于"天"，他说："礼本于天，天无形，固有无体之礼。"②张载此处认为礼本于天，天无形，就有无体之礼。

朱熹继承并发展了二程和张载的理学思想。他以理为统摄世间万物的最高哲学范畴并建构起庞大的哲学体系，他认为理是世间万物客观性、普世性、至高性的化身，"太极只是天地万物之理。在天地言，则天地中有太极；在万物言，则万物中各有太极。未有天地之先，毕竟是先有此理。动而生阳，亦只是理；静而生阴，亦只是理"③。不仅如此，朱熹还在周敦颐、张载、二程等学者援理入礼理路的启发影响下，将研究视角由理学转向人类社会，他认为人世间的道德伦常和礼、乐、政、刑都是天理。他说：

> 礼是那天地自然之理。理会得时，繁文末节皆在其中。"礼仪三百，威仪三千"，却只是这个道理。千条万绪，贯通来只是一个道理。夫子所以说"吾道一以贯之"，曾子曰"忠恕而已矣"，是也。盖为道理出来处，只是一源。散见事物，都是一个物事做出底。一草一木，与他夏葛冬裘，渴饮饥食，君臣父子，礼乐器数，都是天理流行，活泼泼地。哪一件不是天理中出来！见得透彻后，都是天理。④

朱熹还认为：

> 三纲五常，礼之大体，三代相继，皆因之而不能变。其所损益，不过文章制度小过不及之间。⑤

---

① 张载著，章锡琛点校：《正蒙·太和篇第一》，《张载集》，北京：中华书局，1978年版，第7页。

② 卫湜：《礼记集说》卷五十四，影印文渊阁《四库全书》第118册，台北：台湾商务印书馆，1986年版，第126页。

③ 黎靖德编：《朱子语类》卷一《理气上》，北京：中华书局，1986年版，第1页。

④ 黎靖德编：《朱子语类》卷四一《论语》，北京：中华书局，1986年版，第1049页。

⑤ 朱熹：《四书章句集注》，北京：中华书局，1983年版，第59页。

在朱熹的理学体系中，礼既是形上天地自然之理，又是有形有迹、看得见摸得着的形下的人间社会。礼本于理，礼就是理。这样朱熹之礼顺理成章地上升到宇宙本体的高度并理学化，从而推论出儒家的伦理道德在本质上具有永恒的性质。

综上所述，可知程朱理学把理（天理）看作宇宙最高本体，同时以理解礼，将以"礼"为代表的儒家道德价值体系抽象为天理之应然，对最直接体现儒家治世理论的礼学也做出相应调整，最突出的特点是将理学的概念融入礼学诠释中，在肯定礼制的同时力倡理学化思想体系的建构，奉行以理解经、以理解礼的原则并推动礼学朝着形上性、义理性、思辨性转变。在程朱理学体系中，理是统摄宇宙自然与人类社会生活之上的一切道德法则、人伦纲常的终极本体，理在人世社会的化身与代理就是礼。

三、"礼"与"仁"在宋学中的地位和关系

关于"礼"与"仁"二者在儒家思想体系中的地位和关系，在宋代学者的思想理论中有着不同的理解和认识。大致说来有如下三种观点：

（一）"礼"是儒家思想体系的核心，"礼"可以统摄"仁"

宋代著名学者李觏在《礼论一》做出了很明确的论述：

> 或问圣人之言礼，奚如是之大也？曰："夫礼人道之准，世教之主也，圣人之所以治天下国家、修身正心无他，一于礼而已矣。"曰："尝闻之礼乐刑政天下之大法也，仁义礼智信天下之至行也。八者并用，传之者久矣。而吾子一本于礼，无乃不可乎？"曰："是皆礼也！……曰乐，曰政，曰刑，礼之支也。而刑者又政之属矣。曰仁，曰义，曰智，曰信，礼之别名也。是七者盖皆礼矣。"①

显然，在李觏看来，乐、政、刑是礼的分支，而仁、义、智、信是"礼"的别名。"礼"能涵盖乐、政、刑和仁、义、智、信。也可以说"礼"是可以统摄

---

① 李觏：《旴江集》卷二《礼论七篇》，影印文渊阁《四库全书》第1095册，台北：台湾商务印书馆，1986年版，第18—19页。

包括"仁"在内的其他思想、政治观念的根本范畴。显然，在儒家思想体系中，只有"礼"这一范畴才具有这样的地位。"礼"是儒家经典文献中一以贯之的核心内容。

二程认为"礼"是孔门之教中最重要的核心价值观念。《论语·子罕》载："颜渊喟然叹曰：'仰之弥高，钻之弥坚，瞻之在前，忽焉在后。夫子循循然善诱人，博我以文，约我以礼。"朱熹《论语集注》引："程子曰：'此颜子称圣人最切当处，圣人教人，惟此二事而已。'"[①]

按程子在这里将"礼"与"文"看作孔门之教中最重要的两件事，但并未提到"仁"。似乎可以据此推断在程子的心目中，在孔子的思想体系或教学体系中"礼"的地位是高于"仁"的。

（二）"礼"与"仁"是一体两面，同处于儒家思想体系的核心地位

关于"礼"与"仁"的关系，以及二者在儒家思想体系中的地位，朱熹的观点很有代表性。朱熹一方面认为礼与仁是一回事："一于礼之谓仁。只是仁在内，为人欲所蔽，如一重膜遮了。克去己私，复礼乃见仁。仁、礼非是二物。"[②]可见在朱熹看来仁与礼不是二事，是一体两面。另一方面他又特别强调礼在孔门之教中的重要性：

> 固是克了己便是理。然亦有但知克己而不能复于礼，故圣人对说在这里。却不只道"克己为仁"，须著个"复礼"，庶几不失其则。……若是佛家，尽有能克己者，虽谓之无己私可也，然却不曾复得礼也。圣人之教，所以以复礼为主。[③]

朱熹在这里强调"圣人之教，所以以复礼为主"，与前述程子把"礼"看作"圣人教人"最重要的二事有异曲同工之妙，实际上也体现了朱熹对"礼"在儒家思想体系中核心地位的认同。

朱子对"礼"与"仁"二者关系的认识与北宋五子中的二程及张载有着

① 朱熹：《四书章句集注》，北京：中华书局，1983年版，第111—112页。
② 黎靖德编：《朱子语类》卷四一《论语》，北京：中华书局，1986年版，第1043页。
③ 黎靖德编：《朱子语类》卷四一《论语》，北京：中华书局，1986年版，第1045页。

明显的渊源关系。关于"礼"与"仁"二者的关系，《河南程氏遗书》卷十七《伊川先生语三》载程颐之语曰："颜渊问仁，而孔子告之以礼，仁与礼果异乎？"①《河南程氏遗书》卷二五《伊川先生语十一》又载程颐之语曰："'非礼勿视，非礼勿听，非礼勿言，非礼勿动，'视听言动一于礼之谓仁，仁之与礼非有异也。"② 由此可见，在程颐看来，"礼"就是"仁"，二者名异实同，是一回事。

对于"礼"与"仁"的关系，二程似乎也有些游移不定。程颐一方面认为"礼即是理也"③；另一方面，程颐又认为"仁"也是"理"，他说："仁，理也。人，物也。以仁合在人身言之，乃是人之道也。"④ 这样看来，在程颐的思想体系中，"礼"与"仁"似乎都是"理"，二者似乎都具有核心地位。

对于"礼"与"仁"二者的关系，北宋五子之一的张载也有与二程大致近似的认识。张载在《经学理窟·礼乐》中认为"礼是天地之德"，"礼之原之心"是天下"道"的唯一本体。他说：

> 礼即天地之德也。如颜子者，方勉勉于非礼勿言，非礼勿动。勉勉者，勉勉以成性也。礼非止著见于外，亦有无体之礼。盖礼之原在心，礼者圣人之成法也。除了礼天下更无道矣。⑤

另一方面，张载又在《正蒙·天道篇第三》中认为各种各样的"礼"，其实质都是"仁"。他说：

① 程颢、程颐著，王孝鱼点校：《河南程氏遗书》卷十七《伊川先生语三》，《二程集》，北京：中华书局，1981年版，第181页。

② 程颢、程颐著，王孝鱼点校：《河南程氏遗书》卷二五《伊川先生语十一》，《二程集》，北京：中华书局，1981年版，第322页。。

③ 程颢、程颐著，王孝鱼点校：《河南程氏遗书》卷十五《伊川先生语一》，《二程集》，北京：中华书局，1981年版，第144页。

④ 程颢、程颐著，王孝鱼点校：《河南程氏外书》卷第六，《二程集》，北京：中华书局，1981年版，第391页。

⑤ 张载著，章锡琛点校：《经学理窟·礼乐》，《张载集》，北京：中华书局，1978年版，第264页。

天体物不遗，犹仁体事无不在也。'礼仪三百，威仪三千'，无一物而非仁也。①

可见张载对于"礼"与"仁"二者关系的认识，有些模糊，一方面他认为："礼"就是"理"，天下之道就是"礼"；另一方面他又认为天下万物都是仁，似乎在张载看来，在某种意义上"礼"与"仁"是相通、相同的。

实际上宋代许多学者对于"礼"与"仁"的关系有着与张载类似的理解和看法。如南宋学者张栻一方面认为"礼"是天的规则，必须遵循。只有践行遵循"礼"，才能"克尽己私"而复礼。他说："克尽己私，一由于礼，斯为仁矣。礼者，天则之不可逾者也，本乎笃敬，而发见于三千三百之目者，皆礼也。"②另一方面，他又认为："盖仁者天地之心，天地之心而存乎人，所谓仁也。人惟蔽于有己，而不能以推，失其所以为人之道，故学必贵于求仁也。"③在张栻看来，"仁"是"天地之心"，而"天地之心"存于人，便是所谓"仁"。然则"礼"与"仁"在张栻似乎可以等量齐观，都是占有核心地位的内容。

（三）"仁"可以统摄"礼"

值得注意的是，二程对于"礼"在儒家思想中的地位及其与"仁"的关系的认识非常复杂。二程有时认为"礼"在儒家思想文化中是"最切当处"；有时认为"礼"与"仁"二者地位相当，"礼"就是理，而"仁"也是"理"。有时二程还认为"仁"可以统摄"礼"。如程颢曾说："学者须先识仁。仁者，浑然与物同体。义、礼、智、信皆仁也。识得此理，以诚敬存之而已"。④程颢还说："仁、义、礼、智、信五者，性也。仁者，全体；四者，四支。仁，体也。

从宋学看『礼』在儒家思想体系中的核心地位

---

① 张载著，章锡琛点校：《正蒙·天道篇第三》，《张载集》，北京：中华书局，1978年版，第13页。

② 张栻：《论语解》卷六《颜渊篇》，《张栻集》，长沙：岳麓书社，2017年版，第165页。

③ 张栻：《南轩文集》卷十四《洙泗言仁序》，《张栻集》，长沙：岳麓书社，2017年版，第752页。

④ 程颢、程颐著，王孝鱼点校：《河南程氏遗书》卷第二上，《二程集》，北京：中华书局，1981年版，第16页。

义，宜也。礼，别也。智，知也。信，实也。"①

按程颢这两段话，似乎他又认为"仁"的地位高于"礼"，"礼"与"义""智""信"同为"仁"的下位概念。

四、结语

综上所述，二程与朱子及其他宋儒在《礼记》"礼即理"的命题基础之上建立起以天理为最高范畴的"理学"。宋儒普遍承认和肯定"礼者，理也"这一命题。在程朱的理学体系中，"理"是最高本体，而"礼"则是与"理"相通的。从这一意义说"礼"是程朱理学思想体系的核心是理所当然的。

包括二程与朱熹在内的许多宋儒，也往往把"仁"与"礼"等量齐观，都看作是"理"。他们有时把"礼"与"仁"看作是一体两面。这说明在他们的思想认识中，"仁"与"礼"同处于儒家思想体系中的核心地位。

至于以二程为代表的宋儒有时认为"仁"可以统摄"礼"，"礼"与"义""智""信"同为"仁"的下位概念，说明宋儒虽然普遍承认"礼者，理也"这一命题，承认"礼"范畴在理学体系的重要地位，但他们对"仁"这一范畴也非常看重，因而往往对"礼""仁""理"三者之间的关系做出明显有些矛盾、模糊的认知和判断。

---

① 程颢、程颐著，王孝鱼点校：《河南程氏遗书》卷第二上，《二程集》，北京：中华书局，1981年版，第14页。

中国古代的"礼法合治"思想及其当代价值

丁 鼎 王 聪

　　在中国传统文化体系中,"礼"与"法"是国家治理的两大基石。二者相辅相成,共同对社会秩序发挥着调节、约束的功能。

　　"礼"是指规范社会、人生的典章制度和行为规范。"礼"产生于氏族部落时期一些具有原始宗教性质的活动。后来,随着人类社会的发展,"礼"的内容逐步扩大化、系统化,人类社会生活其他方面的礼节仪式也逐步被纳入"礼"的范畴。也就是说,礼的内容和意义逐渐扩大,从宗教领域逐步扩展到政治、法律和社会伦理领域,并最终发展成为中国古代维持社会、政治、伦理秩序,巩固等级制度,调整人与人之间各种社会关系的规范与准则。法产生于礼之后,是从"礼"中衍生出来的,故《管子·枢言》云:"法出于礼。"[①]礼被赋予了强制力便是法。"礼"是一种社会道德教化工具,"法"是一种事

---

① 黎翔凤:《管子校注》(上),北京:中华书局,2004年版,第246页。

后的惩罚措施。正如《大戴礼记·礼察》所说："礼者禁于将然之前，而法者禁于已然之后。"[1] 礼和法都是人们的行为规范，礼依靠道德教化的方式引导人们别贵贱、序尊卑；而法则依靠强制力使人们共同遵守礼的有关规范，从而达到社会安定有序的目的。礼与法虽然存在差异，但它们都在各自的领域内发挥着维持社会秩序的作用。

在周公制礼作乐后的"礼治"时代，"法"作为礼治体系的一个组成部分而存在。礼治体系最大程度地发挥道德教化的作用，而法（刑）则在礼治的框架之内对社会的违礼行为发挥着约束和惩戒作用。春秋战国至秦代是"法治"形成和确立的时代。这一时期"礼坏乐崩"，礼、法分离。原本附属于"礼"的"法"日益得到统治者的重视，并逐步获得了独立的发展时机，最终发展成为秦王朝的统治思想。

礼与法虽然经历了从夏商周三代到春秋战国时期由"合流"到"分流"的变化，但在中国古代社会数千年的发展中，始终不离不弃。二者之间的关系，既是对立的，又是统一的。礼与法之间，既有斗争的一面，又有相辅相成的一面。历代统治者往往采用礼法互补的方式进行社会治理。正如曾宪义先生所说："夏王朝将礼法结合，凭借礼的精神统治力量强化法的镇压职能，依靠法的强制力推行礼的规范，从而为统治阶级构筑了严密的统治罗网，并影响了中国数千年。"[2]

在某种意义上可以说，我国古代的社会治理思想主要呈现为"礼法合治"的思想范式。这种"礼法合治"的思想范式对我国古代数千年的社会发展产生了重大而深远的影响。有鉴于此，我们拟在本文中对我国古代的"礼法合治"思想进行一番考察和探讨，并探寻其中所蕴含的对于我们现代国家治理的当代价值。

---

① 王聘珍：《大戴礼记解诂》卷二，北京：中华书局，1983年版，第22页。

② 曾宪义主编：《中国法制史》，北京：北京大学出版社，2000年版，第24页。

一、中国古代"礼法合治"思想产生的思想基础与历史演进

(一)"礼法合治"思想产生的思想基础

中国古代"礼法合治"思想的产生有其深厚的思想基础。

春秋战国时期,法家逐步从儒家中衍生出来,形成了相对、并立的儒、法两家。法家虽然源于儒家,且法家与儒家在主张大一统、维护君权、维护社会等级制度方面并不对立,但儒、法两家关于礼法、德刑的关系却有着各自不同的价值判断。在治国方略的选择上,儒家主张"礼治",而法家推崇"法治"。早期儒、法两家关于"礼治"与"法治"的碰撞、交锋和论战,为后世"礼法合治"思想的形成奠定了基础。

实际上,孔子虽然极力推崇礼治、德治,但在他的思想中已经蕴含着"礼法合治"的萌芽。孔子说:"道之以政,齐之以刑,民免而无耻;道之以德,齐之以礼,有耻且格。"① 由此可知,在孔子的思想认识中,作为治国的工具,除了礼之外,还有刑。这里所谓的刑,实际上就是法。类似看法,在许多先秦儒家文献中都有所体现,如《礼记·明堂位》就说:"礼、乐、刑、法、政、俗,未尝相变也。"②《礼记·乐记》又说:"故礼以道其志,乐以和其声,政以一其行,刑以防其奸。礼、乐、刑、政,其极一也,所以同民心而出治道也。"③《荀子·成相》说:"治之经,礼与刑,君子以修百姓宁。明德慎罚,国家既治四海平。"④ 可见"礼法合治"的思想一直是儒家经典的基调。

但以孔子为代表的儒家所倡导的"礼法合治"思想并不适应春秋战国时期"礼坏乐崩"的形势,因而难以得到当时君王的青睐。而法家所倡导的"法治"思想却备受关注,甚至大行其道。法家的代表人物如李悝、商鞅、韩非

---

① 邢昺:《论语注疏》卷二,影印《十三经注疏》本,北京:中华书局,1980年版,第2461页。

② 孔颖达:《礼记正义》卷三一,影印《十三经注疏》本,北京:中华书局,1980年版,第1492页。

③ 孔颖达:《礼记正义》卷三七,影印《十三经注疏》本,北京:中华书局,1980年版,第1527页。

④ 王先谦:《荀子集解》卷一八,北京:中华书局,1988年版,第461页。

等，重视法律的作用，突出法律在国家治理过程中的主体性作用，强调使用严刑峻法治国，与儒家提倡的"礼治"或"礼法合治"的思想大异其趣。法家思想为秦所推崇，但秦王朝虽然统一天下，却二世而亡。秦的短命使得汉朝统治者开始反思。他们认识到面对日益激化的社会矛盾，单靠严刑峻法，难以维持国家的长治久安，于是便试图寻找新的治国方法。经历了汉初黄老之学短暂的统治之后，汉武帝最终确立了"罢黜百家，独尊儒术"的治国方略，使儒学一举成为两千多年中华文明的主流思想。由此，儒家所提倡的"礼法合治、德主刑辅"的思想才真正被统治者贯彻到治国之中，并发展成为一种轮廓清晰的政治实践。汉代"礼法合治"的政治实践实际上也可以看作是一个礼、法合流的历史过程。正如张晋藩先生所指出的那样："礼法合流的具体表现是：以礼为主导，以法为准绳；以礼为内涵，以法为外貌；以礼防范于先，以法惩治于后；以礼移民心于隐微，以法彰善行于明显；以礼夸张恤民的仁政，以法渲染治世的公平；以礼行法从而减少推行法律的阻力，以法行礼使礼具有凛人的权威。礼法结合的发展轨迹显示了它的社会作用不断加强，它对社会文化的影响不断深化，它所塑造的中华法系的特征，不断鲜明。"①

"礼法合治、德主刑辅"思想在汉代由思想理论落实为政治实践，标志着儒、法两家思想经过长期的斗争与融合终于形成了一套行之有效的治国方略，它代表了一种兼容并蓄的政治心态，这样就既避免了纯儒家的迂阔柔弱，也避免了纯法家的苛察严酷。公开倡导儒家的礼治学说，说明统治者已经清楚地认识到教化人心和控制思想的重要性，这是治国技巧更加圆熟的标志；在政治实践中推行法家的法治思想，说明统治者已经洞察到传统儒家空洞的政治理想主义的弊端，而具有了清醒的政治现实感。于是，"礼法合治、德主刑辅"的思想最终成为中国古代国家治理的主导思想。

（二）"礼法合治"思想的历史演进

虽然早在先秦时期，以孔子为代表的儒家就已经奠定了"礼法合治"的

① 张晋藩：《论礼——中国法文化的核心》，《政法论坛》1995 年第 3 期。

思想基础，但综观我国古代"礼法合治"思想的发展历程，可知"礼法合治"思想的形成并被主流社会所接受并不是一蹴而就的。"礼法合治"思想萌芽于春秋战国时期，形成于秦汉之际，确立于汉武帝时期，并一直在我国古代各个历史时期得到不同程度的实践和调整。如果把我国古代"礼法合治"的社会实践看作一个长期的历史运动，那么，在一定意义上可以说这个历史运动是一个"由法家造就其躯体"、"儒家赋予其灵魂"的运动[①]。

如果说，孔子所谓"道之以政，齐之以刑"是我国古代"礼法合治"思想的基石，那么战国时期的"礼下庶人"，"刑上大夫"则开启了"礼法合治"时代的到来。战国末期的荀子既"隆礼"又"重法"，突出了礼法并重的思想。荀子要求将"礼"法律化，从而引法入礼，把体现奴隶主贵族利益的旧礼改造成维护新兴地主阶级利益的新礼。

虽然儒家的"礼法合治"思想至西汉武帝时期才为主流社会所接受并得以全面付诸社会实践，但在西汉初期所奉行的"黄老之学"的实践，也在一定程度上为"礼法合治"的社会实践做出了很大的贡献。汉代初年，社会经济残破，百废待兴。当时的统治者有鉴于秦王朝奉行严刑峻法以致二世而亡的教训，便将主张清静无为、与民休息、垂拱而治的黄老之学奉为治国方略。汉初的黄老之学是道家的一个派别，它是在道家思想的基础上吸收了儒、法、阴阳等学派的思想而形成的派别。黄老之学在政治上最主要的特点是清静无为，主张因俗简礼、宽刑简政、刑德并用、轻徭薄赋、与民休息。汉初最早根据黄老思想理政的是政治家曹参。曹参任齐相时曾请教于治黄老之学的胶西盖公。盖公将无为而治的黄老思想概括为"治道贵清静而民自定"[②]。曹参用黄老术治齐九年，齐国大治。后来，曹参于惠帝二年继萧何为相国，又把黄老之术这套治国方针推行于全国。继曹参为相的陈平也"本好黄帝、老子之术"[③]。汉初执政的文帝、景帝及窦太后都程度不同地尊崇黄老之学。应

中国古代的『礼法合治』思想及其当代价值

---

① 陈顾远：《中国文化与中华法系》，台北：三民书局，1969 年版，第 201 页。

② 司马迁：《史记》卷五四，北京：中华书局，1957 年版，第 2029 页。

③ 司马迁：《史记》卷五六，北京：中华书局，1957 年版，第 2062 页。

劭《风俗通义·正失》载："文帝本修黄、老之言，不甚好儒术，其治尚清静无为。"[①]《汉书·外戚传》则说："窦太后好黄帝、老子言，景帝及诸窦不得不读《老子》尊其术。"[②] 汉代初年统治者虽然矫正了秦王朝实行的严刑酷法，奉行黄老之学，但并非实行黄老之术的专制，而是"明倡黄老，辅以儒教，暗用法家"[③]。也就是说，汉代初年的国家治理虽然表面上是以黄老之学为指归，但实际上并非黄老之术的专制，而是在黄老思想框架下兼用儒、法的治国之术，也就是礼、法兼用。因为，一方面黄老之学本身就吸收了儒家和法家的一些治国思想，另一方面黄老无为而治的社会实践也为儒家、法家治国理念的发展预留了空间。汉代初年著名思想家贾谊的"礼法合治"思想就充分地反映了这一点。贾谊从治国、安邦、理民的高度提出了加强礼治的主张。他认为礼是治国之本，"礼者，所以固国家，定社稷，使君无失其民者也。主主臣臣，礼之正也；威德在君，礼之分也；尊卑大小，强弱有位，礼之数也。"[④] 同时，贾谊也很重视法。他认为礼与法各有不同的作用，二者不可偏废。他甚至认为在某种意义上法制比礼义更重要。他说："仁义恩厚，此人主之芒刃也；权势法制，此人主之斤斧也。势已定，权已足矣，乃以仁义恩厚因而泽之，故德布而天下有慕志。"[⑤] 在他看来，权势法制是实行礼义的前提，没有权势法制，仁义只能付诸空谈。显然，在贾谊的治国思想中，儒家的礼治思想和法家的法治思想的影响都是很明显的。

到了汉武帝时期，以董仲舒为代表的新儒家顺应时代要求登上历史舞台。董仲舒首先提出统一思想、独尊儒术，同时在阴阳思想的指导下提出以德治为主，德刑兼备的治国思想，亦即以礼为主、礼法结合的治国方略。他说：

---

① 王利器：《风俗通义校注》卷二，北京：中华书局，1981年版，第96页。

② 班固：《汉书》卷九七（上），北京：中华书局，1962年版，第3945页。

③ 刘泽华、葛荃主编：《中国古代政治思想史》，天津：南开大学出版社，2001年版，第179页。

④ 贾谊：《贾谊新书》卷六，上海：上海古籍出版社，1989年版，第44页。

⑤ 贾谊：《贾谊新书》卷二，上海：上海古籍出版社，1989年版，第18页。

"天道之大者在阴阳，阳为德，阴为刑；刑主杀而德主生。"① 他认为君主遵循天道治国，就必须实行德治。所谓德治实际上就是儒家所倡导的礼治。礼治主要有两方面的内容：其一是行教化。董仲舒说："圣人之道，不能独以威势成政，必有教化。"② 他认为教化就像堤防一样维护着社会纲常伦理。如果堤防毁坏，必然伦理溃败，奸邪横行，"是故教化立而奸邪皆止者，其堤防完也；教化废而奸邪并出，刑罚不能胜者，其堤防坏也。"因此帝王"南面而治天下，莫不以教化为大务。"③ 教化的目的是教育引导社会各阶层认可并服从儒家倡导的纲常伦理。其二是施仁政。他要求统治者要尽可能防止社会两极分化，以免形成严重的贫富对立。统治者应该使"民财内足以养老尽孝，外足以事上共（供）税，下足以畜妻子极爱"。④ 因为只有通过实行仁政，保障民众的基本生活需求，才能维护社会秩序的正常运转。

董仲舒主张"德治"与"礼治"，但并不排斥"法治"（刑罚）。他主张礼法结合、德主刑辅。当然，在董仲舒的"礼法合治"思想中，礼与法二者的地位不是均等的，而是"德主刑辅"，就是以礼治为主，以法（刑）为辅。他认为治理国家应该"大德而小刑""务德而不务刑"。他认为不应该专任刑罚，应该以"礼"为主。他说："刑之不可任以成世也，犹阴不可任以成岁也。"⑤ 否则，就是"逆天，非王道也。"⑥ 至于二者的施用比例，应该如同天之"暖暑居百，而清寒居一。德教之与刑罚，犹此也。"⑦ 董仲舒"礼法合治、德主刑辅"的思想得到汉武帝的认可，并被确立为汉王朝官方正统思想。此后，汉王朝的治国方针基本上都以这种"礼法合治、德主刑辅"的思想为圭臬。正如后来汉宣帝对其"好儒"的儿子刘奭（元帝）所说："汉家自有制度，本以霸王道

① 班固：《汉书》卷五六，北京：中华书局，1962年版，第2502页。

② 董仲舒：《春秋繁露》卷一一，北京：中华书局，1975年版，第387页。

③ 班固：《汉书》卷五六，北京：中华书局，1962年版，第2503页

④ 班固：《汉书》卷二四（上），北京：中华书局，1962年版，第1137页。

⑤ 董仲舒：《春秋繁露》卷一一，北京：中华书局，1975年版，第400页。

⑥ 董仲舒：《春秋繁露》卷一一，北京：中华书局，1975年版，第401页。

⑦ 董仲舒：《春秋繁露》卷一二，北京：中华书局，1975年版，第434页。

杂之，奈何纯任德教，用周政乎！"①宣帝所谓"霸王道杂之"，实际上就是礼、法合治。"霸道"，就是指法治；"王道"，就是指礼治，也就是指"德教"与"周政"。

汉王朝所奉行的这种"霸王道杂之"的礼法合治方针为后世历代王朝所沿用，甚至形成一种传统的治国理政范式。唐高宗时期，由长孙无忌、李勣等在隋代《开皇律》和唐初《武德律》《贞观律》基础上修订而成的《永徽律疏》（即传世的《唐律疏义》）集中体现了"礼法合治、德主刑辅"的治国理念。《唐律疏义》是传世的我国古代最早、最完整的一部成文法典。本法典最重要的特色就是"一准乎礼"②！所谓"一准乎礼"，一方面是指本法典的编撰以儒家倡导的"礼教"作为立法的指导思想；另一方面是指在法律实践中的定罪量刑也以"礼教"为依据和标准。它总结了汉魏晋以来立法和法律实践的经验，不仅对主要的法律原则和制度做出了细致的解释与说明，而且尽可能引用儒家经典中有关"礼"的论述作为律文的理论根据。正如《唐律疏义》卷一《名例》所讲："德礼为政教之本，刑罚为政教之用"。③在唐律体系中，为礼所肯定的便是合法的；礼所不容许的，即为法令所禁止的。唐律中的许多条目，如十恶、八议、犯罪存留养亲、子孙不得别籍异财等，都是礼在法典中的体现。无怪乎四库臣在《唐律疏义》提要中说："唐律一准乎礼，以为出入，得古今之平。"④

唐律的编纂完成说明自汉代开始以来，"礼法合治"的思想和实践历经数百年的演化过程，至唐代臻于完善，基本上实现了"礼"与"法"的合一、法律规范与道德规范的统一。唐律的"一准乎礼"，是中华法系与其他法系相区别的主要特点。

---

① 班固：《汉书》卷九，北京：中华书局，1962 年版，第 277 页。

② 张廷玉等：《明史》卷九三，北京：中华书局，1974 年版，第 2279 页。

③ 长孙无忌等：《唐律疏议》卷一，北京：中华书局，1983 年版，第 3 页。

④ 永瑢、纪昀主编《四库全书总目提要·史部·政书类二》卷八二，北京：中华书局，1965 年影印本，第 712 页。

"礼法合治"思想在宋明时期得到进一步发展和完善，在宋明理学的影响下形成了理学法律观。理学法律观认为礼与法是"天理"的派生物，其实质都是"天理"的外在表现。如二程说："万物皆只是一个天理，己何与焉？至如言'天讨有罪，五刑五用哉！天命有德，五服五章哉！'此都只是天理自然当如此。"[1] 朱熹则说："礼者，天理之节文，人事之仪则。"[2] "礼字、法字实理字。"[3] 他们从理学的视角说明了礼、法（刑罚）与天理的内在联系。此外，朱熹还在《论语集注》中解释德、礼、政、刑关系说："子曰：'道之以政，齐之以刑，民免而无耻；道之以德，齐之以礼，有耻且格。'愚谓政者，为治之具。刑者，辅治之法。德礼则所以出治之本，而德又礼之本也。此其相为终始，虽不可以偏废，然政刑能使民远罪而已。德礼之效，则有以使民日迁善而不自知。故治民者不可徒恃其末，又当深探其本也。"[4] 显然，在朱熹看来，德与礼是治国的根本，实施德、礼，人们就会自觉地守法，迁善远罪；而政、刑则相对说来处于"末"即处于辅助的地位，只是一种辅助统治的方法。贤明的统治者不应舍本求末，而必须坚持德主刑辅，才能治理好国家。

二、中国古代"礼法合治"思想的社会功能

在"礼法合治"的国家治理模式中，"礼"与"法"（刑）都是国家制定的规范。但是，二者的关系并非平行的，而是以"礼"为主、以"法"（刑）为辅。具体说来，就是"法"（刑）据"礼"而制，"法"（刑）为"礼"而设。也就是说"礼"是"法"（刑）的指导思想，"礼"所包含的思想是国家意识形态的体现；"法"（刑）的制定必须与"礼"的指导思想相统一，违"礼"即违法，就需要用"法"（刑）来强制矫正之。"礼法合治"的思想与实践在中国古代社会治理中发挥了巨大功用。当然，"礼法合治"的社会功能并不是"礼治"功

---

[1] 程颢、程颐：《二程集》卷二（上），北京：中华书局，1981年版，第30页。

[2] 黎靖德编：《朱子语类》卷六，北京：中华书局，1986年版，第101页。

[3] 朱熹：《晦庵集》卷四八《答吕子约》，影印文渊阁《四库全书》第1144册，台北：台湾商务印书馆，1986年版，第436页。

[4] 朱熹：《四书章句集注·论语集注》卷一，北京：中华书局，1983年版，第54页。

能与"法治"功能的简单相加,而是二者相辅相成、相得益彰,亦即呈现出一加一大于二的情势。约略说来,"礼法合治"思想的实践主要有如下三方面的社会功能:

(一) 教化功能

"礼法合治"最主要的社会功能之一,就是其伦理教化功能。这一功能的实现虽然主要由"礼"来承担,但是"法"也在其中承担着一定的任务。正如《礼记·经解》说:"夫礼,禁乱之所由生,犹坊止水之所自来也。故以旧坊为无所用而坏之者,必有水败;以旧礼为无所用而去之者,必有乱患。……故礼之教化也微,其止邪也于未形,使人日徙善远罪而不自知也,是以先王隆之也。"[①] "礼法合治"的教化功能教育和引导人们从最基本、最常见的社会生活行为开始,一切按照儒家经典规定的行为模式来确立个人的生活方式,个人行为要严格遵循礼法划定的标准。"礼法合治"思想为人们的社会生活构筑了一张不可逾越的、疏而不漏的恢恢"天网"。这张网由礼与法交织而成,内礼外法,既是对社会成员自身的严格要求,又是对社会集体的约束。在"礼法合治"思想的严密和全面的控制和统治之下,社会个体的人性和自由不可避免地会受到限制和压抑。但我们也应该看到,"礼法合治"的控制网络通过其教化功能可以在较少使用暴力强制手段的情况下,使社会各阶层的人们能够心悦诚服地把生存欲望保持在礼、法限定的安全范围内,自然欲望被忠、孝、仁、义、礼、智等伦理道德观念所取代。这样就有助于全社会形成共同的伦理道德观以及统一的价值判断准则,使社会各阶层在日常生活中自觉地规范自身行为,使之符合"礼"与"法"的要求,从而化解各种社会矛盾,调节各种社会关系,使具有不同利益诉求的社会各阶层、各群体能够最大限度地和平共处于一个矛盾而又统一的社会之中。更为重要的是,通过"礼法合治"的教化功能,忠君爱国与遵礼守法等观念深入人们的骨髓,社会

---

① 孔颖达:《礼记正义》卷五〇,影印《十三经注疏》本,北京:中华书局,1980年版,第1610—1611页。

各阶层对现行制度的反抗意识就会被压缩到最小的限度，在一定程度上减少或避免危害社会统治秩序的越轨行为的发生，有利于社会秩序的稳定和有序发展。

(二) 政治功能

我国古代历代统治者不仅依靠军事的强制力量来维护和巩固社会秩序，而且更多地把"礼法合治"作为一种政治手段用于社会治理。具体说来，就是首先利用一套有关衣、食、住、行、婚、嫁、丧、祭的礼仪对人们的日常生活进行限制和规范，将"礼制"付诸实践，依靠"礼"来维持"尊尊亲亲""尊卑有序"的社会秩序。然后再辅之以"法"的强制力来维护和推行"礼"的实施。当然，一旦发生了违"礼"行为，光凭道德教化是难以惩禁的，因为社会教化不具备强制力，只能依靠人的内心自省来维持或恢复正常秩序。于是统治者便将"礼"付诸"法"，通过"法"的强制性来贯彻和推行"礼"的规范，从而通过"礼法合治"，达到维护和巩固社会统治秩序的目的，也就是使社会各阶层的成员自觉地或被强制地处在一个上下有等、尊卑有序、贵贱有别的等级体系中。

"礼法合治"思想的政治功能不仅表现在统治阶级对下层民众的管理上，还表现在对统治阶级自身的约束上。统治者在利用"礼法合治"思想加强对社会成员思想监控、行为调控的同时，其自身也不可避免地会受到"礼法合治"思想潜移默化的影响和规范。一方面，统治阶级为了维护"礼法合治"思想的权威性，因而在施政上要尽可能遵循"礼"与"法"的规则，不敢过分随意妄为；另一方面，当统治阶级严重违犯"礼"与"法"的规范要求时，往往会受到社会其他阶层的批评和反对，甚至是暴力反抗。因此，"礼法合治"思想在一定程度上起到了限制君权、保障下层民众部分政治权利的作用。在"礼法合治"的政治格局中，"礼"与"法"所指向的是一整套社会规范和道德规范，虽然其主旨是对封建等级秩序的维护，但其中所蕴含的自我修养等道德内涵无疑也会对统治阶级本身进行约束，从而使统治阶级不至于随心所欲、为所欲为。统治阶级与被统治阶级在"礼法合治"思想引导下,找到双方权利与义务的"平衡点",有助于整个社会政治格局保持一种动态的稳定。正如王建芹先生所说:"无论如何,传统中国'礼法合治'的治理传统延亘数千年,虽然说礼治中蕴含着对等级和尊卑等封建秩序的肯认,无疑属于历史的糟粕,而法治则流于维护封建统治的'严刑峻法',但就其思想本质而言,其本质上重于'德'而轻于'法'的文化脉络却是值得肯定的。'德主刑辅''为政以德''正己修身''政得其民'等都能给后人以重要的启示。同时以'礼治'和对传统的尊重来组织社会,无疑属于成本最低的社会治理模式。"①

(三) 法律功能

"礼法合治"思想得以实施之后,"礼治"与"法治"的功效相得益彰。与单纯实施"法治"相比,法律规范发挥着更大的作用,渗透到社会生活的各个层面和角落。在"礼法合治"的国家治理模式之下,"法"(刑)据礼而制,"法"(刑)的制定必须与"礼"的指导思想相统一。国家制定法律时往往将"礼"所要求的内容直接法律化,"礼"的施行受到国家法律的保障。"礼"寓于"法"之中,看似无形,却时刻发挥着巨大的约束力,这一点突出表现在对婚姻、家庭关系与继承制度以及其他一些伦理关系的规定上。例如法律规定婚姻的成立必须遵循同姓不婚、父母之命、媒妁之言的规定,婚姻的解除也必须符合"七出""三不去"的原则,这些规定和原则原本均出于"礼",后来转化为法律条文,更增强了其强制约束力,并对中国古代社会生活产生了持久而深远的影响。

"礼法合治"思想在家法族规的实施上作用尤为明显。家法族规既是"礼"在家族管理中的应用,也是传统法律的重要组成部分。国家承认家法族规在维持社会秩序、调解社会矛盾时所发挥的作用。家法族规的一些内容,本身就是"礼"。如《礼记·内则》篇记载子事父母、妇事公婆的"家法"以及《周

---

① 王建芹:《中国特色社会主义法治还需关注其道德内涵——中国古代治理文明中"礼法合治"思想的启示》,《哈尔滨市委党校学报》,2015 年第 1 期。

礼·地官·大司徒》所载"以乡八刑纠万民：一曰不孝之刑，二曰不睦之刑，三曰不姻之刑，四曰不弟之刑，五曰不任之刑，六曰不恤之刑，七曰造言之刑，八曰乱民之刑"[1]的"族规"。这些"礼"的条文不仅成为后世家法族规的条文，也成为后世刑律的条文。古代许多家法族规不仅体现了"礼"的精神，而且得到了"法"的认可和确认，从而大大增强了其权威性与控制力。一旦出现了违背家法族规的情况，不仅要受到"礼"的谴责，更要受到"法"的制裁。礼、法与家法族规的统一，一方面提升了家法族规的地位；另一方面，丰富了"礼法合治"思想的内容，扩大了其影响范围，尤其是对中国古代法治建设产生了深远影响。

总之，中国古代"礼法合治"思想的实践有着特殊的机制：法律与礼相融合，礼与法律相促进，形成中国古代社会特有的约束机制。"礼"的规则融进国家刑法之中，施行受到国家法律的保障，体现和发挥着法的约束作用。

三、中国古代"礼法合治"思想的当代价值

（一）"礼法合治"思想对社会主义核心价值观建设的启示

我国古代"礼法合治"思想可以为当代社会主义核心价值观的建设提供宝贵的历史借鉴。实现中华民族伟大复兴的中国梦，必须要有中国人自己的价值观，也就是要有中国特色的社会主义核心价值观。习近平总书记指出："人类社会发展的历史表明，对一个民族、一个国家来说，最持久、最深层的力量是全社会共同认可的核心价值观。核心价值观，承载着一个民族、一个国家的精神追求，体现着一个社会评判是非曲直的价值标准。"[2]要培育中国特色社会主义核心价值观，必须深入到中华民族几千年来所创造的不朽文化之中，把长期以来我们民族形成的积极向上的思想文化充分继承和弘扬起来，

---

① 贾公彦：《周礼注疏》卷一〇，影印《十三经注疏》本，北京：中华书局，1980年版，第707页。

② 习近平：《青年要自觉践行社会主义核心价值观——在北京大学师生座谈会上的讲话》，《人民日报》2014年5月5日。

只有这样，才能培育出属于中国人自己的"价值观"。因此我们要重视中华传统文化研究，继承和发扬中华优秀传统文化。而"礼法合治"思想正是中华优秀传统文化的重要内容之一。"礼法合治"思想不仅在社会治理中发挥了重要作用，其中所蕴含的许多思想观念，如"以民为本"的观念、"和为贵"的精神、"为政以德"与"德主刑辅"的思想等，都是我们今天所倡导的"富强、民主、文明、和谐，自由、平等、公正、法治，爱国、敬业、诚信、友善"社会主义核心价值观的历史的基因。

无论是在外在要求还是在内在精神上，"礼法合治"思想与二十四字社会主义核心价值观都有着历史的联系。可以说社会主义核心价值观就是在中国优秀传统文化（包括"礼法合治"思想）的基础上的精神升华，是为适应当前社会发展，解决现代社会新问题而提炼出来的。当下，我们重温中国传统"礼法合治"思想的流风余韵，借鉴世界其他国家和民族法律文化的有益资源，端正对待礼与法的态度，协调礼与法之间的关系，将二者有机统一起来，并将其运用到核心价值观的建设之中。只有这样才能培育出中国特色社会主义核心价值观，从而实现社会和谐稳定，国家长治久安。

（二）"礼法合治"思想对社会主义法治建设的启示

2014年10月20日至23日召开的中国共产党十八届四中全会审议通过了《中共中央关于全面推进依法治国若干重大问题的决定》。《决定》提出的总目标是建设中国特色社会主义法治体系，建设社会主义法治国家。这是自1978年党的十一届三中全会以来，首次将"依法治国"作为全会的主题，反映了作为执政党的中国共产党在全面深化改革关键时期的重大政策考量。

《中共中央关于全面推进依法治国若干重大问题的决定》非常正确地指出："国家和社会治理需要法律和道德共同发挥作用。……既重视发挥法律的规范作用，又重视发挥道德的教化作用，以法治体现道德理念、强化法律对道德建设的促进作用，以道德滋养法治精神、强化道德对法治文化的支撑作用,实现法律和道德相辅相成、法治和德治相得益彰。"①这说明依法治国要想发挥最佳效用,必须处理好法律与道德之间的关系。法律与道德之间的关系,实际上也可以历史地看作是"法"与"礼"的关系,因为在某种意义上可以说德与礼是相通的:礼是外在的行为规范;德是内在的符合"礼"的道德情感。"礼"是维护社会秩序和良好风气的基本准则。在礼的形式下,体现着道德的情感和要求。对社会来说,道德建设要通过礼来落实,礼是社会风气、文明程度的标尺。而"礼法合治"思想恰好为我们更好地厘清道德与法律之间的关系提供了有价值的思考。在中国古代社会治理体系中,往往礼法并用,以礼施法减少了推行法的阻力,以法作为"礼"的保障措施又增强了礼的约束力,通过礼法合治保证国家机器的有效运转,从而达到治理国家、实现社会稳定的目的。在道德与法律的关系中,法律是社会治理的底线,法律的判决是解决矛盾的最终方式。但一个和谐的社会决不能仅仅依靠法律的强制力,还要有道德(礼)的教化和约束。在社会主义法治与和谐社会建设过程中,我们应该充分认识到这种关系:法律的实施有赖于道德的支持,道德是法律实施的内在心理基础。另一方面,法律是道德建设的支柱,道德发挥作用需要法律的强制力做后援。道德与法律二者取长补短,相辅相成。因此,依法治国必须重视德治(亦可谓之礼治),坚持法律和道德建设的协调发展。

一个国家要保持社会秩序稳定、实现良好的社会控制,在完善法制的同时,也必须建立与社会形态相适应的社会道德规范体系;而且,只有当国家法律规范体系同社会道德规范体系两相协调时,国家法律规范才具有实施的社会基础,社会控制方能取得预期的效果。建设社会主义法治国家,必须正确处理推进法治建设与深化精神文明建设的关系。必须坚持依法治国与以德治国有机统一。法律的实施主要靠国家强制,具有刚性;而道德(精神文明)则主要通过教化提高人们的自律,属于柔性。实践中,法治和德治可以刚柔

①《中共中央关于全面推进依法治国若干重大问题的决定》,《人民日报》2014年10月29日。

中国古代的「礼法合治」思想及其当代价值

并举、相辅相成。

（三）"礼法合治"思想对我国国家治理模式和治理能力现代化的启示

2014年10月13日下午中共中央政治局就我国历史上的国家治理进行第十八次集体学习。习近平总书记在主持学习时强调："历史是最好的老师。在漫长的历史进程中，中华民族创造了独树一帜的灿烂文化，积累了丰富的治国理政经验，其中既包括升平之世社会发展进步的成功经验，也有衰乱之世社会动荡的深刻教训。我国古代主张民惟邦本、政得其民，礼法合治、德主刑辅，为政之要莫先于得人、治国先治吏，为政以德、正己修身，居安思危、改易更化，等等，这些都能给人们以重要启示。治理国家和社会，今天遇到的很多事情都可以在历史上找到影子，历史上发生过的很多事情也都可以作为今天的镜鉴。中国的今天是从中国的昨天和前天发展而来的。要治理好今天的中国，需要对我国历史和传统文化有深入了解，也需要对我国古代治国理政的探索和智慧进行积极总结。"[①] 习近平总书记的这一讲话，揭示了当代中国推进国家治理体系与治理能力现代化的举措基于深厚的历史文化底蕴。一个国家想要维持稳定的社会秩序，必须选择一套适合本国国情的社会治理模式。中国古代用"礼法合治"思想来治理社会的成功经验，对于我们现代化国家治理无疑具有宝贵的参考借鉴价值。我国古代"礼法合治"思想中固然存在着许多过时、落后的思想因素，如等级观念、对"三纲"的过分强调等等，但其提倡礼治与法治并举、道德与法律并重的治国思想和治国模式值得我们认真地总结和批判地继承发扬。这套国家治理模式在我国古代社会发展史上发挥过巨大作用。它构筑起内、外两套约束机制。内则依靠礼，用礼来净化和统一人心，形成共同的价值观；外则依靠法，用法来震慑不法行为，划定安全范围，保障社会秩序的正常运转。

"礼法合治"是中国古代思想家和政治家们经过长期实践而总结形成的

---

① 《习近平在中共中央政治局第十八次集体学习中强调：牢记历史经验历史教训历史警示，为国家治理能力现代化提供有益借鉴》，《人民日报》2014年10月14日。

一套治国模式。在"礼法合治"思想的影响下，中国古代社会维持了长久的稳定状态，由此可以得出结论："礼法互补可以推动国家机器有效地运转。"[1]目前我国全面深化改革进入到"深水区"，社会转型进入关键期，在社会治理方面也出现了许多前所未有的新问题、新挑战、新困难。无疑，我国古代"礼法合治、德主刑辅"的治国思想会对我国当代国家治理模式和治理能力现代化提供宝贵的政治智慧和历史借鉴，促进社会政治、经济、文化的和谐发展，从而促进我国全面建成小康社会，实现伟大复兴的中国梦。

（此文原刊于沈岿、彭林、丁鼎主编：《传统礼治与当代软法》，北京大学出版社2017年12月版）

---

[1] 张晋藩：《中国法律的传统与近代转型》，北京：法律出版社，1997年版，第34页。

礼法相济、礼主法辅

——《周礼》所体现的社会治理思想

丁 鼎

　　《周礼》(《周官》)是儒家十三经中的一部非常重要的经典，也是十三经中问题最多、争议最大的一部经典。经学史上，虽然关于《周礼》的成书年代、《周礼》与周公的关系、《周礼》与儒家的关系等问题一直存在着争议，聚讼不已，但历代思想家和政治家普遍对本书中蕴含的治国理政思想非常重视，比如汉代王莽改制、北周改革官制、唐代编制《大唐六典》、宋代王安石变法等重大政治制度改革，都是将《周礼》奉为圭臬，都是以《周礼》的制度构想和社会治理思想作为理论依据。

　　《周礼》一书体大思精，系统条贯，设计出一套非常完整的治国理政的职官系统。《周礼》以六官为框架设计构建起一套严整完备的职官制度，而且还以这套职官制度为基础构想建立起诸如畿服制度、都鄙制度、爵位制度、土地管理制度、赋贡制度、军政制度、刑法制度、市贸制度等众多政治制度和礼仪制度。这种种制度或来源于当时或前世实行的制度，或出于作者理想化的构想。这些参酌古今而成的理想国的行政制度设计，充分体现了作者的治国理政思想。《周礼》一书在治国理政方面一个很重要的特色就是在重视"礼"（典章制度）的构建和"礼"的社会教化的同时，也特别重视"法"（刑）的功用。甚至可以说其治国理政思想的一个重要特点就是"礼法相济""礼法合治""礼主法辅"。兹谨申论如下。

一、我国古代"礼、法相济"的社会治理模式

在中国传统文化体系中，"礼"与"法"是国家治理的两大基石。二者相辅相成，共同对社会秩序发挥着调节、约束和控制的功能，从而形成我国传统的"礼、法相济"的社会治理模式。

当然，这种"礼、法相济"的社会控制和治理模式可能是人类文明社会早期的一种很普遍的现象。正如美国学者罗斯科·庞德所说："社会控制的主要手段是道德、宗教和法律。在开始有法律时，这些东西是没有什么区别的，甚至在像希腊城邦那样先进的文明里，人们通常使用同一个词来表达宗教礼仪、伦理习惯、调整关系的传统方式、城邦立法，把所有这一切看作一个整体；我们应该说，现在我们称为法律的这一名称，包括了社会控制的所有这些手段。"① 放眼世界，可知各民族在文明社会（或曰阶级社会）初期大致都经历过这样一个把道德、宗教、礼仪、伦理习惯与法律混合在一起进行社会控制（或曰社会治理）的历史阶段。

据日本著名法学家穗积陈重考证，法律与道德、宗教由混合到分化，是法律进化的普遍规律，印度的《摩奴法典》以及希腊罗马的法典都是从礼中

---

① ［美］罗斯科·庞德著，沈宗灵译：《通过法律的社会控制》，北京：商务印书馆，2010年版，第11页。

分化出来的。^①我国古代的"法"（刑法）也是逐步从具有道德、宗教性质的"礼"中分化衍生出来的。

"礼"是体现中国传统文化特质的概念，在外延上大致相当于西方文化中的道德、宗教、制度、习俗、礼仪等。也可以说，我国古代的"礼"就相当于道德、宗教、礼仪、伦理的综合体。当时的"礼"就包括后世所谓"法律"的许多内容，发挥着多方面的社会控制作用。因此，当时的"礼"既具有道德伦理规范的属性，又具有法律规范的属性，一身而二任，担负着道德规范与法律规范的双重任务。也就是说上古时代的礼具有后世所谓"法"的某些功能。因而梁启超先生曾在1904年撰写的《论中国成文法编制之沿革得失》一文中认为："我国古代，礼与法视同一物。礼者，即规律本族之法也。故凡礼制著于竹帛者，皆可认为一种之成文法。"^②他还进一步论述说：倘若礼可以被视为成文法，那么，周代是有着"经礼三百""曲礼三千"的，这简直就可以说是中国最古最繁之法典了。梁氏在这里将"礼"等同于"法"，认为礼就是法。梁启超的这种认识和说法虽然有简单化之嫌，但对于我们认识我国古代社会早期礼、法混合为一体的情况很有参酌意义。

"礼"是指规范社会、人生的典章制度和行为规范。"礼"产生于氏族部落时期一些具有原始宗教性质的活动。后来，随着人类社会的发展，"礼"的内容逐步扩大化、系统化，人类社会生活其他方面的礼节仪式也逐步被纳入"礼"的范畴。也就是说，礼的内容和意义逐渐扩大，从宗教领域逐步扩展到政治、法律和社会伦理领域，并最终发展成为中国古代维持社会、政治、伦理秩序，巩固等级制度，调整人与人之间各种社会关系的规范与准则。西周初年周公"制礼作乐"，奠定了周代礼乐文化的基调。其时"法（刑）"作为礼制体系的一个组成部分而存在。礼制体系最大程度地发挥了道德教化的作用，

---

① ［日］穗积陈重：《祭祀及礼与法律》，岩波书店昭和三年（1928年）八月版，第199—200页。

② 梁启超：《论中国成文法编制之沿革得失》，《梁启超法学文集》，北京：中国政法大学出版社，2000年版，第125页。

而法（刑）则在礼制的框架之内对社会的违礼行为发挥着约束和惩戒作用。当时的"礼"包括了各种制度、行为和思想的规范，具有道德和法的双重性。

法产生于礼之后，是从"礼"中衍生出来的，故《管子·枢言》云："法出于礼。"①礼被赋予了强制力便是法。"礼"既是一种社会制度规范和思想行为规范，更是一种社会道德教化工具，而"法"则是一种事后的惩罚措施。正如《大戴礼记·礼察》所说："礼者禁于将然之前，而法者禁于已然之后。"②礼和法都是人们的行为规范，礼依靠道德教化的方式引导人们别贵贱、序尊卑；而法则依靠强制力使人们共同遵守礼的有关规范，从而达到社会安定有序的目的。礼与法虽然存在差异，但它们都在各自的领域内发挥着维持社会秩序的作用。

礼与法虽然经历了从夏商周三代到春秋战国时期由"合流"到"分流"的变化，但始终不离不弃。二者之间的关系，既是对立的，又是统一的。礼与法之间，既有斗争的一面，又有相辅相成的一面。历代统治者往往采用礼法互补的方式进行社会治理。正如曾宪义先生所说："夏王朝将礼法结合，凭借礼的精神统治力量强化法的镇压职能，依靠法的强制力推行礼的规范，从而为统治阶级构筑了严密的统治罗网，并影响了中国数千年。"③

在某种意义上可以说，我国古代的社会治理思想主要呈现为"礼法相济""礼法合治"的思想范式。这种"礼法相济""礼法合治"的思想范式对我国古代数千年的社会发展产生了重大而深远的影响。

春秋战国至秦代是"法制"形成和确立的时代。这一时期"礼坏乐崩"，礼、法分离。法家逐步从儒家中衍生出来，形成了相对、并立的儒、法两家。原本附属于"礼"的"法"日益得到统治者的重视，并逐步获得了独立的发展时机，最终发展成为秦王朝的统治思想。正如韩星《先秦儒法源流述论》所指出的那样："礼治与法治长期处于同构而充满内在张力的状况，并与德治、

---

① 黎翔凤：《管子校注》（上），北京：中华书局，2004年版，第246页。

② 王聘珍：《大戴礼记解诂》卷二，北京：中华书局，1983年版，第22页。

③ 曾宪义主编：《中国法制史》，北京：北京大学出版社，2000年版，第24页。

礼法相济、礼主法辅——《周礼》所体现的社会治理思想

人治（这是现代人对德礼之治等的一种概括）等混融在一起，造成了中国封建社会表面上是一个文明的'礼义之邦'，实际上又是一个在政治法律上实行礼法合治的'礼法'社会。"①

　　春秋战国时期，法家虽然源于儒家，且法家与儒家在主张大一统、维护君权、维护社会等级制度方面并不对立，但儒、法两家关于礼法、德刑的关系却有着各自不同的价值判断。在治国方略的选择上，儒家主张"礼制"，而法家推崇"法制"。早期儒、法两家关于"礼制"与"法制"的碰撞、交锋和论战，为后世"礼法合治"思想的形成奠定了基础。

　　实际上，孔子虽然极力推崇礼治、德治，但在他的思想中已经蕴含着"礼法合治"的萌芽。孔子说："道之以政，齐之以刑，民免而无耻；道之以德，齐之以礼，有耻且格。"②又说："圣人之治化也，必刑政相参焉。太上以德教民，而以礼齐之；其次以政焉导民，以刑禁之，刑，不刑也。化之弗变，导之弗从，伤义以败俗，于是乎用刑矣。"③由此可知，在孔子的思想认识中，作为治国的工具，除了礼之外，还有刑。这里所谓的刑，实际上就是法。这种以礼法相济、礼法结合的方式治理国家的理念在许多先秦儒家文献中都有所体现，如《礼记·明堂位》就说："礼、乐、刑、法、政、俗，未尝相变也。"④《礼记·乐记》说："故礼以道其志，乐以和其声，政以一其行，刑以防其奸。礼、乐、刑、政，其极一也，所以同民心而出治道也。"⑤《荀子·成相》则

　　① 韩星：《先秦儒法源流述论》，北京：中国社会科学出版社，2004年版，第106—107页。

　　② 邢昺：《论语注疏》卷二，影印《十三经注疏》本，北京：中华书局，1980年版，第2461页。

　　③ 杨朝明、宋立林：《孔子家语通解》卷第七《刑政》，济南：齐鲁书社，2009年版，第355页。

　　④ 孔颖达：《礼记正义》卷三一，影印《十三经注疏》本，北京：中华书局，1980年版，第1492页。

　　⑤ 孔颖达：《礼记正义》卷三七，影印《十三经注疏》本，北京：中华书局，1980年版，第1527页。

说："治之经，礼与刑，君子以修百姓宁。明德慎罚，国家既治四海平。"① 可见 "礼法合治" 的思想一直是儒家经典的基调。孔子与先秦儒家主张德化，主张礼治。数千年来，"礼" 与 "德" 伴随中华民族走出了一条不同于其他国家和民族的文明发展道路，在儒家思想体系中，礼是治国的核心，也是最终目标。而法与法制则与道德教化共同成为实现礼治的两种手段。

二、《周礼》中的法（刑）制内容

《周礼》虽然是一部记述我国古代礼制的典籍，但其中也记述了许多有关 "法" 与 "刑" 的内容，而且可以说是我国先秦文献中讲述 "法" 与 "刑" 内容最多的一部典籍。该书对于我们了解我国先秦时期 "礼、法相济" 的社会治理思想和 "法" 与 "刑" 的实施情况都有着非常重要的价值。

《周礼·天官·大宰》曰："大宰之职，掌建邦之六典，以佐王治邦国：一曰治典，以经邦国，以治官府，以纪万民；二曰教典，以安邦国，以教官府，以扰万民；三曰礼典，以和邦国，以统百官，以谐万民；四曰政典，以平邦国，以正百官，以均万民；五曰刑典，以诘邦国，以刑百官，以纠万民；六曰事典，以富邦国，以任百官，以生万民。"《秋官·大司寇》也记载："掌建邦之三典，以佐王刑邦国，诘四方。""县刑象之法于象魏，使万民观刑象。" 这里所谓的 "刑典" 与 "刑象之法" 虽然还不能与现代意义上的刑法典等量齐观，但把它们看作刑法典的雏形或原始的刑法典是没有问题的。《周礼》中许多对职官职掌的说明实际上可以看作是一些法制性条文。

正如当代著名历史学家晁福林先生所说："我国上古时代的法制情况比较集中地反映在《周礼》一书中。《周礼》一书虽然非周公所撰，但其内容多反映了西周、春秋战国时期的社会面貌……《周礼》一书浸润着社会和谐发展的精神，贯彻了 '礼—法' 融汇的原则，颇具古代中国特色，在古代中国的法制发展过程中有着十分重要的影响。研究中国古代法制离不开对于《周礼》一书相关部分的探讨。中华法系的内容非常丰富，后世的律、令、格、式

---

① 王先谦：《荀子集解》卷一八，北京：中华书局，1988年版，第461页。

等方面的内容都可以在先秦时期，特别是在《周礼》一书中，找到其渊源之所在。《周礼》一书虽然涉及周代多方面的社会制度，但其核心内容则是非常系统的行政法典，既有国家构建方面的根本大法，又有关于刑事及民事方面的诸多法规与指令。先秦时期，礼、法相融，《周礼》一书偏重于以礼融法，其指向在于构建系统而和谐的社会结构形态。正如前辈专家多曾指出的，《周礼》一书对于国家结构与法治建设，虽然具有一定的理想化的倾向，但其现实性质在不少方面已为地下考古材料的证明。"① 其说非常中肯。

清末著名法学家沈家本很早就注意到这一点，他在《历代刑法考》卷一《刑制总考》中讲到周代刑制时，罗列了"五刑（墨、劓、宫、刖、杀）""圜土""嘉石""奴""斩""杀""脯""焚""髡""屋诛""车辕""鞭""刵""疑赦""无余刑"和"磬"等共十六种刑制。而其中前十一种刑制都是出于《周礼》，其后四种出于《尚书》，最后一种出于《礼记》。② 由此可见，法制（刑制）性条文在《周礼》内容中确实占有较高的比例。因此李学勤先生对《周礼》的法制性内容给予充分重视和肯定。他认为："汉代学者多以《周礼》与汉律并称……可证《周礼》一书虽非狭义的法律，但同法律有密切的关系。近代研究中国法律史的学者也多溯及《周礼》。清末名家沈家本对先秦、秦汉法律探讨甚深，他能于'《周礼》多创获'是一个重要原因。"③

张全民先生在其博士学位论文《〈周礼〉所见法制研究》（刑法篇）中对《周礼》的法制内容进行了较为全面、系统的研究。按犯罪、刑罚、科刑等刑法的组成部分分别与《周礼》的相关内容相印证，并以相关考古资料加以佐证，对《周礼》所蕴含的法制体系进行了分析和论述。文章明确指出：

---

① 晁福林：《〈周礼·秋官〉与周代法制研究》序，温慧辉：《〈周礼·秋官〉与周代法制研究》卷首，北京：法律出版社，2008 年版。

② 沈家本著，张全民点校：《历代刑法考》卷一《刑制总考·周》，北京：中国检察出版社，2003 年版，第 11—13 页。

③ 李学勤：《简帛佚籍与学术史》第三编《秦简研究》二《秦律与〈周礼〉》，南昌：江西教育出版社，2001 年版，第 110 页。

《周礼》中的"法"只是奴隶制礼的一部分，但"法"中的相当一部分具有法律效力，由国家权力机关强制执行，已与严格意义上的法律无甚区别。《天官·小宰》云："正岁，帅治官之属而观治象之法，徇以木铎，曰：'不用法者，国有常刑！'……以宫刑宪禁于王宫，令于百官府，曰：'各修乃职，考乃法，待乃事，以听王命。其有不共，则国有大刑。'"①其说甚是，非常中肯地指出了《周礼》一书中所蕴含的法制体系。

需要注意的是：《周礼》中多言"法（灋）"，而有许多"法"字相当于"刑"或"刑法"，但其中有些"法"字并不能与"刑"或"刑法"等量齐观。如《周礼·天官·大宰》曰："以八法（灋）治官府。"孙诒让《周礼正义》曰："《释文》云：'灋，古法字。'案：《说文·廌部》云：'灋，刑也。平之如水，从水。廌所以触不直者去之，从廌、去。重文法，今文省。'凡经皆作灋，注皆作法。经例用古字，注例用今字也。法本为刑法，引申之，凡典礼文制通谓之法。……此八法为治百官之通法。"②由此可知，这里所谓的"八法"的"法"《周礼》中所谓的"法"一般不能看作是后世"法律"这一概念的同义词。这一点前人业已指出。如章太炎先生就曾经指出："'法'者，制度之大名，周之六官，官别其守而陈其典，以扰义天下，是之谓'法'。"③彭林先生更明确指出："无论是法家所说的法，还是诸子所说的法，抑或《周礼》所说的法，都不能简单地与法律画等号。他们所说的法，是一个宽泛的概念，包括礼法、法则、标准、方法、做法以及法律等等"。④

《周礼》中所谓的"法"确实是一个比较宽泛的概念，有的不是后世"法律"或"法制"的概念，而是属于"礼"或"礼制"、法则的范畴。如《周

① 张全民：《〈周礼〉所见法制研究》（刑法篇），北京：法律出版社，2004年版，第6页。

② 孙诒让：《周礼正义》卷二，北京：中华书局，1987年版，第62—63页。

③ 章太炎：《检论·商鞅》，载于《章太炎学术论著》，杭州：浙江人民出版社，1998年版，第245页。

④ 彭林：《〈周礼〉主体思想与成书年代研究》，北京：中国社会科学出版社，1991年版，第109页。

礼·天官·大宰》曰:"以八法治官府,一曰官属,以举邦治。二曰官职,以辨邦治。三曰官联,以会官治。四曰官常,以听官治。五曰官成,以经邦治。六曰官法,以正邦治。七曰官刑,以纠邦治。八曰官计,以弊邦治。"《周礼·天官·大宰》又曰:"以八则治都鄙……二曰法则,以驭其官。"郑玄注曰:"则,亦法也。典、法、则,所用异,异其名也。"贾公彦疏曰:"法则谓官之制度。制度与在官为法则,使不僭差,亦所以驱之使入善也。……谓典、法、则三者相训,其义既同。但邦国言典,官府言法,都鄙言则,是所用处异,故别言之,其实义通也。"①《周礼·天官·小宰》曰:"以法掌祭祀、朝觐、会同、宾客之戒具,军旅、田役、丧荒亦如之。七事者,令百官府共其财用,治其施舍,听其治讼。"显然,上引"大宰职"与"小宰职"所谓的"法"者不是指刑法或法律,而是指各种职官的行政职责或法则制度,类似现代的行政法,可理解为礼法或官法、法则。正如《周礼·天官·大宰》郑玄注引郑司农所说:"官法谓职所主之法度,官职主祭祀、朝觐、会同、宾客者,则皆自有其法度。"②由此可见,《周礼》中这类"法"字的词义属于礼法、法度的范畴。

在《周礼》中也有许多的"法"字具有"刑""刑法"的含义。如《秋官·大司寇》曰:"凡卿大夫之狱讼,以邦法断之。"《秋官·士师》曰:"掌国之五禁之法。"《秋官·乡士》曰:"司寇听之,断其狱、弊其讼于朝;群士司刑皆在,各丽其法以议狱讼。"《秋官·朝士》曰:"掌建邦外朝之法。"《秋官·司刑》曰:"掌五刑之法,以丽万民之罪。墨罪五百,劓罪五百,宫罪五百,刖罪五百,杀罪五百。"《秋官·司刺》曰:"掌三刺、三宥、三赦之法,以赞司寇听狱讼。"等等。这些"法"字都是指称刑或刑法。由此可知,在《周礼》中,"法"有时与刑是同义词,具有刑或刑法的内涵。

---

① 贾公彦:《周礼注疏》卷二,影印《十三经注疏》本,北京:中华书局,1980年版,第645—646页。

② 贾公彦:《周礼注疏》卷二,影印《十三经注疏》本,北京:中华书局,1980年版,第645页。

《周礼》中的"刑"字也是一个多义词，但其典型用法是指"刑法""刑罚"，与"法"同义。如《周礼·天官·太宰》曰："太宰之职，掌建邦之六典，以佐王治邦国：……五曰刑典，以诘邦国。……七曰官刑，以纠邦治。"郑注引郑司农曰："刑典，司寇之职，故立其官，曰使帅其属而掌邦禁，以佐王刑邦国。"贾疏曰："官刑非寻常五刑，谓官中之刑，以纠察邦治。"又如《周礼·秋官·大司寇》曰："以五刑纠之。"郑注曰："刑亦法也。"可见这里所谓"刑典"与"官刑""五刑"中的"刑"字相当于"刑法""法度"，与"法"字同义。

《周礼》中法制（刑法）内容主要集中于《秋官·司寇》篇。现代学人对本篇中的法制（刑法）内容进行了多方面的研究和探讨，其中最有代表性的研究成果当为张全民的博士论文《〈周礼〉所见法制研究》（刑法篇）[1] 和温慧辉的博士论文《〈周礼·秋官〉与周代法制研究》[2]。

张全民《〈周礼〉所见法制研究》（刑法篇）主要根据《秋官司寇》篇的材料将《周礼》所见法制放在先秦刑法发展、变化的过程中进行考察，按照犯罪、刑罚、科刑等刑法的组成部分划分为三章进行讨论。不仅探讨了诸如犯罪构成、犯罪形态、犯罪种类和罪名、生命刑等五种刑罚，以及刑罚的等级、刑种搭配、刑罚的加减、缓刑、赦免之类的问题，而且归纳出《周礼》犯罪规定的特点、《周礼》所见刑罚的特点及《周礼》的刑事责任原则。最后，专门用一章分析了《周礼》所见刑法的四个特点及其对后世的影响。

温慧辉的《〈周礼·秋官〉与周代法制研究》主要论述探讨了《周礼·秋官司寇》所记述的刑法制度、司法机关、诉讼制度、司法特点与法律文化。著者在《结语》中指出："《周礼》中亦包含有非常丰富的法制材料，主要集中在《秋官》里，所以对于研究先秦法制，《周礼·秋官》就显得弥足珍贵。……《周礼》所表述的司法制度及其反映的法律文化与特点，体现出作者所处时代法制已经发展到比较成熟的程度，虽然所记内容掺杂了很多作者理想、杜撰

---

① 张全民：《〈周礼〉所见法制研究》（刑法篇），北京：法律出版社，2004年版。

② 温慧辉：《〈周礼·秋官〉与周代法制研究》，北京：法律出版社，2008年版。

的成分，但其中的确反映了先秦时期法律制度的轮廓，仍有很重要的史料价值；并为后世的司法实践提供了借鉴，是后世封建法制重要的理论来源，其中很多制度和思想文化都在后世的立法和司法中得以实践和印证。所以，《周礼·秋官》所反映的法律制度及其思想文化在中国古代法制史上有不容忽视的作用，后世许多独到的法律制度都是在《周礼》的基础上形成的。"①

　　总之，《周礼》既是对以往历史制度的总结，也是未来理想制度模式的构想和规划。尤其是其中所蕴含的法制内容是非常丰富的，包括了司法官吏的设立，刑法处罚的原则，诉讼制度的规定与司法制度的指导思想等等。可以说作为儒家的重要经典之一，《周礼》中所记述的法律制度对于中国古代法律的形成与发展做出了不容忽视的贡献，对后世的法治建设产生了重大而深远的影响。

三、《周礼》所蕴含的"礼主法辅""礼法合治"思想

　　《周礼》初名《周官》，但从现存其他先秦文献中看不到《周官》这部先秦典籍与孔子及先秦儒家的直接关系，孔子与其七十子后学也未提及过《周官》一书。但是从思想内容来看，《周官》全书共分六篇，分门别类地记述了天官冢宰、地官司徒、春官宗伯、夏官司马、秋官司寇、地官司空等六大系统的官职及其职掌以及相关的政治、经济、文化、军事、法制、工程等各种制度。《周官》所记载的这套职官系统及其相关制度从总体说来属于礼制的范畴。而其中秋官司寇这一系统的职官及其职掌则主要属于法制的范畴。《周官》一书设计了一套礼中有法、法中有礼，二者相辅相成、相互渗透的国家治理模式。这与孔子与先秦儒家重视礼制，主张礼主刑辅、礼法合治的政治思想是基本一致的。因此汉儒将其纳入儒家文献体系之中，并将其改称为"《周礼》"。

　　《周礼》一书的结构安排和思想内容体现出礼法相济、礼主法（刑）辅的特点。在《周礼》中，法是作为维护"礼教"的辅助手段而存在的。它主张在

---

① 温慧辉：《〈周礼·秋官〉与周代法制研究》，北京：法律出版社，2008年版，第353—357页。

社会治理领域用礼义教化民众,用刑罚禁止民众违礼。如《周礼·大司徒》:"以乡八刑纠万民;一曰不孝之刑,二曰不睦之刑,三曰不姻之刑,四曰不弟之刑,五曰不任之刑,六曰不恤之刑,七曰造言之刑,八曰乱民之刑。"显然这是以八刑纠正不孝、不睦、不姻、不弟、不任、不恤、造言、乱民等八种违礼行为。郭伟川先生指出:"礼学是儒学最重要的核心部分,故《周礼》一书显然充分地体现了儒家的礼治观念。至于治国方面,儒家历来主张礼、乐、刑、政四者并举,而以礼乐为先,但对刑法并不偏废。这一点从《周礼》中设'秋官司寇'可知。于是,国家典章制度既立,礼制昭然,法在其中。故笔者认为,从《周礼》一书的主要内容及其体现的治国理念来看,显然是以'礼'为主,'法'为其辅。"①

在《周礼》中礼与法(刑)虽然相济相成,共同建构起一个庞大的礼制系统,但在这个礼制系统中,二者的地位不是并列相等的。在这个礼制系统中礼外无法(刑),出礼入刑。也就是说礼是规范社会生活各领域的根本制度,理所当然地也是指导法(刑)的根本原则。一方面,制定和执行"刑"的依据在于"礼",即礼外无法,礼是刑的指导;另一方面,"礼"需要以"刑"作为保障,违反了"礼",就纳入到"刑"的制裁范围,刑是礼的保障和必须补充。所有的规章制度都属于礼,违反了礼就是触犯了刑(法),就应该用刑(法)来惩处。礼居于主导地位,是法(刑)的依据和总纲;法居于辅助地位,是礼的补充和保障。"礼"侧重于从积极层面进行规范,告诉人们行为的准则,用道德教化的方法禁恶于未然;"刑"侧重于从消极层面对违礼行为进行制裁,通过刑罚惩处的方法纠正违法行为。

《周礼》中所蕴含的礼刑(法)合治、礼主刑(法)辅的治国思想与以孔子为代表的儒家所倡导的"礼法合治""德主刑辅"的思想是非常一致的。至于二者孰先孰后,谁影响了谁,这个问题还值得进一步深入探讨和研究,目前还难以得出可靠的结论。但这种礼法合治、礼主法辅的治国理念对后世我国

① 郭伟川:《〈周礼〉制度渊源与成书年代新考·引言》,北京:国家图书馆出版社,2016年版,第3页。

礼法相济、礼主法辅——《周礼》所体现的社会治理思想

社会治理模式的发展产生了深远而重大的影响。

春秋战国时期，面对"礼坏乐崩"的形势，这种礼法合治、礼主法辅的治国思想难以得到当时君王的青睐。而法家所倡导的"法治"思想却备受关注，甚至大行其道。法家的代表人物如李悝、商鞅、韩非等，重视法律的作用，突出法律在国家治理过程中的主体性作用，强调使用严刑峻法治国，与儒家提倡的"礼治"或"礼法合治"的思想大异其趣。法家思想为秦所推崇，但秦王朝虽然统一天下，却二世而亡。秦的短命使得汉朝统治者开始反思。他们认识到面对日益激化的社会矛盾，单靠严刑峻法，难以维持国家的长治久安，于是便试图寻找新的治国方法。经历了汉初黄老之学短暂的统治之后，汉武帝最终确立了"罢黜百家，独尊儒术"的治国方略，使儒学一举成为两千多年中华文明的主流思想。由此，由《周礼》和先秦儒家所提倡的"礼法合治、礼主刑辅"的思想才真正被统治者贯彻到治国之中，并发展成为一种轮廓清晰的政治实践。汉代"礼法合治"的政治实践实际上也可以看作是一个礼、法合流的历史过程。正如张晋藩先生所指出的那样："礼法合流的具体表现是：以礼为主导，以法为准绳；以礼为内涵，以法为外貌；以礼防范于先，以法惩治于后；以礼移民心于隐微，以法彰善行于明显；以礼夸张恤民的仁政，以法渲染治世的公平；以礼行法从而减少推行法律的阻力，以法行礼使礼具有凛人的权威。礼法结合的发展轨迹显示了它的社会作用不断加强，它对社会文化的影响不断深化，它所塑造的中华法系的特征，不断鲜明。"[1] 当然，汉代"礼法合治"的政治实践从某种意义上也可以说是对秦王朝严刑酷法的拨乱反正，是从秦代单纯以法治国向以《周礼》礼法合治、礼主法辅治国模式的回归。

（此文原刊于《孔子研究》2020 年第 6 期）

---

[1] 张晋藩：《论礼——中国法文化的核心》，《政法论坛》1995 年第 3 期。

《周礼》的行政制度设计及其对后世政治的影响

丁　鼎

　　《周礼》（又名《周官》）一书内容繁富，体例完备，结构严密，可谓体大思精。本书原来分为《天官冢宰》《地官司徒》《春官宗伯》《夏官司马》《秋官司冦》《冬官司空》等六篇。汉时《冬官司空》篇已亡，由于冬官司空主要掌管工程营造，所以汉儒取记载先秦手工业技术的著作《考工记》补之。

　　《周礼》一书的体例非常严整，每一官均冠以"叙官"一节，以总括设立此官的意义、介绍此官的职掌等。对于各种官职，均是先叙其官名、爵等、员数，然后再分叙其职掌。《周礼》一书通过对一套非常完备的"六官"系统的记载和论述向读者展示了一套十分完备的社会管理系统。

　　宋儒朱熹曾对《周礼》六官的属性和主要职掌评述说："天官是正人主之身，兼统百官；地官主教民之事，大纲已具矣。春夏秋冬之官，各有所掌，如太史等官属之宗伯，盖以祝、史之事用之祭祀之故；职方氏等属之司马，盖司马掌封疆之政。"① 其说甚是。

六官的设置应该不完全是《周礼》的创造，而是渊源有自。如《尚书·牧誓》载："王曰：'嗟！我友邦冢君，御事：司徒、司马、司空……称尔戈，比尔干，立尔矛，予其誓。'"② 可见商周之际就已经有了司徒、司马、司空等职务。因此可以认为《周礼》所记述的这套六官系统及其所体现的社会管理思想当是对上古职官制度和社会管理思想的创新性发展。

虽然《周礼》一书自从汉代问世后，人们即对其作者和撰作时代一直聚讼纷纭，莫衷一是，但《周礼》一书所记述或设计的职官制度和相应的社会管理系统却引起了当时和后世学界和政界的广泛关注，对后世历代的经学和政治产生了深远的影响。有鉴于此，笔者拟在本文中对《周礼》所设计的行政体制的特点及其对后世的影响加以探讨。

一、《周礼》行政体制设计的特点

《周礼》一书体大思精，系统条贯，设计出一套非常完整的治国理政的职官系统。这套职官系统实际上体现了一套参酌古今而成的理想国的行政制度设计，充分体现了作者的治国理政思想。

《周礼》全书分为天官冢宰、地官司徒、春官宗伯、夏官司马、秋官司寇、冬官司空六篇，六官的首长分别是大（太）宰、大司徒、大宗伯、大司马、大司寇、大司空，总称六卿。

《周礼》把国家的官僚机构分成天官、地官、春官、夏官、秋官、冬官六个子系统，在王的驾驭统领之下，各司其职。六官分掌王朝政务：天官冢宰掌治典，主管宫廷事务；地官大司徒掌教典，主管民政；春官大宗伯掌礼典，主管祭祀；夏官大司马掌政典，主管军务；秋官大司寇掌刑典，主管司法；冬

---

① 黎靖德编：《朱子语类》卷八六，北京：中华书局，1986 年版，第 2204 页。
② 孔颖达：《尚书正义》卷十一，影印《十三经注疏》本，北京：中华书局，1980 年版，第 183 页。

官大司空掌事典，主管营造工程。六官又各分设数量不等的官属，形成系统的官僚机构。

朱熹曾对《周礼》六官的属性及其职掌特点做出较为简明精到的概括："天官是正人主之身，兼统百官；地官主教民之事，大纲已具矣。春夏秋冬之官，各有所掌，如太史等官属之宗伯，盖以祝、史之事用之祭祀之故；职方氏属之司马，盖司马掌封疆之政。"[①] 其说甚是。

从某种意义上可以说《周礼》是我国古代一部具有行政法雏形的著作。它构想设计了一套完整的由王驾驭六官对王朝政务和社会生活进行治理的管理制度。这套管理体系大致有如下几个方面的特点。

(一) 突出王的至尊地位

《周礼》一书设计了由六官分工合作，协同治理天下的管理体系。而超然于六官之上的则是君临天下的王。《周礼》一书中虽只分为六章分别论述天、地、春、夏、秋、冬六官，而无专章讲解王，但全书不厌其烦地突出显示王在朝觐、会同、祭祀、田猎等重大活动中的至尊地位，对王的车旗、冕服、礼器和乐舞等的规格做出最高等级的规定，从而突出王凌驾于六官之上的独尊地位，体现的是儒家一贯的"尊尊"思想。彭林先生通过对《周礼》六官相关记述的考察和分析将《周礼》中"王"的权力概括为如下六类：对百官的任免权、立法权、治朝权、刑狱的终裁权、主祭权、统军权。[②] 其说甚是。

《周礼》在严格的等级制基础上突出显示了王的独尊地位，体现了"王"至高无上的权威。

《周礼》原有《天官冢宰》《地官司徒》《春官宗伯》《夏官司马》《秋官司寇》《冬官司空》六篇（后来由于《冬官》篇亡佚，另取内容相近的《考工记》以补其缺）。六官即六大行政机构，由六卿统领，各有属佐，各有职司。天官掌宫廷，地官掌民政，春官掌宗族，夏官掌军事，秋官掌刑罚，冬官掌营造。

---

① 黎靖德编：《朱子语类》卷八六《周礼》，北京：中华书局，1986 年版，第 2204 页。
② 彭林：《〈周礼〉主体思想与成书年代研究》（增订版），北京：中国人民大学出版社，2009 年版，第 128—130 页。

而这六官及其属官不仅全直接或间接听命于王，而且全都是直接或间接服务于王。

《周礼》六篇不仅以天地四时经纬百官，而且六篇起首反复开宗明义："惟王建国，辨方正位，体国经野，设官分职，以为民极。"[1]这几句话堪称全书之总纲，其内涵就是以王为最高核心设官分职，治国理政。这可谓《周礼》顶层设计方案的宗旨所在。

（二）在朝政管理和社会治理中特别突出"礼"的作用

《周礼》原名《周官》，汉代古文经学家刘歆始改称为《周礼》。刘歆的这一改动，倒也十分贴切地体现了《周礼》一书的内容特点，因为不仅《周礼》六官所涉及的"设官分职"、王邦之治、都鄙制度、"地政"构想、"教化"构想、贡赋制度等等都属于"礼"的范畴，而且夏官司马主掌的"军政"和秋官司寇主掌的"刑狱"、法制等等也可归于"礼"的范畴。

《周礼》一书中不仅六官所涉及的政事多与"礼"相关，而且特设"春官宗伯"一官，专掌"礼"事，突出显示了作者以礼治国的价值取向。

《周礼》一书中不仅由春官宗伯专掌礼事，负责对万民的礼义教化，而且其他各官也都有对民众进行礼义教化的责任。如《周礼·天官》"大宰"之职曰："正月之吉，始和布治于邦国都鄙，乃县治象之法于象魏，使万民观治象，挟日而敛之。"《周礼·地官》"大司徒"之职亦曰："正月之吉，始和布教于邦国都鄙。乃县教象之法于象魏，使万民观教象，挟日而敛之。乃施教法于邦国都鄙，使之各以教其所治民。"这是说，从周历正月初一开始，一连十天由太宰和大司徒分别向诸侯国及王畿内的采邑宣布治典与教法，主要方式就是将之形成文字挂在象魏上以供民众观看。显然这里所述大宰与大司徒"布教于邦国都鄙""乃施教法于邦国都鄙，使之各以教其所治民"等都是对民众进行礼义教化的政务活动。

---

① 这段文字初见于贾公彦：《周礼注疏》卷一《天官冢宰》，影印《十三经注疏》本，北京：中华书局，1980年版，第639页。又见于《地官司徒》《春官宗伯》《夏官司马》和《秋官司寇》各篇卷首。兹不赘注。

《周礼》各官中都贯穿着对民众进行礼义教化的内容。这些教化内容大致可以划分为礼仪教化、道德教化和礼法教化等等。《周礼·地官》大司徒之职所讲"十二教"就是大司徒一职所应当施行的十二种礼义教化的措施："而施十有二教焉：一曰以祀礼教敬，则民不苟。二曰以阳礼教让，则民不争。三曰以阴礼教亲，则民不怨。四曰以乐礼教和，则民不乖。五曰以仪辨等，则民不越。六曰以俗教安，则民不愉。七曰以刑教中，则民不虣。八曰以誓教恤，则民不怠。九曰以度教节，则民知足。十曰以世事教能，则民不失职。十有一曰以贤制爵，则民慎德。十有二曰以庸制禄，则民兴功。"

第一教"以祀礼教敬"，就是通过祭祀的礼节教民尊崇天地神和祖先；第二教"以阳礼教让"，就是通过乡射饮酒之礼教人民谦让；第三教"以阴礼教亲"，就是通过婚姻之礼教化人们相亲相爱；第四教"以乐礼教和"，就是通过礼乐教化人民和睦相处；第五教"以仪辨等"，就是通过礼仪来明辨等级秩序；第六教"以俗教安"，就是通过礼俗教育民众安居乐业；第七教"以刑教中"，就是通过刑罚教民守法（这也可以看作一种广义的礼义教化）；第八教"以誓教恤"，就是用誓戒教民敬慎；第九教"以度教节"，就是用制度教民节制；第十教"以世事教能"，就是用世间技艺之事教民技能；第十一教"以贤制爵"，就是根据贤行颁授爵位；第十二教"以庸制禄"，就是根据功绩制定俸禄。

在《周礼》中其他各官都有施行礼义教化的责任，只是由于各官职掌不同，因而其施行礼义教化的面向和内容也有所差异。各种礼义教化措施的实施，其最终目的就是在于对全社会的人们进行人文化育，把自然的人纳入到政治性伦理性轨道上来，使各等级各阶层的社会成员都能自觉遵守社会礼义规范，和平相处，共同维护社会秩序的正常运转。

（三）体现了"礼、法相济，礼主法辅"的社会治理思想

《周礼》虽然是一部记述我国古代礼制的典籍，但其中也记述了许多有关"法"与"刑"的内容，而且可以说是我国先秦文献中讲述"法"与"刑"内容最多的一部典籍。

《周礼·天官·大宰》曰："大宰之职，掌建邦之六典，以佐王治邦国：一曰治典，以经邦国，以治官府，以纪万民；二曰教典，以安邦国，以教官府，以扰万民；三曰礼典，以和邦国，以统百官，以谐万民；四曰政典，以平邦国，以正百官，以均万民；五曰刑典，以诘邦国，以刑百官，以纠万民；六曰事典，以富邦国，以任百官，以生万民。"①《秋官·大司寇》也记载："掌建邦之三典，以佐王刑邦国，诘四方。"②"布刑于邦国、都鄙，乃县刑象之法于象魏，使万民观刑象。"③这里所谓的"刑典"与"刑象之法"虽然还不能与现代意义上的刑法典等量齐观，但把它们看作刑法典的雏形或原始的刑法典是没有问题的。

正如当代著名历史学家晁福林先生所说："我国上古时代的法制情况比较集中地反映在《周礼》一书中。《周礼》一书虽非周公所撰，但其内容多反映了西周、春秋战国时期的社会面貌……《周礼》一书浸润着社会和谐发展的精神，贯彻了'礼—法'融汇的原则，颇具古代中国特色，在古代中国法制发展过程中有着十分重要的影响。研究中国古代法制离不开对于《周礼》一书相关部分的探讨。中华法系的内容非常丰富，后世的律、令、格、式等方面的内容都可以在先秦时期，特别是在《周礼》一书中，找到其渊源之所在。《周礼》一书虽然涉及周代多方面的社会制度，但其核心内容则是非常系统的行政法典，既有国家构建方面的根本大法，又有关于刑事及民事方面的诸多法规和指令。先秦时期，礼、法相融，《周礼》一书偏重于以礼融法，其指向在于构建系统而和谐的社会结构形态。正如前辈专家多曾指出的，《周礼》一书对于国家结构与法治建设，虽然具有一定的理想化的倾向，但其实性质

① 贾公彦：《周礼注疏》卷二《天官·大宰》，影印《十三经注疏》本，北京：中华书局，1980年版，第645页。

② 贾公彦：《周礼注疏》卷三四《天官·大司寇》，影印《十三经注疏》本，北京：中华书局，1980年版，第870页

③ 贾公彦：《周礼注疏》卷三四《天官·大司寇》，影印《十三经注疏》本，北京：中华书局，1980年版，第871页。

在不少方面已为地下考古资料证明。"^① 其说非常中肯。

《周礼》中法制（刑法）内容主要集中于《秋官司寇》篇。现代学人对本篇中的法制（刑法）内容进行了多方面的研究和探讨，其中最有代表性的研究成果当为张全民的博士论文《〈周礼〉所见法制研究》(刑法篇)^②和温慧辉的博士论文《〈周礼·秋官〉与周代法制研究》^③。

《周礼》全书共分六篇，分门别类地记述了天官冢宰、地官司徒、春官宗伯、夏官司马、秋官司寇、地官司空等六大系统的官职及其职掌以及相关的各种政治、经济、文化、军事、法制、工程等制度。《周官》所记载的这套职官系统及其相关制度从总体说来属于礼制的范畴。而其中秋官司寇这一系统的职官及其职掌则主要属于法制的范畴。《周官》设计的这套职官制度实际上体现一套礼中有法、法中有礼，二者相辅相成、相互渗透的国家治理模式。这与孔子与先秦儒家重视礼制，主张礼主刑辅、礼法合治的政治思想是基本一致的。因此汉儒将其纳入儒家文献体系之中，并将其由本名《周官》改称为"《周礼》"。

《周礼》一书的结构安排和思想内容体现出礼法相济、礼主法（刑）辅的特点。在《周礼》中法是作为维护"礼教"的辅助手段而存在的。它主张在社会治理领域用礼义教化民众，用刑罚禁止民众违礼。如《周礼·大司徒》："以乡八刑纠万民；一曰不孝之刑，二曰不睦之刑，三曰不姻之刑，四曰不弟之刑，五曰不任之刑，六曰不恤之刑，七曰造言之刑，八曰乱民之刑。"^④显然这是以八刑纠正不孝、不睦、不姻、不弟、不任、不恤、造言、乱民等八种违礼行为。郭伟川先生指出："礼学是儒学最重要的核心部分，故《周礼》一

① 晁福林：《〈周礼·秋官〉与周代法制研究》序，载于温慧辉：《〈周礼·秋官〉与周代法制研究》卷首，北京：法律出版社，2008年。

② 张全民：《〈周礼〉所见法制研究》(刑法篇)，北京：法律出版社，2004年。

③ 温慧辉：《〈周礼·秋官〉与周代法制研究》，北京：法律出版社，2008年。

④ 贾公彦：《周礼注疏》卷十《地官·大司徒》，影印《十三经注疏》本，北京：中华书局，1980年版，第707页。

书显然充分地体现了儒家的礼治观念。至于治国方面,儒家历来主张礼、乐、刑、政四者并举,而以礼乐为先,但对刑法并不偏废。这一点从《周礼》中设'秋官司寇'可知。于是,国家典章制度既立,礼制昭然,法在其中。故笔者认为,从《周礼》一书的主要内容及其体现的治国理念来看,显然是以'礼'为主,'法'为其辅。"①

在《周礼》中礼与法(刑)虽然相济相成,共同建构起一个庞大的礼制系统,但在这个礼制系统中,二者的地位不是并列相等的。在这个礼制系统中礼外无法(刑),出礼入刑。也就是说礼是规范社会生活各领域的根本制度,理所当然地也是指导法(刑)的根本原则。一方面,制定和执行"刑"的依据在于"礼",即礼外无法,礼是刑的指导;另一方面,"礼"需要以"刑"作为保障,违反了"礼",就纳入到"刑"的制裁范围,刑是礼的保障和必需补充。所有的规章制度都属于礼,违反了礼就是触犯了刑(法),就应该用刑(法)来惩处。礼居于主导地位,是法(刑)的依据和总纲;法居于辅助地位,是礼的补充和保障。"礼"侧重于从积极层面进行规范,告诉人们行为的准则,用道德教化的方法禁恶于未然;"刑"侧重于从消极层面对违礼行为进行制裁,通过刑罚惩处的方法纠正违法行为。

(四) 创立了多官联合,协调治事的"官联"制度

所谓"官联"制度是指在处理一些国家大事时,一官不能专擅,需要会同众官联合处理,互相佐助配合,把事情解决处理好。

"官联"制度是《周礼·天官·大宰》提出来"八法治官府"的第三法。《周礼·天官·大宰》曰:"以八灋(法)治官府……三曰官联,以会官治。"郑玄注:"官联,谓国有大事,一官不能独共,则六官共举之。"

"官联"制度的作用就是让各官互相制约以避免权力的滥用和权力的过分专断,其实质就是权力的分化。

"官联"是《周礼》"治官八法"中一项非常重要、非常关键的制度,也是

---

① 郭伟川:《〈周礼〉制度渊源与成书年代新考·引言》,北京:国家图书馆出版社,2016年版,第3页。

一项非常关键的政事处理规则。清儒孙诒让曾揭示"治官八法"的重要性说："古经五篇，文繁事富，而要以大宰八法为纲领。"[1]"全经六篇，文成数万，总其大要，盖不出此八科。"[2] 而宫长为先生则更进一步指出"官联"的重要性说："在太宰八法之中，官联一科，尤为重要，……而天官之要在八法，八法之要则在官联。"[3] 由此可见"官联"制度的重要性。

在《周礼》，大宰（冢宰）作为天官系统乃至整个六官系统的枢纽，虽然其权力范围非常广泛，但他并不能独揽大权、专断朝纲，因为《周礼》"治官八法"中所规定的"官联"制度会有效地限制和约束某一职官的专权。按照"官联"制度的构想，无论是在同一系统之中，还是在不同的系统之中，《周礼》各官之间都可以通过"官联"，使官员们之间互相配合，相互依存，相互制约，从而构成了一个完整的政事管理系统。这种使各职官之间相互监督，相互牵制，防止舞弊的官联制度，能在很大程度上保障各官在其他职官的制衡下正常运行其职能。

二、《周礼》对后世政治的重大影响

《周礼》一书虽然自汉代发现以来，就成为今文经学与古文经学争议的焦点。古文经学认为《周礼》是周公遗典，"周公致太平之迹。迹具在斯。"[4] 今文经学则认为《周礼》是"末世渎乱不验之书，故作《十论》《七难》以排弃之。何休亦以为六国阴谋之书"[5]。两汉之后，关于《周礼》的成书问题，一直争议不断。宋代的胡安国、胡宏父子甚至"以为（《周礼》）是王莽令刘歆

① 孙诒让：《周礼正义》卷首《略例十二凡》，北京：中华书局，1987年版，第3页。

② 孙诒让：《周礼正义》卷二，北京：中华书局，1987年版，第63页。

③ 宫长为：《〈周礼〉官联初论》，《求是学刊》，2000年第1期。

④ 贾公彦：《周礼注疏》卷首《序周礼废兴》引刘歆之说，影印《十三经注疏》本，北京：中华书局，1980年，第636页。

⑤ 贾公彦：《周礼注疏》卷首《序周礼废兴》所引，影印《十三经注疏》本，北京：中华书局，1980年版，第636页。

撰"①。不过，由于《周礼》一书记述了系统的职官制度，体现了丰富的治国理政思想，因而对后世政治和学术产生了重大而深远的影响。得到了汉魏之后的历代王朝政府和学者的推崇和重视！后世不仅许多王朝多以《周礼》为蓝本进行职官制度和行政制度设计，许多学者以解经为名，从《周礼》中挖掘、阐发制作之精义、圣人之微旨，甚至借阐述先王政治的微言大义来表达自己的思想。后世关注《周礼》的学者中，许多都具有鲜明的通经致用的特点，他们把经典诠释和政治实践紧密地结合在一起，关注现实问题，依照《周礼》中的理想模式对现实政治进行改革或"变法"。

（一）《周礼》六官制度对后世职官制度的影响

《周礼》设计的六官职官体系对后世影响很大。后来发端于汉代、确立于隋代的"三省六部制"，其"六部"就是仿照《周礼》"六官"而设置的；唐代将六部定名为吏、户、礼、兵、刑、工，作为中央官制的主体，为后世所遵循，一直沿用至清代。三省六部制经西汉以后长期发展演变，至隋朝正式确立。汉成帝置"四曹尚书"，即常侍曹、二千石曹、民曹、客曹尚书。此后世六部尚书之滥觞。唐杜佑《通典》记载："汉成帝初置尚书五人，其一人为仆射，四人分为四曹。常侍曹（主公卿）；二千石曹（主郡国二千石）；民曹（主凡吏民上书，以人字改焉，自后历代曹部皆同）；客曹（主外国夷狄）。后又置三公曹（主断狱）。"②汉光武帝刘秀在尚书台设三公曹、吏曹、民曹、客曹、二千石曹、中都官曹等六曹尚书，为六部前身。西晋时，有吏部、殿中、五兵、田曹、度支、左民六曹，属尚书省。显然，东汉时期尚书台下所设的六曹既是《周礼》六官的仿制品，也是隋唐以后三省六部制中"六部"的前身。

（二）《周礼》荒政思想对后世政治的影响

所谓"荒政"，就是指灾荒年间由政府组织实施的救荒赈民的政策措施。

① 黎靖德编：《朱子语类》卷八六《礼三·〈周礼〉》，北京：中华书局，1988年版，第2204页。

② 杜佑：《通典》卷第二十二《职官·历代尚书》，北京：中华书局，1988年版，第601页。

换言之，荒政是国家政府因应诸如地震、旱灾、水灾、蝗灾、瘟疫等引发的灾荒而采取的救灾政策。

人类社会自诞生以来就不可避免地会遇到各种各样的灾难，例如地震、旱灾、水灾、蝗灾、瘟疫等，《周礼》是我国最早提出系统的"荒政"思想和政策的著作。《周礼·地官》大司徒之职对于荒政列出了十二条纲领："以荒政十有二聚万民：一曰散利，二曰薄征，三曰缓刑，四曰弛力，五曰舍禁，六曰去几，七曰眚礼，八曰杀哀，九曰蕃乐，十曰多昏，十有一曰索鬼神，十有二曰除盗贼。"《周礼》提出的十二条"荒政"纲领，包括了国家放贷、蠲缓租税徭役、降低各种礼仪标准以节约物资消耗，以及祈神禳灾、严禁盗贼等灾后补救措施。《周礼》中这一系列的荒政措施及其观念体系对后世历代政治都产生了深远的影响。

水旱风暴等各种自然灾害历朝历代都难以避免。灾荒的发生不可避免地会加剧社会动荡，激化阶级矛盾，对国家统治秩序的维持构成严重威胁，故后世历代王朝大都在《周礼》荒政思想的影响下，较为重视荒政政策的实施，采取诸如平籴、常平仓、移民、减税、发放钱粮等赈救措施，以通过赈济灾民来维持政权统治的延续。

(三) 后世以《周礼》为标榜的政治改革

《周礼》以六官为框架设计构建起一套严整完备的职官制度，而且还以这套职官制度为基础构想建立起诸如畿服制度、都鄙制度、爵位制度、土地管理制度、赋贡制度、军政制度、刑法制度、市贸制度等众多政治制度和礼仪制度。这种种制度或来源于当时或前世实行的制度，或出于作者理想化的构想。

由于《周礼》记述的一系列制度不仅整齐完备，而且多具有理想化的色彩，因而获得后世众多政治家和思想家的青睐。汉代以后，许多王朝根据《周礼》的思想和制度进行政治实践，甚至有很多政治家根据《周礼》进行政治改革，以施展自己的政治抱负。不过值得注意的是历史上几场著名的根据《周礼》进行的政治改革多以悲剧或失败收场！

孙诒让曾在《周礼正义·序》中这样论述历史上几位托《周礼》进行政治改革的著名人物："刘歆、苏绰托之以左王氏、宇文氏之篡，而卒以踣其祚。李林甫托之以修《六典》而唐乱，王安石托之以行新法而宋亦乱。彼以其诡谲之心，刻核之政，偷效于旦夕，校利于黍秒，而谬托于古经以自文，上以诬其君，下以废天下之口，不探其本而饰其末，其侥幸一试，不旋踵而溃败不可振，不其宜哉。而惩之者遂以为此经诟病，即一二闳揽之士，亦疑古之政教不可施于今，是皆胶柱锲舟之见也。"①

孙氏认为：西汉末年刘歆辅佐王莽篡权并根据《周礼》进行政治改革而身死国灭。西魏末年苏绰辅佐宇文泰篡权并根据《周礼》进行政治改革也落得与刘歆一样的下场。唐代李林甫根据《周礼》纂修《唐六典》致使唐代政权出现危机。宋代王安石根据《周礼》进行政治改革而引发北宋政局的混乱。需要指出的是：孙氏这里说得并不太正确：一是苏绰的结局与刘歆并不相同，他是自己病亡，而不是像刘歆那样被处死，而且其改革官制也并未导致宇文泰政权的垮台。二是唐王朝在唐玄宗时期出现政治危机也不能把责任推到李林甫纂修《唐六典》上，而且他也并没有按照《周礼》进行大规模的政治改革。

下面我们分别考察一下王莽、宇文泰和王安石三位著名历史人物托《周礼》进行政治改革的有关情况。

1. 王莽改制

王莽改制是历史上一个重大事件。王莽是西汉末年一个著名的外戚和政客。他凭借权术篡汉成功，建立新王朝，登上皇位。王莽在篡汉自立的过程中，得到了古文经学家刘歆的大力支持和帮助。王莽试图根据古文经《周礼》及其他先秦经典来修改和取代西汉时期的政治制度。比如他仿周公居摄政事，立五等爵封制、以六为数分城置州郡县、模仿周代井田制实行"王田制"、根据《周礼》的赊贷之法颁布五均六管法等等。

---

① 孙诒让：《周礼正义·序》，北京：中华书局，1987年版，第3页。

王莽在改制中，食古不化。他控制朝政后，"朝臣议论，靡不据经"①。新朝建立后，他言必称三代，事必据《周礼》，"每有所兴造，必欲依古得经文"②，一切政令、设施都尽可能从《周礼》中寻找依据。王莽是一位儒家理想主义者，他的改制大都出于空想，并不适应当时的社会现实，因而遭到社会各阶级、各阶层的反对和抗拒。于是他的改制便最终失败了，新王朝也随之灭亡了。

2. 宇文泰改革官制

西魏末年，权臣宇文泰进行官制改革。他授意汉族士人苏绰、卢辩依据《周礼》制定了一套新官制。这套新官制不采用魏晋以来的官职名号，而是仿《周礼》设立六官：宇文泰为太师、大冢宰，李弼为太傅、大司徒，赵贵为太保、大宗伯，独孤信为大司马，于谨为大司寇，侯莫陈崇为大司空，余官称号也都仿《周礼》。这套新官制并不是将秦汉官制一概废除，而是参照使用，尤其是地方官职仍然按照秦汉旧法而不变。同时，宇文泰利用改革官制之机，将地方官吏任免之权收归中央，加强中央集权。为其儿子宇文觉后来篡权建立北周奠定了基础。

3. 王安石变法

北宋神宗时期，宰相王安石也根据《周礼》发动了一场旨在改变北宋积贫积弱局面的社会改革运动。变法自熙宁二年（1069 年）开始，至元丰八年（1085 年）宋神宗去世结束，故亦称熙宁变法，或称元丰改制。

王安石在变法实践中特别重视《周礼》一书。他认为《周礼》是先王制度与先王思想的主要载体，包含着丰富的制度资源和思想资源，因此他把《周礼》作为其变法实践的依据。

王安石变法以发展生产，富国强兵，挽救宋朝政治危机为目的，以"理财""整军"为中心，涉及政治、经济、军事、社会、文化各个方面，是中国古代史上继王莽根据《周礼》进行改制后的又一次规模巨大的以《周礼》为指导

《周礼》的行政制度设计及其对后世政治的影响

---

① 班固：《汉书》卷二四《食货志》下，北京：中华书局，1962 年版，第 4073 页。

② 班固：《汉书》卷九九上《王莽传》，北京：中华书局，1962 年版，第 1178 页

的社会变革运动。王安石变法一定程度上改变了北宋积贫积弱的局面，充实了政府财政，提高了国防力量。但是，变法在推行过程中由于部分举措的不合时宜和实际执行中的不良运作，也造成了百姓利益受到不同程度的损害（如保马法和青苗法）；加之新法触动了大地主阶级的根本利益，所以遭到他们的强烈反对。元丰八年（1085 年），宋神宗去世后，王安石变法也以失败而告终。

（本文原刊于《山东省社会主义学院学报》2021 年第 3 期）

《礼记》在儒家经典体系中的重要地位及其当代价值

丁 鼎

众所周知，我国古代伟大的思想家、教育家孔子所创建的儒家学派的思想学说是中国传统文化的核心。而孔子所整理传承下来的"六经"（《诗经》《尚书》《仪礼》《乐经》《易经》《春秋》），以及后世在"六经"基础上增益形成的"十三经"则是儒家思想学说最主要的载体。

在儒家经典体系中，《礼记》一书占有举足轻重的重要地位。《礼记》一书最全面、最系统地论述、阐释了儒家的社会政治思想、天道人伦观念、心性教养的途径和原则等等。可以说《礼记》一书最能体现、揭示儒家的思想精髓和核心价值观。

《礼记》一书内容丰富，蕴含着非常重要的思想价值，对我国传统文化产生了广泛、持久而深刻的影响。而且直至今天，对于我们的社会主义和谐社会建设和社会主义核心价值体系建设仍然具有重要的参考借鉴意义。具体说来，上至国家的治理，下至个人心性的修养，《礼记》一书都能为我们提供重要的指导和启迪。也就是说，直到今天，《礼记》一书所蕴含的思想内容仍然具有重要的当代价值。

有鉴于此，笔者拟在本文中就《礼记》的思想价值及其在儒家经典体系中的重要地位谈谈个人的粗浅认识。

一、《礼记》在儒家经典文献体系中的重要地位

在儒家经典体系中，《礼记》一书虽然成书较晚，但却占有无与伦比的、举足轻重的重要地位。

我们这样说，或许会有人不以为然。理由是经孔子整理并传承下来的儒家经典是"六经"（或"五经"），即《诗》《书》《礼》《乐》《易》《春秋》等六部儒家文化元典。六经中的《礼》是《仪礼》十七篇，而不是《礼记》。

实际上，认真考察一下我国古代经学史就会发现，在儒家经典文献体系中，就思想价值来说，不仅可以说《礼记》的地位超越了"五经"，而且也可以说《礼记》的地位也超越了"十三经"（《易》、《书》、《诗》、三《礼》、三《传》、《论语》、《孟子》、《孝经》、《尔雅》）中的其他十二经。我们做出这样的判断，主要基于如下三方面的理由或根据。

（一）在儒家十三经中，《礼记》一书最全面、最系统地记述、阐释了儒家思想学说的核心内容。儒家的社会政治思想、天道人伦观念、心性教养的途径和原则等等都在本书中得到全面的阐述和揭示

我们知道，"礼"是儒家思想学说的核心内容，也是中国传统文化的核心。孔子所传授的儒家六经，无不渗透着浓重的"礼"学内容，正如清代著名今文经学家皮锡瑞在《经学通论·三礼》中说："六经之文，皆有礼在其中。六经

之义，亦以礼为尤重。"①

清末著名古文经学家曹元弼《礼经学》卷四《会通》中也说："六经同归，其指（旨）在礼。《易》之象，《书》之政，皆礼也。"②

现代著名国学大师钱穆先生也说："中国的核心思想就是'礼'。"③

由此可见，儒家经典文献中一以贯之的核心内容就是"礼"。儒家礼学思想的最主要的载体就是"三《礼》"，就是《周礼》《仪礼》和《礼记》三部经典。在"三《礼》"当中，就思想学术价值而言，《礼记》最为重要。为什么这么说呢？理由如下：

儒家的礼学历来讲究要"陈其数""知其义"。"数"即是指各种礼节和仪式的具体规定，"义"则是指各种礼节和仪式所体现的思想内容。在"三《礼》"中，《仪礼》十七篇所讲述的冠、婚、乡、射、朝、聘、丧、祭等八类礼节，基本上都属于"数"的范畴，主要讲述各类礼节的具体的行为规范。《周礼》，原名《周官》，是一部记述王室职官制度的著作，按照天官冢宰、地官司徒、春官宗伯、夏官司马、秋官司寇、冬官司空六个序列，记述了三百多种官职的设置及其职掌。基本上也是属于"陈其数"的范畴。

而《礼记》一书则不仅陈述各种礼的"数"，而且阐释、揭示了各种礼的"义"。《礼记》四十九篇，内容非常繁富，涉及政治、法律、道德、哲学、历史、祭祀、文艺、日常生活、历法、地理等诸多方面。上至治国方略、社会发展规律，下至家庭伦理规则，在《礼记》中都有专章论述。它集中阐述了先秦儒家的政治、哲学和伦理思想。因此，就思想学术价值而言，可以说《礼记》在三《礼》之中最为重要。正如清代著名学者焦循《礼记补疏·序》所说：

① 皮锡瑞：《经学通论·三礼通论·论六经之义礼为尤重，其所关系为尤切要》，北京：中华书局，1982 年版，第 81 页。

② 曹元弼：《礼经学》卷四，《续修四库全书》第 94 册，上海：上海古籍出版社，2002 年版，第 713 页。

③［美］邓尔麟著，蓝桦译：《钱穆与七房桥世界》，北京：社会科学文献出版社，1995 年版，第 8 页。

《礼记》在儒家经典体系中的重要地位及其当代价值

"以余论之,《周官》《仪礼》,一代之书也。《礼记》,万世之书也。必先明乎《礼记》,而后可学《周官》《仪礼》。《记》之言曰:'礼以时为大'。此一言也,以蔽千万世制礼之法可矣。"①

(二)《礼记》在曹魏时期升格为"经",并在唐代进一步升格为"五经"之一,取代了《仪礼》的地位

"三《礼》"当中《仪礼》十七篇出现最早,相传是由孔子整理和传承下来的。汉代所谓"五经"之一的"《礼》"就是指《仪礼》而言。

而《礼记》四十九篇是西汉中期礼学博士戴圣搜集编纂的一部礼学资料汇编,当时还不算"经",故称为"记"。到东汉末期,经著名经学大师为其作注,《礼记》的思想学术价值越来越被学术界所重视。到三国曹魏时,《礼记》便升格为"经",并设立了博士,取得了与《仪礼》《周礼》并列的地位。北朝时,"诸生尽通《小戴礼》。于《周(礼)》《仪礼》兼通者十二三焉。"②这说明当时的学者重视并热衷于《礼记》之学,《礼记》成为当时士人的必读书;而《仪礼》《周礼》二经则很受冷落,较少有人问津。

唐王朝一统天下后,唐太宗有鉴于南北朝时期政治分裂而形成的经学混乱的局面,诏令国子监祭酒孔颖达组织学者撰写《五经正义》,用以统一全国经学。孔颖达等人可能有鉴于《礼记》一书的思想价值高于《仪礼》,因而便将《礼记》升格为"五经"之一,并为其作"正义"(疏)。实际上就是把《仪礼》排挤出五经之列。从此之后,《礼记》在儒家经典体系中的地位实际上正式超越了《仪礼》,完成了由《仪礼》附庸而蔚成大国的升迁之路。于是在唐代便出现了这样的学术局面:人们普遍重视《礼记》一书,"人皆竞读"③;而《仪礼》一书,则较少研习者,"殆将废绝",以至于开元年间的国子祭酒杨玚"常叹《仪礼》废绝"。④

① 焦循:《礼记补疏·序》,《皇清经解》第六册,卷一一五六,上海:上海书店,1988年版,第562页。

② 李百药:《北齐书》卷四十四《儒林传》,北京:中华书局,1972年版,第583页。

③ 杜佑:《通典》卷十五《选举》,北京:中华书局,1988年版,第355页。

④ 刘昫等:《旧唐书》卷一八五下《杨玚传》,北京:中华书局,1975年版,第4820页。

（三）《礼记》的《大学》《中庸》两篇与《论语》《孟子》并列，被尊为"四书"之一

宋代著名的理学家朱熹所创立的"四书"学是我国古代经学史上的一件划时代的大事。朱熹在二程思想的基础上，将《礼记》中的《大学》《中庸》两篇抽出，与《论语》《孟子》两书并列，合称为"四书"。在儒家经典中，朱熹对"四书"给予特别的重视。他集四十年功夫，为这四部经书分别作注：《大学章句》《中庸章句》《论语集注》《孟子集注》，并将其结集合刻为《四书章句集注》一书，从而创建起对中国古代思想文化史影响甚大的"四书学"。"四书学"的提出和确立，是朱熹对中国传统文化和儒家经学发展的最重要的贡献之一。

朱熹的"四书学"思想主要是为建构和完善儒家道统思想进行论证，就是以"四书"发明儒家道统，以"四书"阐发儒家义理——包括儒家的天理论、心性论、认识论等等。朱熹"四书学"的一个重要特点就是强调"四书"重于"五经"。他说："学问须以《大学》为先，次《论语》，次《孟子》，次《中庸》。《中庸》功夫密，规模大。读书，且从易晓易解处去读。如《大学》《中庸》《语》《孟》四书，道理粲然。人只是不去看。若理会得此四书，何书不可读！何理不可究！何事不可处！"[1] 朱熹还说："《语》《孟》《中庸》《大学》是熟饭，看其它经，是打禾为饭。"[2] 朱熹这里是以"饭"与"禾"作比，说明"四书"与"五经"及其他经书的关系。

朱熹这里是以"熟饭"与"禾"来比喻"四书"与其他经典。他认为"四书"能够直接体现孔孟之道，相当于"熟饭"，而"四书"之外的其他经典则与孔孟之道有所间隔，相当于"禾"，阅读"四书"之外的其他经典则相当于"打禾为饭"。也就是说，"四书"比"五经"及其他经典更重要。

朱熹的"四书学"革新并改变了我国古代儒家经学的发展方向，对中国古代思想文化产生了重大影响。朱熹之后，"四书"的地位逐步提高，而孔子

---

① 黎靖德编：《朱子语类》卷十四，北京：中华书局，1986年版，第249页。

② 黎靖德编：《朱子语类》卷十九，北京：中华书局，1986年版，第429页。

所传承的"五经"（"六经"）虽然作为社会统治思想，仍被人们顶礼膜拜，但其优先尊宠的地位却被"四书"所取代。换言之，也就是作为《大学》《中庸》所自出的《礼记》的重要性当然高于传统的"五经"。

二、《礼记》的思想内容及其当代价值

《礼记》一书内容非常丰富，具有非常重要的思想价值。它以礼乐为核心，涉及政治、伦理、哲学、美学、教育、宗教、文化等各方面的思想学说。上自治国方略、社会发展规律，下至家庭准则，在《礼记》中都有专门篇章论述。

《礼记》不仅在儒家文献体系中占有非常重要的地位，而且对中国传统文化产生了重大而深远的影响。直至今天，《礼记》一书仍然具有重要的思想和学术价值。尤其对于我们当今所进行的中国特色社会主义建设具有重要的借鉴意义。

《礼记》所阐述的以"修身""明德""治国"为宗旨的"礼"文化，在今天看来固然有一些陈旧、过时的内容，但毫无疑问其中也存在一些具有普世价值的内容，这些思想内容对于我们进行现代化国家建设无疑具有积极的借鉴意义。

下面我们就讨论一下《礼记》一书的思想内容及其当代价值。

（一）从近代以来"大同""天下为公"和"小康"政治思想的社会实践看《礼记》的当代价值

《礼记·礼运》集中体现了《礼记》在政治思想方面的价值。"大同""天下为公"和"小康"等政治思想就是出自《礼记·礼运》篇的论述。

《礼记·礼运》篇以孔子与其弟子子游问答的形式提出了中国历史上著名的"大同"社会理想，并进而说明"天下为公"是大同社会的特征。而礼制是"大道之隐"之后的"小康"社会（也就是阶级社会或曰文明社会）的产物。然后着重叙述礼的起源、发展、演变，以至于完善的过程，并探讨了圣王制礼的根据、原则，礼与仁、义、乐、顺等的关系，以及礼制的运行规律。本篇对"天下为公"的大同社会的理想化描述，体现了儒家的最高社会理想。

《礼记·礼运》所提出的"大同""天下为公"和"小康"等政治思想曾被我国近现代史上三位伟人先后用来表述自己的政治思想，并以此指导自己的社会实践。由此可以反映《礼记》一书在社会政治方面的当代价值。

（1）康有为的《大同书》

清朝末年领导了戊戌维新运动的思想家康有为曾经撰写了《大同书》来阐发其社会改良思想。该文是康有为对中国近代历史和中国文化思想宝库最重要的贡献之一。康有为青年时便重视"经世致用"之学。他早年去过香港、上海等地，接触到一些西方资本主义文明，因而萌发了革新思想，他认为必须学习西方，进行政治改良，才能救国救民。

康有为的《大同书》虽然深受西方进化论学说和空想社会主义的影响，但从总体上说，还是根植于《礼记·礼运》提出的"大同"思想。康有为依据《春秋》公羊三世说和《礼运》中的"小康""大同"说，表述了人类历史发展的三个阶段，即由"据乱"进为"升平"（小康），由"升平"进为"太平"（大同）。进入大同社会后，人们都成为快活无比的"神圣"。显然康氏在《大同书》中追寻的理想社会，就是这样既有中国社会理想特色，又有西方空想社会主义色彩的世界。

（2）孙中山与"天下为公"的政治思想

在我国近代史上弘扬《礼记·礼运》倡导的"天下为公"思想的伟人是孙中山先生。孙中山先生是中国旧民主主义革命的开拓者，是中华民国和中国国民党的缔造者，是三民主义的倡导者。他首举彻底反封建的旗帜，终于推翻帝制，建立了中华民国。孙中山在推翻封建统治，建立民国的革命运动中就多次题写《礼记·礼运》倡导的"天下为公"的条幅，主张建立一个公平、公正的共和社会。据统计，在孙中山的题词中，仅目前所辑得的有受主姓氏的"天下为公"，就达三十多件，其中有题赠冯玉祥的，有题赠张学良的，还有许多题写于公共场所。他给黄埔军校题写的训词则是："三民主义，吾党所宗，以建民国，以进大同。"从1924年初开始，孙中山在广州国立高等学堂演讲三民主义，在《民族主义》第6讲的末尾，孙中山总结说："我们要将来能够治国平天下，便先要恢复民族主义和民族地位。用固有的道德和平做基础，去统一世界，成一个大同之治，这便是我们四万万人的大责任。诸君都是四万万人的一分子，都应该担负这个责任，便是我们民族的精神。"[①] 由此可见孙中山非常推崇《礼运》篇倡导的"天下为公"的"大同"理想。他的理想，他的目标，他的思想体系的基本精神，都浓缩在"天下为公"这四字所体现的大同理想中，其目标就是建立一个公平、公正、共和的"大同"社会。由此也可见《礼记》一书当代价值之一斑。

（3）邓小平与"小康社会"理论

20世纪后半期，我国改革开放的总设计师邓小平结合中国特色社会主义建设的实际国情提出"小康社会"这一新概念。后来经过不断发展和完善，最终形成邓小平的"小康社会"理论。

"小康"这一词汇最早是在《礼记·礼运》中出现的，它蕴含着富足、礼义和公正的社会理想。20世纪70年代末，邓小平最早使用"小康"这一概念规划中国特色社会主义的发展目标。后来，邓小平于1981年又明确提出了"小康社会"的概念，并对小康社会的标准、内涵、实现途径和时间都做出了明确的阐释，明确讲"小康社会"就是"中国式的现代化"。

此后，我们党和国家一直根据邓小平的"小康社会"理论进行中国特色社会主义建设。经过四十年的建设和发展，现在已初见成效。党的十八大向全党全国各族人民发出号召：坚定不移沿着中国特色社会主义道路前进，为全面建成小康社会而奋斗。

（二）从当代"和谐社会"建设看《礼记》的当代价值

儒家所倡导的礼乐文化既是一种社会政治理想，也是一项伦理道德原则与规范。"礼"的主导精神就是"和""和谐"。它主要是用来调节和制约人的行为的。它调节着人的主观欲求和客观现实之间的矛盾，使二者之间达到一种能够维持人类社会和谐共处的平衡状态。这种追求社会和谐的思想也是

---

① 孙中山：《孙中山选集》下册，北京：人民出版社，2011年版，第718页。

儒家"礼乐文化"的价值之所在。

《礼记》许多篇章从不同的角度阐述了儒家礼乐文化"和"的精神及其重要意义。《礼记·儒行》明确提出："礼之以和为贵。"《礼记·乐记》说："大乐与天地同和，大礼与天地同节。……乐者，天地之和也。礼者，天地之序也。"《礼记·中庸》曰："中也者，天下之大本也。和也者，天下之达道也。致中和，天地位焉，万物育焉。"

可见儒家"礼乐文化"的基本精神是崇尚、注重和追求和谐。这一基本精神，决定了"礼"的社会功用，即协调社会各阶层的关系，实现整个社会的和谐有序。可见，在以孔子为代表的儒家学派看来，"礼"与"乐"的最大特点与功能都体现在"和"上。也就是说儒家礼乐文化最主要的价值取向就是"贵和"，就是崇尚和提倡"和谐"的社会人际关系。

这种"贵和"的价值取向就是主张并要求社会各个阶级和阶层的人都应当在"礼"的制度框架之下和平共处。当个人与他人、个人与社会之间发生矛盾与冲突时，应采取宽容、谦让的态度，求大同存小异。只有这样才能建立起和谐协调的人际关系和群际关系，形成良好的社会秩序，从而使整个社会形成强大的凝聚力。

中华民族数千年来一直处于"大一统"的政治格局之下，儒家礼乐文化"贵和"的价值取向在其中发挥了重要的隐性作用。中华民族数千年来形成的宽容礼让、谦恭善良、求大同存小异的道德传统，也正是这种"贵和"的价值取向长期影响和积淀的结果。

儒家礼乐文化贵和的价值取向，对中国周秦以降的古代社会产生了重大而深远的影响，广泛而深刻地渗透于古代社会的政治、法律、军事、教育、宗教、伦理和文化艺术之中，成为人们思想情感的一部分，成为中华民族社会习俗风尚的底蕴，形成周秦以来数千年中国古代文化的基本范式，成为我们中华民族精神的文化基因。

20世纪中期，中国共产党在马列主义指导下建立新中国后的某一时期，希望运用大规模群众性政治运动的方法消灭阶级、消除阶级的差异，解决社会分配不公问题,建立起一个公平正义的社会。应该说这种动机是美好的。但经过十几年的社会实践,证明这并不是一条成功的治国之路。20世纪70年代末,中国共产党断然放弃了"以阶级斗争为纲"的治国方略,实现了向以经济建设为中心的伟大转变。进入21世纪后,我们党和国家又把"构建社会主义和谐社会"作为全党全国的历史任务,甚至提出了和平崛起的宏伟目标。这些都在一定程度上折射出中国传统礼乐文化的"贵和"特色,是对儒家所倡导的礼乐文化有批判的继承和超越,这实际上体现了向崇尚和平共处的中华民族精神的回归,也可以说是《礼记》一书现代价值的体现。

(三) 从习近平总书记近几年的讲话和文章看《礼记》一书的当代价值

2013年11月26日,习近平总书记视察山东,并专程到曲阜考察中国孔子研究院,召开座谈会并在讲话中强调指出:要讲清楚中华文化积淀着中华民族最深沉的精神追求,是中华民族生生不息、发展壮大的丰厚滋养。对我国传统文化,对国外的东西,要坚持古为今用、洋为中用,去粗取精、去伪存真,经过科学的扬弃后使之为我所用。习近平总书记的重要讲话体现了党中央对弘扬中华民族优秀传统的高度自觉和无比自信,是中央高度重视中华优秀传统文化的重要宣示。

尤其值得注意的是:近几年习近平总书记多次在讲话与文章中引用《礼记》的文字来表述自己的思想认识。这一现象也从一个侧面反映出《礼记》的当代价值。兹举例如下:

(1)2013年5月4日习近平在同各界优秀青年代表座谈时说:"创新是民族进步的灵魂,是一个国家兴旺发达的不竭源泉,也是中华民族最深沉的民族禀赋,正所谓'苟日新,日日新,又日新。'"其中的"苟日新,日日新,又日新"数语,典出《礼记·大学》。习近平总书记以此来勉励广大青年要勇于创新创造。

(2)据新华网2014年6月28日报道,在当天举行的和平共处五项原则发表60周年纪念大会上,习近平总书记发表题为《弘扬和平共处五项原则,建设合作共赢美好世界》的主旨讲话。讲话中两次引用《礼记》的文字表述自己的思想认识。他说："'万物并育而不相害，道并行而不相悖。'我们要尊重文明多样性，推动不同文明交流对话、和平共处、和谐共生……"他还说："坚持公平正义。'大道之行也，天下为公。'公平正义是世界各国人民在国际关系领域追求的崇高目标。"

其中的"万物并育而不相害，道并行而不相悖"，典出《礼记·中庸》，原文为："辟如四时之错行，如日月之代明，万物并育而不相害，道并行而不相悖。"意为：四季交错运行，日月交替照耀，万物同时生长而不相妨害，遵循各自的规律而不相违背。

"大道之行也，天下为公。"典出《礼记·礼运》。显然，习近平总书记在讲话中以"万物并育而不相害，道并行而不相悖"作为当下国与国之间的和平共处之道，而将"大道之行也，天下为公"看作是人类社会的远景目标。

（3）2014年5月4日，习近平总书记考察北京大学并发表重要讲话，习近平总书记引用《礼记》中的"博学之，审问之，慎思之，明辨之，笃行之"寄语北京大学学生及全国青年要从自身做起，勤学、修德、明辨、笃实，使社会主义核心价值观成为自己的基本遵循。

其中的"博学之，审问之，慎思之，明辨之，笃行之"出于《礼记·中庸》篇。

（4）国家主席习近平2014年7月4日在韩国国立首尔大学发表题为《共创中韩合作未来　同襄亚洲振兴繁荣》的重要演讲，并用韩语向师生们问好，拉近了与韩国民众的距离。他的演讲倡导合作发展理念，在国际关系中践行正确义利观。国不以利为利，以义为利也。在国际合作中，我们要注重利更要注重义。

"国不以利为利，以义为利也"出自《礼记·大学》，意思是国家之间以及国与民之间，不应当把谋取财富当作唯一的利益，也应当把正义和道义作为利益。

（四）"大学之道"和"中庸之道"在精神文明建设方面的当代价值

《礼记》四十九篇中对中国传统文化影响最大的是《大学》与《中庸》两

篇。这两篇对我国古代思想史、文化史影响特别深远，因而宋代大儒朱熹将这两篇抽出来与《论语》《孟子》并列为"四书"。

《大学》原出于《礼记》第四十二篇。"大学之道"，即大学的宗旨。注意：这里的"大学"并不是与现代"小学"相对的概念。这里的"大"是使动用法，所谓"大学"，是指扩大学识，弘扬光明的品德，让人弃旧图新，以至达到最完善的境界。《大学》的基本内容可概括为"三纲领""八条目"。"明德、亲民、止于至善"就是"三纲领"。为实现这"三纲领"，《大学》篇设计出"八条目"作为人生进修的阶梯，即"格物""致知""诚意""正心""修身""齐家""治国""平天下"。可见，《大学》不仅重视个人的修身养性，而且更重视"齐家""治国""平天下"的宏大理想。

《中庸》是《礼记》第三十一篇，相传是孔子的孙子子思所作。"中庸之道"，就是以孔子为代表的儒家学派的修身养性和处世之道。所谓"中庸"，郑玄解为"中和"，即中正、平和之意；程朱解为"不偏""不易"。

《中庸》全篇以"中庸"作为人生最高的道德准则而展开论述。"中庸"这一理论由孔子首先倡导，后经子思进一步阐发，其内涵是提高人的道德修养以达到内圣外王境界的一整套理论与方法。中庸之道的理论基础是天人合一，主张人性源于"天命"，因此要"率性"而为，并主张通过"修道"的自我教化的方式达到至诚、至善的境界。其宗旨是教育人们自觉地进行自我修养、自我教育、自我完善，从而把自己培养成为至善、至诚、至道、至德的理想人物，共创"太平和合"的理想社会。

《大学》提出的"三纲领""八条目"，以及"修身、齐家、治国、平天下"的人生目标，《中庸》提出的"不偏""不易"、中正、平和的为人处世之道，激励着一代代的知识分子努力弘扬光明品德、不断提高自身修养，并积极入世，兼济天下，造福社会。毫无疑问，《大学》与《中庸》两篇所提出的"大学之道"和"中庸之道"对于我们当今的每一个社会成员自我修养和自我完善都有着重要的当代价值。

显然，《大学》《中庸》所倡导的"修身""齐家""治国""平天下"之道对于学校教育和社会教化都具有非常重要的意义。因此，我国当代许多大学都从《礼记》各篇，尤其是《大学》《中庸》两篇中，借用一些名言警句作为校训。由此也可反映《礼记》（尤其是《大学》《中庸》两篇）思想内容的当代价值。兹姑举例如下：

《礼记·大学》开宗明义说："大学之道在明明德，在亲民，在止于至善。"借用（或节用）这几句经文作为校训的有下列学校：

华东理工大学校训：大学之道，在明明德，在新民，在止于至善

河南大学校训：明德新民，止于至善

厦门大学校训：自强不息，止于至善

河南师范大学校训：厚德博学，止于至善

东南大学校训：止于至善

华中科技大学校训：明德厚学，求是创新

南京工业大学校训：明德厚学，沉毅笃行

《礼记·中庸》有云："博学之，审问之，慎思之，明辨之，笃行之。"

西安理工大学直接以这段话全部文字作为校训。

中山大学校训：博学，审问，慎思，明辨，笃行

以"博学""笃行"等作为校训的还有下列学校：

复旦大学校训：博学而笃志切问而近思。

山东师范大学校训：弘德明志，博学笃行

四川师范大学校训：重德，博学，务实，尚美

黑龙江大学校训：博学审思，参天尽物

江苏大学校训：博学，求是，明德

湘潭大学：博学笃行，盛德日新（八字全出于《礼记》，其中"博学笃行"出于《中庸》；"盛德"出于《礼器》："礼器是故大备。大备，盛德也。""日新"出于《大学》："汤之盘铭曰：'苟日新，日日新，又日新。'"）

香港城市大学校训："敬业乐群"（出自《礼记·学记》："三年视敬业乐群。"）

中国政法大学校训：厚德明法，格物致公（"格物"出于《大学》："致知在格物。"）

南京大学校训：诚朴雄伟，励学敦行（"敦行"出自《礼记·曲礼上》："博闻强识而让，敦善行而不怠，谓之君子。"）

众所周知，校训是一个学校的座右铭。它反映了一个学校的办学理念和价值取向，是一个学校的教育目标。这么多的学校不约而同地从《礼记》中选取相关文字作为校训，绝不是偶然的，它从一定程度上说明这些学校认识到《礼记》的现代价值。

（五）《礼记》的学术价值

前面我们主要概述了《礼记》一书在社会政治思想和伦理道德教化方面的思想价值。此外，《礼记》一书还蕴含着多方面的学术价值。

《礼记》四十九篇主要是记载和论述先秦的礼制、礼义，解释《仪礼》的有关内容，记录孔子和弟子等的问答，记述修身做人的准则，等等。涉及政治、法律、道德、哲学、历史、祭祀、文艺、日常生活、历法、地理等诸多方面，几乎包罗万象。不仅较系统、完整地记述和阐释了先秦时期社会生活中的冠、婚、乡、射、朝、聘、丧、祭诸礼，而且对于古代的封国制度、爵禄制度、封禅制度、明堂制度、宗法制度、昭穆制度、学校制度等许多在传世先秦文献中缺乏详细记载的典制也有较详细的论述。因此，《礼记》四十九篇对于我们研究古代历史文化有着非常重要的学术价值。

尤其值得注意的是：《礼记》是记载孔子言行最多的先秦文献之一（仅次于《论语》），为我们研究孔子思想和儒家的思想理论提供了非常宝贵的资料。

除了前面已经讲到的被朱熹列于"四书"的《大学》《中庸》两篇以及《礼运》诸篇之外，《礼记》中的《乐记》《学记》《儒行》《曲礼》与《内则》诸篇都有很重要的学术价值。

《乐记》也是《礼记》中具有非常重要价值的一篇，它是我国古代最早的一篇有关"乐"（包括文学艺术）的理论专著，它主要论述了"乐"（包括文学艺术）的产生、"乐"与"礼"的关系、礼乐的教化作用及其对人与社会的影响等。《乐记》作为我国古代一篇重要的"乐"学（包括文学艺术）的专著，蕴含着丰富的哲学、伦理道德等方面的内容，是先秦儒家"乐"学（包括文学艺术）思想的总结和集大成之作，在我国古代文化史上占有非常重要的地位。因此，有学者将《乐记》与古希腊亚里斯多德的《诗学》相提并论，视其为中国古代美学的奠基之作。

《礼记·乐记》所提出的许多文学艺术理论对我国后世的文学艺术理论和创作产生了重大影响。如汉代毛亨的《毛诗序》和南北朝时期刘勰的《文心雕龙》等文学艺术理论名著都不同程度地接收并进一步阐发了《乐记》的文学思想和艺术理论。

《礼记·学记》是我国古代第一部教育学专著，也是在当时世界范围内领先的教育学著作。宋代理学家程颐非常推崇《学记》。他说："《礼记》除《中庸》《大学》，惟《学记》最近道。"①

《学记》对我国先秦时期的教学经验和教育理论进行了比较全面系统的总结，既对当时教学中存在的问题与缺点提出了中肯的批评，又提出了许多合理性的、符合教育规律的意见。该篇提出：通达情理、教化民众、改良风俗，必须要从教育入手，应把教育活动放在治国安邦的首要位置。还强调学习过程应由浅入深、循序渐进。提出教学过程中老师应采取适度引导的方式，重视教育和学习的双边良性互动，以达到"教学相长"的理想效果。该篇中许多有关教育的论述，对我国古代的教育事业产生了深刻的影响。

《曲礼》与《内则》则是我国最早的两篇家训性质的著述，较详细系统地论述了家庭与亲友间的日常礼仪，提出了许多很有教益的为人处世之道。

《曲礼》《内则》两篇较全面系统地反映了古代家庭成员彼此相处的伦理关系，是研究我国上古社会生活史和家庭史的基本史料。这两篇的内容对于古代人们的社会生活和家庭生活有着深远的指导意义。可以看作是后世的

---

① 乾隆钦定《礼记义疏》卷四九《学记第十八》，影印文渊阁《四库全书》第125册，台北：台湾商务印书馆，1983年版，第517页。

《三字经》《弟子规》等启蒙读物的源头。

《礼记》四十九篇不仅内容丰富,而且在文体上众体皆备,对中国古代文体的形成和发展产生了重要影响。关于这一点,我们可以从下引黄寿祺先生《群经要略》中的一段论述来认识《礼记》在这方面的学术价值:

> 《礼记》之文,大都博达雅丽。《冠义》……诸篇,则序跋文之正宗也;《投壶》……诸篇,则典志文之正宗也;《曲礼》……诸篇,则杂记文之正宗也;《礼运》……诸篇,则论著文之正宗也。昔北齐颜黄门之推著《颜氏家训》,其《文章篇》有云:"祭祀哀诔,生于《礼》者也。"……然则哀诔箴铭之文,亦以《礼记》为正宗矣。世人学文词,徒知求之于《尚书》《毛诗》及《左氏》,而不知《礼记》之文,尤不可及。……况乎《大学》《中庸》《礼运》《乐记》《儒行》《学记》诸篇,义理之宏深,文词之粹美,他经罕有其比。此其所以江河长流,万古不废也。[1]

（本文原刊于《广西大学学报》2017年第1期）

① 黄寿祺:《群经要略·三礼篇第五》,上海:华东师范大学出版社,2000年10月,第125—126页。

洙泗儒林跬步集

《礼记》与"内圣外王"之道论纲

——以《大学》《中庸》为讨论中心

丁 鼎

一、孔孟之道——"内圣外王"之道

人们常用"内圣外王",来指代或概括孔孟之道,或以孔子、孟子为代表的儒家思想学说。所谓"内圣",就是指通过自身的心性修养,培育成圣人水平的思想境界;所谓"外王",就是指对外施行王道,按照儒家的仁政理想或礼治思想来治理社会。"圣",是儒家最理想、最神圣的人格;"王",是儒家理想的、符合礼义的统治者。

值得注意的是:"内圣外王"这一词语并非出于儒家原创,而是最早见于先秦道家著作《庄子·天下篇》:"《诗》以道志,《书》以道事,《礼》以道行,《乐》以道和,《易》以道阴阳,《春秋》以道名分。其数散于天下而设于中国者，百家之学时或称而道之。天下大乱，贤圣不明，道德不一。……是故内圣外王之道，暗而不明，郁而不发。天下之人，各为其所欲焉，以自为方。"由此可知，"内圣外王"这一词语本出于道家。

由于"内圣外王"这一表述很契合儒家思想体系的理路，因而后世人们便常用"内圣外王"这一词语来指代或阐释儒学。

先秦儒家学派的奠基人孔子、孟子等人并未直接提及内圣外王四字，但其道德政治理想实已蕴含着"内圣外王"的思想并紧紧围绕此而阐发，将修己成仁与治世以礼融会贯通进而达到安人、安百姓的目标。《论语·宪问》载："子路问君子。子曰：'修己以敬。'曰：'如斯而已乎？'曰：'修己以安人。'曰：'如斯而已乎？'曰：'修己以安百姓。'"孔子这里所谓的"修己"实际上可以理解为"内圣"的功夫，而"安人"与"安百姓"则是"外王"的实践。《论语·雍也》亦载："君子博学于文，约之以礼，亦可以弗畔矣夫！"再如《孟子·尽心上》所谓："穷则独善其身，达则兼善天下。"这里所谓"独善其身"也是指"内圣"功夫；而"兼善天下"就是指"外王"实践。由此可见，儒家的内圣外王之道注重由内而外地达到理想境界，强调内外并重、相辅相成。

究其实，儒家讲的"内圣外王"之道，就是讲求如何实现个人理想人格和如何实现国家的理想政治。"内圣"的内涵就是修身养德，要求人做一个有德性的人；"外王"的内涵就是治国、平天下，使国家达到仁政、礼治的要求。正如四库馆臣在《日讲四书解义》提要中所说："内圣外王之道备于孔子，孔子之心法寓于六经。"[1]内圣外王之道建构起的安身立命的道德哲学与政治伦理集中体现了儒学的价值观念，"内圣外王"之道是古代儒家学派修身为政的最高理想。

自先秦儒家奠定了儒学内圣外王之道的思想基调，历经两汉、隋唐儒者的注疏诠释之后，人们便逐步用"内圣外王"来指代或阐释儒学。

---

① 永瑢等：《四库全书总目》卷三六《日讲四书解义》提要，北京：中华书局，1965年版，第303页。

大约至宋代，人们就经常以"内圣外王"来指称儒家或孔孟之道了。据《宋史·道学传》记载："河南程颢初侍其父识雍，论议终日，退而叹曰：'尧夫，内圣外王之学也。'"① 由此可知，北宋早期程颢就以"内圣外王之学"来指称邵雍的学问。另，据《咸淳遗事》卷上记载：南宋度宗咸淳年间，"上幸太学，升邵雍、司马光从祀。其诏曰：'邵雍天挺人豪，英迈盖世。司马光有德有言，有功有烈，朱熹赞之与周、张、二程俱，雍述经世书，发先天奥旨，而内圣外王之学，实关吾道。光著《通鉴》贻后世治法，而真履实践之美，为儒宗师。盖非前代诸儒或以章句文词得祀于学者比。朕将临辟雍。因思朱熹所赞，已祀其四，尚遗雍、光。非缺典欤？令学宫列诸从祀以示奖崇。"② 宋度宗在诏书中把邵雍、司马光与周敦颐、张载、二程等六位的学业作为"内圣外王之学"来看待，实际上就是把儒学、道学（理学）当作"内圣外王之学"来看待。

而清儒孙奇逢等则直截了当地明言："夫子之道，内圣外王修己治人之道也。"③ 阮元云："钦惟我皇上传尧舜周孔之学，行内圣外王之道，见诸政治，四海安平。"④ 可见在清儒的话语体系中，"内圣外王"就是孔孟之道亦即儒家思想的代名词，就是清儒对儒家思想精神实质的揭示。

从孔子创立的原始儒学到汉唐的政治儒学，再从宋明理学到现代新儒学，两千多年里，时代在变，儒学的诠释也在变，但万变不离其宗，始终在以修己安人为宗旨的"内圣外王"的模式里运思。正如现代著名学者梁启超先生所说："儒家哲学，范围广博。概括起来，其用功所在，可以《论语》'修己安人'一语括之。其学问最高目的，可以《庄子》'内圣外王'一语括之。"⑤ 对

《礼记》与「内圣外王」之道论纲——以《大学》《中庸》为讨论中心

① 脱脱等：《宋史》卷四二七《道学传·邵雍》，北京：中华书局，1977年版，第12728页。
② 佚名：《咸淳遗事》卷上，影印文渊阁《四库全书》第408册，台北：台湾商务印书馆，1986年版，第804页。
③ 孙奇逢：《四书近指》卷十一"不相为谋章"，影印文渊阁《四库全书》第208册，台北：商务印书馆，1983年版，第745页。
④ 阮元：《皇清文颖续编》卷十《恭注味余书室随笔跋》，清嘉庆武英殿刻本。
⑤ 梁启超：《儒家哲学》，天津：天津古籍出版社，2003年版，第27页。

于以孔孟之道为基础的儒家思想与"内圣外王"的关系，当代学者韩星先生有过更深入、更精致的论述："以孔孟荀为代表的原始儒家继承上古圣王之道，形成了内圣外王之道的思想结构。儒家在其后历史嬗变过程中，虽然理论形态不断更换，不同派别不断产生，但以'内圣外王'为其思想的基本结构却始终如一。"① 其说甚是。据此可知，儒家的思想学说基本就是"内圣外王"之道，其思想理路就是在"修身"的基础上，进而达到"经世致用""治国安邦"的目的。

"内圣外王"之道是现代新儒家们共同关注和研究的重心所在。现代新儒学各种派别，无论是政治儒学、心性儒学、宗教儒学、伦理儒学，还是生活儒学、乡村儒学，虽然形态各异，取向不同，但都是从不同向度上对传统儒家"内圣外王"之道的阐发和发扬。虽然各学派之间的侧重点有所不同，但其宗旨基本上是一致的，都是试图在修己、尊德性的基础上达到安邦、治国、安百姓的目标。

二、"内圣"和"外王"的关系

"内圣"和"外王"的关系，就是"修身养性"与"治国、平天下"的关系，就是个人德性教养与社会治理的关系。

在"内圣"方面，孔子主张，"为仁由己"。子曰："克己复礼为仁。一日克己复礼，天下归仁焉。为仁由己，而由人乎哉？"（《论语·颜渊》）在孔子看来，一个人能否成为"克己复礼"的仁人志士，达到内圣的高度，关键取决于自己，关键取决于自己的教养修为。在"外王"方面，儒家以"修己"为起点，而以"安人"为终点。《论语·宪问》载："子路问君子。子曰：'修己以敬。'曰：'如斯而已乎？'曰：'修己以安人。'曰：'如斯而已乎？'曰：'修己以安百姓。'"孔子这里所谓的"修己"可以理解为"内圣"的功夫，而"安人"与"安百姓"则是"外王"的实践。在孔子的思想中，内圣和外王是相互统一的，是相辅相成的：内圣是基础，外王是目的，只有通过内心的不断

---

① 韩星：《内圣外王之道与当代新儒学重建》，《新疆师范大学学报》2016年第6期。

修养，才能成为"仁人""君子"，才能达到内圣的高度；也只有在内圣的基础之上，才能够实现安邦治国，达到外王的目的。

孔子"内圣外王"思想的内涵就是修己与安人的统一，体现了道德与政治的统一。儒家无不讲道德，也无不谈政治，认为政治只有以道德为指导，才会有正确的价值取向标准，才会有正确的方向。而道德只有落实到政治实践中，才会在社会上发挥教化效应，真正实现社会的礼法合治局面。没有道德作指导的政治，很可能流于霸道和暴政，这样的政治是不得人心的，也是难以长治久安的。

在儒家思想体系中，"内圣"是"外王"的前提和基础，"外王"实为"内圣"的延伸和展开，"内圣"与"外王"互为表里，相辅相成，其最高境界就儒家所追求的理想人格与理想的社会治理模式。"内圣外王"之道实际上就是道德与政治的统一。《论语·为政》曰："道之以政，齐之以刑，民免而无耻；道之以德，齐之以礼，有耻且格。"《论语·公冶长》曰："有君子之道四焉：其行己也恭，其事上也敬，其养民也惠，其使民也义。"上引《论语》的这些论述均反映了儒家修身与治世并重，亦即内圣与外王相统一的思想理路。再如《孟子·梁惠王上》云："王如施仁政于民，省刑罚，薄税敛，深耕易耨。……保民而王，莫之能御也。"孟子这里是以仁政说建构其外王之道的核心，而"仁政"说本身必以"内圣"为基础，此理不言而喻。

后世不同历史时期的不同的儒家学派随着时代文化背景和价值取向的变迁，或侧重内圣，或标榜外王，抑或有体用先后的讨论。但从长时段的儒学发展史的角度来看，内圣与外王是根植于儒学的一体两面，是涵摄治心、治道与治世的儒学追求的社会理想，二者不可偏废。

三、《大学》与《中庸》集中阐述了儒家"内圣外王"之道

众所周知，《礼记》在儒家经典体系中占有非常重要的地位。《礼记》四十九篇本不在"五经"之列，至曹魏时始升格为"经"，立于学官，设博士。至唐代孔颖达主持编纂《五经正义》时，《礼记》竟然取代了《仪礼》的地位，

进一步升格为"五经"之一。《礼记》为什么会由《礼经》(《仪礼》)的附庸逐步超越《礼经》的地位,升格为"五经"之一? 原因何在? 我们认为最主要的原因就在于《礼记》四十九篇从不同的向度和层面对儒家的"内圣外王"之道进行了全面深入的阐发和论述。而《大学》与《中庸》两篇是《礼记》中最有代表性的两篇。宋明理学的代表人物二程和朱熹都非常重视《礼记》中的《大学》与《中庸》两篇。程颐曾推崇《大学》说:"人德之门,无如《大学》。"①《中庸》也被二程推崇为"孔门传授心法"②。到南宋时,朱熹继承二程思想,把《中庸》从《礼记》中抽出来,与《论语》《孟子》《大学》合为《四书》,并撰《四书章句集注》。此后,《四书》日益受到社会的重视,并成为后世官方正统教育和开科取士的基本教典。

二程与朱熹为什么特别推崇《大学》与《中庸》? 原因就是这两篇最集中、最全面、最系统地阐释、论述了儒家的"内圣外王"之道。也就是最集中、最全面、最系统地阐释、论述了儒家的社会政治思想、天道人伦观念、心性教养的途径和原则等等。

如《礼记·大学》所提出的实现大学之道的八条目为:格物、致知、诚意、正心、修身、齐家、治国、平天下。这八条目实则为修己至内圣的修养功夫和安人至外王的治世途径,也可以看作实现"内圣外王"的八个步骤。其中"格物、致知、诚意、正心"是"内圣"功夫;而"齐家、治国、平天下"则是"外王"之业。

再如《中庸》篇的主旨,重点在于发挥孔子的中庸思想,其中提出了性、天、命、道、教等一系列重要思想观念,而且将这些思想观念上升到"天"与"道"的高度进行了形上化的论述和阐释。可以看作是对《大学》所提出的"诚意""正心"和"修身"等理念的形上学的重要表达,也就是对"内圣"的

---

① 程颢、程颐:《二程集·河南程氏遗书》卷二二上,北京:中华书局,1981 年版,第 277 页。

② 朱熹:《四书章句集注·中庸章句》篇题下所引,北京:中华书局,1983 年版,第 17 页。

形上学的重要表达。因此北宋二程对《中庸》篇特别重视，甚至认为："此篇乃孔门传授心法。"①《中庸》首章为本篇总纲，从揭示天、性、道、教的关系入手，说明道本原于天（天命）而内在地具于人（性），其无处不在而须臾不可离；人应以"慎独"的修养工夫，时时体现天道（教）。

　　《中庸》第二十章还描述出以修身为基础的内圣外王之道的实现程序："子曰：'好学近乎知，力行近乎仁，知耻近乎勇。'知斯三者，则知所以修身；知所以修身，则知所以治人；知所以治人，则知所以治天下国家矣。……修身则道立，尊贤则不惑，亲亲则诸父昆弟不怨，敬大臣则不眩，体群臣则士之报礼重，子庶民则百姓劝，来百工则财用足，柔远人则四方归之，怀诸侯则天下畏之。"②这是强调君子应该沿着修身——治人的路径向外延伸，从而达到治国平天下的目标。《中庸》本章还指出："为政在人，取人以身，修身以道，修道以仁。"朱熹章句曰："人，谓贤臣。身，指君身。道者，天下之达道。仁者，天地生物之心，而人得以生者，所谓元者善之长也。言人君为政在于得人，而取人之则又在修身。能修其身，则有君有臣，而政无不举矣。"③这是论述统治者的道德修养对于政治成败的重要意义。

　　从原始儒学到汉代的政治儒学，再从宋明理学到现代新儒学，两千多年里，时代在变，儒学的诠释也在变，但儒家各种思想流派的宗旨却始终以《大学》与《中庸》所揭示的"内圣外王"为旨归。也就是说，儒家的思想学说基本就是"内圣外王"之道，就是在"修身"的基础上，进而达到"经世致用""治国安邦"的目的。而无论"内圣"，还是"外王"，其标准和规范都离不开"礼"。礼既是内圣与外王的价值标准，也是沟通二者的张力所在。《礼记·中庸》："仁者人也，亲亲为大；义者宜也，尊贤为大；亲亲之杀，尊贤之等，礼所生也。"朱熹解释曰："人，指人身而言。具此生理，自然便有恻怛慈爱之意，深体味之可见。宜者，分别事理，各有所宜也。礼，则节文斯

《礼记》与「内圣外王」之道论纲——以《大学》《中庸》为讨论中心

---

① 朱熹：《四书章句集注·中庸章句》篇题下所引，北京：中华书局，1983年版，第17页。

② 朱熹：《四书章句集注》，北京：中华书局，1983年版，第29—30页。

③ 朱熹：《四书章句集注》，北京：中华书局，1983年版，第28页。

二者而已。"[1] 可见在《中庸》作者看来，作为儒家重要价值观念的仁、义也都是从"礼"派生出来的。而朱熹则进一步认为"礼"是对仁、义二者的"节文"。

四、"内圣外王"之道的当代价值

儒家文化中"内圣外王"的价值追求不仅对中华民族精神的形成和发展起到了巨大的推动和导向性作用，它所倡导的理想人格、价值取向、伦理观念、审美情趣等也逐步得到全民族认同，尤其是它所倡导的"修身、齐家、治国、平天下"的理念，成为中华民族文化的主体精神。而且在推进中华民族伟大复兴的今天，对于我们批判地继承传统文化，培育和弘扬当代中华民族精神和推动社会主义精神文明建设都有着重要的启迪和借鉴意义。

毫无疑问，儒家"内圣外王"观念在中华民族精神的建构中曾经发挥过重要的历史作用，塑造了中华民族诚信友善、自强不息、重义轻利等文化心理及优良品质，增强了中华民族文化的认同感。因此，我们在当代社会主义新型和谐社会建设事业中有必要以开放的胸怀，以批判继承的态度从我国古代传统的"内圣外王"文化模式中发掘、提炼和弘扬积极的文化基因，对其进行创造性发展和创新性转换，重塑和升华中华民族精神。也就是说，我们当今所从事的社会主义社会建设事业，需要我们通过对"内圣外王"思想的现代诠释，用现代意识和眼光挖掘传统文化中的合理因素，发扬中华民族重视人格修养、崇尚治国、平天下的优良传统，建构与现代社会生活相适应的礼仪规范和审美情趣，并进而构建一个民主法治、公平正义、诚信友爱、安定有序的新型文明社会。

2012年12月，中国共产党的十八大首次以"富强、民主、文明、和谐，自由、平等、公正、法治，爱国、敬业、诚信、友善"这二十四个字来高度概括社会主义核心价值观。认真揣摩便可发现这二十四字社会主义核心价值观实际上也大致可以儒家思想的角度作"内圣"与"外王"两方面的解读。

---

[1] 朱熹：《四书章句集注》，北京：中华书局，1983年版，第28页。

第一层面（国家层面）：富强　民主　文明　和谐

第二层面（社会层面）：自由　平等　公正　法治

第三层面（个人层面）：爱国　敬业　诚信　友善

显然第一层面（国家层面）与第二层面（社会层面）属于"外王"方面的内容，而第三层面（个人层面）则属于"内圣"方面的内容。从某个方面讲，这二十四字社会主义核心价值观的提出和确立就可以理解为对传统儒家"内圣外王"之道的创新性发展和创造性转化。

"内圣外王"之道是传统儒家的主体精神追求，也是中华文化的特产，是中华民族在社会政治思想领域的创造，也是数千年来无数仁人志士的伟大实践。现在，我们提倡"内圣外王"之道，当然不是恢复古代的帝王政治，而是要对古代儒家的"内圣外王"之道进行创新性发展和创造性转化。一方面要求每一个公民都要以爱国、敬业、诚信、友善的理念投身于新时代的精神文明建设，加强道德的情感认同与自律，自觉尊奉道德文明规范；另一方面应该把自由、平等、公正、法治作为我们的精神追求，并将优良的民族精神纳入到基础教育学科建设中，将立德、立功、立言的人格建设与实现国家的伟大复兴相结合，为把我们国家建设成为一个富强、民主、文明、和谐的现代化国家而共同努力奋斗。

（本文原刊于《走出荒经时代——中国经学研究会年会论文集》，台北：花木兰文化事业有限公司，2020年版）

《礼记》与「内圣外王」之道论纲——以《大学》《中庸》为讨论中心

《礼记·月令》与"齐学"的关系

——《礼记·月令》的作者与成篇时代再探讨

丁　鼎

　　《月令》是《礼记》第六篇。本篇依一年四季十二月为序，逐月记载每月的天文、气象和物候特征，以及每月所主之神，天子所宜的居处、车马、衣服、饮食和器具。并记述了天子根据天文时令的变化，所当施行的祭祀、政令等，以指导民众安排农业生产，达到治国安民的目的。故郑玄《三礼目录》曰："名曰《月令》者，以其记十二月政之所行也。"[①]

　　《礼记·月令》与《吕氏春秋·十二纪》之首章、《淮南子·时则训》的内容大致相同，唯文字略有出入。此外，《逸周书》中有同名文献《月令》一篇，惜已佚失，内容不可详考；《逸周书》中还有《时训解》一篇，保存了一

---

① 孔颖达：《礼记正义》卷十四，影印《十三经注疏》本，北京：中华书局，1980年版，第1352页。

些与《礼记·月令》类似的内容。因此，自汉代以来人们对于《礼记·月令》作者、成篇年代及其与《吕氏春秋·十二纪》之首章及《淮南子·时则训》等相似文献的关系，众说纷纭，莫衷一是。有鉴于此，笔者拟在本文中对《礼记·月令》的作者与成篇时代加以重新探讨，并根据其思想内容对《礼记·月令》与齐文化的关系加以论述。

一、《礼记·月令》的作者与成篇时代研究综述

关于《礼记·月令》的作者与成篇时代这一问题，从古迄今，学术界一直智者见智、仁者见仁，异见纷呈。约略说来，主要有如下八种不同的观点：

（一）《月令》为周公或周代所作说，或以为即《逸周书·月令》篇

贾逵、马融、鲁恭、蔡邕、王肃、戴震、孙星衍、黄以周等主张此说。《礼记·月令》孔疏曰："贾逵、马融之徒，皆云《月令》，周公所作，故王肃用焉。"[1]《后汉书·鲁恭传》载鲁恭曾上疏云："《月令》周世所造，而所据皆夏之时也，其变者唯正朔、服色、牺牲、徽号、器械而已。"[2] 东汉蔡邕《明堂月令论》则认为《礼记·月令》就是《逸周书》的《月令》篇，他说："殷人无文，及周而备，文义所说，傅衍深远，宜周公之所著也。官号职司与《周官》合。《周书》七十二篇，而《月令》第五十三。""秦相吕不韦著书，取《月令》为纪号。淮南王安亦以取为第四篇，改名曰《时则》。故偏见之徒或云《月令》吕不韦作，或云淮南。皆非也。"[3]

（二）《月令》出于《吕氏春秋》说

郑玄、孔颖达、任铭善等均持此说。郑玄《礼记目录》曰："（《月令》）本《吕氏春秋》十二月纪之首章也。以礼家好事者抄合之，后人因题之，名曰

---

[1] 孔颖达：《礼记正义》卷十五，影印《十三经注疏》本，北京：中华书局，1980年版，第1365页。

[2] 范晔：《后汉书·鲁恭传》，北京：中华书局，1965年版，第881页。

[3] 蔡邕：《蔡中郎集》卷三《明堂月令论》，影印文渊阁《四库全书》本，台北：台湾商务印书馆，1986年版，第182—183页。

《礼记》，言周公所作，其中官名时事多不合周法。"①《礼记·月令》孔颖达疏曰："按吕不韦集诸儒士著为《十二月纪》，合十余万言，名为《吕氏春秋》，篇首皆有《月令》，与此文同，是一证也。又周无大尉，唯秦官有大尉，而此《月令》云'乃命大尉'，此是官名不合周法，二证也。又秦以十月建亥为岁首，而《月令》云'为来岁授朔日'，即是九月为岁终，十月为授朔，此是时不合周法，三证也。又周有六冕，郊天迎气则用大裘，乘玉辂，建大常日月之章，而《月令》服饰车旗并依时色，此是事不合周法，四证也。"②近人任铭善《礼记目录后案》也非常赞同郑玄、孔颖达的说法③。

（三）夏代所作说

西晋束晳主张此说。《隋书·牛弘传》载牛弘上疏云："《明堂月令》者，……束晳以为夏时之书。"④

（四）杂有虞夏殷周之法说

《隋书·牛弘传》载牛弘上疏云："《明堂月令》者，郑玄云：'是吕不韦著，《春秋十二纪》之首章，礼家抄合为记。'蔡邕、王肃云：'周公所作。'《周书》内有《月令》第五十三，即此也。……刘瓛云：'不韦鸠集儒者，寻于圣王月令之事而记之。不韦安能独为此记？'今案不得全称周书，亦未可即为秦典，其内杂有虞、夏、殷、周之法，皆圣王仁恕之政也。"⑤

（五）《月令》因《夏小正》，《吕氏春秋》因《月令》

明方以智《通雅》卷十二《天文》"月令"条认为，"周公《月令》因《夏小正》，《吕览》因《月令》，《淮南》因《吕览》，记有异同，非后人笔也。"⑥

---

① 孔颖达：《礼记正义》卷十四孔疏所引，影印《十三经注疏》本，北京：中华书局，1980年版，第1352页。

② 孔颖达：《礼记正义》卷十四，影印《十三经注疏》本，北京：中华书局，1980年版，第1352页。

③ 任铭善：《礼记目录后案·月令第六》，济南：齐鲁书社，1982年版，第15—19页。

④ 魏征等：《隋书》卷四九《牛弘传》，北京：中华书局，1973年版，第1302页。

⑤ 魏征等：《隋书》卷四九《牛弘传》，北京：中华书局，1973年版，第1302页。

⑥ 方以智：《通雅》卷十二《天文》，北京：中国书店，1990年版，第161页。

（六）秦汉人所作说

清代学者汪䎐《十二砚斋随录》认为《月令》"强半秦汉人笔"，亦即认为《月令》基本上是秦汉人所作。证据之一是汉代始有太尉之官，而《月令》中有"孟冬令太尉赞俊杰"之语；证据之二是《月令》有"孟冬命太史衅龟策"之语，与《周礼·春官·龟人》"上春衅龟"不合。[①]

（七）战国时期齐人邹衍所作说

容肇祖于1935年发表《〈月令〉的来源考》，以为《吕氏春秋》十二纪与《礼记·月令》均渊源于战国时期齐国阴阳家邹衍的遗作《月令》。并认为"我以为《邹子》中是有说《月令》的，为一切《月令》的原始。由《邹子·月令》遂有《周书·月令》，……《吕氏春秋》多采各家之说，采《邹子·月令》中分月的话，以为十二纪的首章。《淮南王书》又采《吕氏春秋》以为《时则训》。据郑玄所考证，《小戴礼记·月令》在刘向《别录》中属于《明堂阴阳》。"[②] 胡适虽然认为："现存的《月令》出于《吕氏春秋》"，但他认为《吕氏春秋》《月令》是《吕氏春秋》采自邹衍的"機祥度制"，他说："《吕氏春秋》采邹衍的五德终始论，不提他的姓名；采《月令》全部，也不提及来源，这大概是因为吕氏的宾客曾做过一番删繁摘要的工作。从《邹子》的十余万言里撷取一点精华来，也许还稍稍改造过，故不须提出原来的作者了。……更到后来，这分月的機祥度制竟成了中国思想界的公共产业，《淮南王书》收作《时则训》，《礼记》收入《明堂阴阳记》一类，即名为《月令》，而伪造的《逸周书》又收作《时训解》，于是蔡邕、王肃诸人竟认此书是周公所作了。从此以后，《月令》便成了中国正统思想的一部分，很少人承认它是秦时作品，更无人敢说它出于'齐学'了。"[③]

---

① 汪䎐：《十二砚斋随录》卷三，载于《清人说荟》二集，民国十七年（1928）石印本，第2页。

② 容肇祖：《月令的来源考》，《燕京学报》1935年第十八期。

③ 胡适：《中国中古思想史长编》，上海：华东师范大出版社，1996年版，第18页。

（八）战国时期晋人之作说

杨宽《月令考》认为：“《吕氏春秋》本杂采群说而成，《十二纪》之首章本非作自吕不韦宾客也。《月令》一篇，当早有成说，吕不韦宾客乃割裂十二月以为《十二纪》之首章耳。”[①]“《吕氏春秋》一书，本出吕不韦宾客各著所闻，集合众说加以系统组织而成。吕不韦晋人，其宾客亦多晋人，晋人行夏正，而《十二纪》所用者全为夏正（《吕氏春秋·开春论》云：‘开春始雷，则蛰虫动矣。’亦同《孟春纪》），当即抄合晋人之旧作也。”[②]《淮南子·时则训》也是据晋人旧《月令》而来。

杨宽《月令考》一文，不仅提出了《月令》为战国晋人所作之说，而且认为上述前六种观点均不可信据，其理由略如下述：

第一，对于“《月令》为周公（或周代）所作说”，杨宽辩驳说：“《周书·月令》既散佚，虽未由详考，唯其佚文与《吕氏春秋·十二纪》《礼记·月令》不同，若因《周书》有《月令》，遂谓《吕纪》及《礼记·月令》亦周世所作，宁非武断！且《逸周书》之《周月解》，亦与《吕纪》《礼记·月令》不相合。……《周书·周月解》之天文，与《礼记·月令》既不同，当非同时之作品，安见《周书·月令》必与《礼记·月令》相同耶？”

第二，对于孔疏等以为《月令》“为来岁授朔日”即是以十月为岁首，不合周法，因而断定《月令》出于《吕氏春秋》之说，杨宽论述说：“王肃等以‘始皇二十六年秦并天下，然后以十月为岁首，不韦已死十五年’，实为《吕纪》不得用十月为岁首之铁证。”《月令》以十月为岁首之说反证有二：（1）孟冬‘祈来年于天宗’，季冬‘与大夫共饬国典，论时令以待来岁之宜’，若季秋为岁终，孟冬之‘来年’，季冬之‘来岁’将何以解乎？（2）据史，秦王政二十六年兼并天下，始以十月为岁首，吕不韦已死十四五年矣，其宾客所著

---

① 杨宽：《月令考》，原载《齐鲁学报》1941年第2期，后收录于《杨宽古史论文选集》，上海：上海人民出版社，2003年版，第493—494页。

② 杨宽：《月令考》，载《杨宽古史论文选集》，上海：上海人民出版社，2003年版，第484—485页。

之《吕氏春秋》安得预知？"

杨宽还认为《礼记·月令》中所出现的"太尉"官名，虽然是秦汉官职名，但"太尉"应该就是春秋时期晋国职官"元尉""中尉"。因而不能据以论定《礼记·月令》出于秦人著作《吕氏春秋》之后。

第三，对于"夏代所作说"，杨宽论述说："束晳以《月令》为夏时，而定为夏书，实为臆断。……夏正本为周正后之一种新历，《月令》之用夏正，正足见其晚出，何得据以为夏书也？"

第四，对于牛弘"杂有虞夏殷周之法说"，杨宽批评说："牛弘以《月令》皆'圣王仁恕之政'，臆断其杂有虞、夏、殷、周法，亦犹蔡邕因《月令》'博衍深远'而谓周公所作也。"

第五，对于方以智"《月令》因《夏小正》，《吕氏春秋》因《月令》说"，杨宽论述说："用夏时之书，未必夏世之书，……方氏以《夏小正》为夏书，既未审，又以'周公制礼作乐，得无一代之成书'，遂谓《月令》本周公作，亦臆说耳。"

第六，对于汪缋等人的"秦汉人所作说"，杨宽论证说："汉有太尉，秦亦有之，岂得据此以为汉人笔？《周礼》本周正、夏正杂用，何得以《周礼》为夏正而谓《月令》有错？《周礼》以上春衅龟，所用者乃周正，《月令》言孟冬衅龟，所用者乃夏正也。""夏正春秋时晋国已用，何得以为非周、秦之时？"

杨宽对于上述前六种观点的质疑和批评，理据较为充分，可以信从。

但不知何故，杨宽 1941 年发表的《月令考》[①] 却未提及容肇祖早在 1935 年就已经提出的"《月令》成于齐人邹衍之说"，即前述第七种观点。而我们认为恰恰容氏的观点可能最接近于事实真相。细绎《礼记·月令》全文，可知《月令》通篇以阴阳五行为经纬，将天文律历、宗教风俗、生物变化、农桑渔牧及衣食住行等，全部纳入五行学说之中，而阴阳五行学说主要创始于齐

---

① 杨宽《月令考》首发于《齐鲁学报》1941 年第 2 期，后收录于《杨宽古史论文选集》，上海：上海人民出版社，2003 年版。

人邹衍，因而我们认为容肇祖等人的"战国齐人所作说"可能比杨氏的"战国晋人所作说"更接近于事实。因此我们将在下文中对《礼记·月令》与邹衍的关系进行一番探讨，从而揭示《礼记·月令》与"齐学"的关系。

二、《礼记·月令》与邹衍的关系

（一）邹衍的阴阳五行思想

邹衍，或作驺衍，战国晚期齐国人，先秦时期阴阳五行学说的集大成者。生卒年不详，据推断大约生于公元前324年，卒于公元前250年，大致生活于孟子之后。《史记·孟子荀卿列传》记载："邹衍，后孟子。邹衍睹有国者益淫侈，不能尚德，若《大雅》整之于身，施及黎庶矣。乃深观阴阳消息而作怪迂之变，《终始》《大圣》之篇十余万言。其语闳大经，必先验小物，推而大之，至于无垠。"[1]《汉书》颜师古注引应劭曰："衍，齐人也。著书所言皆天事，故齐人曰'谈天衍'。游诸侯，所言则以为迂阔远于事情，然终不屈。尝仕于齐，位至卿。"[2] 关于邹衍的著述，据《汉书·艺文志》著录《邹子》四十九篇，《邹子始终》五十六篇，凡一百零五篇，可久已失传，《隋志》以后，均不见著录。从子书和类书中钩稽整理出的遗说中，可以发现，他在阴阳五行学说方面颇有建树。

邹衍本来是一位儒家学者。《盐铁论·论儒》中曾说："邹子以儒术干世主，不用。即以变化终始之论，卒以显名。"又说："邹子之作变化之术，亦归于仁义。"[3] 后来，邹衍在总结、融合阴阳、五行说的基础上，又把齐学道家、儒家以及上古天文学说综合在一起，将阴阳说、五行说熔为一炉，创造出了新的阴阳五行说，成为战国晚期集大成的阴阳五行家的代表人物。

关于邹衍的阴阳五行说，《史记·封禅书》记载："齐威、宣之时，驺（邹）子之徒论著终始五德之运，及秦帝而齐人奏之，故始皇采用之。……驺衍以

---

① 司马迁：《史记·孟子荀卿列传》，北京：中华书局，1959年版，第2344页
② 班固：《汉书》卷八七下《杨雄传下》，北京：中华书局，1962年版，第3568页。
③ 桓宽：《盐铁论·论儒》，影印《诸子集成》本，上海：上海书店，1986年版，第13页。

阴阳主运显于诸侯……"①裴骃《集解》引如淳曰："今其书有《五德终始》。五德各以所胜为行。秦谓周为火德，灭火者水，故自谓水德。"②

《淮南子·齐俗训》曰："周人之礼，其社用栗，祀灶。"高诱注曰："夏祭先灶。周火德也。邹子曰：'五德之次，从所不胜。故虞土，夏木。"③

《六臣注文选》卷二十应吉甫《晋武帝华林园集诗》李善注引《七略》曰："邹子有《终始五德》，言土德不胜，木德继之，金德次之，火德次之。"④

综合上引文献记述，可知邹衍创立的"终始五德"理论，实际上就是在五行相胜说的基础上建立起来的一种替代发展、循环往复的历史发展观。正如白奚先生所说："（邹衍）一反当时人们惯用的五行相生序列，将五行相胜的关系引入社会历史，提出了五德终始说，用于解释朝代的更替"。⑤

不过，需要注意的是邹衍的五德终始说的理论基础虽然是五行相胜的思想，但他并不排斥五行相生的观念。在自然发展观领域他又采纳五行相生的观念。也就是说，邹衍的阴阳五行理论中兼有五行相胜说与五行相生说。正如侯外庐先生所说："邹衍对于五行的序列抱有两种相反的见解，即对于自然的季节的转移，抱着相生的见解；对于历史上政权的兴废，则抱着相胜的见解。"⑥

具体说来，在历史发展观方面，邹衍以"五行相胜"说作为推论的理论基础，创立了历史哲学"五德终始"说；与此同时，在自然哲学方面，邹衍则以"五行相生"观念说明以四季时令变化为主的自然运动。正如白奚先生所

---

① 司马迁：《史记》卷二八《封禅书》，北京：中华书局，1959年版，第1368—1369页。

② 司马迁：《史记》卷二八《封禅书》附裴骃《集解》，北京：中华书局，1959年版，第1369页。

③ 刘安著，高诱注：《淮南子》卷十一《齐俗训》，影印《诸子集成》本，上海：上海书店，1986年版，第176页。

④ 萧统编，李善等注：《六臣注文选》卷二十，北京：中华书局，1987年版，第374页。

⑤ 白奚：《稷下学研究——中国古代的思想自由与百家争鸣》，北京：三联书店，1998年版，第259页。

⑥ 侯外庐：《中国思想通史》第一卷，北京：人民出版社，1957年版，第650—651页。

说："《终始》所论，乃是朝代更替兴废的历史观，其理论基础是五行相胜说；《主运》所论，则是四时教令的政治思想，其理论基础是五行相生说。"①

对于邹衍的思想学说，《史记·封禅书》评述曰："邹衍以阴阳主运显于诸侯，而燕齐海上之方士传其术不能通，然则怪迂阿谀苟合之徒自此兴，不可胜数也。"② 这说明邹衍的思想学说曾经得到当时诸如齐宣王、梁惠王及燕昭王等许多诸侯的重视。由于邹衍的这套终始五德理论很有创新性，应和了当时诸侯争霸的政治形势，因而他本人及其学说都受到了齐宣王和齐闵王的高度重视，"是以邹子重于齐。适梁，惠王郊迎，执宾主之礼。适赵，平原君侧行襒席。如燕，昭王拥彗先驱，请列弟子之座而受业，筑碣石宫，身亲往师之。作《主运》。其游诸侯见尊礼如此"③。由此可见，邹衍的思想学说在战国时期影响很大，很受许多诸侯国君主的欢迎和赞赏。

（二）《礼记·月令》与邹衍阴阳五行思想之比较

《礼记·月令》中存在着明显的与邹衍非常近似的阴阳五行思想。前揭《史记·封禅书》裴骃《集解》引如裴淳曰"今其书有《主运》，五行相次转用事，随方面为服"，饶宗颐认为：《礼记·礼运》篇有"五色、六章、十二服还相为质"语，而"服"当指"服色"。"秦汉以来，众所讨论之'改正朔易服色'，似即承袭邹氏主运之观点也。"④

四时、四方与阴阳五行的结合，是战国时期以邹衍为代表的阴阳五行学说的一个重要特色。《礼记·月令》即鲜明地体现了这一思想特色。它全篇以春、夏、秋、冬四时为序，每季又以孟、仲、季排出三个月份的先后，总共为十二个月。其内容主要是记述每个月的天象特征；物候；天子在每个月的

---

① 白奚：《稷下学研究——中国古代的思想自由与百家争鸣》，北京：三联书店，1998年版，第261页。

② 司马迁：《史记》卷二八《封禅书》，北京：中华书局，1959年版，第1369页。

③ 司马迁：《史记》卷七四《孟子荀卿列传》，北京：中华书局，1959年版，第2345页。

④ 饶宗颐：《中国史学上之正统论》三《五德终始说新探》，上海：上海远东出版社，1996年版，第13页。

居处、服饰、车马和饮食；每月所当行的王命、农事和禁忌等。《礼记·月令》把春夏秋冬四季十二月、东西南北中各个方位、星相学中的二十八宿和神话传说中的古帝王、古神明以及农业生产活动等都纳入阴阳五行理论体系之中，并把宫商角徵羽五声和四季、五方、五行相配，从而形成一个庞大的包括宇宙观、人生观、社会观的理论系统，这个理论系统的宗旨就是用以指导人君按照时令的变化施政行令。

依据阴阳五行学说，春季属木，阳气渐盛，是万物生养的季节。因此，天子的政令应当体现宽厚仁爱，禁止杀伐伤生。天子应当率三公九卿，躬耕藉田，劝勉农桑。为了保证春耕春种，不许召集农民从事修建城郭宫殿活动，更不允许发动战争，禁止田猎，禁止伐木；抚恤幼孤，赈灾济贫；修订祭典，顺应时序祭祀天地和山川神祇。

夏季属火，是万物继续繁荣生长的季节，因此，天子发布政令仍以宽厚仁德为主。立夏之日天子应亲率三公九卿迎夏于南郊，然后封爵授禄，举荐贤良，劝勉农民，毋失农时，不许大兴土木，禁止兴兵动众。

秋季属金，是万物成熟的季节，也是草木凋零的季节。秋德肃杀，天子宜于本时节惩治罪恶，征讨不义，施行严刑峻法，杀戮罪人。此时，农事已毕，可以兴建城郭宫室；天子可以率众田猎，并借机教民战阵，并颁布马政。本季节天气逐渐寒冷，应保存民力。

冬季属水，是万物收敛闭藏的季节，天子应发布政令，积聚粮食，修葺要塞关卡，制作各种器物。天子还应于本季节举行盛大的宴饮活动，向日月星辰祈求来年五谷丰登，并命令将帅讲习武事；天子应于本季节率领三公九卿迎冬于北郊，然后赏赐为国事而死者，并抚恤其遗孤和遗孀。命令臣民挑选五谷之种、修整农具，以备来年春耕春种。

特别值得注意的是：邹衍创制的"季夏"概念为《礼记·月令》所完全接收。"季夏"这一概念是邹衍正式提出来的。为了解决五行与四时难以匹配的问题，邹衍以五行相生理论为基础，于一年四季（时）之中又增加了"季夏"而成为五时（季），《周礼·夏官·司爟》："司爟掌行火之政令，四时变国火。"郑玄注:"郑司农说以《邹子》曰:'春取榆柳之火,夏取枣杏之火,季夏取桑柘之火,秋取柞楢之火,冬取槐檀之火。'"① 由此可知,"季夏"这一概念的创制完全是邹衍出于其阴阳五行理论的需要,为了与五行之土相配类比推演而来。

本来,阴阳五行与四时观念分属于不同的文化系统,而邹衍为了让四时与五行相对应,竟然创制出一个"季夏"来,并将其纳五行、五方、四时的宇宙系统之中。

《礼记·月令》完全承袭了邹衍"季夏"概念或理论。《月令》用五方中的"中"与五行中的"土"相配,而春夏秋冬四季原本没有相应的处在中间位置的季节与"中"与"土"相对应,《月令》也取"季夏"这一概念与"中""土"相配。也就是把夏季的最后十日的五行配属从夏季中分离出来,单独与五行的"土"相配,这样,解决了四与五不能直接相对配属的问题。在不打乱四时固有结构体系的前提下,将"中央土"的位置放在季夏之月之后、孟秋之月之前,这就确立了五行中"土"的位置。

三、结论

综上所述,我们认为关于《礼记·月令》的作者与成书时代的八种观点中,容肇祖与胡适等人所主张的邹衍所作说较为可信。有鉴于《礼记·月令》中所蕴含的阴阳五行思想与邹衍的思想体系非常接近,我们认为容肇祖与胡适等人将《礼记·月令》与《吕氏春秋》十二纪等看作是脱胎于邹衍作品的论断是很有见地的。退一步说,即使还不能断言《礼记·月令》必定出于邹衍之手,最起码可以肯定《礼记·月令》是战国阴阳家的一篇重要著作,或者可以说该书在成篇时借鉴了邹衍的阴阳五行与四时政令的思想学说,也就是说可以认定《礼记·月令》出于"齐学",是一部属于齐文化的文献典籍。

不过,容肇祖与胡适虽然认为《礼记·月令》与《吕氏春秋》十二纪均源

---

① 贾公彦:《周礼注疏》卷三十,影印《十三经注疏》本,北京:中华书局,1980年版,第843页。

于邹衍，但他们又都认为《礼记·月令》出于《吕氏春秋》。对此，我们不敢苟同。王锷《〈礼记〉成书考》曾经指出：《礼记·月令》季冬有"乃命同姓之邦共寝庙之刍豢"一语。而《吕氏春秋·十二纪》与《淮南子·时则训》均作"乃命同姓之国供寝庙之刍豢"，"邦"字俱作"国"。显然这是避汉高帝刘邦讳所为。而战国时期的上博简《孔子诗论》将《国风》作《邦风》，又有《鲁邦大旱》篇，"国"俱作"邦"。《礼记·月令》不避刘邦之名讳，可能是保存了先秦时期的原貌，因而仍然作"邦"。[①] 据此，我们认为这一不避刘邦名讳的现象可以说明《礼记·月令》应该在先秦即已成书，不可能出于《吕氏春秋》。

（本文原刊于《海岱学刊》2016 年第 2 期）

《礼记·月令》与『齐学』的关系
——《礼记·月令》的作者与成篇时代再探讨

---

① 王锷：《〈礼记〉成书考》，北京：中华书局，2007 年版，第 274 页。

由《礼记·学记》引发的教育反思

刘 敏

　　《学记》出自儒家经典"三礼"之一《礼记》，是《礼记》四十九篇中的一篇。全篇总计字数仅 1229 字，文字简约，内容丰富，思想深邃，发人深省，是《礼记》这部经典中的经典。《学记》大约创作于战国末期至汉初期间，作者不详。郭沫若认为《学记》可能出自孟子弟子乐正克，又有人认为《学记》为子夏后学汉经师家董仲舒所作。尽管观点不一，但《学记》出自孔门弟子是无可争议的。

　　《学记》被学界一致认为是中国乃至世界上最早的教育论著，这是毋庸置疑的。但作为一部儒家经典，《学记》最根本的性质是关于修养之学的论著。对《学记》这两种性质的理解，关系到我们对古代教育的认识，也引发我们对后世教育的关照和反思。

一、《学记》：教育论著

《礼记》中有四篇与教育息息相关：《大学》《中庸》《学记》《乐记》，其中尤以《学记》与教育的关系最为密切。郑玄曰："名《学记》者，以其记人教学之意。"朱子曰："此篇言古者学校教人传道授受之次序，与其得失兴废之所由。"[1]

《学记》被称为我国乃至世界上最早的、较有系统的一篇教育论著。这一观点已成为学界的共识。当代学者顾树森在《学记今译》中说：《学记》"可称为中国古代教育学的雏形，也可说是中国教育史甚至世界教育史上第一篇非常辉煌的有关教育理论和方法的伟大著作。"[2] 傅任敢在《〈学记〉译述》中说："它是中国古代教育文献中最早而又最完备的一篇……它是我们研究中国古代教育实践与教育思想的宝贵资料。"[3] 高时良在《学记评注》中说："《学记》是我国先秦时期儒家学派按照它自己的世界观和方法论总结出来的教育经验和理论概括，是古代我国和世界最早的、体系相当严整的教育文献。"[4] 师忱认为："《学记》比较系统地揭示了教育与政治、教育与社会、教与学、教师与学生以及课内与课外等各方面的内在联系，从而形成了系统的教育理论体系，它是我国教育理论发展的良好开端。"[5]

中国古代学校的产生在世界各国历史上是最早的。据古籍记载，唐、虞以前五帝时代已有大学，名曰"成均"。因此学校制度、教育理论和教学方法也必然最早形成、发展起来。这为《学记》的创作提供了思想的来源。《学记》的创作凝聚了中国古代教育思想的精华，它的出现"确立了儒家的教育思想体系，树立了中国教育思想发展史上一面承先启后的丰碑"[6]。它影响深远，

---

[1] 孙希旦：《礼记集解》，北京：中华书局，1989年版，第956页。

[2] 顾树森：《学记今译》，北京：人民教育出版社，1957年版，第3页。

[3] 傅任敢：《〈学记〉译述》，上海：新知识出版社，1957年版，第1页。

[4] 高时良：《学记评注》，北京：人民教育出版社，1983年版，第111页。

[5] 师忱：《中国最早的一篇教育论著——〈学记〉》，见中国地方教育史志研究会，《纪念〈教育史研究〉创刊二十周年论文集》，2009年版。

[6] 周婷：《〈学记〉教育智慧品读》，长春：吉林大学出版社，2008年版，第3页。

有许多人们耳熟能详的、与教育有关的成语皆出自《学记》，如教学相长、长善救失、师严道尊、孤陋寡闻等。它除了介绍古代的学制，还论述了教育作用与教育目的、教育的基本原则和方法。如它提出："禁于未发之谓豫，当其可之谓时，不陵节而施之谓孙，相观而善之谓摩"，"君子之教喻也，道而弗牵，强而弗抑，开而弗达"，"教也者，长善而救其失者也"。这些教育原则和方法历久弥新，启发后人。

二、《学记》：修养之学

《学记》是教育论著，但不局限于此。它同其他儒家经典一样，也是关于修己安人的学问。故程子曰："《礼记》除《中庸》《大学》，唯《学记》《乐记》最近道。"①

《学记》的要旨是学以明德化民。文章开宗明义："君子如欲化民成俗，其必由学乎！"学习即修身。一个人要教化民众，形成良好的社会风尚，必然要通过学习。因为只有通过学习，才能修身明德，才能感动众人，进而改善社会风气，化民成俗。《学记》又说："建国君民，教学为先。"古代的圣王，治理一个国家，统领人民，一定把教育放在第一位，以大学之道教化民众，侧重对古圣先贤的道理的学习、对人伦的学习，从而形成社会良俗、美俗。

《学记》一文结尾，又提出学必务本："君子曰：'大德不官，大道不器，大信不约，大时不齐。'察于此四者，可以有志于本矣。"这个"本"即修己。伟大的德行，不偏治一种职务；伟大的道理，不局限于一种事物；伟大的诚信，不一定建立在盟约上；恒久的四时，虽不相同，却运转不停，最准确守时。如果能了解这四种情形，就可以立志于学问之本了。治学的根本在于修养道德，使人明德以新民，从而化民成俗。这是学问的可贵之处。而如果能务本，则可以面对和处理一切问题。

从开篇阐明学以明德化民，到结尾强调学问在于务明德之本，可以看出《学记》一文的思想主线是讲修身养德。它与《大学》《中庸》《孟子》等儒家

---

① 孙希旦：《礼记集解》，北京：中华书局，1989年版，第956页。

经典经义互为发明，相为表里，尤其与《大学》关系最为密切。《大学》所述的是大学的目的，而《学记》所述的是达到大学目的的途径和方法。《大学》所要达到的最终目标是"齐家、治国、平天下"，而《学记》亦主张实现"化民易俗，近者悦服而远者怀之"的社会理想。

杜明通在《学记考译》中对二者的关系有更精到的理解："言'理'则有《大学》，言'法'则有《学记》，二书之作者皆不详，而思想则如出一辙，同为阐发古学之源泉，为教育史上之最大贡（供）献也，惟是《大学》偏于理想，其立论足以代表昔人之教育哲学，而不足以藉觇当时之教学实况；《学记》作者则立于实践之地位，本之传说，证之经验，详于方法，切于改错，此其异也。"①《学记》和《大学》都是古代教育著作。在《大学》中，主要讲诚意、正心、修身、齐家、治国、平天下的道理，因此没有被仅仅定为教育论著。而《学记》虽然主要是在教育制度、教学原则方法方面讲得多些，但其思想与《大学》一脉相承，自然也不应仅仅理解为论述教育目的、原则和方法的教育专题论著，而是具有更广泛的修养之学的理论意义。

三、教、学分离模式下《学记》双重性质的疏离

《学记》的教育论著与修养之学的双重性质是不矛盾的，而且是相互通融的，因为古代的教育是指广义上的教化、修身、修养，注重个人修为和人格的培养。而今天我们之所以将二者分开来谈，是因为今天的教育在注重道德和人格培养的同时，更加注重的是知识、文化的教育，教育不再等同于修身、修养，这与古代的教育是有所区别的。因此，《学记》的教育论著和修养之学的双重性质被割裂开。

"学"与"教"是《学记》的两个核心概念，二者在古代是相通的。"教"的本义为"敩"（xiào）。《说文解字》："敩，觉悟也，从教冂。"《说文解字注》："详古之制字，作敩从教，主于觉人。秦以来去攵作学，主于自觉。""教"起初从教，强调教人觉悟。秦代以后，"敩"去掉"攵"，与"学"趋同，逐渐

---

① 杜明通：《学记考译》，国立四川大学教育研究会，1943 年版，第 5 页。

强调学问的自觉。从"教"字的结构，左边是"学"，右边是"攵"，也可看出"学"与"教"的密切联系。《尚书·商书·兑命篇》有："学学半。"第一个"学"通"教"，意思是，教人一半是教导别人，一半是增加自己的学问。教人也是一种学习的方式。

《学记》中的"学"与"教"亦是相通的。全篇对"学"与"教"都是贯通着讲，讲"学"的时候亦是讲"教"，讲"教"的时候亦是讲"学"。文中提到的教法亦可以看作学法。比如它提到的"大学之法"：豫、时、孙、摩，既是讲如何教，又是讲如何学。"学不躐等"，这里的"学"即教的意思。还有"教学相长"，说的也是"学"与"教"的统一。

可见，"学"与"教"是相生、相伴、相通的。无论是"教"还是"学"，都是提升道德学问的重要途径，是相互促进的两个方面。如果理解不了这一点，就会觉得《学记》的前后句子不照应，不连贯，有些句子显得很突兀。比如傅任敢的《学记译述》在讲到"善学者师逸而功倍"这句话时，说："我觉得《学记》全篇都是从如何进行教育着眼，这几句话的前前后后也都是讲教师方面的事，突然讲几句有关学生学习的话，前后文气不能照应。"[1] 齐树森在《〈学记译述〉辩疑》中也赞成这种观点："全文确是主要讲教育问题，讲教师方面的问题。"[2] 如果仅仅从教育的角度理解《学记》，甚至仅仅从老师如何"教"去理解，而不从如何"学"的角度去理解，就学论学，就教论教，那么就没有领会"学"与"教"内在的统一，《学记》更广阔的涵义也就没有办法领纳于心。

然而，后世的教育走向了"教"与"学"的分离。古代能够进行学习的是上层社会的人，也只有他们能够从事教化。因此"教"与"学"是同一主体，势必是统一的。后来，随着社会的分化和学问的下移，产生了大量专门从事学习的学生和专门从事教学的老师，"教"与"学"渐趋分殊。

"学"的古义是自我反省、自我觉悟；"教"的古义是启发他人，使人觉悟。一个是自觉，一个是觉人，二者统一于"觉悟"。而在《说文解字》中，"教"

---

① 傅任敢：《〈学记〉译述》，上海：新知识出版社，1957年版，第21页。

② 齐树森：《〈"学记"译述〉辩疑》，《内蒙古民族师院学报》1981年第2期，第58页。

被释为"上所施，下所效也。"此时的"教"已经失去了启发、觉悟的古义，而包含了更多强制、灌输的意思。而"学"也不再是自我觉悟，而成了效仿他人的机械、被动的行为。"教"与"学"变成了单向度的施予与接受的关系、主动与被动的关系。"学"是学，"教"是教。"教"与"学"割裂了。

四、反思：修己与教人，孰重？

在教、学分离的思维模式下，我们将《学记》原本统一的性质分割为教育论著与修养之学两种性质。将《学记》看作教育论著是侧重它论"教"的方面；将其看作修己之学是侧重它论"学"的方面。而与"教"相比，"学"是《学记》中更核心的概念。《学记》中的"学"，不仅指立学设教，更有修己治学的意思。《学记》也不仅是一部教育文献，更是一部关于修身之学、修己之学的论著。将《学记》仅仅看作教育论著，甚至仅仅从"教"的角度强调它的教育思想，显然不能全面理解它修己治学、修身明德的真正内涵。

"教"与"学"二者中，"学"是根本。古代"教人谓之学"（《说文解字注》）。"教"含有"学"的意思。"教"是在"学"基础上的"教"。"教"也是"学"的一种方式。因此，"学"是根本，"教"是由"学"衍生出来的。"教"不是为教而教，而是将自己的"学"和盘托出，自然流露。

由此我们想到了孔子说的"古之学者为己，今之学者为人"。古之教人亦是修己，教亦是学；而今之教人，是为教而教，是单向地对他人所施加的教育。《学记》强调的是教人，更是修己，"为己之学"是它的思想精髓。如果仅仅将《学记》视为教育论著，无疑是一种"为人之学"的思维模式。因此，《学记》不仅仅是关于教人，更是关于修己的学问，是值得每个人细细研读的一部经典。它不仅对于教育富有现实意义，而且切近每个人的学习和修身。今日之教育应当以修己为学问之根本。修己的功夫做好了，自然能够化民成俗。

（本文原刊于《岱宗学刊》2011年第4期）

《礼记·大学》之"知"解读

刘 敏

　　《大学》是儒家经典要籍,为《礼记》中的一篇,也被称为"四书"之一。对于《大学》,后世学者对其进行了不同的解读。其中,北宋理学家程颢、程颐尊信《大学》,认其为"初学入德之门",并作改本表彰,阐发其旨趣。南宋理学家朱熹继承二程的思想,将其从《礼记》中抽出,补"格物致知"一章,以"理"对其进行阐释,在对《大学》的改定补阙中融入了理学思想。明代心学的集大成者王阳明对《大学》的诠释集中于"致良知",以"致良知"作为他阐释《大学》的旨归。因此,围绕《大学》古代学者形成了对"知"的不同理解。

一、"知"的途径:格物穷理

　　南宋理学家朱熹继承二程的思想,将《大学》从《礼记》中抽出,加以表彰，认为"古者大学教人之法、圣经贤传之指"①，为之作章句集注，并对其进行了改定。他将《大学》分为经一章、传十章，对文本的次序进行了补充和调整。他认为《大学》有阙文，补"格物致知"传一章，将文本中对"诚意"的解释后移，置于解释"正心"之前，并且在对三纲、八目的解释之外，突出了本末传。这样就形成了"朱子改定《大学》本"。朱熹将它与《中庸》《论语》《孟子》合为"四书"，《大学》开始获得了"经"的地位。

朱子改定本补"格致"传一章，体现了他对"格物致知""本末"的重视，这也是朱子学思想体系的重要内容。他解释致知、格物："致，推极也。知，犹识也。推极吾之知识，欲其所知无不尽也。格，至也。物，犹事也。穷至事物之理，欲其极处无不到也。"②换言之，朱熹认为，"格物"即到事物上去，即穷究事物之理，对事物进行深刻细致的探究；"致知"即通过格物，对所有的事物都达到真知；"致知在格物"，即要达到真知，就要格物穷理，就每一事物，探究其中蕴含的道理，由已知推及未知，以达到对事物之理无所不知，无所不晓。

由此可见，在朱熹看来，求知的途径最终归结为格物穷理。"理"是朱子思想的重要范畴，对《大学》的改定，尤其是补"格致"一章，体现了朱子的理学思想。他提出："说《大学》次序，曰：'致知、格物'是穷此理；诚意、正心、修身是体此理；齐家、治国、平天下，只是推此理。"③穷理、体理、推理，朱子对《大学》八条目的理解均是从理上说，对《大学》的解读构成了其理学思想体系的一部分。

二、"知"的另一途径：致良知

明代心学的集大成者王阳明反对朱子将《大学》进行分经别传，分章补阙的做法，认为朱子改定本有"支、虚、妄"之病。他认同汉代郑玄传下来的

① 朱熹：《大学章句序》，《四书章句集注》，北京：中华书局，1983年版，第2页。
② 朱熹：《大学章句集注》，《四书章句集注》，北京：中华书局，1983年版，第4页。
③ 朱熹：《朱子语类》第一册，北京：中华书局，1994年版，第312页。

《大学》古本，主张"复旧本"，以"复见圣人之心"。他在《大学古本序》中说："《大学》之要，诚意而已矣，诚意之功，格物而已矣。诚意之极，止至善而已矣。……是故至善也者，心之本体也……物格则知致意诚而有以复其本体，是之谓止至善。……旧本析而圣人之意亡矣。是故不务于诚意而徒以格物者谓之支，不事于格物而徒以诚意者谓之虚，事本于致知而徒以格物诚意者谓之妄。支与虚与妄，其于至善也远矣。"① 他尊《大学》古本，不分经传，认为将《大学》分经别传、分章补阙的做法使文本被支离解析，无法完整地理解圣人之意。他认为，诚意与格物、致知是互相联系，彼此通融的。因为诚意的实下手处在于格物，要落实到具体的事物上才能体现诚意，否则就落于疏空，而诚意、格物皆本于致知。《大学》教人以诚意为主，以格物为用，围绕着致知这一根本，从而达到止于至善，即恢复心之灵明至善的本体。因此，诚意、格物、致知、止于至善是一以贯之的。不仅诚意、格物、致知，《大学》中的每一纲每一目，彼此都浑然一体，圆融不可分，将其支离开来是不可取的。

王阳明对《大学》的诠释集中于"致良知"。"致良知"不仅是他阐释《大学》的旨归，也贯穿他全部的思想，是他晚年的思想旨趣和心学思想的宗旨。他认为《大学》"致知"之"知"即《孟子》所讲的"良知"，因而把"致知"和"良知"两个术语进行整合，提出"致良知"。他认为，格物、致知、诚意、正心都可以归结到"致良知"上说。他说："鄙人所谓致知格物者，致吾心之良知于事事物物也。吾心之良知，即所谓天理也。致吾心良知之天理于事事物物，则事事物物皆得其理矣。致吾心之良知者，致知也。事事物物皆得其理者，格物也。是合心与理而为一者也。"② 他认为，致知即将心之良知推至于事事物物，而良知即为天理，因此事事物物皆得其理，此即格物。

---

① 王阳明：《王阳明全集》卷三十二，上海：上海古籍出版社，1992 年版，第 242—243 页。

② 王阳明：《王阳明全集》卷二《传习录中·答顾东桥书》，上海：上海古籍出版社，1992 年版，第 45 页。

可见，与朱熹主张的由"格物穷理"而达"致知"不同，王阳明认为，"致知"的途径即"致良知"。朱熹训"格"为"至"，而王阳明训"格"为"正"，"格物"即用心之良知格正、导正事物，使不正者归于正。"致知"是将心之良知向外推，落实在事事物物上。在王阳明看来，格物和致知二者实际是一回事。格物是在事事物物上致其良知，致知是将良知推至事事物物。格物即致知，致知即格物，这一观点与其"知行合一"的思想是贯通吻合的。同样，诚意、正心也都是从"致良知"上说，是真心诚意地按照自己的良知本体去做事情。他说："随时就事上致其良知，便是格物；著实去致良知，便是诚意；著实致其良知而无一毫意必固我，便是正心"。[①] 格物、致知、诚意、正心都是围绕"致良知"展开的，"致良知"的思想体现了王阳明阐释《大学》的圆融性。

王阳明主张良知即天理，以"致良知"来阐释《大学》，由此形成了一套以"心即理"为核心的思想体系，这也是中国古代经学阐释的典型形式，即通过对经典的诠释来构建自己的学说。"对《大学》的重新解读和阐释，是王阳明创构心学思想的基础。其《大学古本旁释》和《大学问》，充分表现了他的基本思想，也代表了朱熹《大学章句》《大学或问》之后，对《大学》的一个新的重要阐释方向。"[②] 这个新方向即主张恢复古本《大学》，以"致良知"为核心对其进行诠释，以构建其心学体系。这不同于朱熹分经别传、以格物穷理为宗旨来诠释《大学》，以构建其理学体系的阐释方法。

三、"知"的根本目的：知止、知本

大学是继小学学习洒扫、应对、进退之节之后，修习承接圣贤之道的学问。《大学》开篇："大学之道，在明明德，在亲民，在止于至善。"大学教人彰明本自具足的德性，并且日日修习，日新又新，进而达到至真至善的圆满

《礼记·大学》之『知』解读

① 王阳明：《王阳明全集》卷二《答聂文蔚（二）》，上海：上海古籍出版社，1992年版，第83页。

② 涂耀威：《王阳明与十六七世纪的〈大学〉研究》，《阳明学刊》2009年。

境界。这是《大学》的总纲,其核心是"止于至善"。也可以说,《大学》的根本是教人知止于善。

知止,即知道自己应该安止在什么地方。正如"缗蛮黄鸟,止于丘隅"(《诗经》)缗蛮地鸣叫着的黄鸟,栖止在山丘草木丛密的角落,因为它们知道这里最安全,是最该栖息的地方。"邦畿千里,惟民所止",一国京城所在的千里之地,是人们居住的处所。住所是安顿身体的地方,那么人心如何安放?《大学》之学,不是教人学科学知识,天文地理,而是教人学止于何处,学习将心安止安放在什么地方。《大学》告诉我们"止于至善"。"止于至善"是将心安放在至真至善的地方。心有了安放的地方,则能心神安定,宁静,思虑清晰周全,然后有所获得。心也只有安止在至善的地方,才会定、静、安、虑、得。

知本,即知道事物的本末先后,根本宗旨。那么何为事物的根本?《大学》教人:"自天子以至于庶人,壹是皆以修身为本。"修身是人之根本,人之本分,具体到不同身份的人,有不同的本分。《大学》:"为人君止于仁;为人臣止于敬;为人子止于孝;为人父止于慈;与国人交止于信。"仁、敬、孝、慈、信,这些不同的德目,既是至善的内容,也是人之根本、本分,是人应该修持涵养的内容,是人心应该安放的地方。能修持涵养,使心安放在这些至善的本分上,便是修身。因此,知止和知本是一致的。知止是将心安止在至善处,知本是知道事物的根本,而事物的根本恰在于至善处。因此,知止即知本,也就是知道将心安放在至善的地方,尽到作为人的本分。当念头或行为有所不善的时候,及时悬崖勒马,改正错误,不使其继续蔓延。《大学》的根本是教人学会知止,懂得止于至善,懂得事物的本末先后,知道修身是人之本分。知道了这些,即为知止、知本,离大学之道也不远了。正所谓"物有本末,事有终始,知所先后,则近道矣。"物之本,即事之终止(宗旨)。知本即知止。

《大学》提出事物有本末先后,本为先,末为后,因此讲了事物的先后次序:平天下以治国为先,治国以齐家为先,齐家以修身为先,修身以正心为先，正心以诚意为先，诚意以致知为先，致知需格物。因此可以说，修身是一切的根本，而格物致知是根本的根本。

致知的"知"根本在于知止、知本。知止是知道心安止在善处，知本是知道事物的本末先后。二者是一回事。知道止于至善，便是知道了做人的本分，抓住了事物的根本。达到了知止、知本，便是致知。知道止于至善，如此意念便能真诚专一地守在这一至善的根本上，心无旁骛，有所诚求，此为诚意。心守在这一至善的根本上，不为外物所乱，达到虚、壹、定、静，归于正，无邪念，此为正心。

如何知止、知本以达到致知，答案在于格物。格物，即对事物的根本、本质进行正确的认识，对事物进行分类，厘定本末先后次序，去粗取精，去伪存真，化繁为简，知晓事物之理，获得真知。如此，对事物本质的认识清晰准确，井然有序，了然于心，事物因此得到了有序的安放，安顿于心，此为格物。由格物，因而致知。因此，致知不是把事物的表里精粗事无巨细地全部掌握，而是抓住事物的本质，达到对事物根本的认识。

格物、致知、诚意、正心，均是修身的功夫，是安顿身心的功夫。而"诚于中，形于外"，内在的功夫必定会彰显于外。因此由修身而能齐家、治国、平天下。然而，正如前面所说，所有这些条目中，以修身为根本，而修身之根本在于格物致知，因此，格物致知为这些条目中根本之根本。《大学》之教的根本在于教人格物致知，教人知道事物的根本和本末先后，知道止于至善，知道修身为人之根本。这是知止、知本。

四、知：《大学》的根本要旨

不论是朱子讲的格物穷理，还是王阳明的致良知，还是知止、知本，《大学》的根本宗旨都落实到"知"上。《大学》之根本要旨，在于一个"知"字。明末清初学者陈确认为："《大学》言知不言行，必为禅学无疑。"[1] 冯友兰对比了《大学》和《荀子》，认为《大学》与荀学有着密切的联系，而荀学的特点

---

[1] 陈确：《陈确集》，北京：中华书局，1979年版，第557页。

之一便是重知。而与此同时,《大学》是教人初学入德的学问,它所强调的穷理、致知、知本、知止又必然通过"行"才能体现它的价值。行动、实实在在地落实才是《大学》的真正意义。这也正是王阳明主张的知行合一,致良知即格物,良知必须实实在在行出来,落实在事事物物上,才是真知。

《大学》的"知"与现代意义上的知识、认知的概念有所不同,它是从修身入德这一根本意义上来谈的。而在"知"的途径这一问题上,既有朱子讲的格物穷理,也有王阳明的致良知。因此,中国古代学者对于"知"有着不同于现代人的独特理解,也体现了他们各自求知治学的不同路径。

汉魏时期《周礼》学的兴起、发展和演变

丁 鼎

《周礼》原名《周官》，又名《周官经》《礼经》，是一部记述王室职官制度的著作，通过记述三百多种职官的职掌而阐述对社会政治制度的设想。《周礼》是我国古代一部重要的文化元典，是儒家十三经之一，在儒家经学史上占有非常重要的地位。

关于《周礼》一书的作者和成书年代，从汉代以来就一直聚讼纷纭，迄无定论。虽然自汉洎今的学者大多认为《周礼》成书于先秦，但传世的先秦文献迄今尚未发现有称引《周礼》一书者。而只有到了西汉时期，关于《周礼》一书的问世和传世情况才有了可靠的文献记载。因此，《周礼》学的奠基、发轫实肇始于汉代。而且，终两汉时期，作为古文经的《周礼》一直受到占统治地位的今文经的排挤，不得立于学官（只在王莽当政时一度立于学，但东汉复辟后，《周礼》的官学地位即被罢黜。直到曹魏时期，《周礼》才得以立于

学官，设立博士，终于由民间学术正式演变为官方学术。

汉魏时期是《周礼》学奠基、发展和演变为官学的重要时期。本文拟对这一时期《周礼》学的发展演变情况进行一番梳理和考察。

一、《周礼》的问世和传世

《周礼》（《周官》）一书虽然可能编纂于先秦时期，但不见于传世的先秦文献的记述，直到西汉初年才见称于世。司马迁《史记·鲁周公世家》记载："成王在丰，天下已安，周之官政未次序，于是周公作《周官》，官别其宜。"①另，司马迁《史记·封禅书》记载："自得宝鼎，上与公卿诸生议封禅。封禅用希旷绝，莫知其仪礼，而群儒采封禅《尚书》《周官》《王制》之望祀射牛事。"②上引《史记》中的"《周官》"就是《周礼》一书的原名。

《汉书·艺文志》著录《周官经》六篇、《周官传》四篇。班固自注云："王莽时刘歆置博士。"③《汉书·礼乐志》曰："自夏以往，其流不可闻已，《殷颂》犹有存者。《周诗》既备，而其器用张陈，《周官》具焉。"④其中的"周官"也是指《周礼》一书而言。

东汉经学家马融认为《周礼》一书之所以很晚才传于世，是由于秦始皇"焚书坑儒"的缘故。其《周官传》曰："秦自孝公已下用商君之法，其政酷烈，与《周官》相反。故始皇禁挟书，特疾恶，欲绝灭之。搜求焚烧之独悉。是以隐藏百年。孝武帝始除挟书之律，开献书之路，既出于山岩屋壁，复入于秘府。五家之儒莫得见焉。至孝成皇帝达才通人刘向子歆校理秘书，始得列序著于《录》《略》。"⑤

关于《周礼》一书的发现与传世，古代文献中主要有三种记述：（1）汉河

---

① 司马迁：《史记》卷三三《鲁周公世家》，北京：中华书局，1959 年版，第 1522 页。

② 司马迁：《史记》卷二八《封禅书》，北京：中华书局，1959 年版，第 1397 页。

③ 班固：《汉书》卷三十《艺文志》，北京：中华书局，1962 年版，第 1709 页。

④ 班固：《汉书》卷二二《礼乐志》，北京：中华书局，1962 年版，第 1038 页。

⑤ 贾公彦：《周礼注疏》卷首《序周礼废兴》，影印《十三经注疏》本，北京：中华书局，1980 年版，第 635 页。

间献王刘德得之于民间；(2)武帝时出于孔壁之中，由孔安国献于朝廷；(3)文帝时所得。

关于河间献王刘德从民间搜求到《周礼》的说法，最早见于班固《汉书》的记载。《汉书·河间献王传》："河间献王德以孝景前二年立，修学好古，实事求是。从民得善书，必为好写与之，留其真，加金帛赐以招之。繇是四方道术之人不远千里，或有先祖旧书，多奉以奏献王者，故得书多，与汉朝等。……献王所得书皆古文先秦旧书，《周官》《尚书》《礼》《礼记》《孟子》《老子》之属，皆经传说记，七十子之徒所论。"① 按河间献王刘德为汉武帝之兄，在位 26 年。由此可知《周礼》（《周官》）一书当是河间献王在景帝、武帝之际从民间搜求到的"先秦旧书"。

《经典释文·序录》说："景帝时河间献王好古，得古《礼》献之。或曰河间献王开献书之路，时有李氏献上《周官》五篇，失《事官》一篇，乃购千金不得，取《考工记》以补之。"《隋书·经籍志》亦载："汉时有李氏得《周官》。《周官》盖周公所制官政之法，上于河间献王，独阙《冬官》一篇，献王购以千金不得，遂取《考工记》以补其处，合成六篇奏之。"然则《周礼》一书是由李氏献给河间献王刘德，刘德以《考工记》补其所缺《冬官》后，又进献给汉王朝。

而郑玄与《后汉书》则认为《周礼》出于孔壁。《礼记》大题下孔疏引郑玄《六艺论》曰："《周官》，壁中所得，六篇。"②《后汉书·儒林列传》则曰："孔安国所献《礼古经》五十六篇及《周官经》六篇，前世传其书，未有名家。"③ 又，《太平御览》卷六一九引西晋杨泉《物理论》曰："鲁恭王坏孔子旧宅，得《周官》，阙，无《冬官》，汉武购千金而莫有得者，遂以《考工记》

汉魏时期《周礼》学的兴起、发展和演变

---

① 班固：《汉书》卷五三《景十三王传·河间献王传》，北京：中华书局，1962 年版，第 2410 页。

② 孔颖达：《礼记注疏》，影印《十三经注疏》本，北京：中华书局，1980 年版，第 1229 页。

③ 范晔：《后汉书》卷七九下《儒林列传下》，北京：中华书局，1965 年版，第 2576 页。

备其数。"孙诒让不同意郑玄、杨泉等人的观点。他认为"杨氏疑亦因《六艺论》文,妄撰此说。"①按《汉书·艺文志》与《汉书·楚元王传》附《刘歆传》所载刘歆《移让太常博士书》及许慎《说文解字·叙》均历数鲁恭王坏孔子宅时从壁中所出先秦旧书的书名,而均未言及《周礼》(《周官》)一书。因此《周礼》出于孔壁之说,理据不充分,不可信从。

关于文帝时得《周礼》之说,见于《礼记·礼器》"故经礼三百,曲礼三千,其致一也"下之孔疏:"经秦焚烧之后,至汉孝文帝时,求得此书,不见《冬官》一篇,乃使博士作《考工记》补之。"②按孔疏此说不知何所据而云然。故孙诒让《周礼正义》大题下疏批评说:"此尤谬悠之说,绝无根据者也。"③孙氏的判断是正确的。

综上所述,可知《周礼》一书当是汉初河间献王从民间献书所得。其他两种说法皆不可信据。

需要注意的是,虽然汉武帝时期的司马迁在《史记·鲁周公世家》和《史记·封禅书》均称引过"《周官》"一书,而且河间献王大约在景、武之际从民间搜求到《周礼》一书,但西汉前期其他学者几乎无人提及或关注此书,可见当时此书流传不广,影响不大,严格说来还未真正形成《周礼》之学。

二、刘歆在《周礼》学领域的奠基性贡献

《周礼》作为一部古文经虽然早在刘歆之前即已问世,但力主表彰者实始于刘歆。刘歆于西汉晚期校理皇家图书时从秘府中发现此书,并对其大加推崇。此后,《周礼》一书才引起社会的关注和重视,并逐步发展形成《周礼》之学。可以说刘歆在《周礼》学的奠基和发展方面厥功至伟。

刘歆在中国古代经学史上有着多方面的重大贡献。其中最重要的贡献是

---

① 孙诒让:《周礼正义》卷一《天官冢宰》篇题下"周礼"大题疏,北京:中华书局,1987年版,第5页。

② 孔颖达:《礼记注疏》,影印《十三经注疏》本,北京:中华书局,1980年版,第1435页。

③ 孙诒让:《周礼正义》,北京:中华书局,1987年版,第5页。

与其父亲刘向校理中秘图书时发现了一批晚出的先秦古文经书，使之免于佚失，由于刘歆的倡导宣扬，使这批古文经书为社会和士人广泛得知，遂转相传习不辍。刘歆对古文经典的整理和宣传做出了很大的贡献。尤其是古文经《周礼》(《周官》)一书的传世和《周礼》学的奠基和发展主要应归功于刘歆。

刘歆对《周礼》学发展所做的贡献，可以分为前后两个阶段：

第一个阶段从成帝朝到王莽篡汉之前。东汉经学家马融《周官传》记载："孝武帝始除挟书之律，开献书之路，既出于山岩屋壁，复入于秘府。五家之儒莫得见焉。至孝成皇帝达才通人刘向子歆校理秘书，始得列序著于《录》《略》。"① 这是说刘歆受诏继承父业，完成校理秘府图书的工作，并在其父刘向主持编纂的《别录》的基础上归纳整理成我国古代第一部文献学专著《七略》。《别录》中关于《周礼》的研究成果自然也被保存于《七略》之中。不仅如此，刘歆还"独识"《周礼》的价值，顶住各方面的压力，不遗余力地向学术界推介这部在秘府之中新发现的图书。

与此同时，刘歆还向学术界推介西汉时先后出现的古文经书《尚书》《逸礼》《毛诗》和《左氏春秋》，请求朝廷设立古文经学博士。《汉书·楚元王传》附《刘歆传》载："及歆亲近，欲建立《左氏春秋》及《毛诗》《逸礼》《古文尚书》皆列于学官。哀帝令歆与五经博士讲论其义，诸博士或不肯置对。"② 于是刘歆便撰写《移书让太常博士》一文，指责今文学派专执自己的偏见，"信口说而背传记，是末师而非往古。……保残守缺，挟恐见破之私意，而无从善服义之公心，或怀妒嫉，不考情实，雷同相从，随声是非……党同门，妒道真"。③ 刘歆的批评言辞极为犀利，因而受到了来自当时掌权的今文经学者

① 贾公彦：《周礼注疏》卷首《序周礼废兴》，影印《十三经注疏》本，北京：中华书局，1980 年版，第 635 页。

② 班固：《汉书》卷三六《楚元王传》附《刘歆传》，中华书局，1962 年版，第 1967 页。

③ 班固：《汉书》卷三六《楚元王传》附《刘歆传》，中华书局，1962 年版，第 1970—1971 页。

的猛烈攻讦和非议。"歆由是忤执政大臣，为众儒所讪。"① 贾公彦《序周礼废兴》引马融《传》曰："时众儒并出共排，以为非是。"② 可见当时反对刘歆推崇《周礼》的强大声势。于是刘歆便被迫自求外出担任地方官，先后任河内、五原、涿郡三郡太守，最后不得不告病辞官。

及至哀帝驾崩，王莽当政出任大司马。刘歆因早年曾与王莽同任黄门郎，很得王莽赏识。于是王莽便先后任命刘歆为"右曹太中大夫，迁中垒校尉，羲和，京兆尹，……典儒林史卜之官"③。刘歆因此得以重回朝廷权力核心。刘歆对《周礼》的研究和推广工作也进入了第二个阶段。

平帝元始五年（5 年），公卿大夫、博士、议郎、列侯张纯等九百零二人曾联名上书，奏请为王莽加"九命之锡"曰："谨以《六艺》通义，经文所见，《周官》《礼记》宜于今者，为九命之锡。臣请命锡。"④

通过这一奏议内容可知，当时朝臣是以《周礼》等书的内容为依据，奏请为王莽行九命之锡大礼。由此可见，当时《周礼》的地位较之初出之时群儒共排之的情况，不可同日而语，甚至一跃成为实行朝廷礼仪制度的重要学术依据。这期间的变化，主管朝廷典章的刘歆对《周礼》的倡导当然功不可没。

在刘歆的倡导和影响下，当时当政的王莽对《周礼》及其他古文经也很重视和支持。《汉书·王莽传》记载：王莽于平帝元始五年"奏起明堂、辟雍、灵台，为学者筑舍万区，作市、常满仓，制度甚盛。立《乐经》，益博士员，经各五人。征天下通一艺教授十一人以上，及有逸《礼》、古《书》、《毛诗》《周官》《尔雅》、天文、图谶、钟律、月令、兵法、《史篇》文字，通知其意者，皆诣公交车。网罗天下异能之士，至者前后千数，皆令记说廷中"⑤。

---

① 班固：《汉书》卷三六《楚元王传》附《刘歆传》，中华书局，1962 年版，第 1972 页。

② 贾公彦：《周礼注疏》卷首《序周礼废兴》，影印《十三经注疏》本，北京：中华书局，1980 年版，第 636 页。

③ 班固：《汉书》卷三六《楚元王传》附《刘歆传》，北京：中华书局，1962 年版，第 1972 页。

④ 班固：《汉书》卷九九上《王莽传上》，北京：中华书局，1962 年版，第 4073 页。

⑤ 班固：《汉书》卷九九上《王莽传上》，北京：中华书局，1962 年版，第 4069 页。

王莽为学者建筑舍万区，以笼络天下文人。而且将《周礼》(《周官》)这部本来不在儒家经典之列的古书与逸《礼》、古文《尚书》、《毛诗》及其他儒家经典并列，使当时通晓《周礼》的学者得到与研治其他儒家经典的学者一样的优待，从而提升了《周礼》一书的社会地位，为《周礼》学的发展推广提供了官方的有力支援。

后来，王莽当政时甚至按照刘歆的建议，将《周礼》立于学官，设博士。关于《周礼》一书在王莽当政时立于学官的情况，见于如下文献记载：《汉书·艺文志》于礼类图书中著录："《周官经》十六篇。"班固自注曰："王莽时刘歆置博士。"[1] 荀悦《汉纪·成帝》篇曰："歆以《周官经》六篇为《周礼》，王莽时，歆奏以为《礼经》。置博士。"[2]《隋书·经籍志》载："而汉时有李氏得《周官》，《周官》盖周公所制官政之法，上于河间献王，独阙《冬官》一篇，献王购以千金不得，遂取《考工记》以补其处，合成六篇奏之。至王莽时，刘歆始置博士，以行于世。"[3] 由此可知，《周礼》一书于王莽当政时被立于学官，设博士主要应归功于刘歆的推动。

刘歆不仅推动王莽将《周礼》立于学官，而且广收门徒，传授《周礼》之学。如两汉之际著名的经学家杜子春、郑兴与贾徽(东汉著名古文经学家贾逵之父)都曾师从刘歆学习《周礼》，从而使《周礼》学逐步发扬光大。

刘歆在推动《周礼》学崛起过程中的作用是举足轻重的。正是有了刘歆的倡导和推动，才使得《周礼》从一部普通的古籍跃升为儒家经典。对于刘歆父子对《周礼》学发展的推动之功，唐贾公彦《序周礼废兴》评价说："《周礼》起于成帝刘歆而成于郑玄。"[4] 清代孙诒让《周礼正义》则高度评价说：

---

[1] 班固：《汉书》卷三十《艺文志》，北京：中华书局，1962年版，第1709页。

[2] 荀悦：《汉纪》卷二十五《孝成皇帝纪二》，2002年《两汉纪》本，北京：中华书局，第435页。

[3] 魏征等：《隋书》卷三二《经籍志》，北京：中华书局，1973年版，第925页。

[4] 贾公彦：《周礼注疏》卷首《序周礼废兴》，影印《十三经注疏》本，北京：中华书局，1980年版，第636页。

"孝文时已得《周官》也。此经在汉为古文之学，故《说文叙》称《周官》为古文，《五经异义》亦多称古《周礼》说。书既晚出，西汉之世，绝无师说，表章之功，实赖向、歆父子。"① 诚哉斯言。

《汉书·艺文志》于"《周官经》六篇下"著录有"《周官传》四篇"，但未注明作者。孙诒让认为这四篇《周官传》可能就是刘歆的著作。孙氏曰："盖此经自刘歆立博士，至东汉初，而其学大兴。《汉·艺文志》有《周官传》四篇，不著撰人，疑即歆所传也。"② 孙说言之成理，可以信从。

三、刘歆《周礼》学在两汉之际的传承谱系

两汉之际，从时间跨度上说，大致是指西汉末期，中经王莽篡汉自立，直至东汉前期这一历史时期。两汉的《周礼》学实际上就是发轫于这一时期。这一时期《周礼》学的勃兴主要是由于刘歆的倡导和王莽的支持。虽然王莽政权不久后被推翻，新莽时期设立的包括《周礼》在内的古文经博士也被废弃了，但新莽朝廷的大力推行，博士的讲授以及生员的学习和传习，为《周礼》学的迅速发展打下了坚实的基础。两汉之际著名的《周礼》学专家主要有杜子春、郑兴郑众父子、贾徽贾逵父子和卫宏等人。他们都曾直接或间接师承过刘歆，都出于刘歆《周礼》学的传承谱系。正如孙诒让《周礼正义》叙述东汉前期的《周礼》学传承谱系时所说："盖此经自刘歆立博士，至东汉初，而其学大兴。……歆传杜子春，子春传郑兴、贾逵，而兴传其子众，众又自学于子春。故《释文·叙录》云：'杜子春受业于歆，还家以教门徒，好学之士郑兴父子等多往师之。'《后汉书·贾逵传》又云：'父徽，从刘歆兼习《周官》，逵于章帝建初元年，诏令作《周官解诂》。'是刘歆别授贾徽，徽子逵又传徽之学。然则逵虽受业杜君，亦自受其父学，与郑仲师（众）同也。"③

兹将本时期《周礼》学的传承谱系简要考述如下：

---

① 孙诒让：《周礼正义》卷一，北京：中华书局，1987年版，第6页。

② 孙诒让：《周礼正义》卷一，北京：中华书局，1987年版，第7—8页。

③ 孙诒让：《周礼正义》卷一，北京：中华书局，1987年版，第7页。

（一）刘歆《周礼》学的关键传人杜子春

两汉之际，刘歆之后《周礼》学最重要的传人当推河南缑氏（今河南偃师南）杜子春。

贾公彦《序周礼废兴》引马融《周官传序》曰："（刘歆）末年乃知其（指《周礼》）周公致太平之迹。迹具在斯。奈遭天下仓卒，兵革并起，疾疫丧荒，弟子死丧。徒有里人河南缑氏杜子春尚在。永平（汉明帝年号）之初，年且九十，家于南山，能通其读，颇识其说。郑众、贾逵往受业焉。众、逵洪雅博闻，又以经书记转相证明为解。"①

陆德明《经典释文·序录》曰："王莽时刘歆为国师，始建立《周官经》，以为《周礼》。河南缑氏杜子春受业于歆，还家以教门徒。好学之士郑兴父子等多往师之。"②

根据上述记载，可知杜子春是刘歆的学生，他曾于新莽时期向古文经学家刘歆学习过《周礼》。经过两汉之际的战乱后，当年师从刘歆研习《周礼》的专家死丧殆尽，只剩下杜子春还在东汉初年传授《周礼》学。东汉初年著名的经学家郑众、贾逵等都曾向杜子春拜师学习。也就是说东汉时期的《周礼》学主要是从杜子春传承而来。

杜子春是刘歆之后最重要的《周礼》学传人。他是《周礼》学得以在东汉时期薪火相传下去的关键人物。正是由于杜子春的授业以及其门下弟子的不断努力，才能使《周礼》学在东汉时期得以发扬光大。

杜子春在传授《周礼》时，著有《周官注》一书。但是此书已经伏失，唯从郑玄所著《周礼注》中能够窥其一二。清人马国翰从郑玄《周礼注》中辑出杜子春《周礼杜氏注》两卷，收入《玉函山房辑佚书》中。马国翰辑本序曰：

---

① 贾公彦：《周礼注疏》卷首《序周礼废兴》，影印《十三经注疏》本，北京：中华书局，1980年版，第636页。

② 陆德明：《经典释文》卷一《序录》，上海：上海古籍出版社，2013年版，第43页。

"其注隋、唐《志》皆不载，佚已久。从郑康成注中所引辑为二卷。"①

　　（二）刘歆《周礼》学的重要传人郑兴、郑众父子

　　郑兴、郑众父子均为两汉之际重要的《周礼》学家，而且二人均为刘歆《周礼》学的重要传人。

　　郑兴，字少赣，河南开封人，两汉之际著名经学家。《后汉书》本传记载："郑兴……少学《公羊春秋》。晚善《左氏传》，遂积精深思，通达其旨，同学者皆师之。天凤中，将门人从刘歆讲正大义，歆美兴才，使撰条例、章句、传诂，及校三统历。"②

　　此处所谓"从刘歆讲正大义"，李贤注认为是讲习《左氏》义。这说明郑兴曾师从刘歆研习《春秋左氏传》。至于郑兴是否师从刘歆学习过《周礼》，传文没有明确的记述。但《后汉书·郑兴传》中有这样的记述："兴好古学，尤明《左氏》《周官》，长于历数，自杜林、桓谭、卫宏之属，莫不斟酌焉。"③郑兴所精通的《左氏》《周官》和历数都是刘歆最擅长的。因此我们认为天凤年间郑兴在"将门人从刘歆讲正大义"的过程中，可能而且也应该向刘歆学习过《周礼》之学。

　　郑兴曾向刘歆学习过《周礼》，传无明文，是出于我们的推断。但文献明确记载郑兴曾向刘歆的门人杜子春学习过《周礼》。《经典释文·序录》云："王莽时，刘歆为国师，始建立《周官经》，以为《周礼》。河南缑氏杜子春受业于歆，还家以教门徒，好学之士郑兴父子等多往师之。"④说明郑兴曾与其儿子郑众等人一起向杜子春学习过《周礼》。因此，唐贾公彦《序周礼废兴》引郑玄《序》叙述《周礼》传承时，首先提到的就是郑兴之名："通人达士大

① 马国翰：《玉函山房辑佚书》卷十九《周礼杜氏注·序》，上海：上海古籍出版社，1996年版，第738页。

② 范晔：《后汉书》卷三十六《郑兴列传》，北京：中华书局，1965年版，第1217页。

③ 范晔：《后汉书》卷三十六《郑兴列传》，北京：中华书局，1965年版，第1223页。

④ 陆德明：《经典释文》卷一《序录》，影印《四部丛刊》初编本，上海：上海书店，1989年版，第11页。

中大夫郑少赣名兴及子大司农仲师名众，故议郎卫次仲，侍中贾君景伯，南郡太守马季长，皆作《周礼解诂》。"① 由此可知郑兴不仅研究过《周礼》，而且还曾撰写过一部研究《周礼》专著——《周礼解诂》。郑兴的儿子郑众曾与父亲郑兴一起向杜子春学习过《周礼》，可以想见，郑众也必定向父亲郑兴学习过《周礼》。

郑兴与其子郑众曾分别撰写过《周礼解诂》。可惜郑兴、郑众父子的《周礼解诂》均已亡佚，而今只能在郑玄《周礼注》中见到其部分内容。清人马国翰《玉函山房辑佚书》辑有郑兴《周礼郑大夫解诂》一卷。

郑众（？—83年），字仲师，郑兴之子，由于他曾担任大司农之职，因而被后世称为郑司农。郑众与后来的郑玄（字康成）均为东汉著名经学家，并称"二郑"，郑众被称为先郑，郑玄被称为后郑。

郑众也是东汉早期研习传播《周礼》学的重要学者。《后汉书·儒林列传》记载："中兴，郑众传《周官经》，后马融作《周官传》，授郑玄，玄做《周官注》。"

郑众有着深厚的家学渊源。前已述及，其父郑兴是两汉之际著名经学家，也以《周礼》名家。郑众传承家学的同时，又曾师从《周礼》学大家杜子春潜心研究《周礼》，在《周礼》学研究领域取得令人瞩目的成就。他与父亲郑兴分别作有《周官解诂》传于世，惜后来散佚失传。赖有郑玄《周礼注》引用了郑众《周官解诂》的许多内容，清儒马国翰据以辑为《周礼郑司农解诂》六卷，收入《玉函山房辑佚书》中。马国翰于郑众《周礼郑司农解诂》辑本序曰："《周礼郑司农解诂》……隋、唐书不著录，佚已久。从郑康成注裒集六官各为一卷，凡六卷。"②

东汉后期集《周礼》学之大成的经学大师郑玄曾评价郑兴与郑众父子的

---

① 贾公彦：《周礼注疏》卷首《序周礼废兴》，影印《十三经注疏》本，北京：中华书局，1980年版，第636页。

② 马国翰：《玉函山房辑佚书》卷十七《周礼郑司农解诂·序》，上海：上海古籍出版社，1990年版，第666页。

《周礼》学成就说："谓二郑者，同宗之大儒，明理于典籍，犉识皇祖大经《周官》之义，存古字，发疑正读，亦信多善，徒寡且约，用不显传于世，今赞而辨之，庶成此家世所训也。"① 郑玄对郑兴、郑众父子所作《周官解诂》做出这样高度的评价，不吝赞美之辞，并于其《周礼注》之中对郑兴、郑众父子的注解多加引用，由此可见其注学术价值之高。

(三) 刘歆《周礼》学的重要传人贾徽、贾逵父子

贾徽、贾逵父子是两汉之际与郑兴、郑众父子大约同时而稍晚的《周礼》学重要传人。而且贾徽、贾逵父子的《周礼》学也是师承于刘歆。

贾徽，扶风平陵（今陕西咸阳市西北）人，汉初名臣贾谊八世孙。他也是古文经学家刘歆的学生。据《后汉书·贾逵列传》记载，他曾"从刘歆受《左氏春秋》，兼习《国语》《周官》，又受《古文尚书》于涂恽。学《毛诗》于谢曼卿。作《左氏条例》二十一篇"②。

贾徽并没有如同杜子春、郑兴那样为《周礼》作注，无相关著作传世，而是以家学的形式，将自己的毕生学识传授给了自己的儿子贾逵。《后汉书·贾逵传》谓贾逵"悉传父业"③。后来在贾徽的培养下，贾逵成为东汉早期著名的大师级的古文经学家。

贾逵（30—101年），字景伯，贾徽之子，汉初名臣贾谊九世孙。他与父亲同为两汉之际著名经学家，同为《周礼》学大家。他的《周礼》学不仅有家学渊源，而且还曾师承于刘歆的嫡传杜子春。

《后汉书》本传谓贾逵"悉传父业，弱冠能诵《左氏传》及五经本文。以大夏侯《尚书》教授，虽为古学，兼通五家《穀梁》之说。自为儿童，常在太学，不通人间事。……性恺悌，多智思，俶傥有大节"。贾逵学富五车，通习《左传》《周官》《国语》《五经》，著作等身，"所著经传义诂及论难百余万言，

---

① 贾公彦：《周礼注疏》卷首《序周礼废兴》引郑玄《序》，影印《十三经注疏》本，北京：中华书局，1980年版，第636页。

② 范晔：《后汉书》卷三十六《贾逵列传》，北京：中华书局，1965年版，第1234页。

③ 范晔：《后汉书》卷三十六《贾逵列传》，北京：中华书局，1965年版，第1235页。

又作诗、颂、诔、书、连珠、酒令凡九篇，学者宗之"。[1]因而被后世称为通儒。他在汉明帝时受命与班固共同校对秘府图书。

贾逵之父贾徽，曾师从刘歆学习《周礼》(《周官》)之学，为《周礼》学大家。贾逵研治《周礼》，既有家学渊源，又师承礼学大家杜子春，因而在古文经学上有很高的造诣，在《周礼》研究方面也成绩斐然。恰逢汉章帝特好古文经学，于是贾逵这位著名的古文经学家便被征召入宫，讲授古文诸经。章帝"善逵说"，重赏贾逵。按《周礼》为古文经之代表，因此贾逵入宫所讲古文诸经，《周礼》当也当在宣讲之列。

《后汉书·贾逵列传》记载贾逵为章帝宣读古文经学及其有关著述说："逵数为帝言《古文尚书》与经传《尔雅》诂训相应，诏令撰欧阳、大小夏侯《尚书古文》同异。逵集为三卷，帝善之。复令撰齐、鲁、韩《诗》与《毛氏》异同。并作《周官解故》。"[2]

贾逵所著《周官解故》隋唐时已经亡佚。现有清马国翰《玉函山房辑佚书》辑本行于世。马国翰于贾逵《周礼解故》辑本序曰："《周礼贾氏解诂》一卷，后汉贾逵撰。……贾公彦疏谓（贾逵）作《周礼解诂》，不言卷数。隋、唐《志》皆不著目，佚已久。兹就贾疏及诸书所引辑录。说多与马季长同。引者往往并称贾、马。郑康成于其说之不合者，时以己意隐破之。"[3]

(四) 刘歆《周礼》学的重要传人卫宏

卫宏，字敬仲（或作次仲），东海（今山东郯城西南）人，两汉之际著名古文经学家。他与郑兴、贾徽等曾同学于刘歆，又与贾徽同学于谢曼卿。晋人袁宏《后汉纪·光武皇帝纪》记载："河南郑兴、东海卫宏等皆长于古学，从刘歆受《左氏春秋》，定《三统历》。"[4]《后汉书·杜林列传》记载："河南郑

---

① 范晔：《后汉书》卷三十六《贾逵列传》，北京：中华书局，1965 年版，第 1240 页。

② 范晔：《后汉书》卷三十六《贾逵列传》，北京：中华书局，1965 年版，第 1239 页。

③ 马国翰：《玉函山房辑佚书》卷二十《周礼贾氏解诂·序》，上海：上海古籍出版社，1990 年版，第 756 页。

④ 袁宏：《后汉纪》卷八《光武皇帝纪》，北京：中华书局，2002 年《两汉纪》本，第 145 页

兴、东海卫宏等，皆长于古学。兴尝师事刘歆。"①《后汉书·儒林列传》亦记载："卫宏，字敬仲，东海人也，少与河南郑兴俱好古学。"② 这些记述只说卫宏"长于古学"，曾师从古文大师刘歆学习《春秋左传》，并参与制定《三统历》，而并未明确地说卫宏研治过《周礼》，但郑玄《周官序》曰："世祖以来，通人达士大中大夫郑少赣名兴及子大司农仲师名众，故议郎卫次仲，侍中贾君景伯，南郡太守马季长，皆作《周礼解诂》。"③ 其中所谓"故议郎卫次仲"就是指卫宏。《后汉书·郑兴传》也记载："兴好古学，尤明《左氏》《周官》，长于历数，自杜林、桓谭、卫宏之属，莫不斟酌焉。"④

然则卫宏确实对《周礼》很有研究，并撰写过《周礼解诂》一书。只是此书早已佚失，后世知之者甚少。而卫宏又长于《毛诗》，以作《毛诗序》而闻名于世，故而掩盖了其对《周礼》学发展的功绩。清人姚振宗《后汉艺文志》卷一著录有卫宏《周礼解诂》，曾朴《补后汉艺文志并考》著录有卫宏《周官解诂》。

四、东汉《周礼》学的兴盛

（一）东汉政府对《周礼》学的扶持

《后汉书·翟酺传》记载："光武初兴，愍其荒废，起太学博士舍、内外讲堂，诸生横巷，为海内所集。"⑤ 于是"先是四方学士多怀协图书，遁逃林薮。自是莫不抱负坟策，云会京师，范升、陈元、郑兴、杜林、卫宏、刘昆、桓荣之徒，继踵而集"⑥。政府的高度重视与大力倡导大大地促进了经学的恢复和发展。东汉时期的经学如雨后春笋般地复兴起来，呈现出了一派繁荣

---

① 范晔：《后汉书》卷二七《杜林列传》，北京：中华书局，1965 年版，第 936 页。

② 范晔：《后汉书》卷七九下《儒林列传下》，北京：中华书局，1965 年版，第 2575 页。

③ 贾公彦：《周礼注疏》卷首《序周礼废兴》，影印《十三经注疏》本，北京：中华书局，1980 年版，第 636 页。

④ 范晔：《后汉书》卷三六《郑兴列传》，北京：中华书局，1965 年版，第 1223 页。

⑤ 范晔：《后汉书》卷四八《翟酺列传》，北京：中华书局，1965 年版，第 1606 页。

⑥ 范晔：《后汉书》卷七九上《儒林列传上》，北京：中华书局，1965 年版，第 2545 页。

发展的景象。然而当时东汉朝廷所设立的博士学官，唯今文经书《诗》《尚书》《仪礼》《公羊春秋》和《易》五经十四家，并未承袭王莽之制再设《周礼》及其他古文经博士。不过需要注意的是：《周礼》虽然终东汉之世未再列入学官，但这并不意味着《周礼》与其他古文经典在东汉被打入冷宫，失去了发展的机会。相反，东汉时期《周礼》学与其他古文经学迎来了新的发展契机，取得了长足的进步。

东汉时期，以《周礼》学为代表的古文经之所以取得了发展，一方面肯定应归因于古文经学家的长期努力；另一方面应归因于政府的扶持，使之迎来了新的契机。政府对《周礼》学及其他古文经学的扶持主要体现在为古文经学家"擢高第为讲郎，给事近署"，即选拔高才古文经学家们，委任为郎官，安排在朝廷相关部门，研习传承古文经学。这就为包括《周礼》在内的古文经学的发展提供了政治上的保证和政策上的扶持。

东汉时期，古文经学家曾经多次向朝廷争立古文经博士。从光武帝时韩歆争立《费氏易》及《左氏春秋》博士始，直到灵帝时卢植奏请设立《毛诗》《左氏》《周礼》止。其间唯有光武时一度立《左氏》博士，但不久即废罢；其他多次争立活动均未成功。不过章帝时经过古文经学大师贾逵等人的努力和章帝的支持，古文经的命运发生了变化。《后汉书·贾逵列传》记载："逵数为帝言《古文尚书》与经传《尔雅》诂训相应。诏令撰欧阳、大小夏侯《尚书古文》同异。逵集为三卷，帝善之。复令撰齐、鲁、韩《诗》与《毛氏》异同。并作《周官解故》。迁逵为卫士令。"[1]贾逵受诏整理《诗》《书》今古文异同，并撰写《周官解故》，因而很得章帝赏识，于是不仅被提升为卫士令，而且"诏诸儒各选高才生，受《左氏》《穀梁春秋》《古文尚书》《毛诗》，由是四经遂行于世。皆拜逵所选弟子及门生为千乘王国郎，朝夕受业黄门署，学者皆欣欣羡慕焉"[2]。关于章帝诏令诸儒各选高才生学习传承古文经之事，《后汉书·肃宗孝章帝纪》记载说："（建初八年）冬十二月……诏曰：'《五经》剖

---

① 范晔：《后汉书》卷三六《贾逵列传》，北京：中华书局，1965 年版，第 1239 页。

② 范晔：《后汉书》卷三六《贾逵列传》，北京：中华书局，1965 年版，第 1239 页。

判，去圣弥远，章句遗辞，乖疑难正，恐先师微言将遂废绝，非所以重稽古，求道真也。其令群儒选高才生，受学《左氏》《穀梁春秋》《古文尚书》《毛诗》，以扶微学，广异义焉。"①《后汉书·儒林列传》则记载："建初中，大会诸儒于白虎观，考详同异，连月乃罢。肃宗亲临称制，如石渠故事，顾命史臣，著为通义。又诏高才生受《古文尚书》《毛诗》《穀梁》《左氏春秋》，虽不立学官，然皆擢高第为讲郎，给事近署，所以网罗遗逸，博存众家。"②传与纪相互印证，说明汉章帝确立的让诸儒各选高才生学习传承古文经的文化政策是当时的一项重大事件，也是对东汉经学史具有重大影响的事件。对此，葛志毅先生给予特别关注。他认为：

> 擢高第为讲郎，其事固亚于立学官博士，但其意义却有相当的一面，即由朝廷提供学术上的条件，以保证古文诸经的传习。……东汉一代古文诸经虽始终未能正式立于学官，但迫于古文家的上书争议，朝廷以擢讲郎、议郎的形式，对古文诸经予以某种程度上的官方承认。或者可以说，因议郎在职任性质上与博士相近，此举实相当于半正式地立古文诸经于学官，从而对古文诸经的传习从朝廷方面给以认可。其事固承宣帝时制度而来，但此时已成为承认古文经的变通办法。③

葛说非常中肯地指出了东汉章帝时朝廷对古文经的政策变化，当时古文诸经虽然未能正式立于学官设博士，但其实已取得了半官方的地位，获得了朝廷的政策支持，可以"擢高第为讲郎，给事近署"。也就是说，从此之后，古文经学实际上不再是真正的民间学术，而是具有了半官学的身份，从而在东汉时期得到了长足的发展。

需要注意的是，前引《后汉书》的《章帝纪》和《贾逵列传》在记述东汉章帝建初年间诏令从研习古文经的诸儒中"擢高第为讲郎，给事近署"时，只

---

① 范晔：《后汉书》卷三《肃宗孝章帝纪》，北京：中华书局，1965 年版，第 145 页。

② 范晔：《后汉书》卷七九上《儒林列传上》，北京：中华书局，1965 年版，第 2546 页。

③ 葛志毅：《汉代的博士与议郎》，《史学集刊》1998 年第 3 期。

提到了《古文尚书》《毛诗》《穀梁》《左氏春秋》等四部儒家经典①，而没提到《周礼》这部古文经。那么当时《周礼》一书是否也享受到"擢高第为讲郎，给事近署"的待遇呢？有鉴于前引《后汉书·贾逵列传》中记述贾逵受诏整理《诗》《书》今古文异同，并撰写《周官解故》，并得到章帝的奖赏，因此，我们认为诏令中虽未提到《周礼》一书，但实际上《周礼》一经也应该与《古文尚书》《毛诗》《穀梁》《左氏春秋》等四经一样享受到"擢高第为讲郎，给事近署"的待遇。正因为有了这样的政策扶持，因而《周礼》与《古文尚书》《毛诗》《左氏春秋》等古文经在东汉时期得到了长足的发展，呈现出非常兴盛的发展局面。

东汉时期《周礼》学的兴盛与东汉历代皇帝对《周礼》的重视有着直接的关系。据文献记载，汉明帝与汉章帝二人皆爱好《周礼》等古学。如沈约《宋书》记载："至秦以战国即天子位，灭去古制，郊祭之服，皆以袀玄。至汉明帝始采《周官》《礼记》《尚书》诸儒说，还备衮冕之服。魏明帝以公卿衮衣黼黻之文，拟于至尊，复损略之。晋以来无改更也。"②这是说秦王朝建立后，按照当时流行的"五德终始"说认为秦王朝为水德，尚黑色，于是便废除了先秦时期流行的冕服制度，改用"袀玄"（即纯玄色的深衣）作为礼服。汉朝建立以后，继承秦朝制度，沿用袀玄。直到东汉明帝时期方根据《周礼》等儒家经典的记述恢复冕服为男子礼服。此外，《后汉书·皇后纪》还记载汉明帝皇后马氏："能诵《易》，好读《春秋》《楚辞》，尤善《周官》《董仲舒书》。"③马皇后能在宫禁之中"尤善《周官》"，可见当时《周礼》在当时皇家和学界都有很高的地位。汉章帝喜好古文经学，因而特召贾逵入朝廷讲学。《后汉书·贾逵列传》记载："肃宗立，降意儒术，特好《古文尚书》《左氏传》。建初元年，诏逵入讲北宫白虎观、南宫云台。帝善逵说……诏令撰欧阳、大小

汉魏时期《周礼》学的兴起、发展和演变

---

① 按：《古文尚书》《毛诗》《左氏春秋》等三部儒家经典无疑都是古文经。而对于《穀梁春秋》一书的学派属性，学界有不同的认识：一般认为是今文经，也有人认为是古文经。
② 沈约：《宋书》卷十九《礼志第八》，北京：中华书局，1974年版，第502页。
③ 范晔：《后汉书》卷十上《明德马皇后纪》，北京：中华书局，1965年版，第409页。

夏侯《尚书古文》同异。逡集为三卷,帝善之。复令撰齐、鲁、韩《诗》与《毛氏》异同。并作《周官解故》。"① 由此可见汉章帝对包括《周礼》一书在内的古文经的喜好。

总之,在当时朝廷的扶持下,在众多古文学家努力下,东汉时期的《周礼》学可谓欣欣向荣。据曾朴《补后汉书艺文志并考》统计,作为五经之一被立为学官的《仪礼》,在东汉时期研究著作只有8种。而与此同时,有关《周礼》的研究著述竟然多达11种。② 而据清人姚振宗《后汉艺文志》统计,整个东汉时期共有三家六部有关《仪礼》学的研究著述,而有关《周礼》学的研究著述却高达九家十部,远远超过了有关《仪礼》学研究著作的数量。③ 虽然曾、姚两家由于认定标准不同,致使统计资料有较大差别,但通过他们的统计资料可以大致了解到《周礼》学在东汉时期的发展盛况。

(二) 东汉中晚期《周礼》学的重要传人

1. 马融

马融(79—166年),字季长,东汉扶风茂陵(今陕西兴平东北)人,东汉名将马援从孙。他是东汉中期著名经学家,《周礼》学的重要传人。东汉时期三礼学的集大成者郑玄和著名经学家卢植都出自其门下。

马融历任校书郎、郡功曹、议郎、大将军从事中郎及武都、南郡太守等职,后因得罪大将军梁冀而被剃发流放朔方,途中自杀未遂。后遇赦归朝,再任议郎,复东观著述之职。

马融早年师从名重关西的通儒挚恂研习经学,博通经籍。挚恂非常赏识马融,甚至将女儿嫁给马融为妻。马融一生著述宏富,著有《春秋三传异同说》,又注《孝经》《论语》《诗》《周易》《三礼》《尚书》《列女传》《老子》

① 范晔:《后汉书·贾逵列传》,北京:中华书局,1965年版,第1236—1239页

② 曾朴:《补后汉书艺文志并考》,载于王承略、刘心明主编《二十五史艺文经籍志考补萃编》第八卷,北京:清华大学出版社,2011年版,第19页。

③ 姚振宗:《后汉艺文志》卷一,载于王承略、刘心明主编《二十五史艺文经籍志考补萃编》第七卷,北京:清华大学出版社,2011年版,第33—40页。

《淮南子》《离骚》等书，皆已散佚。清人马国翰编有辑本收入《玉函山房辑佚书》。马融另有赋、颂、碑、诔、书、记、表、奏等作品，有集已佚，明人辑有《马季长集》。

马融是东汉时期著名的古文经学家，弟子众多。《后汉书》本传谓其设帐授徒，门人常有千人之多。他不拘于儒者的礼节，"善鼓琴，好吹笛，达生任性，不拘儒者之节。居宇器服，多存侈饰。尝坐高堂，施绛纱帐，前授生徒，后列女乐"①。

马融曾经长期在东观校书著述，这为他综合各家之学，遍注古文经典，提供了十分有利的条件。马融之学在儒家经学的发展史上占有非常重要地位。马融开始了综合各家、遍注群经这种带有开创性的工作，他的经注成就，使古文经学开始达到成熟的境地，标志着汉代经学发展步入一个新的时期。

继郑众、贾逵二人之后，在《周礼》研究领域成就最大的当属马融。马融师承众家，自称"少而好问，学无常师"②。他善于学习总结各家之长，早年受学于关西名儒挚恂，后又在朝中得到了向著名女学者班昭（班固之妹）学习《汉书》的机会。《后汉书·列女传·曹世叔妻列传》载："扶风曹世叔妻者，同郡班彪之女也，名昭，字惠班，一名姬。博学高才。世叔早卒，有节行法度。兄固著《汉书》，其八表及《天文志》未及竟而卒。和帝诏昭就东观藏书阁踵而成之。……时《汉书》始出，多未能通者，同郡马融伏于阁下，从昭受读。"③马融转益多师，因而能够博通经史。再加上他在东观著述达数十年之久，有机会遍观当时朝廷的秘府藏书，因而造就了马融在学术研究上的高度和深度。

前已述及，《周礼》学经东汉初年郑众、贾逵等学者的不断推阐，影响力

---

① 范晔：《后汉书》卷六十上《马融列传》，北京：中华书局，1965 年版，第 1972 页。

② 刘义庆《世说新语》卷上之下《文学》第四刘孝标注引马融自叙，上海：上海古籍出版社，1982 年版，第 113 页。

③ 范晔：《后汉书》卷八十四《列女传·曹世叔妻》，北京：中华书局，1965 年版，第 2784—2785 页。

大大提升，这从东汉中晚期的许慎以《周礼》内容作为《说文解字》的释文的现象就可见一斑。而马融对《周礼》学的发展推动，在整个《周礼》学发展过程中，更是起到了承前启后的关键作用。

一方面，马融在几乎遍注群经的同时，又花费更多的心思深入研治《周礼》之学，晚年撰作《周官传》一书，从而成为经学史上遍注"三礼"的第一人。贾公彦《序周礼废兴》引马融《周官传》曰："至六十，为武都守，郡小少事，乃述平生之志，著《易》《尚书》《诗》《礼》传皆讫。惟念前业未毕者，唯《周官》。年六十有六，目暝意倦，自力补之，谓之《周官传》也。"[1] 马融遍注三礼，打通了三礼之间的界限。为后来郑玄的三礼学起到了"导夫先路"的作用，对后世《周礼》学的发展具有极其重要意义。

另一方面，马融不仅自己遍注群经，潜心研究经学（尤其是三礼学），还广收门徒，聚众讲学。《后汉书》本传说他"教养诸生，常有千数"。《后汉书·郑玄传》亦谓："马融门徒四百余人，升堂进者五十余生。"[2] 如此众多的学生，无疑会将马融的研究成果不断地发展和传播，肯定会对包括《周礼》学在内的三礼学的发展产生重大而深远的影响。

2. 张衡、许慎、张恭祖

张衡（78—139 年），字平子，东汉南阳西鄂（今河南南阳市石桥镇）人。他与马融为同时代人，也是东汉中期发展和传播《周礼》学的重要学者。

张衡是中国古代伟大的天文学家、数学家，同时也是东汉时期著名的经学家、文学家。与司马相如、扬雄、班固并称汉赋四大家。张衡曾历任郎中、太史令、侍中、河间相等职。

张衡虽然主要以天文学家和数学家闻名于世，但他在经学研究领域，尤其是《周礼》学上，也有着很高的造诣。

《后汉书·张衡列传》载："（张衡）著《周官训诂》，崔瑗以为不能有异

---

① 贾公彦：《周礼注疏》卷首《序周礼废兴》引马融《周官传》，影印《十三经注疏》本，北京：中华书局，1980 年版，第 636 页。

② 范晔：《后汉书》卷三十五《郑玄列传》，北京：中华书局，1965 年版，第 1207 页。

于诸儒也。又欲继孔子《易》，说《彖》《象》残缺者，竟不能就。"①

可见张衡在经学领域，尤其是《周礼》学方面，也很有成就。《后汉书》中并未说明张衡的学术师承，但见张衡的友人崔瑗评价他的《周礼》学问说是"不能有异于诸儒"。我们可以推知张衡的《周官训诂》大约并非独树一帜，盖亦出自刘歆、杜子春、郑众、贾逵等学者，是张衡对前人《周礼》学研究成果的继承和总结。

晋司马彪《后汉书志·百官志》载："故新汲令王隆作《小学汉官篇》"。梁刘昭注引胡广注曰："至顺帝时，平子（张衡）为侍中，典校书，方作《周官解说》，乃欲以渐次述汉事，会复迁河间相，遂莫能立也。述作之功，独不易矣。"② 由此可知张衡所作《周官训诂》或作《周官解说》。当然，也可能由于"诂"与"说"因形近而讹。

张恭祖，生卒年不详，东郡人，东汉著名经学家。其学不知所承。关于张恭祖的生平学行，文献记载阙如，甚至连他的字号都没有记载，但记录了他传授《周礼》于郑玄的活动。《后汉书·郑玄列传》载："（郑玄）遂造太学受业，师事京兆第五元先，始通京氏《易》《公羊春秋》《三统历》《九章算术》。又从东郡张恭祖受《周官》《礼记》《左氏春秋》《韩诗》《古文尚书》。"③《世说新语》刘孝标注引《郑玄别传》云："（郑玄）年二十一，博极群书，精历数、图纬之言，兼精算术。遂去吏，师故兖州刺史第五元先，就东郡张恭祖，受《周礼》《礼记》《春秋传》。周流博观。"④ 由此可知，张恭祖当是一个古文经学家。郑玄的三礼学基础主要就是来源于张恭祖。后来郑玄成为东汉三礼学的集大成者，开启了礼学发展的新阶段，张恭祖功不可没。

① 范晔：《后汉书》卷五十九《张衡列传》，北京：中华书局，1965 年版，第 1939 页。

② 司马彪：《后汉书志》第二十四《百官一》，附载于范晔《后汉书》，北京：中华书局，1965 年版，第 3556 页。

③ 范晔：《后汉书》卷三十五《郑玄列传》，北京：中华书局，1965 年版，第 1207 页。

④ 刘义庆：《世说新语》卷上之下《文学》第四刘孝标注引《郑玄别传》，上海：上海古籍出版社，1982 年版，第 113 页。

许慎（58—147），字叔重，汝南召陵（今河南漯河市召陵区）人。东汉著名古文经学家。他曾师从古文经学大师贾逵学习古文经学，学识渊博。他有鉴于当时今、古经学的歧异，撰写《五经异义》，保留了汉代今文经学与古文经学的不同经说，是研究汉代今、古文之分的重要著作。原书已佚。郑玄著《驳五经异义》引述有《五经异义》原文。清人陈寿祺辑有《五经异义疏证》，皮锡瑞辑有《驳五经异义疏证》，可供参考。又著《说文解字》凡十五卷十三万字，本书是许慎最负盛名的代表作。

《后汉书》中对许慎的讲述非常少，也未记载许慎治《周礼》学的相关内容。但许慎的儿子许冲在《上〈说文解字〉表》中却透露了一些许慎研治《周礼》学的信息。其《上〈说文解字〉表》曰："臣父，故太尉南阁祭酒慎，本从逵受古学，盖圣人不空作，皆有依据。今五经之道昭炳光明，而文字者其本所由生。自《周礼》、汉律皆当学，六书贯通，其意恐巧说衺辞，使学者疑。慎博问通人，考之于逵，作《说文解字》，六艺群书之诂，皆训其意。而天地、鬼神、山川、草木、鸟兽、蚰虫、杂物、奇怪、王制、礼仪、世间人事，莫不毕载。"①

由此可知，许慎在撰写《说文解字》时，曾对《周礼》与汉律进行过深入研究，并多次向其业师贾逵请教稽考。不唯如此，许慎在《说文解字》中引用了大量《周礼》内容诠释他经或其他事物。由此亦可见其对《周礼》的研究达到了非常高的水平。《说文解字》以《周礼》内容作为训解的依据，不仅体现了对《周礼》学术地位的肯定，而且在一定程度上推动了《周礼》学的进一步发展。

3. 卢植

卢植（? —192），字子干。涿郡涿县（今河北涿州）人。东汉末年著名经学家。

据《后汉书·卢植列传》记载，卢植早年曾师从大儒马融学习经学，与

---

① 许慎：《说文解字》卷十五下，北京：中华书局，1963 年版，第 320 页。

郑玄为同窗好友^①。而且据《后汉书·郑玄传》记载："（郑玄）因涿郡卢植，事扶风马融。"^② 由此可知郑玄能拜入马融门下学习，也全仰仗卢植的引荐。卢植曾先后担任九江、庐江太守，平定蛮族叛乱。后与马日磾、蔡邕等一起在东观校勘儒学经典，并参与续写《汉记》。黄巾起义时为北中郎将，率军与张角交战，后被诬陷下狱，皇甫嵩平定黄巾后力救卢植，于是复任为尚书。后因上谏激怒董卓被免官，隐居在上谷军都山。

据《后汉书》本传记载，卢植"性刚毅有大节，常怀济世志"，"能通古今学，好研精而不守章句"。他在学术上成绩斐然，在《周礼》研究上也声名赫赫，著有《尚书章句》《三礼解诂》等经学著作。

熹平年间，汉灵帝诏令于洛阳太学外篆刻《熹平石经》，以校正《五经》文字，统一儒家经典。卢植上书说："臣少从通儒故南郡太守马融受古学，颇知今之《礼记》特多回冗。臣前以《周礼》诸经，发起秕谬，敢率愚浅，为之解诂，而家乏，无力供缮写上。愿得将能书生二人，共诣东观，就官财粮，专心研精，合《尚书》章句，考《礼记》失得，庶裁定圣典，刊正碑文。"^③ 按：这里卢植谈到《周礼》时说自己曾"为之解诂"，当即是指他撰写《三礼解诂》中的《周礼解诂》。此外，需要注意的是上引传文中所谓"《礼记》"是指《仪礼》，并非指小戴《礼记》。

卢植除了为《周礼》作解诂之外，对《周礼》学发展还有一个重要活动就是请求设立《周礼》学官。《后汉书·卢植传》记载卢植给汉灵帝上书曰："古文科斗，近于为实，而厌抑流俗，降在小学。中兴以来，通儒达士班固、贾逵、郑兴父子，并敦悦之。今《毛诗》《左氏》《周礼》各有传记。其与《春秋》共相表里，宜置博士，为立学官，以助后来，以广圣意。"^④ 卢植向朝廷建议设立《周礼》《毛诗》《左传》博士的奏章虽然并没有被当时的朝廷所采纳，但

汉魏时期《周礼》学的兴起、发展和演变

---

① 范晔：《后汉书》卷六十四《卢植列传》，北京：中华书局，1965年版，第2113页。
② 范晔：《后汉书》卷三十五《郑玄列传》，北京：中华书局，1965年版，第1207页。
③ 范晔：《后汉书》卷六十四《卢植列传》，北京：中华书局，1965年版，第2116页。
④ 范晔：《后汉书》卷六十四《卢植列传》，北京：中华书局，1965年版，第2116页。

卢植此举对于提升《周礼》的学术地位还是有着积极的意义。

（三）郑玄对《周礼》学的重大贡献

郑玄（127—200），字康成，东汉北海高密（今山东高密）人。是我国学术史上著名的经学大师。

据《后汉书》本传记载，郑玄早年先赴京入太学师事第五元先研习今文经学，后又师从东郡张恭祖和扶风马融两位名师研习古文经学。他综合今、古，遍注群经，集两汉经学之大成，为两汉学术做出了划时代的贡献。郑玄的经学成就以礼学最为突出，在礼学研究领域取得了划时代的成就。《后汉书·儒林列传》云："马融作《周官传》，授郑玄，玄作《周官注》。玄本习《小戴礼》，后以古经校之，取其义长者，故为郑氏学。玄又注小戴所传《礼记》四十九篇，通为三《礼》焉。"[①] 此前，《周礼》《仪礼》《礼记》三种礼学经典都是分别传授，各有师承。《后汉书·马融传》记载，马融即已开始为三礼作注，郑玄则沿着其老师马融的学术道路，进一步遍注三《礼》，亦即"通为《三礼》"。此后，便形成了"三礼"之学。黄侃曾在《礼学略说》中认为："郑氏以前未有兼注"三礼"者，故舍郑无所宗也。"[②] 按黄氏之说并不准确，因为《后汉书·马融列传》明言早在郑玄之前，马融即已遍注"三礼"。[③]

郑玄礼学的一个重要特点是突出提升了《周礼》在其礼学阐释系统中的地位。本来，在汉代经学中，"五经"中的《礼经》是指《仪礼》，《周礼》不在"五经"之数。由于郑玄非常重视和尊崇《周礼》，因而便将《周礼》提升到其礼学阐释系统的中心地位。《礼记·礼器》云："经礼三百，曲礼三千。其致一也。"郑玄注曰："经礼谓《周礼》也。《周礼》六篇，其官有三百六十。

① 范晔：《后汉书》卷六十九下《儒林列传》，北京：中华书局，1965 年版，第 2579 页。

② 黄侃：《礼学略说》，载于陈其泰、郭伟川、周少川主编《二十世纪中国礼学研究论集》，北京：学苑出版社，1998 年版，第 16 页。

③ 范晔：《后汉书》卷六十上《马融列传》，北京：中华书局，1965 年版，第 1972 页。

曲犹事也。事礼谓今《礼》（指《仪礼》）也。"① 可见在郑玄的心目中，《周礼》为"经礼"，《仪礼》只是"曲礼"，亦即《周礼》的地位高于《仪礼》。此外，郑玄不仅把《周礼》与《仪礼》和《礼记》并列为"三礼"，而且在"三礼"之中，首推《周礼》，独树一帜地把《周礼》排在了"三礼"之首，确立了《周礼》《仪礼》《礼记》的三礼顺序，此举极大地提高了《周礼》的学术地位。

郑玄礼学的另一个重要特点是他不仅特别重视三《礼》在整个经学系统中的地位，而且将其他经义也纳入礼学的阐释系统。正如清儒皮锡瑞所说："郑学最精者三《礼》。其注《易》，亦据《礼》以证《易》义广大，无所不包。"②

郑玄以《周礼》为中心的三礼之学对后世礼学产生了深远影响，为后世礼学奠定了坚实的基础。

贾公彦《序周礼废兴》所引郑玄《序》谓："玄窃观二三君子之文章，顾省竹帛之浮辞，其所变易，灼然如晦之见明；其所弥缝，奄然如合符复析。斯可谓雅达广揽者也。然犹有参错，同事相违。则就其原文字之声类，考训诂，捃秘逸。谓二郑者，同宗之大儒，明理于典籍，犆识皇祖大经《周官》之义，存古字，发疑正读，亦信多善，徒寡且约，用不显传于世。今赞而辨之，庶成此家世所训也。"③ 由此可见郑玄的《周礼》之学，并不仅仅是对张恭祖和马融学术成果简单的继承，而是综揽前儒，博综兼采的结果。郑玄曾在其《诫子书》中自谓其治经宗旨为："但念述先圣之元意，思整百家之不齐"。④ 应该说郑玄三礼学确实达到了"整百家之不齐"的高度。

郑玄还在当时的今、古文经学之争中捍卫了《周礼》的地位。自刘歆始，

① 孔颖达：《礼记正义》，影印《十三经注疏》本，北京：中华书局，1980年版，第1435页。
② 皮锡瑞：《经学通论》，北京：中华书局，1954年版，第21页。
③ 贾公彦：《周礼注疏》卷首《序周礼废兴》引郑玄《序》，影印《十三经注疏》本，北京：中华书局，1980年版，第636页。
④ 范晔：《后汉书》卷三十五《郑玄列传》，北京：中华书局，1965年版，第1209页。

今文经学派与古文经学派就不断地发生矛盾和摩擦。由于《周礼》一书原本不在儒家经典之列，而刘歆却建议将其立于学官，因而招致了今文学派的强烈反对。于是《周礼》便与《左传》《毛诗》一起成为今、古文经学之争的焦点问题。郑玄博通今古文经学，他接受了刘歆关于《周礼》乃"周公致太平之迹"的观点。郑玄认为："周公居摄而作六典之职，谓之《周礼》。"① 他既然认定《周礼》一书为周公所制作，于是便不遗余力地研究发扬《周礼》之学。贾公彦《序周礼废兴》记载："林孝存以为武帝知《周官》末世渎乱不验之书，故作《十论》《七难》以排弃之；何休亦以为六国阴谋之书。唯有郑玄遍览群经，知《周礼》者乃周公致大平之迹，故能答林硕之《论》《难》，使《周礼》义得条通。故郑氏《传》曰：玄以为括囊大典，网罗众家，是以《周礼》大行后王之法。"② 按文中所谓"林孝存"与"林硕"为同一人（林，或作"临"）。林硕，字孝存。面对林孝存、何休等今文经学家对《周礼》的猛烈攻讦，郑玄挺身而出，力排众议，对林、何等人的辩难进行了回击，为《周礼》一书进行了辩护，从而巩固了《周礼》的地位。与此同时，郑玄还为《周礼》作注，使《周礼》"义得条通"。郑玄的《周礼注》对两汉今、古文经学进行全面的整合，独成"郑学"。范晔于《后汉书·郑玄列传》称赞说："郑玄囊括大典，网罗众家，删裁繁诬，刊改漏失，自是学者略知所归。"范晔的论赞是符合历史实际的。

郑玄的《周礼注》是迄今保存下来的最早的《周礼》注本，是后世《周礼》学研究最基础、最重要的文献资料。郑玄的《周礼注》具有重要的学术价值，因而被后世许多学者奉为《周礼》研究的圭臬。

如果说刘歆是《周礼》学奠基者或开创者；杜子春是两汉之际《周礼》学传承的关键人物，那么郑玄就是《周礼》学的集大成者。

---

① 贾公彦：《周礼注疏》卷一《天官冢宰》郑玄注，影印《十三经注疏》本，北京：中华书局，1980 年版，第 639 页。

② 贾公彦：《周礼注疏》卷首《序周礼废兴》，影印《十三经注疏》本，北京：中华书局，1980 年版，第 636 页。

五、三国时期《周礼》博士的设立

三国时期，曹魏与蜀汉都曾将《周礼》立于学官，设博士。这是《周礼》学史上的一件大事。从此之后，《周礼》得到官方的承认，正式进入儒家经典的行列。

由于长期的战乱，东汉时期原有的文化机构和文教制度基本上都破坏殆尽，直到黄初年间曹丕临朝称制，才重新开始恢复太学，设置诸经博士。《三国志》卷二《文帝纪》记载：

> （黄初）五年……夏四月，立太学，制五经课试之法，置《春秋穀梁》博士。[1]

裴松之注《三国志·魏书·儒林传序》引鱼豢《魏略》记载：

> 从初平之元至建安之末，天下分崩，人怀苟且，纲纪既衰，儒道尤甚。

> 至黄初元年之后，新主乃复，始扫除太学之灰炭，补旧石碑之缺坏，备博士之员录，依汉甲乙以考课。申告州郡，有欲学者，皆遣诣太学。太学始开，有弟子数百人。[2]

根据上述记载，可知曹魏于文帝黄初五年（224年）立太学、设博士。而且《穀梁春秋》博士就是此时所立。此时设立的博士之中，是否包括《周礼》博士？史籍记载阙如，难以遽断。但可以肯定的是：曹魏时期不仅设置了《周礼》博士，而且还设置了郑玄学与王肃学两种《周礼》博士。

按《晋书·百官志》记载："晋初从魏制，置博士十九人。"[3]《宋书·百官志》也记载："汉武建元五年，初置五经博士。宣、成之世，五经家法稍增，经置博士一人。至东京凡十四人。……魏及晋西朝置十九人，江左初减为九人，皆不知掌何经。"[4]《晋书》与《宋书》均谓曹魏时设置了十九个博士，但

① 陈寿《三国志》卷二《文帝纪》，北京：中华书局，1959年版，第84页。

② 陈寿：《三国志》卷十三《王肃传》，北京：中华书局，1959年版，第420页。

③ 房玄龄等：《晋书》卷二十四《职官志》，北京：中华书局，1974年版，第736页。

④ 沈约：《宋书》卷三九《百官志上》，北京：中华书局，1974年版，第1228页。

未言这十九个博士分属何经，不知其中是否有《周礼》博士。考《三国志·王肃传》记载："（王肃）采会同异，为《尚书》《诗》《论语》《三礼》《左氏》解，及撰定父朗所作《易传》，皆列于学官。"① 由此可知曹魏时期的十九博士中有王肃的《三礼》学博士，则其中无疑当有王肃的《周礼》学博士。

又考《晋书》卷七五《荀崧传》记载："世祖武皇帝应运登禅，崇儒兴学。经始明堂，营建辟雍。……太学有石经古文先儒典训。贾、马、郑、杜、服、孔、王、何、颜、尹之徒，章句传注众家之学，置博士十九人。九州之中，师徒相传，学士如林"。② 王国维据以考证认为："《易》有郑氏、王氏，《书》有贾、马、郑、王氏，《诗》及《三礼》郑氏、王氏，《春秋左传》服氏、王氏，《公羊》颜氏、何氏，《穀梁》尹氏，适得十九家，与博士十九人之数相当。"③

可见曹魏时期郑玄和王肃的《周礼》学都被列于学官。这标志着《周礼》从曹魏时期开始正式演变为官方学术。

三国时期，不仅曹魏设置了《周礼》博士，而且蜀汉也设置了《周礼》博士。《三国志》卷四二《蜀书》一二《许慈传》记载："许慈，字仁笃，南阳人也。师事刘熙，善郑氏学，治《易》《尚书》《三礼》《毛诗》《论语》。建安中，与许靖等俱自交州入蜀。……先主定蜀，承丧乱历纪，学业衰废，乃鸠合典籍，沙汰众学，慈、潜并为学士，与孟光、来敏等典掌旧文。"④ 考《三国志·蜀书·先主传》记载：建安二十六（220 年）曹丕称帝改元黄初。消息传到蜀国，太傅许靖、安汉将军糜竺、军师将军诸葛亮等上书请求刘备称帝建国。他们在上书中提道："臣等谨与博士许慈、议郎孟光，建立礼仪，择令辰，上尊号。"⑤ 综上所述，可知许慈确曾担任蜀汉博士，而且可以推断蜀汉曾设

① 陈寿：《三国志》，北京：中华书局，1959 年版，第 419 页。

② 房玄龄等：《晋书》卷七十五《荀崧传》，北京：中华书局，1974 年版，第 1978 页。

③ 王国维：《观堂集林（第一册）》，北京：中华书局，1959 年版，第 190 页。

④ 陈寿：《三国志》卷四三《蜀书·许慈传》，北京：中华书局，1959 年，第 1022—1023 页。

⑤ 陈寿：《三国志》卷三二《蜀书·先主传》，北京：中华书局，1959 年，第 889 页。

立了包括《周礼》在内的《三礼》学博士。

此外，三国时期孙吴政权也建立了学官和博士制度。如裴松之《三国志注》引《翻别传》记述虞翻在向孙权上书时批评郑玄说："伏见故征士北海郑玄所注《尚书》，以《顾命》康王执瑁，古'月'似'同'，从误作'同'，既不觉定，复训为杯，谓之酒杯；成王疾困凭几，洮頮为濯，以为澣衣成事，'洮'字虚更作'濯'，以从其非；又古大篆'卯'字读当为'柳'，古'柳''卯'同字，而以为昧；'分北三苗'，'北'古'别'字，又训北，言北犹别也。若此之类，诚可怪也。玉人职曰：天子执瑁以朝诸侯，谓之酒杯；天子頮面，谓之澣衣；古篆'卯'字，反以为昧。甚违不知盖阙之义。于此数事，误莫大焉！宜命学官，定此三事。"① 据此可知，孙吴政权也建有学官制度。

《三国志·吴书·三嗣主传》记载："（孙）休锐意于典籍，欲毕览百家之言，尤好射雉。春夏之闲常晨出夜还，唯此时舍书，休欲与博士祭酒韦曜（昭），博士盛冲讲论道艺"。② 这里记载韦曜（昭）为"博士祭酒"，盛冲为"博士"。又《三国志·吴书·韦曜（昭）传》记载："孙休践阼，为中书郎，博士祭酒。"③ 此处也记载韦曜（昭）为"博士祭酒"。由此可知孙吴确实建立起了博士制度。但由于书缺有间，不清楚孙吴是否也设置有《周礼》学博士。

总之，三国时期《周礼》学博士的设立，是《周礼》学发展史上的重大事件，从此《周礼》学正式确立了官学的学术地位，获得了进一步发展的政治保证。

六、三国时期的《周礼》学

三国时期虽然政局动荡，战乱频仍，文教事业从整体上看有些衰败，但《周礼》学在这一时期却得到了较大的发展，不仅设立了《周礼》学官，而且出现了几部有影响的《周礼》学著述：王朗《周官传》、王肃《周礼注》《周礼

① 陈寿：《三国志》卷五七《吴书·虞翻传》，北京：中华书局，1959年，第1323页。

② 陈寿：《三国志》卷四八《吴书·三嗣主传》，北京：中华书局，1959年，1159页。

③ 陈寿：《三国志》卷六五《吴书·韦曜传》，北京：中华书局，1959年，第1462页。

音》和孙炎《周礼注》。需要注意的是，这几部《周礼》学著述的作者都是魏人，具体说来都是齐鲁地区的学者。兹将这几部《周礼》学著作概述如下：

（一）王朗《周官传》

王朗，字景兴，东海郯（今山东郯城西北）人。以通经，拜郎中，后任会稽太守。与孙策战，败绩，孙策诘让而不害。曹操征拜谏议大夫，参司空军事。魏国初建，王朗以军祭酒领魏郡太守，迁少府、奉常、大理。曹丕即魏王位，任御史大夫，封安陵亭侯。曹丕称帝，改任司空，封乐平乡侯。明帝即位，进封兰陵侯。魏明帝太和二年（228年）卒，谥曰成侯。其生平事迹具载《三国志》卷十三《王朗传》。

王朗是三国时期著名经学家，著述宏富。《三国志》卷十三《王朗传》载："朗著《易》《春秋》《孝经》《周官》传，奏议论记，咸传于世。"[1] 其所撰《易传》，曾在曹芳正始六年（245年）十二月辛亥，诏列于学官，以为课试用书。《三国志》卷四《三少帝纪》："诏故司徒王朗所作《易传》，令学者得以课试。"[2] 王郎《周官传》虽在后世有关书籍中多有著录，但早已佚失。

（二）王肃《周礼注》《周礼音》

王肃，字子雍，王朗子。魏文帝黄初年间，任散骑黄门侍郎。魏明帝太和三年（229年），任散骑常侍，后以常侍领秘书监，兼崇文观祭酒。曹芳正始元年（240年），任广平太守。征还，拜议郎，后任侍中，迁太常。后迁中领军，加散骑常侍。曹髦甘露元年（256年）卒，追赠卫将军，谥曰景侯。

王肃是三国时期著名经学家。他学识渊博，遍注群经，与当时非常盛行的郑玄学说分庭抗礼，在经学史上占有非常重要的地位。《三国志》本传记载："肃善贾、马之学，而不好郑氏，采会同异，为《尚书》《诗》《论语》《三礼》《左氏解》，及撰定父朗所作《易传》，皆列于学官。"[3] 由此可知，王肃于三《礼》均有注释之作，且均被列于学官，设博士。据《隋书·经籍志》和

① 陈寿：《三国志》卷十三《王朗传》，北京：中华书局，1959年版，第414页。

② 陈寿：《三国志》卷四《三少帝纪》，北京：中华书局，1959年版，第121页。

③ 陈寿：《三国志》卷十三《王肃传》，北京：中华书局，1959年版，第419页。

《经典释文》等文献记载，王肃的《周礼》注释之作有两种：一曰《周官礼注》（或曰《周官注》）①，二曰《周礼音》（或曰《周官音》）②。此二书后世文献虽多有著录，但早已佚失。

（三）孙炎《周礼注》

孙炎，字叔然，③乐安（今山东博兴）人。汉魏之际著名经学家、训诂学家。《三国志》卷十三《王肃传》载："时乐安孙叔然，受学郑玄之门，人称东州大儒。征为秘书监，不就。肃集《圣证论》以讥短玄，叔然驳而释之。"④由此可知，孙炎当是郑玄再传弟子。⑤《王肃传》又记述孙炎学术成就说："及作《周易》《春秋例》《毛诗》《礼记》《春秋三传》《国语》《尔雅》诸注，又注书十余篇。"⑥这里并未明言孙炎撰有《周礼》注释之作，但谓其"又注书十余篇"，或许这十余篇中就有其所作《周礼注》。清人余萧客《古经解钩沉》卷一上《古经解姓氏书目》著录有孙炎《周礼注》⑦，其根据是宋儒陈祥道《礼书》卷一百二十引有孙炎有关《周礼》名物的解说：'镈，大钟。'⑧清人姚振宗《三国艺文志》不同意余萧客之说曰："《古经解钩沉》有孙炎《周礼

---

① 王肃《周官礼注》书名著录于魏征等撰《隋书》卷三二《经籍志一》，北京：中华书局，1973年版，第919页；王应麟：《玉海》卷三九《艺文》，影印文渊阁《四库全书》本，台北：台湾商务印书馆，1986年版，第90页。

② 王肃《周礼音》书名著录于《经典释文·序录》，上海：上海古籍出版社，2013年版，第46页。

③ 裴松之《三国志注》曰："叔然与晋武帝同名，故称其字。"见陈寿：《三国志》卷十三《王肃传》，北京：中华书局，1959年，第420页。

④ 陈寿：《三国志》卷十三《王肃传》，北京：中华书局，1959年版，第419—420页。

⑤ 由于对于"受学郑玄之门，人称东州大儒"一语的理解和断句不同，因而关于孙炎与郑玄的师生关系也有不同的理解。若在"门"字处断句，则孙炎应是郑玄弟子。若在"人"字处断句，则孙炎当是郑玄再传弟子。

⑥ 陈寿：《三国志》卷十三《王肃传》，北京：中华书局，1959年版，第420页。

⑦ 余萧客：《古经解钩沉》卷一上《古经解姓氏书目》，影印文渊阁《四库全书》第194册，台北：台湾商务印书馆，1986年版，第366页。

⑧ 余萧客：《古经解钩沉》卷八，影印文渊阁《四库全书》第194册，台北：台湾商务印书馆，1986年版，第496页。

注》，引陈祥道《礼书》'镈，大钟'一条为据。按前史皆不言炎注《周礼》，陈祥道宋人，所引或炎他书中语，单文孤证，未便指实，故不录。"① 按姚振宗对余萧客的指责是有问题的，理据不足，不足以否定孙炎《周礼注》的存在。姚氏认为余氏在《古经解钩沉》中引孙炎《周礼注》是仅凭"单文孤证"，并不符合事实。实际上陈祥道《礼书》中并非只在一二〇卷引有孙炎对《周礼》名物的解释（"镈，大钟。"），除此以外，还在其他卷引有孙炎三条对《周礼》名物的诠解。如：第十二卷在解释"羔裘"时引孙炎曰："緎，界也。"第一〇二卷在解释"甒"时引孙炎曰："关东谓甒为鸎，凉州谓甒为鉹。"第一二六卷在解释"簴"时说：《周礼》笙师掌教龡篅。《尔雅》：'大篅谓之沂。'孙炎曰：'沂，悲也。"② 可见陈祥道所引孙炎对《周礼》的训诂释义并非"单文孤证"，也不能将其简单地看作是"炎他书中语"。因此我们认为还不能简单地否定孙炎曾经撰写过《周礼注》，尽管它早已亡佚了。

（本文为作者在台湾"中研院"文哲研究所 2019 年 7 月 18—20 日举办的

"经学史重探（Ⅰ）——中世纪以前文献的再检讨第三次学术研讨会"

上所作的学术报告）

---

① 姚振宗：《三国艺文志》卷一，载于王承略、刘心明主编《二十五史艺文经籍志考补萃编》第八卷，北京：清华大学出版社，2011 年版，第 108 页。

② 陈祥道：《礼书》，影印文渊阁《四库全书》第 130 册，台北：台湾商务印书馆，1986 年版，第 75、634、751 页。

刘歆的《周礼》学及其在两汉之际的传承谱系

丁 鼎

《周礼》原名《周官》，是先秦儒家学者编著的一部理想化的政典，分述各级官职及其相关的典章制度。关于《周礼》一书的作者和成书年代，一直众说纷纭。西汉古文经学家刘歆认为它是"周公致太平之迹"，东汉今文经学家林孝存则以为《周礼》是"末世渎乱不验之书，故作《十论》《七难》以排弃之。何休亦以为六国阴谋之书"①。宋代的胡安国、胡宏父子则"以为是王莽令刘歆撰"②。清代康有为等人继承推阐了此说。③现代著名学者洪诚先

---

① 贾公彦：《周礼注疏》卷首《周礼注疏·序周礼废兴》，影印《十三经注疏》本，北京：中华书局，1980 年版，第 636 页。

② 朱熹：《朱子语类》卷八十六《周礼·总论》，北京：中华书局，1986 年版，第 2204 页。

③ 康有为：《新学伪经考》，北京：中华书局，1956 年版，第 76 页。

生论定《周礼》"成书最晚不在东周惠王后（公元前 676—前 652 年在位）"①。金景芳先生认为：《周礼》一书是东迁以后某氏所作。作者得见西周王室档案，故讲古制极为纤悉具体，但其中也增入了作者自己的设想。例如封国之制、畿服之制一类的东西，就是作者自己设想所制定的方案。"②刘起釪先生认为：《周礼》成书有一个发展过程。第一步只是一部官职汇编，至迟成于东周春秋时代。"③我们认为上述洪、金、刘三位先生的意见言之成理，比较符合相关文献记述，可以信从。《周礼》一书虽然不见于先秦文献的记述，但综合上述洪、金、刘等现代学者的研究，基本上可以认定《周礼》（《周官》）一书大约成书于东周春秋时期。

不过，《周礼》（《周官》）一书一直不见于传世的先秦文献的记述，直到西汉初年才见称于世。如司马迁《史记·鲁周公世家》和《史记·封禅书》均称引过"《周官》"一书，但西汉前期其他学者几乎无人提及或关注此书，可见当时此书流传不广，影响不大。直到刘歆于西汉晚期校理皇家图书时从秘府中发现此书，并对其大加推崇，才引起社会的重视，并逐步发展形成《周礼》之学。可以说刘歆在《周礼》学的奠基和发展方面厥功至伟。本文拟对刘歆在《周礼》学领域的贡献及其《周礼》学在两汉之际的传承谱系做出较为系统的探讨和论述。

一、刘歆在《周礼》学领域的贡献

刘歆（约公元前 50 年—公元 23 年），西汉著名经学家、文献学家刘向之子。初名"秀"，后改名为"歆"。少年时通习《诗》《书》，后又治《易》和《穀梁春秋》等。以能通经学、善属文为汉成帝召见，待诏宦者署，为黄门郎。汉成帝时，受诏与其父刘向领校"中秘书"。

刘向奉成帝命领校秘书，每整理完一本书"辄条具篇目，撮其指意，录而

---

① 洪诚：《读〈周礼正义〉》，《洪诚文集》，南京：江苏古籍出版社，2000 年版，第 206 页。
② 金景芳：《周礼》，《经书浅谈》，北京：中华书局，1984 年版，第 46 页。
③ 刘起釪：《古史续辨》，北京：中国社会科学出版社，1991 年版，第 650 页。

奏之"。① 后来将这些上奏图书内容提要汇编成《别录》一书。刘向所作《别录》记载所校各书的篇名、校勘经过、著者生平思想、书名含义、著书原委、书的性质等等，并剖析学术源流和书的价值。刘向去世后，刘歆继承父业，负责总校群书，并于哀帝时在刘向所撰《别录》的基础上，删繁就简，编订成中国历史上第一部图书分类目录《七略》。原书已佚，主要内容保存于班固《汉书·艺文志》中。

班固《汉书·艺文志》于礼类图书中著录："《周官经》六篇。"班固自注曰："王莽时刘歆置博士。"② 由于《汉书·艺文志》是以《七略》为蓝本"删其要"而成书，因而可以推知刘向的《别录》与刘歆的《七略》均著录了《周官》(《周礼》) 一书，对《周礼》这部藏于秘府的古书的问世有推介之功，使尘封于秘府中《周礼》一书重现于世。

对此，东汉经学家马融记述说："秦自孝公已下用商君之法，其政酷烈，与《周官》相反。故始皇禁挟书，特疾恶，欲绝灭之，搜求焚烧之独悉。是以隐藏百年。孝武帝始除挟书之律，开献书之路，既出于山岩屋壁，复入于秘府。五家之儒莫得见焉。至孝成皇帝达才通人刘向子歆校理秘书，始得列序著于《录》《略》。"③ 后来王莽当政时，刘歆又奏请将《周礼》立于学官。而王莽也非常重视《周礼》一书，甚至依照《周礼》的政治设计进行施政改革。于是在刘歆的推动和王莽的扶持下，《周礼》(《周官》) 这部本来不在儒家经典序列的古书大行于世，甚至被提升到"经"的序列。

刘歆在中国古代经学史上有着多方面的重大贡献。其中最重要的贡献是与其父亲刘向校理中秘图书时发现了一批晚出的先秦古文经书，使之免于佚失，由于刘歆的倡导宣扬，这批古文经书为社会和士人广泛得知，遂转相传习不辍。刘歆对古文经典的整理和宣传做出了很大的贡献。尤其是古文

---

① 班固：《汉书》卷三十《艺文志》，北京：中华书局，1962 年版，第 1701 页。

② 班固：《汉书》卷三十《艺文志》，北京：中华书局，1962 年版，第 1709 页。

③ 贾公彦：《周礼注疏》卷首《序周礼废兴》，影印《十三经注疏》本，北京：中华书局，1980 年版，第 635 页。

·227·

刘歆的《周礼》学及其在两汉之际的传承谱系

经《周礼》(《周官》)一书的传世和《周礼》学的奠基和发展主要应归功于刘歆。

刘歆对《周礼》学发展所做的贡献，可以分为前后两个阶段：

第一个阶段从成帝朝到王莽篡权之前。这时刘歆受诏继承父业，完成校理秘府图书的工作，并在其父刘向主持编纂的《别录》的基础上归纳整理成我国古代第一部文献学专著《七略》。《别录》中关于《周礼》的研究成果自然也被保存于《七略》之中。不仅如此，刘歆还"独识"《周礼》的价值，顶住各方面的压力，不遗余力地向学术界推介这部在秘府之中新发现的图书。但刘歆的推介工作遭到了当时今文经学独尊的学术界的猛烈攻击。今文经学家认为《周礼》叛经离道，乃荒诞不经之书。由贾公彦《序周礼废兴》引马融《传》所谓"时众儒并出共排，以为非是"[1]，可见当时反对此书声浪之强烈。

与此同时，刘歆还向学术界推介西汉时先后出现的古文经书《尚书》《逸礼》《毛诗》和《左氏春秋》，请求朝廷设立古文经学博士。《汉书·楚元王传》附《刘歆传》载："及歆亲近，欲建立《左氏春秋》及《毛诗》《逸礼》《古文尚书》皆列于学官。哀帝令歆与五经博士讲论其义，诸博士或不肯置对。"[2]于是刘歆便撰写《移书让太常博士》一文，指责今文学派专执自己的偏见，"信口说而背传记，是末师而非往古。……保残守缺，挟恐见破之私意，而无从善服义之公心，或怀妒嫉，不考情实，雷同相从，随声是非……党同门，妒道真"[3]。刘歆的批评言辞极为犀利，因而受到了来自当时掌权的今文经学者的猛烈攻讦和非议。"歆由是忤执政大臣，为众儒所讪。"[4]于是刘歆

---

① 贾公彦：《周礼注疏》卷首《序周礼废兴》，影印《十三经注疏》本，北京：中华书局，1980 年版，第 636 页。

② 班固：《汉书》卷三六《楚元王传》附《刘歆传》，北京：中华书局，1962 年版，第 1967 页。

③ 班固：《汉书》卷三六《楚元王传》附《刘歆传》，北京：中华书局，1962 年版，第 1970—1971 页。

④ 班固：《汉书》卷三六《楚元王传》附《刘歆传》，北京：中华书局，1962 年版，第 1972 页。

洙泗儒林踱步集

便被迫自求外出担任地方官，先后任河内、五原、涿郡三郡太守，最后不得不告病辞官。

及至哀帝驾崩，王莽当政出任大司马。刘歆因早年曾与王莽同任黄门郎，很得王莽赏识。于是王莽便先后任命刘歆为"右曹太中大夫，迁中垒校尉，羲和，京兆尹，……典儒林史卜之官"①。刘歆因此得以重回朝廷权力中心。刘歆对《周礼》的研究和推广工作也进入了第二个阶段。

平帝元始五年（5年），公卿大夫、博士、议郎、列侯张纯等九百零二人曾联名上书，奏请为王莽加"九命之锡"曰："谨以《六艺》通义，经文所见，《周官》《礼记》宜于今者，为九命之锡。臣请命锡。"②

通过这一奏议内容可知，当时朝臣是以《周礼》等书的内容为依据，奏请为王莽行九命之锡大礼。由此可见，当时《周礼》的地位较之初出之时群儒共排之的情况，不可同日而语，甚至一跃成为实行朝廷礼仪制度的重要学术依据。这期间的变化，主管朝廷典章的刘歆对《周礼》的倡导当然功不可没。

在刘歆的倡导和影响下，当时当政的王莽对《周礼》及其他古文经也很重视和支持。《汉书·王莽传》记载：王莽于平帝元始五年"奏起明堂、辟雍、灵台，为学者筑舍万区，作市、常满仓，制度甚盛。立《乐经》，益博士员，经各五人。征天下通一艺教授十一人以上，及有逸《礼》、古《书》、《毛诗》《周官》《尔雅》、天文、图谶、钟律、月令、兵法、《史篇》文字，通知其意者，皆诣公车。网罗天下异能之士，至者前后千数，皆令记说廷中"③。

王莽为学者建筑舍万区，以笼络天下文人。而且将《周礼》（《周官》）这部本来不在儒家经典之列的古书与逸《礼》、古文《尚书》、《毛诗》及其他儒家经典并列，使当时通晓《周礼》的学者得到与研治其他儒家经典的学者

刘歆的《周礼》学及其在两汉之际的传承谱系

---

① 班固：《汉书》卷三六《楚元王传》附《刘歆传》，北京：中华书局，1962年版，第1972页。

② 班固：《汉书》卷九九上《王莽传上》，北京：中华书局，1962年版，第4073页。

③ 班固：《汉书》卷九九上《王莽传上》，北京：中华书局，1962年版，第4069页。

一样的优待，从而提升了《周礼》一书的社会地位，为《周礼》学的发展推广提供了官方有力支持。

后来，新莽朝甚至按照刘歆的建议将《周礼》立于学官，设博士。关于《周礼》一书在王莽当政时立于学官的情况，见于如下文献记载：《汉书·艺文志》于礼类图书中著录："《周官经》十六篇。"班固自注曰："王莽时刘歆置博士。"① 荀悦《汉纪·成帝》篇曰："歆以《周官经》六篇为《周礼》，王莽时，歆奏以为《礼经》，置博士。"② 《隋书·经籍志》载："而汉时有李氏得《周官》，《周官》盖周公所制官政之法，上于河间献王，独阙《冬官》一篇，献王购以千金不得，遂取《考工记》以补其处，合成六篇奏之。至王莽时，刘歆始置博士，以行于世。"③ 由此可知，《周礼》一书于王莽当政时被立于学官，设博士主要应归功于刘歆的推动。

刘歆不仅推动王莽将《周礼》立于学官，而且广收门徒，传授《周礼》之学。如两汉之际著名的经学家杜子春、郑兴与贾徽（东汉著名古文经学家贾逵之父）都曾师从刘歆学习《周礼》，从而使《周礼》学逐步发扬光大。

刘歆在推动《周礼》学崛起过程中的作用是举足轻重的。正是有了刘歆的倡导和推动，才使得《周礼》从一部普通的古籍跃升为儒家经典，并成为儒学"三礼"之一。对于刘歆父子对《周礼》学发展的推动之功，唐贾公彦《序周礼废兴》客观地评价说："《周礼》起于成帝刘歆而成于郑玄。"④ 清代孙诒让《周礼正义》则高度评价说："孝文时已得《周官》也。此经在汉为古文之学，故《说文叙》称《周官》为古文，《五经异义》亦多称古《周礼》说。书既晚出，西汉之世，绝无师说，表章之功，实赖向、歆父子。"⑤ 诚哉斯言。

① 班固：《汉书》卷三十《艺文志》，北京：中华书局，1962年版，第1709页。

② 荀悦：《汉纪》卷二十五《孝成皇帝纪二》，北京：中华书局，2002年《两汉纪》本，第435页。

③ 魏征等：《隋书》卷三二《经籍志》，北京：中华书局，1973年版，第925页。

④ 贾公彦：《周礼注疏》卷首《序周礼废兴》，影印《十三经注疏》本，北京：中华书局，1980年版，第636页。

⑤ 孙诒让：《周礼正义》卷一，北京：中华书局，1987年版，第6页。

《汉书·艺文志》于"《周官经》六篇下"著录有"《周官传》四篇",但未注明作者。孙诒让认为这四篇《周官传》可能就是刘歆的著作。孙氏曰:"盖此经自刘歆立博士,至东汉初,而其学大兴。《汉·艺文志》有《周官传》四篇,不著撰人,疑即歆所传也。"[①]孙说言之成理,可以信从。

二、刘歆《周礼》学在两汉之际的传承谱系

两汉之际,从时间跨度上说,大致是指西汉末期,中经王莽篡汉自立,直至东汉前期这一历史时期。两汉的《周礼》学实际上就是发轫于这一时期。这一时期《周礼》学的勃兴主要是由于刘歆的倡导和王莽的支持。虽然王莽政权不久后被推翻,新莽时期设立的包括《周礼》在内的古文经博士也被废弃了,但新莽朝廷的大力推行,博士的讲授以及生员的学习和传习,为《周礼》学的迅速发展打下了坚实的基础。两汉之际著名的《周礼》学专家主要有杜子春,郑兴、郑众父子,贾徽、贾逵父子和卫宏等人。他们都曾直接或间接师承过刘歆,都出于刘歆《周礼》学的传承谱系。正如孙诒让《周礼正义》叙述东汉前期的《周礼》学传承谱系时所说:"盖此经自刘歆立博士,至东汉初,而其学大兴。……歆传杜子春,子春传郑兴、贾逵,而兴传其子众,众又自学于子春。故《释文·叙录》云:'杜子春受业于歆,还家以教门徒,好学之士郑兴父子等多往师之。'《后汉书·贾逵传》又云:'父徽,从刘歆兼习《周官》,逵于章帝建初元,诏令作《周官解诂》。'是刘歆别授贾徽,徽子逵又传徽之学,然则逵虽受业杜君,亦自受其父学,与郑仲师(众)同也。"[②]

兹将本时期《周礼》学的传承谱系简要考述如下:

(一)刘歆《周礼》学的关键传人杜子春

两汉之际,刘歆之后《周礼》学最重要的传人当推河南缑氏(今河南偃师南)杜子春。

贾公彦《序周礼废兴》引马融《周官传序》曰:"(刘歆)末年乃知其(指

---

① 孙诒让:《周礼正义》卷一,北京:中华书局,1987年版,第7页。

② 孙诒让:《周礼正义》卷一,北京:中华书局,1987年版,第7—8页。

《周礼》）周公致太平之迹。迹具在斯。奈遭天下仓卒，兵革并起，疾疫丧荒，弟子死丧。徒有里人河南缑氏杜子春尚在。永平（汉明帝年号）之初，年且九十，家于南山，能通其读，颇识其说。郑众、贾逵往受业焉。众、逵洪雅博闻，又以经书记转相证明为解。"①

陆德明《经典释文·序录》曰："王莽时刘歆为国师，始建立《周官经》，以为《周礼》。河南缑氏杜子春受业于歆，还家以教门徒。好学之士郑兴父子等多往师之。"②

根据上述记载，可知杜子春是刘歆的学生，他曾于新莽时期向古文经学家刘歆学习过《周礼》。经过两汉之际的战乱后，当年师从刘歆研习《周礼》的专家死丧殆尽，只剩下杜子春还在东汉初年传授《周礼》学。东汉初年著名的经学家郑众、贾逵等都曾向杜子春拜师学习。也就是说东汉时期的《周礼》学主要是从杜子春传承而来。

杜子春是刘歆之后最重要的《周礼》学传人。他是《周礼》学得以在东汉时期薪火相传下去的关键人物。正是由于杜子春的授业以及其门下弟子的不断努力，才使《周礼》学在东汉时期得以发扬光大。

杜子春在传授《周礼》时，著有《周官注》一书。但是此书已经佚失，唯从郑玄所著《周礼注》中能够窥其一二。清人马国翰从郑玄《周礼注》中辑出杜子春《周礼杜氏注》两卷，收入《玉函山房辑佚书》中。马国翰辑本序曰："其注隋、唐《志》皆不载，佚已久。从郑康成注中所引辑为二卷。"③

（二）刘歆《周礼》学的重要传人郑兴、郑众父子

郑兴、郑众父子均为两汉之际重要的《周礼》学家，而且二人均为刘歆《周礼》学的重要传人。

---

① 贾公彦：《周礼注疏》卷首《序周礼废兴》，影印《十三经注疏》本，北京：中华书局，1980年版，第636页。

② 陆德明：《经典释文》卷一《序录》，上海：上海古籍出版社，2013年版，第43页。

③ 马国翰：《玉函山房辑佚书》卷十九《周礼杜氏注·序》，上海：上海古籍出版社，1990年版，第738页。

郑兴，字少赣，河南开封人，两汉之际著名经学家。《后汉书》本传记载："郑兴……少学《公羊春秋》。晚善《左氏传》，遂积精深思，通达其旨，同学者皆师之。天凤中，将门人从刘歆讲正大义，歆美兴才，使撰条例、章句、传诂，及校三统历。"①

此外所谓"从刘歆讲正大义"，李贤注认为是讲习"《左氏》义"。这说明郑兴曾师从刘歆研习《春秋左氏传》。至于郑兴是否师从刘歆学习过《周礼》，传文没有明确的记述。但《后汉书·郑兴传》中有这样的记述："兴好古学，尤明《左氏》《周官》，长于历数，自杜林、桓谭、卫宏之属，莫不斟酌焉。"②郑兴所精通的《左氏》《周官》和历数都是刘歆最擅长的。因此我们认为天凤年间郑兴在"将门人从刘歆讲正大义"的过程中，可能而且应该也向刘歆学习过《周礼》之学。

郑兴曾向刘歆学习过《周礼》，传无明文，是出于我们的推断。但文献明确记载郑兴曾向刘歆的门人杜子春学习过《周礼》。《经典释文·序录》云："王莽时，刘歆为国师，始建立《周官经》，以为《周礼》。河南缑氏杜子春受业于歆，还家以教门徒，好学之士郑兴父子等多往师之。"③说明郑兴曾与其儿子郑众等人一起向杜子春学习过《周礼》。因此，唐贾公彦《序周礼废兴》引郑玄《序》叙述《周礼》传承时，首先提到的就是郑兴之名："通人达士大中大夫郑少赣名兴及子大司农仲师名众，故议郎卫次仲，侍中贾君景伯，南郡太守马季长，皆作《周礼解诂》。"④由此可知郑兴不仅研究过《周礼》，而且还曾撰写过一部研究《周礼》专著——《周礼解诂》。郑兴的儿子郑众曾与父亲郑兴一起向杜子春学习过《周礼》，可以想见，郑众也必定向父亲郑兴学习过《周礼》。

---

① 范晔：《后汉书》卷三十六《郑兴列传》，北京·中华书局，1965年版，第1217页。
② 范晔：《后汉书》卷三十六《郑兴列传》，北京：中华书局，1965年版，第1223页。
③ 陆德明：《经典释文》卷一《序录》，上海：上海古籍出版社，2013年版，第43页。
④ 贾公彦：《周礼注疏》卷首《序周礼废兴》，影印《十三经注疏》本，北京：中华书局，1980年版，第636页。

刘歆的《周礼》学及其在两汉之际的传承谱系

郑兴与其子郑众曾分别撰写过《周礼解诂》。可惜郑兴、郑众父子的《周礼解诂》均已亡佚，而今只能在郑玄《周礼注》中见到其部分内容。清人马国翰《玉函山房辑佚书》辑有郑兴《周礼郑大夫解诂》一卷。

郑众（？—83年），字仲师，郑兴之子，由于他曾担任大司农之职，因而被后世称为郑司农。郑众与后来的郑玄（字康成）均为东汉著名经学家，并称"二郑"，郑众被称为先郑，郑玄被称为后郑。

郑众也是东汉早期研习传播《周礼》学的重要学者。《后汉书·儒林列传》记载："中兴，郑众传《周官经》，后马融作《周官传》，授郑玄，玄做《周官注》。"

郑众有着深厚的家学渊源。前已述及，其父郑兴是两汉之际著名经学家，也以《周礼》名家。郑众传承家学的同时，又曾师从《周礼》学大家杜子春潜心研究《周礼》，在《周礼》学研究领域取得令人瞩目的成就。他与父亲郑兴分别作有《周官解诂》传于世，惜后来散佚失传。赖有郑玄《周礼注》引用了郑众《周官解诂》的许多内容，清儒马国翰据以辑为《周礼郑司农解诂》六卷，收入《玉函山房辑佚书》中。马国翰于郑众《周礼郑司农解诂》辑本序曰："《周礼郑司农解诂》……隋、唐书不著录，佚已久。从郑康成注裒集六官各为一卷，凡六卷。"①

东汉后期集《周礼》学之大成的经学大师郑玄曾评价郑兴与郑众父子的《周礼》学成就说："谓二郑者，同宗之大儒，明理于典籍，犊识皇祖大经《周官》之义，存古字，发疑正读，亦信多善，徒寡且约，用不显传于世，今赞而辨之，庶成此家世所训也。"②郑玄对郑兴、郑众父子所作《周官解诂》做出这样高度的评价，不吝赞美之辞，并于其《周礼注》之中对郑兴、郑众父子的注解多加引用，由此可见其注学术价值之高。

---

① 马国翰：《玉函山房辑佚书》卷十七《周礼郑司农解诂·序》，上海：上海古籍出版社，1990年版，第666页。

② 贾公彦：《周礼注疏》卷首《序周礼废兴》引郑玄《序》，影印《十三经注疏》本，北京：中华书局，1980年版，第636页。

(三) 刘歆《周礼》学的重要传人贾徽、贾逵父子

贾徽、贾逵父子是两汉之际与郑兴、郑众父子大约同时而稍晚的《周礼》学重要传人。而且贾徽、贾逵父子的《周礼》学也是师承于刘歆。

贾徽，扶风平陵（今陕西咸阳市西北）人，汉初名臣贾谊八世孙。他也是古文经学家刘歆的学生。据《后汉书·贾逵列传》记载，他曾"从刘歆受《左氏春秋》，兼习《国语》《周官》，又受《古文尚书》于涂恽。学《毛诗》于谢曼卿。作《左氏条例》二十一篇"①。

贾徽并没有如同杜子春、郑兴那样为《周礼》作注，无相关著作传世，而是以家学的形式将自己的毕生学识传授给了自己的儿子贾逵。《后汉书·贾逵传》谓贾逵"悉传父业"②。后来在贾徽的培养下，贾逵成为东汉早期著名的大师级的古文经学家。

贾逵（30—101），字景伯，贾徽之子，汉初名臣贾谊九世孙。他与父亲同为两汉之际著名经学家，同为《周礼》学大家。他的《周礼》学不仅有家学渊源，而且还师承于刘歆的嫡传杜子春。

《后汉书》本传谓贾逵"悉传父业，弱冠能诵《左氏传》及五经本文。以大夏侯《尚书》教授，虽为古学，兼通五家《穀梁》之说。自为儿童，常在太学，不通人间事。……性恺悌，多智思，俶傥有大节"③。贾逵学富五车，通习《左传》《周官》《国语》《五经》，著作等身，"所著经传义诂及论难百余万言，又作诗、颂、诔、书、连珠、酒令凡九篇，学者宗之"④。因而被后世称为通儒。他在汉明帝时受命与班固共同校对秘府图书。

贾逵之父贾徽，曾师从刘歆学习《周礼》（《周官》）之学，为《周礼》学大家。贾逵研治《周礼》，既有家学渊源，又师承礼学大家杜子春，因而在古文经学上有很高的造诣，在《周礼》研究方面也成绩斐然。恰逢汉章帝特好

① 范晔：《后汉书》卷三十六《贾逵列传》，北京：中华书局，1965 年版，第 1234 页。
② 范晔：《后汉书》卷三十六《贾逵列传》，北京：中华书局，1965 年版，第 1235 页。
③ 范晔：《后汉书》卷三十六《贾逵列传》，北京：中华书局，1965 年版，第 1236 页。
④ 范晔：《后汉书》卷三十六《贾逵列传》，北京：中华书局，1965 年版，第 1240 页。

古文经学,于是贾逵这位著名的古文经学家便被征召入宫讲授古文诸经。章帝"善逵说",重赏贾逵。按《周礼》为古文经之代表,因此贾逵入宫所讲古文诸经,《周礼》当也在宣讲之列。

《后汉书·贾逵列传》记载贾逵为章帝宣读古文经学及其有关著述说:"逵数为帝言《古文尚书》与经传《尔雅》诂训相应,诏令撰欧阳、大小夏侯《尚书古文》同异。逵集为三卷,帝善之。复令撰齐、鲁、韩《诗》与《毛氏》异同。并作《周官解故》。"①

贾逵所著《周官解故》隋唐时已经亡佚。现有清马国翰《玉函山房辑佚书》辑本行于世。马国翰于贾逵《周礼解故》辑本序曰:"《周礼贾氏解诂》一卷,后汉贾逵撰。……贾公彦疏谓(贾逵)作《周礼解诂》,不言卷数。隋、唐《志》皆不著目,佚已久。兹就贾疏及诸书所引辑录。说多与马季长同。引者往往并称贾、马。郑康成于其说之不合者,时以己意隐破之。"②

(四) 刘歆《周礼》学的重要传人卫宏

卫宏,字敬仲(或作次仲),东海(今山东郯城西南)人,两汉之际著名古文经学家。他与郑兴、贾徽等曾同学于刘歆。又与贾徽同学于谢曼卿。晋人袁宏《后汉纪·光武皇帝纪》记载:"河南郑兴、东海卫宏等皆长于古学,从刘歆受《左氏春秋》定《三统历》。"③《后汉书·杜林列传》记载:"河南郑兴、东海卫宏等皆长于古学。兴尝师事刘歆。"④《后汉书·儒林列传》亦记载:"卫宏,字敬仲,东海人也,少与河南郑兴俱好古学。"⑤ 这些记述只说卫宏"长于古学",曾师从古文大师刘歆学习《春秋左传》,并参与制定《三统历》,而并未明确地说卫宏研治过《周礼》,但郑玄《周官序》曰:"世祖以来,

① 范晔:《后汉书》卷三十六《贾逵列传》,北京:中华书局,1965 年版,第 1239 页。

② 马国翰:《玉函山房辑佚书》第三帙卷二十《周礼贾氏解诂·序》,上海:上海古籍出版社,1990 年版,第 756 页。

③ 袁宏:《后汉纪》卷八《光武皇帝纪》,北京:中华书局,2002 年《两汉纪》本,第 145 页。

④ 范晔:《后汉书·杜林列传》,北京:中华书局,1965 年版,第 936 页。

⑤ 范晔:《后汉书·儒林列传》,北京:中华书局,1965 年版,第 2575 页。

通人达士大中大夫郑少赣名兴及子大司农仲师名众，故议郎卫次仲，侍中贾君景伯，南郡太守马季长，皆作《周礼解诂》。"① 其中所谓"故议郎卫次仲"就是指卫宏。《后汉书·郑兴传》也记载："兴好古学，尤明《左氏》《周官》，长于历数，自杜林、桓谭、卫宏之属，莫不斟酌焉。"②

然则卫宏确实对《周礼》很有研究，并撰写过《周礼解诂》一书。只是此书早已佚失，后世知之者甚少。而卫宏又长于《毛诗》，以作《毛诗序》而闻名于世，故而掩盖了其对《周礼》学发展的功绩。清人姚振宗《后汉艺文志》卷一著录有卫宏《周礼解诂》；曾朴《补后汉艺文志并考》著录有卫宏《周官解诂》。

根据上述有关论述，可将刘歆《周礼》学在两汉之际的传承谱系图示如下：

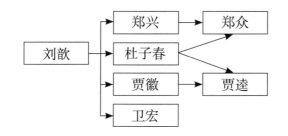

（注：图表中两人之间的箭头符号表示有师承关系。）

（本文原刊于《湖南大学学报》2016 年第 4 期）

---

① 贾公彦：《周礼注疏》卷首《序周礼废兴》，影印《十三经注疏》本，北京：中华书局，1980 年版，第 636 页。

② 范晔：《后汉书》卷三六《郑兴列传》，北京：中华书局，1965 年版，第 1223 页。

试论汉代经学中的齐、鲁之学
及其与今、古文之争的关系

丁 鼎

　　自汉武帝接受董仲舒的建议而罢黜百家、独尊儒术之后，儒家经典便被全社会共尊为经，对儒家经典进行整理、考订、阐释和传习的学术活动便由一种传承于齐鲁地区的地域性文化上升为国家法典性的"经学"，上升为政治大一统背景下的官方主流文化。从此以后，儒家经学便正式确立起其在思想学术领域的主导地位，成为中国封建帝制专制统治合法性的理论依据，成为我国古代思想文化的核心和意识形态的基础，对我国古代的政治体制、经济政策、文化教育和伦理观念产生了重大而深远的影响。

　　两汉儒家经学是在先秦时期齐文化与鲁文化两个既有联系又相互独立的文化系统的基础上形成和发展起来的。两汉儒家经学的形成与发展壮大既是齐文化与鲁文化合流并进而一体化的过程，也是齐鲁文化由地域文化逐步上上升为官方主流文化的过程。因而在汉代早期的儒家经学中存在着较为明显的齐学与鲁学的分野。

"齐学"与"鲁学"这两个概念最早见于《汉书·儒林传》。据《汉书·儒林传》记载:"宣帝即位,闻卫太子好《穀梁春秋》,以问丞相韦贤、长信少府夏侯胜及侍中乐陵侯史高,皆鲁人也。言穀梁子本鲁学,公羊氏乃齐学也。"但"齐学"作为一种完整的现代学术概念则是由胡适在《中国中古思想史长编》中首先提出,他把阴阳五行学说视为"齐学的正统",此外,形成于齐国稷下学宫的道家学派的一个分支——黄老之学,也属于齐学的范畴。[①]"鲁学"这一学术概念则由傅斯年在《战国子家叙论》中提出,他认为"儒是鲁学",儒学是鲁文化的学术代表。[②]虽然齐学与鲁学随着董仲舒儒学理论体系的建立而渐次融为一体,成为汉代儒家经学的重要组成要素,但在汉代经学传授谱系中,尤其在西汉时期,齐、鲁两个地域的学者在经学传习中形成了不同的学术风格,体现了齐学与鲁学的不同学术特点。

齐学和鲁学风格不同。正如蒙文通先生所说:"鲁学是谨守旧义的,齐学是博采杂说的,一个纯笃,一个浮夸,这便是他们的大区别了。"[③]钱穆先生也认为"齐学恢奇驳杂","鲁学纯谨","大抵治鲁学者,皆纯谨笃守师法,不能驰骋见奇,趋时求合"。[④]大体说来,鲁学注重礼乐文化,恪守先师遗说,谨严有度而少创新精神。而齐学驳杂恢弘而富有开放意识,崇尚权变,近于趋时,好言阴阳五行,多信谶纬。汉初叔孙通帮助刘邦制定朝礼之事就充分体现了齐鲁学风的差异。据《史记·叔孙通列传》记载,汉高帝刘邦统一天下后便令叔孙通制定朝廷礼仪。叔孙通到鲁地请三十余位儒生们到京城去商议,有两个儒生不肯去,并斥责叔孙通道:朝廷要积德一百年才能谈到兴

① 胡适:《中国中古思想史长编》,上海:华东师范大学出版社,1996年版,第1—33页。
② 傅斯年:《战国子家叙论》,《傅斯年全集》第二册,长沙:湖南教育出版社,2003年版,第249—304页。
③ 蒙文通:《经史抉原》,成都:巴蜀书社,1995年版,第22页。
④ 钱穆:《两汉经学今古文平议》,北京:商务印书馆,2001年版,第222页。

礼乐，你现在就想做起来，是不合古的。叔孙通讥笑这两位儒生是鄙儒，不懂得时务。据《史记》本传可知，叔孙通是薛人，而薛邑是战国时期齐国孟尝君的封地。由此可知，叔孙通与鲁地两位儒生的意见分歧实际上正表现出齐鲁两种学风的区别。

在汉代的儒家五经传授谱系中，齐鲁两地的学者均占有举足轻重的地位，汉代早期的经学大师基本上都是齐鲁学者。但齐、鲁两地的学者由于学风的差异因而在传经旨趣上也有所不同。比如，鲁学注重《礼》学，而齐学注重《尚书》学和《周易》学。在《春秋》学的传授方面，《公羊春秋》出于齐学，而《穀梁春秋》出于鲁学。

在两汉经学中不仅有齐学与鲁学的分歧，更有今文经学与古文经学对立和纷争。其中齐学与鲁学的分歧主要出现在西汉前期，而今文经学与古文经学的对立和纷争则主要贯穿着西汉后期与整个东汉时期。关于今、古文经学与齐学、鲁学的关系，现代著名学者范文澜先生曾在《中国通史简编》中有过这样的论述：

> 经学内部与今文经学对立的是古文经学。原始经学大体上有鲁学与齐学两种学风。鲁学主合古（复古），齐学主合时。……它们继续演变，齐学成为今文经学，鲁学成为古文经学。[1]

他又在《经学讲学录》中论述说：

> 今、古文之争，实际上是齐、鲁之争。鲁的学风比较朴实保守，接近于孔子的讲法；齐学比较浮夸，好讲阴阳五行。鲁学要把孔子神化，儒学宗教化，一直看不起齐学。从孟子起就看不起齐学。他说：'此非君子之言，齐东野人之语也。'……于此可见齐鲁之风的不同。[2]

显然，在范文澜看来，今文经学就是从齐学发展演变出来的，古文经学

---

[1] 范文澜：《中国通史简编》第二编第三章第十节《经学、哲学、科学、宗教》，北京：人民出版社，1964年版，第222页。

[2] 范文澜：《范文澜历史论文选集·经学讲学录》，北京：中国社会科学出版社，1979年版，第311页。

就是从鲁学发展演变出来的。而今、古文经学之争就是齐、鲁经学之争。

今人张涛先生也有类似观点，他说："从一定意义上讲，今古文之争是源于齐学与鲁学之争的。"①

考诸有关文献，便知范氏上述论断似是而非，有悖于历史实际。

首先，从两汉经学史来看，古文经学作为一个学派，其真正形成的时间是在西汉末期。在此之前的官方经学全为今文经学。西汉中前期传承的今文经学并非全是齐学，而是既有齐学，也有鲁学，二者不相上下。

据《史记·儒林列传》与《汉书·儒林传》记载，汉初传授儒家今文五经的九位大师中有八人属齐、鲁学者：传《诗》者共三人，一是鲁人申培公；二是齐人辕固生，三为燕人韩婴；传《书》者为齐人伏胜；传《礼》者为鲁人高堂生；传《易》者为齐人田何；传《公羊春秋》者为齐人胡毋生和赵人董仲舒；传《穀梁春秋》者为瑕丘江生（公）。按：董仲舒虽是赵人，但据《汉书·儒林传》记载："胡毋生，字子都，齐人也，治《公羊春秋》，为景帝博士，与董仲舒同业，仲舒著书称其德。"②准此可知他与胡毋生同为齐人公羊寿的学生，可见董仲舒的经学是出于齐学；而瑕丘（今山东兖州东北）属鲁地，然则瑕丘江生是鲁地学者。汉初的这九位经学大师中，除了燕人韩婴之外，其他八人均属齐、鲁学者。其中属于齐学者有辕固生、伏胜、田何、胡毋生和董仲舒等五人；而属于鲁学者有申培公、高堂生和瑕丘江生（公）等三人。由此可见西汉早期传承的今文经学中既有齐学、又有鲁学，今文经学并非单由齐学演变而来。

尤其值得注意的是，《仪礼》十七篇属今文经学。汉代初期《仪礼》学的传授几乎全为鲁地学者所垄断。汉代早期的礼学大师级学者有高堂生、徐生及其子孙徐延等、萧奋、孟卿、后仓（苍）、闾丘卿，以及后仓的弟子闻人通汉、戴德、戴圣、庆普等。据《史记·儒林列传》与《汉书·儒林传》记载：高堂生、徐生、闾丘卿是"鲁"人。萧奋为瑕丘县（今山东兖州）人，孟卿为

① 张涛：《秦汉齐鲁经学》，济南：山东文艺出版社，2004年版，第34页。

② 班固：《汉书·儒林传》，北京：中华书局，1962年版，第3615页。

东海郡（治今山东郯城）人，后仓（苍）为东海郯县人，萧、孟、后三人实际上也是鲁地的学者。至于后仓的四大弟子沛人闻人通汉、庆普，梁人戴德、戴圣等，虽然并非鲁地的学者，但是他们都师承鲁地学者后仓，亦即其学术渊源均出于鲁学。由此可见西汉时期鲁学在今文经《仪礼》的传授中占有举足轻重的重要地位。

其次，两汉时期传承的古文经学的许多重要传人固然有鲁地学者，但更有齐地或其他地域的学者，古文经学并非鲁人的专利。

西汉时期研治孔壁《古文尚书》的孔安国是孔子的第十二代孙，自然是鲁人。但其他古文经在汉代的早期传人则不一定是鲁人。据《汉书·儒林传》记载，西汉《毛诗》的开创者是河间献王的博士赵人毛公（苌）。郑玄《毛诗谱》则认为："鲁人大毛公（亨）为《诂训传》于其家，河间献王得而献之，以小毛公为博士。"[1]而陆德明《经典释文》卷一《序录·注解传述人》中有不同记载："徐整云：子夏授高行子，高行子授薛仓子，薛仓子授帛妙子，帛妙子授河间大毛公，毛公为《诗诂训传》于家，以授赵人小毛公。"可见《毛诗》不完全是鲁学。

汉代的古文《易》学是费直所传授的《费氏易》。费直，字长翁，东莱（今山东莱州）人，以研治《易》为郎，官至单父令。费直治《易》长于卦筮，没有章句训释，只以《彖》《象》《系词》《文言》等十篇《易传》解说《易经》六十四卦，其学术特点是一反当时官方《易》学界流行的卦气说和以阴阳灾变解《易》的风气，而注重于义理的阐发。费直的《易》学对当时与后世都产生了重大而深远的影响，东汉时期著名的古文经学家郑众、马融、郑玄等都接受了费氏《易》。按东莱属齐地，准此可知。古文经学并不一定出于鲁学，齐人也并不一定专治今文经学。

众所周知，在《春秋》三传中，《公羊传》与《穀梁传》都是今文经学，西汉早期前者的主要传人为齐人公羊寿及其学生胡毋生、董仲舒，后者的主要

---

① 孔颖达：《毛诗正义》国风篇题下孔疏所引郑玄《毛诗谱》文，影印《十三经注疏》本，北京：中华书局，1980年版，第269页。

传人是鲁人申公及其学生瑕丘江公。至于古文经《左传》在先秦到西汉时期的传授谱系大致如下，阳武（今河南省原阳县）人张苍受《左传》于荀子，张苍于汉文帝时官至丞相；张苍传洛阳人贾谊；贾谊传赵人贯公；贯公传其少子贯长卿；贯长卿传京兆尹张敞及侍御史张禹；张禹传尹更始；尹更始传其子尹咸与翟方进、胡常；尹咸和翟方进传刘歆；胡常传黎阳贾护，后来篡汉自立的王莽则是贾护的再传弟子。作为一部古文经学著作，《左传》一经在西汉时期的传人几乎与鲁人无关。

至于《周礼》（《周官》），只有古文经，而无今文经。如按范文澜的说法，《周礼》应该属于鲁学，而不应该属于齐学。可是，实际可能恰恰与此相反。关于《周礼》的作者和成书年代，历来众说纷纭，莫衷一是。其中特别值得注意的是顾颉刚与杨向奎先生的观点。他们均认为《周礼》当是战国时齐国学者依据西周文献及齐国当时制度加以理想化而编定成书。杨向奎先生通过分析《周礼》中的社会经济制度、政法制度和学术思想，并通过对《周礼》与《管子》一书的对比研究，认为《周礼》是战国时代齐国的作品，与《管子》一书有着"深厚的渊源"和"密切的关系"。① 杨向奎先生还指出："《周礼》一书，多同于《管子》，自清代乾嘉以来，学者多谓《周礼》一书出于齐。《周礼》出于齐，齐之礼俗亦多同于周礼，则谓'周礼在齐'，亦不为过。"② 顾颉刚也在《周公制礼的传说与〈周官〉一书的出现》一文中从《周礼》的内容及其与《管子》的对比研究入手，得出这样的结论："《周官》我敢断定是齐国人所作，但今本《周官》是否即齐国的原本，我却不敢断定。""它出于齐国以及别国的法家，跟周公和儒家根本不发生关系。"③ 虽然笔者对顾先生认为《周礼》"跟周公和儒家根本不发生关系"的观点不敢苟同，虽然杨、顾二先生所提出的《周礼》成于齐人之手的观点尚非定论，还值得进一步探讨，但笔者认为杨、

① 杨向奎：《〈周礼〉的内容分析及其制作时代》，《山东大学学报》，1954年第4期。后收入杨向奎：《绎史斋学术文集》，上海：上海人民出版社，1983年版，第228—276页。

② 杨向奎：《周礼在齐论》，《管子学刊》1988年第3期，第3页。

③ 顾颉刚：《周公制礼的传说与〈周官〉一书的出现》，《文史》，1979年第六辑。

顾二先生发现《周礼》与齐文化及《管子》一书的"深厚渊源"和"密切关系"确实是独具慧眼的，可以信从。然则《周礼》一书当属齐学，这又与范说扞格难通。

综上所述，可以得出如下结论：齐学与鲁学的歧异主要是指西汉前期或中期儒家经学中齐、鲁两地的学者所体现的不同的治学旨趣和不同风格而言。而今文经学与古文经学的对立和纷争则主要贯穿着西汉后期与整个东汉时期。虽然早在西汉初期即有了今文经与古文经，但二者之间的分庭抗礼，纠缠争斗，则是从西汉末年刘歆争立古文经学博士才正式开始的。齐学与鲁学的歧异，今、古文经学之间的纷争，二者之间并无必然的联系，二者并不是一回事。范文澜认为齐学演变成为今文经学，鲁学演变成为古文经学的观点，以及把今、古文之争看作是齐、鲁之争的观点，把问题简单化了，与历史实际不符，是难以成立的。

（此文是作者在北京大学道家研究中心和淄博市人民政府2017年9月8—10日联合主办的"齐文化与稷下学国际高峰论坛"上宣读的会议论文。）

郑玄三礼学成就述略

丁 鼎

　　郑玄是汉代经学史上一位集大成式的经学家，是汉代最大的"通儒"。所谓"通"者，一方面是说郑玄兼通"五经"，不专守一艺，遍注群经；另一方面是说他兼通今、古文经学，对今、古文经学进行了融会贯通和整合。据《后汉书》本传记载，郑玄早年赴京入太学师事第五元先研习今文经学，后又师从东郡张恭祖和扶风马融两位名师研习古文经学[①]。他综合今、古，遍注群经，集两汉经学之大成，为两汉学术做出了划时代的贡献。郑玄的经学成就以礼学最为突出，在礼学研究领域取得了划时代的成就。

　　郑玄经学的一个显著特点就是以"礼"为宗。所谓以"礼"为宗，就是以"三礼学"贯通其他诸经。

　　"三礼学"是郑玄经学的精华和重点所在。郑玄《周官注》师承于著名古

---

① 范晔：《后汉书》卷三十五《郑玄列传》，北京：中华书局，1965 年版，第 1207 页。

文经学家马融；而其《仪礼注》则兼采今、古文之说；注《礼记》则是其文心独断的创新性撰作。此前，《周礼》《仪礼》与《礼记》三部礼书各自成书，分别相传，而郑玄将这三部礼书融会贯通，形成"三礼之学"。

郑玄以《周礼》为中心的三礼之学对后世礼学产生了深远影响，为后世礼学奠定了坚实的基础。故唐代经学家孔颖达说："礼是郑学。"[1]

郑玄的"三礼"学研究可谓集两汉礼学之大成。清代学者陈澧高度评价说："孔冲远云'礼是郑学。'(《月令》《明堂位》《杂记》疏皆有此语，不知出于孔冲远，抑更有所出？)考两汉书·儒林传以《易》《书》《诗》《春秋》名家者多，而《礼》家独少。《释文·序录》汉儒自郑君外，注《周礼》及《仪礼·丧服》者惟马融，注《礼记》者惟卢植。郑君尽注三礼，发挥旁通，遂使三礼之书合为一家之学。故直断之曰'礼是郑学'也。"[2]

清人戴震则说："郑康成之学，尽在三礼注，当与春秋三传并重。"[3] 张舜徽对郑玄的礼学著述亦有很高的评价："三礼之名，虽始于马、卢，实确立于郑氏。三礼之学，前此虽有师说，至郑氏而集大成。其后王肃之徒，颇好立异，终莫能与之抗。故晋宋六朝间，《周易》《春秋左氏传》南北异师，而三礼则同遵郑氏。自尔以降，更无异论。"[4] 从上述著名学者对郑玄三礼学的高度评价足以看出郑玄对于汉魏时期礼学的传承所做出的巨大贡献。

郑玄礼学的一个重要特点是他不仅特别重视三礼在整个经学系统中的地位，而且将其他经义也纳入礼学的阐释系统。正如清儒皮锡瑞所说："郑学最精者三《礼》。其注《易》，亦据《礼》以证《易》义广大，无所不包。"[5]

甚至可以说，郑玄是我国古代学术史上素称显学的三礼学的最主要的奠基人，为三礼学的形成和发展做出了奠基性的集大成式的贡献。有鉴于此，

---

[1] 孔颖达：《礼记正义》，影印《十三经注疏》本，北京：中华书局，1980年版，第1550页。

[2] 陈澧：《东塾读书记》卷十五，北京：朝华出版社，2017年版，第421页。

[3] 段玉裁：《戴东原先生年谱》，载《戴震集》，上海：上海古籍出版社，1980年版，第488页。

[4] 张舜徽：《郑学丛著》，济南：齐鲁书社，1984年版，第51页。

[5] 皮锡瑞：《经学通论》，北京：中华书局，1954年版，第21页。

笔者拟在本文中对郑玄在三礼学领域的学术成就做出概括性的简要论述。

一、郑玄对《周礼》学的重大贡献

《周礼》原名《周官》，是先秦儒家学者编著的一部理想化的政典，分述各级官职及其相关的典章制度。《周礼》一书虽然不见于先秦文献的记述，但综合现代学术界的研究，基本上可以认定《周礼》一书大约成书于东周春秋时期。

《周礼》（《周官》）一书虽然可能编纂于东周春秋时期，但一直不见于传世的先秦文献的记述，直到西汉初年才见称于世。如司马迁《史记·鲁周公世家》和《史记·封禅书》均称引过"《周官》"一书，但西汉前期其他学者几乎无人提及或关注此书，可见当时此书流传不广，影响不大。直到刘歆于西汉晚期受命校理皇家图书时从秘府中发现此书，并对其大加推崇，才逐步引起社会的重视。王莽当政时，刘歆奏请将《周礼》立于学官。而王莽也非常看重《周礼》一书，甚至依照《周礼》的政治设计进行施政改革。于是在刘歆的推动和王莽的扶持下，《周礼》（《周官》）这部本来不在儒家经典之列的书大行于世，甚至被提升到"经"的序列。

虽然王莽政权被推翻后，新莽时期设立的包括《周礼》在内的古文经博士也被废弃了，但新莽朝廷的大力推行、博士的讲授以及生员的学习和传习，为《周礼》学的迅速发展打下了坚实的基础。东汉早期著名的《周礼》学专家主要有杜子春，郑兴、郑众父子，贾徽、贾逵父子和卫宏、马融等人。

《后汉书·儒林列传》记载："马融作《周官传》，授郑玄，玄作《周官注》。"[1] 此前，《周礼》《仪礼》《礼记》三种礼学经典都是分别传授，各有师承。《后汉书·马融传》记载，马融即已开始为三礼作注，郑玄则沿着其老师马融的学术道路，进一步遍注三《礼》，亦即"通为三《礼》"。此后，便形成了"三礼"之学。黄侃曾在《礼学略说》中认为："郑氏以前未有兼注'三礼'者，故舍郑无所宗也。"[2] 按黄氏之说并不准确，因为《后汉书·马融列传》明言早

---

[1] 范晔：《后汉书》卷七十九下《儒林列传》，北京：中华书局，1965年，第2577页。

[2] 黄侃：《礼学略说》，载于陈其泰、郭伟川、周少川主编《二十世纪中国礼学研究论集》，北京：学苑出版社，1998年版，第16页。

在郑玄之前，马融即已遍注"三礼"。^①只是马氏之三礼注后来失传了而已。

郑玄礼学的一个重要特点是突出提升了《周礼》在其礼学阐释系统中的地位。本来，在汉代经学中，"五经"中的《礼经》是指《仪礼》，《周礼》不在"五经"之数。由于郑玄非常重视和尊崇《周礼》，因而便将《周礼》提升到其礼学阐释系统的中心地位。《礼记·礼器》云："经礼三百，曲礼三千。其致一也。"郑玄注曰："经礼谓《周礼》也。《周礼》六篇，其官有三百六十。曲犹事也。事礼谓今《礼》（指《仪礼》）也。"^②可见在郑玄的心目中，《周礼》为"经礼"，《仪礼》只是"曲礼"，亦即《周礼》的地位高于《仪礼》。此外，郑玄不仅把《周礼》与《仪礼》和《礼记》并列为"三礼"，而且在"三礼"之中，首推《周礼》，独树一帜地把《周礼》排在了"三礼"之首，确立了《周礼》《仪礼》《礼记》的三礼顺序，此举极大地提高了《周礼》的学术地位。

郑玄《周礼》之学能够达到集前人之大成的高度，与他破除今古门户之见、转益多师、博采众家之长有着密切关系。

贾公彦《序周礼废兴》所引郑玄《序》自谓："玄窃观二三君子之文章，顾省竹帛之浮辞，其所变易，灼然如晦之见明；其所弥缝，奄然如合符复析。斯可谓雅达广揽者也。然犹有参错，同事相违。则就其原文字之声类，考训诂，捃秘逸。谓二郑者，同宗之大儒，明理于典籍，牴识皇祖大经《周官》之义，存古字，发疑正读，亦信多善，徒寡且约，用不显于世。今赞而辨之，庶成此家世所训也。"^③由此可见郑玄的《周礼》之学，并不仅仅是对张恭祖和马融学术成果简单的传承，而是综揽前儒，博综兼采的结果。郑玄曾在其《戒子书》中自谓其治经宗旨为："但念述先圣之元意，思整百家之不齐。"^④应该说郑玄三礼学确实达到了"整百家之不齐"的高度。

---

① 范晔：《后汉书》卷六十上《马融列传》，北京：中华书局，1965年版，第1972页。

② 孔颖达：《礼记正义》，影印《十三经注疏》本，北京：中华书局，1980年版，第1435页。

③ 贾公彦：《周礼注疏》卷首《序周礼废兴》引郑玄《序》，影印《十三经注疏》本，北京：中华书局，1980年版，第636页。

④ 范晔：《后汉书》卷三十五《郑玄列传》，北京：中华书局，1965年版，第1209页。

郑玄还在当时的今、古文经学之争中捍卫了《周礼》的地位。自刘歆始，今文经学派与古文经学派就不断地发生矛盾和摩擦。由于《周礼》一书原本不在儒家经典之列，而刘歆却建议将其立于学官，因而招致了今文学派的强烈反对。于是《周礼》便与《左传》《毛诗》一起成为今、古文经学之争的焦点问题。郑玄博通今古文经学，他接受了刘歆关于《周礼》乃"周公致太平之迹"的观点。郑玄认为："周公居摄而作六典之职，谓之《周礼》。"① 他既然认定《周礼》一书为周公所制作，于是便不遗余力地研究发扬《周礼》之学。贾公彦《序周礼废兴》记载："林孝存以为武帝知《周官》末世渎乱不验之书，故作《十论》《七难》以排弃之；何休亦以为六国阴谋之书。唯有郑玄遍览群经，知《周礼》者乃周公致大平之迹，故能答林硕之《论》《难》，使《周礼》义得条通。故郑氏《传》曰：玄以为括囊大典，网罗众家，是以《周礼》大行后王之法。"② 按文中所谓"林孝存"与"林硕"为同一人（林，或作"临"）。林硕，字孝存。面对林孝存、何休等今文经学家对《周礼》的猛烈攻讦，郑玄挺身而出，力排众议，对林、何等人的辩难进行了回击，为《周礼》一书进行了辩护，从而巩固了《周礼》的地位。与此同时，郑玄还为《周礼》作注，使《周礼》"义得条通"。郑玄的《周礼注》对两汉今、古文经学进行全面的整合，独成"郑学"。范晔于《后汉书·郑玄列传》论赞说："郑玄囊括大典，网罗众家，删裁繁诬，刊改漏失，自是学者略知所归。"③ 范晔的论赞是符合历史实际的。

郑玄的《周礼注》是迄今保存下来的最早的《周礼》注本，是后世《周礼》学研究最基础、最重要的文献资料。郑玄的《周礼注》具有重要的学术价值，因而被后世许多学者奉为《周礼》研究的圭臬。

如果说刘向、刘歆父子是《周礼》学的发起者和开创者，杜子春是两汉之

① 贾公彦：《周礼注疏》卷一《天字冢宰》郑玄注，影印《十三经注疏》本，北京：中华书局，1980年版，第639页。

② 贾公彦：《周礼注疏》卷首《序周礼废兴》，影印《十三经注疏》本，北京：中华书局，1980年版，第636页。

③ 范晔：《后汉书》卷三十五《郑玄列传》，北京：中华书局，1965年版，第1213页。

际《周礼》学传承的关键人物，那么郑玄则是《周礼》学的集大之成者。

二、郑玄的《仪礼》学成就

两汉时期《仪礼》虽然贵为五经之一，在汉代经学文献体系中的地位本来高于《周礼》和《礼记》。不过，值得注意的是《周礼》和《礼记》虽不在五经之列，但在两汉时期，学术界对《周礼》和《礼记》的研究热度却高于对《仪礼》的研究。尤其是东汉时期，整个《仪礼》学呈现衰微之势。在这种学术背景下，郑玄的《仪礼》注以其博综古今、广治精详的特点横空出世，成为两汉《仪礼》学的集大成之作，也为后世的《仪礼》学奠定了坚实的基础。

西汉诸家传授《仪礼》均只有师授而无注解。东汉马融始为《仪礼》作注，惜早亡佚。马融的弟子郑玄又为《仪礼》全书作注。由于郑玄是一位兼通今古文家法的经学家，因而他在给《仪礼》作注时，对《仪礼》原文也作了一番整理的工作。他把今古文两种本子拿来互相参校，每逢两个本子文字不同时，他便择善而从，或采今文，或采古文。不惟如此，郑玄在改定经文时还严格注明其改定的依据，若改用今文之字则必注明古文该字作某，若改用古文之字则必注明今文该字作某。经过郑玄杂采今古文并为之作《注》的《仪礼》，就是今传本《仪礼》。所以今传本《仪礼》实际是一部今、古文相混合的《仪礼》。此后，郑注所整理的《仪礼》十七篇就成为《仪礼》的定本，一直流传到现在。

郑玄《仪礼注》是目前我们所知流传至今的最早的全面注释《仪礼》的专著，代表了汉代《仪礼》研究的最高水平。作为汉代注释《仪礼》的典范著作，郑玄《仪礼注》注释内容甚为丰富，注释方法也非常完备。郑玄《仪礼注》所传承和创造的校勘、训诂条例、方法，为后世历代《仪礼》学者所继承和发展，对后世《仪礼》学产生了重大而深远的影响。

约略说来，郑玄《仪礼注》主要有如下几方面的特点：

（1）会通今、古文，并择优从之。《四库全书总目》卷二十《仪礼注疏》提要云："二戴尊卑吉凶杂乱，故郑不从之也。其经文亦有二本。高堂生所传者，谓之今文。鲁恭王坏孔子宅，得亡《仪礼》五十六篇，其字皆以篆书之，谓之古文。玄注参用二本。其从今文而不从古文者，则今文大书，古文附注……从古文而不从今文者，则古文大书，今文附注。"①

（2）郑玄《仪礼注》校勘态度非常严谨，对经文之讹脱衍倒处皆只在注释中一一加以标注，而绝不妄行删改。这种谨慎的态度使后世读者得以领略古代多种不同的《仪礼》版本情况。

（3）郑玄注解《仪礼》各篇经文时，或权衡本经前后文，或参校他书，或证以汉代风俗以为佐证，或引前人之说，对古代礼制、礼义、名物加以诠解，力求详备完善。无文献可征时，则据上下经文，断以己意，力求准确客观。

（4）郑玄《仪礼注》言简意赅，不枝不蔓，注释非常精当，要言不烦。据统计，《仪礼》经文共计56115字，而郑玄注文总计只有79810字。注文仅比经文多出两万多字。其中《少牢馈食礼》经文计2979字，注文仅2787字；《有司》经文计4790字，注文仅3456字。这两篇注文的字数竟然比经文还少！准此可见《仪礼注》之简约。

正是由于以上这些特点，使郑玄《仪礼注》一书问世后，很快风靡学界，取代了其他注本，成为通行至今的《仪礼》权威注本。

郑玄《仪礼注》行世后，大小戴及庆氏三家之学便衰亡了。汉魏之际，形成了郑学独盛的书面。唐代贾公彦编纂《仪礼注疏》，所依据的古注就是郑玄的《仪礼注》。直到今天，郑玄的《仪礼注》仍然是研究《仪礼》最重要最权威的参考文献。

三、郑玄《礼记注》的学术贡献

郑玄《礼记注》是东汉时期最重要的《礼记》学著作。《后汉书·儒林列传》记载："（郑）玄本习《小戴礼》，后以古经校之，取其义长者，故为郑氏学。玄又注小戴所传《礼记》四十九篇，通为三《礼》焉。"②《隋书·经籍志》记载："汉末马融，遂传小戴之学。融又定《月令》一篇、《明堂位》一篇、

郑玄三礼学成就述略

---

① 永瑢等：《四库全书总目》卷二十，北京：中华书局，1965年版，第158页
② 范晔：《后汉书》卷七十九下《儒林列传》，北京：中华书局，1965年版，第2577页。

《乐记》一篇，合四十九篇。而郑玄受业于融，又为之注。今《周官》六篇、古经十七篇、《小戴记》四十九篇，凡三种。唯《郑注》立于国学，其余并多散亡，又无师说。"①《礼记》原为解说《仪礼》的资料汇编，后经东汉礼学大师马融及其弟子郑玄，使它摆脱了从属于《仪礼》的地位。其中郑玄的《礼记注》影响最大。郑玄校注《礼记》时，将当时流传的《礼记》的各种版本互相参校，择善而从，成为后出转精的善本，不仅为学者所传习，而且也使《礼记》流行于世。

郑玄《礼记注》博综兼采，取百家之长，成一家之言，诚为《礼记》学的典范之作。郑玄《礼记注》有着多方面的学术贡献。

首先，创建了较为完备的训诂体例，在训诂学方面取得了很高的成就。钱大昕在《经籍纂诂·序》中说："有文字而后有训诂，有训诂而后有义理。训诂者，义理之所由出，非别有义理出乎训诂之外者也。"② 可见，包括训诂学在内的小学，是经学研究的基础。郑玄的《礼记注》标志着中国传统训诂学已经发展到了一个成熟的阶段。有学者通过分析郑玄《礼记注》中训诂内容、术语和方法，进而归纳出了郑玄《礼记注》在训诂学方面的三点成就：创建和完善了完备的训诂体例；建立了先进的语言观；科学的训诂方法。从中不难发现，中国传统训诂学的学科体系，至郑玄而大备。③

其次，对保存古文献发挥了重要作用。郑玄在注解《礼记》的过程中，对于不同版本中存在的经文异文并没有简单舍弃，而是将其详尽、准确地标注清楚。据李云光《三礼郑氏学发凡》统计，郑玄在《礼记》中保存了多达二百零六条的异文。④ 面对不同的异文，郑玄不是妄下结论，勘定某一条经文而舍弃异文，而是对异文加以认真标注，让后人择善而从。无疑，郑玄《三礼注》

---

① 魏征等：《隋书》卷三十二《经籍一》，北京：中华书局，1973 年版，第 925—926 页。

② 钱大昕：《经籍纂诂·序》，载于阮元等人纂集《经籍纂诂》，北京：中华书局，1982 年版，第 1 页。

③ 马君花：《论郑玄〈礼记注〉在训诂学史上的成就》，宁夏大学 2005 年硕士学位论文。

④ 李云光：《三礼郑氏学发凡》，上海：华东师范大学出版社，2012 年版，第 38 页。

保存下来的这些异文具有极其重要的价值，为后人研究《礼记》提供了极为重要的参考资料。

郑玄的《礼记注》在学术史占有承前启后的重要地位。郑玄的《礼记注》，摒除门户之见，博综兼采，择善而从，而行文简明晓畅，要言不烦，又多真知灼见，从而使《小戴礼记》大行于世，影响很快超过戴德所选编的《大戴礼记》。值得注意的是，《礼记》在汉代本是附属于《仪礼》的一些资料汇编。但自郑玄作注后，《礼记》的地位大幅度提升，到东汉末年，即与《仪礼》《周礼》鼎足而三，蔚为显学。至曹魏时又第一次被立于学官，设博士。《礼记》在经学中这种地位的变化，实由郑玄《礼记注》的推阐所致。郑玄对于《礼记》的传承起到了承前启后的重要作用。承前者，郑玄网罗自二戴《礼记》成书以来流传的各种本子并对其进行参校而成《礼记注》，形成了今天所见《礼记》的定本。正是因为包括《礼记注》在内的诸经注成果，使郑玄成为集大成者。经学在该时期达到了"小统一时代"。启后者《礼记》在经学史上的地位自此开始提高，曹魏时期第一次被列于学官，设博士。据王锷《东汉以来〈礼记〉的流传》一文考订，"东汉末年，传习郑氏之学者，有赵商、冷刚、张逸、孙皓、刘炎、炅模、田琼、王瓒、焦氏、崇精、王权、鲍遗、任厥、泛阁、崇翔、刘德、陈铄、桓翱等一十七人，可见郑玄学说在三国时期之影响"[①]。南北朝时期，虽然国家分裂为南北二朝，在经学上也分为"南学""北学"，但南学与北学在三礼学方面却"同遵于郑氏"，而且北朝格外注重对《礼记》的研究。到了唐代，孔颖达与诸儒撰定《五经正义》之时，将《礼记》编入五经之列。于是《礼记》以官方的名义被升格为"五经"之一，取代了《仪礼》在五经中的地位。孔颖达《礼记正义》正是采用郑玄注本为底本。而郑玄《礼记注》至今仍是最权威的《礼记》学著作。

（本文原刊于《山东省社会主义学院学报》2018 年第 5 期）

---

① 王锷：《东汉以来〈礼记〉的流传》（上），《井冈山大学学报》，2010 年第 5 期，第 127 页。

郑玄三礼学成就述略

中国礼图学的历史、现状与发展趋势

丁 鼎

以《仪礼》《礼记》和《周礼》三部重要的儒家礼学经典作为研究对象的"三礼学"在我国古代长期处于"显学"的地位。"三礼学"研究对于我们认识我国古代社会制度、思想文化和民俗生活具有重要的学术意义。历代从经学的角度诠释和训解"三礼"的著作自然以文字训诂和义理阐释及名物解说的注疏之作为大宗。但除此以外，在古代三礼学著述中还有一类以绘制图像为主并辅以相应的文字解说对三礼中所涉仪节和器物进行诠解的礼图类著述。

清代著名学者陈澧《东塾读书记》卷八云："《仪礼》难读，昔人读之之法，略有数端：一曰分节；二曰绘图；三曰释例。今人生古人后，得其法以读之，通此经不难矣。"[1]清末著名今文经学家也有与此大致相同的说法："读

---

① 陈澧：《东塾读书记》卷八《仪礼》，北京：朝华出版社，2017年版，第215页。

《仪礼》重在释例，尤重在绘图，合以分节。三者备，则不苦其难。"① 与陈氏的说法相比，皮氏把以图治礼的方法看得更重要。需要说明的是陈、皮二氏所谓"绘图"法，虽然只是就《仪礼》学而言，但实际上，学术史上也有许多学者以"绘图"的方式对《周礼》和《礼记》进行解读和阐释，撰写绘制了许多礼图类著述。

这些有关三礼学的礼图类著述及相关的研究著述虽然不是礼学研究的大宗，但在汉代以来的三礼学研究中一直发挥着重要的不可替代的作用，占有非常重要的地位，可谓三礼学研究的一个子学科。

作为三礼学的一个子学科，"礼图学"理应得到学术界的充分重视和关注，但现代学术界对礼图学注意不够，相关研究较少。这与"礼图学"著述在我国古代三礼学史上的重要地位和发生过的重要影响是很不相称的。有鉴于此，本文拟从学术史的角度对我国"礼图学"发展的历史、现状、特点和发展趋势作一简要概述，以引起学界对这一研究领域的重视。

一、我国古代礼图学的发展与流变

（一）汉唐时期——"礼图学"的开创与发展

礼图类著述大约创始于东汉时期的郑玄与阮谌。郑玄是东汉集大成式的经学大师。他遍注群经，尤精于三礼之学。阮谌，字士信，东汉陈留（今河南开封人）人，生卒年不详。他曾任东汉侍中，也是著名礼学家。《隋书·经籍志》载："《三礼图》九卷，郑玄及后汉侍中阮谌等撰。"②《隋志》本条记述不太分明！不知是郑玄与阮谌合著《三礼图》？抑或是二人分别撰有《三礼图》？有待于进一步考证。

宋聂崇义《三礼图集注》曾称引郑玄与阮谌旧《图》。由此可知郑玄、阮谌所作《三礼图》宋初犹存于世。后来不知何时亡佚了。清代马国翰《玉函山房辑佚书》辑有后汉郑玄、阮谌撰《三礼图》一卷，共辑佚一百五十五条。

① 皮锡瑞：《经学通论》三《三礼》，北京：中华书局，1954年版，第31页。
② 魏征等：《隋书·经籍志》，北京：中华书局，1973年版，第924页。

不过，《四库全书总目》于聂崇义《三礼图集注》下提要曰："考礼图始于后汉侍中阮谌。……勘验《郑志》，玄实未尝为图。殆习郑氏学者作图归之郑氏欤？"① 四库馆臣认为《礼图》创始于阮谌；所谓郑玄《三礼图》当是郑玄后学所为。按郑玄孙郑小同《郑志》卷中记载："赵商问《司服》王后之六服之制，目不解，请图之。答曰：'大裘、衮衣、鷩衣、毳衣、絺衣、玄衣，此六服皆纁裳、赤舄。韦弁衣以韎，皮弁衣以布，此二弁皆素裳、白舄……'"② 郑玄的学生赵商向郑玄请教王后六服之制，并请郑玄画图解之，这里只记述郑玄以语言进行了讲解，未记述郑玄是否画图解之。《四库提要》可能就是据此认为"玄实未尝为图"。可见四库馆臣的这一推论并无文献学依据，理据并不充分。

值得注意的是东汉时期一些碑刻中出现了一些"五玉"或"六玉"图，也可以看作是早期的《礼图》。据宋人洪适《隶释》所载东汉桓帝永寿年间所立"益州太守碑"碑阴刻有"五玉三兽"。据洪适《隶释》记载，蜀中汉碑还有柳敏碑阴和冯绲墓道刻有"双排六玉碑，又有单排六玉碑"。③ 这些碑刻上所刻的"五玉"或"六玉"就是璧、琮、圭、璋、璜、琥等玉制礼器。然则《隶释》所载这些蜀地汉碑所刻的"五玉图"或"六玉图"就可以看作是早期的礼图。

《隋书·经籍志》还著录了三国吴射慈的《丧服变除图》五卷、晋崔游《丧服图》一卷、南朝齐王俭的《丧服图》一卷，以及佚名学者撰作的《丧服礼图》《五服图》《冠服图》等；《新唐书·艺文志》载夏侯伏朗《三礼图》十二卷，张镒《三礼图》九卷；《崇文总目》载梁正《三礼图》九卷。这些魏晋至隋唐时期的礼图学著述虽在历代史志目录中有案可稽，但后来均已亡佚了。其中有些有清人辑佚本，有些完全亡佚，不可复见其原貌。

---

① 永瑢等：《四库全书总目》卷二二《经部·礼类四》，北京：中华书局，1965年版，第176页。

② 郑小同：《郑志》卷中，影印文渊阁《四库全书》第182册，台北：台湾商务印书馆，1986年版，第336页。

③ 洪迈：《隶释》卷十七《益州太守碑阴》，北京：中华书局，1986年版，第177页。

(二) 两宋时期——"礼图学"的兴盛与发展

两宋时期，学者们很重视三礼学的研究，且有多部礼图学著作流传于后世。其中影响最大的就是聂崇义根据郑玄、阮谌、夏侯伏朗、张镒、梁正和开皇官撰等六家礼图学著作，参互考定而撰作的《新定三礼图》二十卷。

聂崇义的《新定三礼图》是一部具有划时代意义的"礼图学"集大成之作。聂崇义，洛阳（今属河南）人。北宋初年著名经学家，善《礼》学，通经旨，学问赅博，深受世人推崇。聂崇义五代后汉乾祐（948—950年）中，累官至国子《礼记》博士。后周世宗诏崇义参定郊庙祭玉，崇义因取《三礼》旧图，重加考订。至北宋建隆三年（962年）四月表上之，得到宋太祖的嘉奖。太祖诏令颁行聂氏《三礼图》于天下，并画于国子监讲堂之中。聂崇义《三礼图》所作图像虽"未必尽如古昔"，但援据经典，考释器象，较旧图大有新意，具有重要的参考价值，因而博得学界高度评价，大行于世。本书有图，有解说，凡图380余幅。现存礼图之近于古者，莫若是书。《四库提要》称其"抄撮诸家，亦颇承旧式，不尽出于杜撰"[①]。

北宋吕大临的《考古图》、王黼的《宣和博古图》、王洙的《周礼礼器图》、陈祥道的《礼书》《周礼纂图》、龚原的《周礼图》，南宋杨甲的《六经图》和杨复的《仪礼图》《仪礼旁通图》，是两宋时期有代表性的礼图学著作。

陈祥道的《礼书》一百五十卷是北宋时期一部卷帙浩繁、很有特色的礼图学著作。陈祥道，字用之，福州（今属福建）人，治平四年（1067年）进士。北宋熙宁年间，王安石在宋神宗支持下实施变法，改组了国子监，撤换一批反对变法的官员。陈祥道由于是王安石的门生，且推崇、支持王安石的变法策略，因而被委任为国子监直讲（后诏改为太学博士）。陈祥道《礼书》论辨详博，附以绘画，于唐代诸儒之论，近世聂崇义之图，或正其失，或补其缺，是一部很有价值的礼图学著作。作为王安石的学生，陈祥道在本书中多从宋学的立场"掊击郑学，如论庙制，引《周官》《家语》《荀子》《谷梁传》，谓天

---

① 永瑢等：《四库全书总目》卷二二《经部·礼类四》，北京：中华书局，1965年版，第176页。

子皆七庙，与康成天子五庙之说异。论禘祫，谓圜丘自圜丘，禘自禘，力破康成禘即圜丘之说。论禘大于祫并祭及亲庙，攻康成禘小祫大，祭不及亲庙之说。辨上帝及五帝，引《掌次》文辟康成上帝即五帝之说。盖祥道与陆佃皆王安石客，安石说经既创造新义，务异先儒。故祥道与佃亦皆排斥旧说。"①据此可知，陈祥道的《礼书》体现了宋学精神。

此外，王安石的另一位学生南宋时陆游的祖父陆佃所作《礼象》也是一部影响较大的礼图学著作，为明代刘绩《三礼图》所借鉴和取资。但此书现已亡佚。

南宋杨复所作的《仪礼图》在礼图学史上有着特殊的地位。杨复字茂才，号信斋，福州（今属福建）人，曾受业于朱熹之门。杨复《仪礼图》是礼学史上第一部以绘图的方式对《仪礼》各仪节进行阐释的完整的礼图学著作，受到后世学者的高度评价，对后世礼图学产生了重要影响。清人张惠言负有盛名的《仪礼图》就是在杨复《仪礼图》的基础上发展完善而成。故陈澧《东塾读书记》曰："杨信斋作《仪礼图》厥功甚伟。惜朱子不及见也。《通志堂经解》刻此图，然其书巨帙不易得，故信斋此图罕有称述者。张皋文所绘图更加详密，盛行于世，然信斋创始之功不可没也。"②

南宋林希逸的《考工记解》（又名《鬳斋考工记解》）二卷也是一部礼图学著作。此书于明代由张鼎思补图、屠本竣补释，以《考工记图解》行于世。林希逸，字肃翁，号鬳斋，福清（今属福建）人，南宋理宗端平二年（1235 年）进士。林希逸《考工记解》的特点是："仅存宋儒，务攻汉儒。故其书多与郑康成注相刺谬。"③体现了林希逸反对汉学的宋学立场。

宋代还出现了一些以"考古""博古"为名的图书，著录了许多与礼学、

---

① 永瑢等：《四库全书总目》卷二二《经部·礼类四》，北京：中华书局，1965 年版，第 178 页。

② 陈澧：《东塾读书记》卷八《仪礼》，北京：朝华出版社，2017 年版，第 221 页。

③ 永瑢等：《四库全书总目》卷一九《经部·礼类一》，北京：中华书局，1965 年版，第 152 页。

礼器相关的古器物。这类图谱类著作虽不以"礼"为名,但也属于礼图学著述的范畴。这类著作以北宋吕大临的《考古图》和王黼的《宣和博古图》为代表。

吕大临,字与叔。其先汲郡(今河南汲县)人,后移居蓝田(今属陕西)。王安石变法时期保守派人物吕大防之弟。历官太学博士,秘书省正字。初学于张载,后从二程(颢、颐)游。吕大临所作《考古图》共十卷,著录了当时宫廷和私家收藏的古代铜器、玉器。卷一至卷六为鼎、鬲、簋、爵等商周器。卷七为钟、磬等乐器。卷八为玉器。卷九、卷十为秦汉器。《考古图》通过著录大量古器物图并加以考证,使得古器物与"三礼"制度得以联系,对于考证古礼很有学术价值。本书为我国最早而有系统的古器物图录,在著录古器物的体例上具有开创性的功绩。

王黼,北宋开封府祥符县(今河南开封)人,字将明,原名甫,后因与东汉宦官王甫同名,赐改为黼。崇宁进士。历翰林学士、承旨。宣和元年间任宰相。在其任相期间,他奉敕组织编纂了《宣和博古图》。其书著录了宋代皇室在宣和殿收藏的自商代至唐代的青铜器839件。分为鼎、尊、罍、彝、舟、卣、瓶、壶、爵、觯、敦、簋、簠、鬲、鍑及盘、匜、钟磬、錞于、杂器、镜鉴等,凡二十类。各种器物均按时代编排。每类器物都有总说,每件器物都有摹绘图、铭文拓本及释文,并记有器物尺寸、重量与容量。有些还附记出土地点、颜色和收藏家的姓名,对器名、铭文也有详尽的说明与精审的考证。

(三) 元明时期——理学思潮影响下的"礼图学"

虽然元明时期礼图学著述明显不如宋代发达和繁荣,但也出现了许多礼图学著述。其中影响较大的礼图学著作有:元代龚端礼的《五服图解》,韩信同的《韩氏三礼图说》;明代刘绩的《三礼图》和王圻、王思义的《三才图会》等。兹分别简介如下:

龚端礼,字仁夫,元代嘉兴(今属浙江)人。龚氏《五服图解》以图表的形式对《仪礼·丧服》所载非常重要而繁杂的"丧服制度"进行了非常条理、清楚的解说。本书以斩衰、齐衰、大功、小功、缌麻等五服分列五门,每门又以男、女与成人、未成人分科加以陈述，同时又对各服的正服、加服、降服、义服四等加以解说。对于学习、研究丧服制度很有裨益。

韩信同，字伯循，宁德（今属福建）人，元代著名的礼学家和理学家。正史无传。生平事迹见于《宋元学案》卷六十四"潜庵学案"。韩信同著有《三礼旁说》与《三礼图说》二卷等书。韩氏《三礼图说》二卷虽然篇幅不大，然多补聂崇义《三礼图》所未备，考订精详，案断有据，诚为元代很有影响的礼图学著作。

刘绩《三礼图》最为著名。刘绩，字用熙，号芦泉，江夏（今武汉江夏区）人，明代弘治庚戌进士，官至镇江府知府。刘绩《三礼图》多本于宋人陆佃《礼象》、陈祥道《礼书》、林希逸《考工记解》诸书，而取诸《博古图》者为尤多。"不惟补崇义之阙，且以拾希逸之遗。其他珽荼曲植之属，增旧图所未备者，又七十余事。"①在宋明理学思潮的影印下，刘绩《三礼图》的一个最大特点是反对汉学，而崇信宋学。这当是宋明理学思潮的影响所致。刘绩在《三礼图》卷一卷首《三礼图说》中自谓其撰写本书的旨趣曰："三代制度本于义，故推之而无不合。自汉以来失其传，而率妄作。间有微言训诂者又误，遂使天下日用饮食衣服作止皆不合天人，而流于异端矣。绩甚病之。既注《易》以究其原，又注《礼》以极其详。顾力于他经不暇，故作此图以总之。"②

《三才图会》又名《三才图说》，是由明朝人王圻及其儿子王思义撰写的百科式图录类书。该书共一百零六卷，分天文、地理、人物、时令、宫室、器用、身体、衣服、人事、仪制、珍宝、文史、鸟兽、草木等十四门。涉及的内容不但有天文地理、矿产资源、历法术数、衣冠制度、琴棋书画、草木鱼虫、排兵布阵，还涉及海外异事、刀法剑谱、棍术等等。对每一事物，均绘其图像，加以说明。图文互证，细大毕载，足资钩稽。本书内容广博，许多门类

① 永瑢等：《四库全书总目》卷二二《经部·礼类四》，北京：中华书局，1965年版，第176—177页。

② 刘绩：《三礼图》卷一《三礼图说》，影印文渊阁《四库全书》第129册，台北：台湾商务印书馆，1986年版，第286页。

的内容超出了礼学的范畴，但其中宫室、器用、衣服等门类的内容就属于礼学范畴，故可作为礼图学著作来使用。

（四）清代——汉学背景下的"礼图学"大发展、大繁荣

清代是我国经学史上汉学复兴的时期，也是三礼学全面发展的时期。这一时期的"礼图学"出现了大发展、大繁荣的局面。清代礼图学著述非常繁荣，盛极一时。不仅乾隆钦定《三礼义疏》后分别附有《周礼图》四卷、《礼器图》四卷、《礼节图》四卷和《礼记图》五卷，而且有清一代还先后出现了多达几十种礼图学专著。诸如江永的《乡党图考》、戴震的《考工记图》、阮元的《考工记车制图解》、焦循的《群经宫室图》、胡培翚的《燕寝考》、张惠言的《仪礼图》、吴之英的《仪礼礼事图》《礼器图》等，都在以图像解礼方面做出了重要贡献，在礼图学史上占有很高地位。

江永的《乡党图考》虽然本是一部《论语·乡党》篇名物制度的专门研究著作，但由于其内容大多与礼学有关涉，因而可以看作一部特殊的礼图学著作。江永，字慎修，徽州婺源人（今江西婺源）人，是清代早期著名的经学家、礼学家。戴震、金榜皆从其受业。他有鉴于当时经学研究中"著述家得其大者遗其细，如宫室、衣服、饮食、器用皆未暇数之"，遂"辑《乡党图考》十卷，自圣迹至一名一物，必稽诸经传，根诸注疏讨论源流，参证得失，宜作图谱者，绘图彰之。界画表之"。[①] 本书乃为《论语·乡党》篇名物制度的专门研究著作。卷一为图谱，有《孔子先世图》《孔子年谱》等图表三十，每图皆辅以文字说明。卷二为圣迹，考孔子一生足迹所至，立目十七。卷三为朝聘。卷四为宫室。卷五、卷六为衣服。卷七为饮食。卷八为器用。卷九为容貌。卷十为杂典。本书体例每先引经文及传注，附以按语，加以考证，多有精义新见。

张惠言《仪礼图》是清代最著名的礼图学著作之一。张惠言原名一鸣，字皋文，号茗柯先生，常州武进（今属江苏）人，嘉庆四年（1799年）进士，清

---

① 江永：《乡党图考·序》，影印文渊阁《四库全书》第210册，台北：台湾商务印书馆，1986年版，第216页。

代著名经学家。他精研《周易》，与惠栋、焦循一同被称为"乾嘉易学三大家"。又精研礼学，著有《仪礼图》十八卷。张惠言《仪礼图》是一部继承发展宋代杨复《仪礼图》的礼图学著作。本书兼采唐宋元明诸儒的有关成果，断以经注，首为宫室图、衣服图，总挈大纲，然后随事立图，读之使读者对于揖让进退之节、房室堂庭之位与豆笾尊鼎之陈均有清楚的了解。

吴之英的《仪礼礼事图》和《礼器图》是清代晚期最有代表性的礼图学著作。吴之英，字伯朅，又字伯杰，号西蒙愚者、西蒙老渔、蒙阳渔者等。清末民初四川名山（今雅安市名山区）人。其《仪礼礼事图》将《仪礼》各篇经文依其行仪次序、步骤分解为诸多节目或章次进行了较全面的图解。吴之英《仪礼礼器图》主要包括宫室图和器物图两部分，其中器物图主要绘画《仪礼》各篇所涉器物之图像、形制。当代著名学者谢兴尧评述吴之英的礼图学著作说："是编虽取袭前人之图，而分门别类，条分缕析，颇称宏博，且能以《说文》、古史证明古制，发前人所未发，致力之深，洵足钦矣。"又说："此书于各类名物，考据极精，至所附图，则多附会，然不害其为杰构也。"[1]由此可知吴之英的《仪礼礼事图》和《礼器图》可以称得上是集清人礼图学研究成果之大成的著作。

二、20世纪初叶迄今我国礼图学的发展现状、特点与趋势

（一）民国以来我国礼图学的发展现状

20世纪初叶，随着社会政治制度的转型和文化范式的变迁，传统三礼学备受冷落，从总体上可以说进入衰微时期，"礼图学"也随之进入了全面式微时期。从民国建立以来的一百多年间，现代学术界对于礼图类著述一直重视不够，无论对"礼图类著述"本身的研究还是对"礼图学"学术史的研究都非常薄弱。不过这一时期的礼图学研究虽然较为冷落，但一直不绝如缕。无论是大陆还是台湾地区都一直有学者从事这方面的研究和著述。

---

[1] 中国科学院图书馆：《续修四库全书总目提要·经部·礼类》，北京：中华书局，1993年版，第525页。

其中大陆有代表性的礼图类著述有如下这些以图像的形式对传统礼学著作或礼器、礼事进行考释研究的专著：容庚的《武英殿彝器图录》（燕京大学哈佛燕京学社 1934）《商周彝器通考》（燕京大学哈佛燕京学社 1941 年）、钱玄的《三礼名物通释》（江苏古籍出版社 1987 年）、沈文倬的《宗周礼乐文明考论》（杭州大学出版社 1999 年）、马承源的《青铜礼器》（台北幼狮文化事业股份有限公司 1996 年）、汪少华《中国古车舆名物考辨》（商务印书馆 2005）、戴庞海的《先秦冠礼研究》（中州古籍出版社 2006）、于省吾的《双剑誃古器物图录》（中华书局 2009 年）、贾海生的《周代礼乐文明实证》（中华书局 2010）、袁俊杰的《两周射礼研究》（科学出版社 2013）、高崇文的《古礼足征——礼制文化的考古学研究》（上海古籍出版社 2015）、徐渊的《〈仪礼·丧服〉服叙变除图释》（中华书局 2017）等著作。有代表性的礼图学文章有：刘克明、周德钧的《〈周礼〉与古代图学》（《文献》1997 年第 1 期）、李学勤的《〈周礼〉玉器与先秦礼玉的源流》（《东亚玉器》第 1 册，1998 年 11 月）、程尔奇的《胡培翚燕寝考考论》（《中国典籍与文化》2009 年第 2 期）、李岩的《周代服饰制度研究》（吉林大学中国古代史博士论文，2010 年）、易善炳的《〈三礼图〉鸡彝图像考辩》（《南京艺术学院学报》2013 年第 4 期）、陈绪波的《〈仪礼〉宫室考》（南开大学文学院博士论文 2014）、曲柄睿的《〈周礼〉诸图研究》（《孔子研究》2014 年第 2 期）、易善炳的《〈三礼图〉图像研究》（陕西师范大学艺术学硕士论文，2014 年 5 月）、乔辉的《贾公彦〈周礼注疏〉〈仪礼注疏〉引礼图考略》（《理论月刊》2014 年第 9 期）、《秦蕙田〈五礼通考〉引聂崇义〈三礼图〉考论》（《古籍整理研究学刊》2016 年第 2 期）等。

值得注意的是近几年已故礼学专家杨天宇先生的高足买靳编著出版了两部很有创新性的礼图学著作：《新编仪礼图之方位图》（吉礼卷）和《新编仪礼图之方位图》（凶礼卷）。这两部《新编仪礼图之方位图》以绘制图表的形式直观形象地解释了《仪礼》所载吉礼与凶礼各个仪节的方位和礼事。书中内容分方位图、人物行事表、礼例表和方位图表，为读者研读《仪礼》提供了一种形象有效的解读方式。

中国礼图学的历史、现状与发展趋势

另外，值得注意的是河南大学历史学院曹建墩教授主持的《三礼名物图释》项目。该项目于2007年由河南大学立项，于2011年结项。我对该项目一直很关心，很期待。由于曹建墩教授是考古学出身，因而本项目一个很重要的特点就是多以后世考古实物图来解说三礼名物。

尤其值得注意的是彭林教授于2014年立项的国家社科重大招标课题"《仪礼》复原与当代礼仪重建研究"。目前已经以真人、实物、实景的方式拍摄出《士昏礼》《士冠礼》《乡射礼》等几部电视片。本课题可以看作是对台湾孔德成先生和叶国良先生主持的"《仪礼》复原研究丛刊"和有关《仪礼·士昏礼》的黑白电影和动画片的继承和发展，是对传统礼图学的创新性发展。作为一项跨学科研究，本课题突破了传统的从文本到文本、从文本到实物的研究范式，力图应用数字技术、多媒体技术，一方面建设数据库平台，汇集历来《仪礼》相关研究成果，进行综合性的梳理、分析与借鉴吸收，以为进一步研究的基础；另一方面，通过数字复原，将《仪礼》文本及具体考订从文字形式转换为虚拟影像，开拓了学术成果社会转化的可能空间。

台湾地区代表性的礼图类著述当以台湾中华书局于1971—1973年出版的"《仪礼》复原研究丛刊"为代表。这部丛刊虽然并非传统的礼图类著述，但以图像的形式对《仪礼》中的仪节、礼器、礼事进行考释、阐述却是其中的重要内容。这部丛刊由台湾大学的台静农教授为召集人，由孔德成教授担任指导教师。这部研究丛刊由台湾中华书局于1971年1月至1973年10月初版，后又于1985年至1986年之间发行二版，共有十二种，依出版次序分别是：

陈瑞庚：《士婚礼服饰考》

章景明：《先秦丧服制度考》①

张光裕：《仪礼士昏礼、士相见之礼仪节研究》

---

① 陈瑞庚《士婚礼服饰考》与章景明《先秦丧服制度考》合辑一书，《〈仪礼〉复原研究丛刊》，台北：台湾中华书局，1971年初版、1986年2月2版。

黄启方：《仪礼特牲馈食礼仪节研究》①

郑良树：《仪礼士丧礼墓葬研究》②

郑良树：《仪礼宫室考》

曾永义：《仪礼车马考》

曾永义：《仪礼乐器考》③

吴达芸：《仪礼特牲、少牢、有司彻祭品研究》

沈其丽：《仪礼士丧礼器物研究》④

施隆民：《乡射礼仪节简释》

吴宏一：《乡饮酒礼仪节简释》⑤

这套"《仪礼》复原研究丛刊"是我国学术史第一部系统研究《仪礼》仪节的丛书，质量很高，影响很大。

此外，这次《仪礼》复原工作还利用现代影像技术，拍摄了《仪礼·士昏礼》黑白影片，再现了周代士人婚礼的全过程，以影像的方式保存了现代学术界首次尝试复原《仪礼》古礼的重要成果。《仪礼》复原小组本来计划将多种礼仪拍摄为黑白影片，但后来由于经费不足而难以为继。

后来孔德成先生的博士生叶国良教授继起进行《仪礼》复原研究工作，于1999年、2000年连续申请"国科会"研究资助，主持进行《仪礼·士昏礼》彩色3D动画与影像光盘的制作。此次工作以孔德成等先生的原有成果为蓝

① 张光裕《仪礼士昏礼、士相见之礼仪节研究》、黄启方《仪礼特牲馈食礼仪节研究》合辑一书，《〈仪礼〉复原研究丛刊》，台北：台湾中华书局，1971年2月初版、1986年9月2版。

② 郑良树《仪礼士丧礼墓葬研究》，《〈仪礼〉复原研究丛刊》，台北：台湾中华书局，1971年9月初版。

③ 郑良树《仪礼宫室考》、曾永义《仪礼车马考》《仪礼乐器考》合辑一书，《〈仪礼〉复原研究丛刊》，台北：台湾中华书局，1971年9月初版、1986年2月2版。

④ 吴达芸《仪礼特牲、少牢、有司彻祭品研究》、沈其丽《仪礼士丧礼器物研究》合辑一书，《〈仪礼〉复原研究丛刊》，台北：台湾中华书局，1973年5月初版、1985年9月2版。

⑤ 施隆民《乡射礼仪节简释》、吴宏一《乡饮酒礼仪节简释》合辑一书，《〈仪礼〉复原研究丛刊》，台北：台湾中华书局，1973年10月初版、1985年9月2版。

本，加入新的研究成果（如对服饰、器物颜色的考证），并借助电脑动画技术，在表现形式与传播形式上大为改进。完成了《仪礼·士昏礼》彩色 3D 动画光盘，将《士昏礼》的全过程以 3D 动画形式展示出来，对促进《仪礼》研究大有裨益。

（二）我国现代礼图学的特点与发展趋势

通过以上对现代礼图学发展状况的总结，可知我国现代礼图学呈现如下两个显著特点：

（1）充分利用考古资料进行礼图学研究

现代礼图学研究者受王国维"二重证据法"的启发，高度重视 20 世纪上半期的考古发现，普遍注意将出土材料与传世文献结合起来作对比研究，充分利用考古发掘成果与传统礼学文献所记之器物、墓葬、向位等作比较研究。

（2）把现代影视技术引入礼图学研究

前揭孔德成先生主持的《仪礼·士昏礼》黑白电影、叶国良先生主持的《仪礼·士昏礼》彩色 3D 动画光盘和彭林先生主持的《士昏礼》《士冠礼》《乡射礼》等几部真人实物实景电视节目，都是以现代影像技术展示三礼学内容的影视作品的成功尝试。这类成果以影像的方式保存了现代学术界尝试复原《仪礼》古礼的重要成果，可以看作是对传统礼图学的创新性发展。

以上所述现代礼图学的两个重要特点，实际上也体现了我国现代礼图学的发展趋势。毫无疑问，利用考古资料和影像技术进行礼图学研究还只是刚刚起步，还有许多研究领域需要进一步开拓。

（本文原刊于《山东省社会主义学院学报》2018 年第 5 期）

《孝经》在儒家经典体系中的地位变迁

——以两汉魏晋南北朝时期为讨论中心

丁 鼎

　　《孝经》是一部专门论述孝道与孝治的著作，是儒家十三经之一，在儒家经典体系中占有非常独特而且重要的地位。

　　在儒家十三经中，《孝经》篇幅最小，只有 1903 字，而其他经典都在万字以上。[①] 值得注意的是《孝经》本来不在"五经"之列，但在汉晋时期逐渐完成了经典化过程，正式立于学官，设置了博士。甚至在南北朝时期曾一度被列于"群经之首"。此外，《孝经》是十三经中唯一一部由历代多位皇帝（东

[①] 南宋郑耕老曾统计各种经典字数如下：《毛诗》：39224 字；《尚书》：今、古文合 25700 字；《周礼》：45806 字；《礼记》：99020 字；《周易》：24207 字；《左传》：196845 字；《论语》：12700 字；《孟子》：34685 字；《孝经》：1903 字。参见朱彝尊：《经义考》卷二九六《通说二》，北京：中华书局，1998 年版，第 1517 页。

晋元帝、孝武帝，梁武帝、简文帝和唐玄宗等）亲自作注并颁行天下的儒家经典。在唐宋时期形成的儒家经典精华集成《十三经注疏》中，其他十二种经典的注本都是选用汉晋旧注，而只有《孝经》一种选用唐人新注，即唐玄宗《孝经注》，号称"御注"。由此可见《孝经》在儒家经典体系中的特殊性和重要性。

20 世纪初，随着社会的转型和新文化运动的兴起，《孝经》与其他儒家经典一起失去了作为社会纲纪理论的地位，有关研究也逐渐衰微。而随着社会主义文化建设事业的深入发展，学界对《孝经》的研究呈现出复苏乃至兴盛的景象。尤其是进入 21 世纪以来，学界对《孝经》的研究越来越广泛、深入，一些学者发表了关于《孝经》研究的成果，内容涉及《孝经》的成书时代、作者、版本和历代（孝经）学术史，以及《孝经》的语言特点、思想内涵等各个方面。尤其值得称道的是，近年来出现了两部有关《孝经》学术史研究的学术专著：一部是四川大学舒大刚教授撰写的《中国孝经学史》[1]，另一部是清华大学陈壁生教授撰写的《孝经学史》[2]。这两部《孝经》学术史研究的专著，对《孝经》学术史的发展和流变进行了较为全面、系统的考察和论述，在《孝经》学术史研究中占据重要地位。

《孝经》这样一部篇幅如此之小的经典为什么会在儒家经典体系中占有如此独特而重要的地位？本文拟在前贤时修有关论述的基础上，对汉魏两晋南北朝时期《孝经》在儒家经典体系中的地位变迁进行一番简要的考察和探讨。

一、汉代以孝治天下政策的实施，推动《孝经》在西汉时即已取得与"六经"并列的准经典的地位

孔子整理传承下来的《诗》《书》《礼》《乐》《易》《春秋》六部儒家经典是儒家思想体系的主要载体。《孝经》本来不在六经之数，但由于汉代奉

---

① 舒大刚：《中国孝经学史》，福州：福建人民出版社，2013 年。

② 陈壁生：《孝经学史》，上海：华东师范大学出版社，2015 年。

行"以孝治天下"国策，统治者非常推崇《孝经》，使得《孝经》在汉代几乎达到了可以与六经比肩的地位。正如窦秀艳教授所说："汉代吸取秦亡的教训，特别重视人伦孝道，宣扬'以孝治天下'，力图通过孝治，重建社会伦理秩序，加强宗法统治。因此汉朝统治者制定了一系列措施，从中央到地方都学习《孝经》，提倡孝道，褒奖孝行，把孝行作为选拔官员的标准等，极大地鼓舞了世人学习《孝经》的热情。"①

为了推行"以孝治天下"的国策，汉王朝相应地在选官制度中设置了"举孝廉"科目。所谓"举孝廉"，就是要求各郡国向朝廷推举具备孝、廉德行的人士充任官员。汉代选官制度的主体是察举制，分科选拔人才，其中最主要的科目就是"举孝廉"。汉武帝接受董仲舒的建议，于元光元年（前134年）初实行举孝廉制度②。就是从各地选拔具备孝、廉德行的人士充任官员。正因为汉代秉持"以孝治天下"的原则，而《孝经》又是集中宣传孝道的著作，因此受到了朝廷的高度重视和广泛宣传。据《后汉书》记载：东汉学者荀爽在对策中说："汉为火德……故其德为孝……故汉制使天下诵《孝经》，选吏举孝廉。"③由此可知，为了配合举孝廉，当时朝廷布置在全国范围内推行诵读、学习《孝经》的活动。这类活动无疑大大提高了《孝经》的政治地位和学术地位。

西汉哀帝年间，刘歆奉诏继承父亲刘向之事业，校理中秘图书，并在刘向所撰《别录》的基础上，撰成《七略》这部具有划时代意义的目录学著作。后来东汉明帝时班固任兰台令史、典校秘书，对刘歆《七略》"删去浮冗，取其指要"④，编纂成我国历史上第一部史志目录《汉书·艺文志》。虽然《七

---

① 窦秀艳：《从历代史志著录顺序的不同看〈论语〉〈孝经〉的经部地位》，《孔子研究》2003年第2期，第115页。

② 徐天麟：《西汉会要》卷四十五《选举下》，上海：上海古籍出版社，1977年版，第521—522页。

③ 范晔：《后汉书》卷六二《荀韩钟陈列传》，北京：中华书局，1962年版，第2051页。

④ 班固：《汉书》卷三十《艺文志》颜师古注，北京：中华书局，1962年版，第1702页。

略》一书已经亡佚，但由于《汉书·艺文志》是取《七略》之"指要"而成书，因此我们可以从《汉书·艺文志》中窥见《孝经》在西汉时期的社会地位和学术地位。《汉书·艺文志》依照《七略》之体例，将书籍分为六艺、诸子、诗赋、兵书、数术、方技等六略（即六部）。六略中，六艺居首，六艺也即六经，《艺文志》"序六艺九种"，依次为：《易》《书》《诗》《礼》《乐》《春秋》《论语》《孝经》《小学》。由此可以推知，在刘歆《七略》的文献体系中，《孝经》属于六艺略，与《诗》《书》《礼》《乐》《易》《春秋》六经并列，而不属于诸子略，其地位远高于《老子》《管子》《墨子》《庄子》《孟子》等其他诸子书。

此外，《汉书·艺文志》中还详列了"六艺九种"之家数：《易》十三家，《书》九家，《诗》六家，《礼》十三家，《乐》六家，《春秋》二十三家，《论语》十二家，《孝经》十一家，《小学》十家。《孝经》有十一家之多，仅次于《春秋》的二十三家、《易》与《礼》的十三家和《论语》十二家，位居第五。虽然不能以家数之多寡来判定各种典籍的地位，但《孝经》的家数高居"六艺九种"的第五位，也从一定程度上反映了《孝经》地位之高，及其在西汉时期研究之盛况，从一个侧面说明西汉时期《孝经》的地位及其重要性基本上与《诗》《书》《礼》《乐》《易》《春秋》等"六艺"（六经）不相上下。

虽然在《七略》中《孝经》取得了与"六经"并列的地位，但由于《孝经》在汉代一直未被列于学官、设博士，因而其地位与"六经"相比，毕竟还稍逊一筹，所以只能算是"准经典"。

需要说明的是：《孝经》一书在汉文帝时曾与《论语》《孟子》等设置博士。据赵岐《孟子题辞》曰："汉兴，除秦虐禁，开延道德，孝文皇帝欲广游学之路，《论语》《孝经》《孟子》《尔雅》皆置博士，后罢传记博士，独立五经而已。"[①] 按赵岐之说，《孝经》在汉文帝时和《论语》《孟子》《尔雅》一起被立于学官，设置了"博士"，也就是学术史上通常说的"传记博士"。后来汉武帝设立五经博士后，罢黜"传记博士"。但《孝经》的地位和影响并没有

---

① 赵岐：《孟子注释题辞解》，载于《孟子注疏》卷首，影印《十三经注疏》本，北京：中华书局，1980 年版，第 2663 页。

因此而受到太大的影响，诚如王国维在《汉魏博士考》中所说："至《论语》《孝经》，则以受经与不受经者皆诵习之，不宜限于博士而罢之者也。"① 值得注意的是，汉人特别尊崇《孝经》。如清儒皮锡瑞《经学历史》考证说：

> 《六经》之外，有《孝经》，亦称经。《孝经纬钩命诀》"孔子曰：吾志在《春秋》，行在《孝经》。"又曰："《春秋》属商，《孝经》属参。"是孔子已名其书为《孝经》。其所以称经者，《汉书·艺文志》曰："夫孝，天之经，地之义，民之行也。举大者言，故曰《孝经》。"郑注《孝经序》曰："《孝经》者，三才之经纬，五行之纲纪。孝为百行之首；经者，不易之称。"郑注《中庸》"大经大本"曰："大经谓《六艺》，而指《春秋》也；大本，《孝经》也。"汉人推尊孔子，多以《春秋》《孝经》并称。《史晨奉祀孔子庙碑》云："乃作《春秋》，复演《孝经》。"《百石卒史碑》云："孔子作《春秋》，制《孝经》。"盖以《诗》《书》《易》《礼》为孔子所修，而《春秋》《孝经》乃孔子所作也。郑康成《六艺论》云："孔子以《六艺》题目不同，指意殊别，恐道离散，后世莫知根源，故作《孝经》以总会之。"据郑说，是《孝经》视诸经为最要，故称经亦最先。魏文侯已有《孝经传》，是作传者亦视诸经为先，与子夏《易传》同时矣。二书，《艺文志》皆不载。②

综上所述，可知汉人确实往往把《孝经》与《春秋》等儒家六经相提并论，甚至在郑玄看来，"《孝经》视诸经为最要"。而在近人王国维看来，"汉时《论语》《孝经》之传，实广于五经，不以博士之废置为盛衰也。"③

二、汉代谶纬的兴起对《孝经》经典化的推进和加强

谶纬是指附经而行的或假托孔子之语，或以怪力乱神之说阐释儒家经典的图书。这类图书盛行于两汉时期，形成了两汉时期的一种重要社会思潮，

---

① 王国维：《观堂林集》，北京：中华书局，1959年版，第178页。

② 皮锡瑞：《经学历史》，北京：中华书局，1959年版，第41页。

③ 王国维：《观堂林集》，北京：中华书局，1959年版，第182页。

《孝经》在儒家经典体系中的地位变迁——以两汉魏晋南北朝时期为讨论中心

甚至可以说是两汉时期国家意识形态的主体内容。汉代出现的纬书对于《孝经》特别推崇，甚至假托孔子阐释《孝经》的重要意义。如《孝经钩命诀》曰："孔子在庶，德无所施，功无所就，志在《春秋》，行在《孝经》是也。"[①] 这就把《孝经》提升到了孔子思想体系的核心地位来看待了！

汉代各种纬书不仅特别重视《孝经》与《春秋》，而且还以神话的笔法强调和神化了孔子亲自造作了《孝经》与《春秋》这两部儒家经书。如《孝经援神契》神化孔子作《孝经》说：

> 鲁哀公十四年，孔子夜梦三槐之间，丰、沛之邦，有赤烟气起。乃呼颜渊、子夏往视之。驱车到楚西北范氏街，见刍儿捕麟，伤其左前足，薪而覆之。……孔子作《春秋》，制《孝经》，既成，使七十二弟子向北辰星罄折而立，使曾子抱《河》《洛》事北向。孔子斋戒向北辰而拜，告备于天曰："《孝经》四卷，《春秋》《河》《洛》凡八十一卷，谨已备。"[②]

两汉的谶纬运动除了依附"六经"（"五经"）造作了许多纬书之外，也围绕《孝经》与《论语》造作了一些相应的纬书，并与其他经书的纬书合称为《七纬》，从而将《孝经》与《论语》与"六经"（"五经"）并称为"七经"。

据考证，目前从相关文献辑佚的"孝经纬"主要有如下 13 种：《孝经援神契》《孝经中契》《孝经左契》《孝经右契》《孝经钩命决》《孝经内事》《孝经内事图》《孝经河图》《孝经中黄谶》《孝经威嬉拒》《孝经古秘》《孝经雌雄图》《孝经雌雄三光占》等。

需要注意的是：与纬书相关联，东汉时期出现了"七经"说。如《后汉书·赵典传》李贤注引谢承《后汉书》曰："（赵）典学孔子七经、河图、洛

---

① 徐彦：《春秋公羊传注疏》卷首何休《序》中徐疏所引，影印《十三经注疏》本，北京：中华书局，1980 年版，第 2190 页。

② 孙毅辑：《古微书》卷二十九《孝经援神契》，影印文渊阁《四库全书》第 194 册，台北：台湾商务印书馆，1987 年版，第 1014 页。又载于沈约：《宋书》卷二十七《符瑞志》上，北京：中华书局，1974 年版，第 766 页。

书，内外艺术，靡不贯综，受业者百有余人。"① 这里所谓的"七经"显然是在"六艺"（六经）基础上的扩展。其中是否包括《孝经》呢？对此，后世有不同的理解，有人认为是"六经"加《孝经》；也有人认为是"六经"加《论语》。甚至唐代章怀太子李贤在注《后汉书》时就有不同的解释：

（1）"六经"加《孝经》说：《后汉书·方术列传·樊英传》载："樊英字季齐，南阳鲁阳人也。少受业三辅，习京氏《易》，兼明五经，又善风角、星算、河洛七纬、推步灾异。"李贤注曰："七纬者，《易》纬《稽览图》《乾凿度》《坤灵图》《通卦验》《是类谋》《辨终备》也；《书》纬《璇机钤》《考灵耀》《刑德放》《帝命验》《运期授》也；《诗》纬《推度灾》《记历枢》《含神务》也；《礼》纬《含文嘉》《稽命征》《斗威仪》也；《乐》纬《动声仪》《稽耀嘉》《汁图征》也；《孝经》纬《援神契》《钩命决》也；《春秋》纬《演孔图》《元命包》《文耀钩》《运斗枢》《感精符》《合诚图》《考异邮》《保乾图》《汉含孳》《佑助期》《握诚图》《潜潭巴》《说题辞》也。"② 两汉时期的"纬书"或"谶纬"都是附经而行的，是两汉时期一些方士化的儒生和儒学化的方士假托孔子或黄帝、尧、舜等神圣人物用阴阳五行、天人感应、符命等神学迷信观点对《诗》《书》《易》《礼》《春秋》等儒家经典进行解释和阐发的著作。上引这段李贤注将《孝经》纬列于"七纬"之中，准此可以推知《孝经》当时已被列于儒家经典之列。既然当时有人将《孝经》纬列于"七纬"之中，那么似乎可以推断当时可能也有人将"六经"加《孝经》合称为"七经"。

（2）"六经"加《论语》说：《后汉书·张纯传》有言："纯以圣王之建辟雍，所以崇尊礼义，既富而教者也。乃案七经谶、明堂图、河间《古辟雍记》、孝武太山明堂制度，及平帝时议，欲具奏之。"唐李贤注曰："谶，验也。解

① 范晔：《后汉书》卷二十七《赵典传》李贤注所引，北京：中华书局，1965年版，第947页。
② 范晔：《后汉书》卷八十二上《方术列传·樊英传》，北京：中华书局，1965年版，第2721—2722页。

见《光武纪》。七经谓《诗》《书》《礼》《乐》《易》《春秋》及《论语》也。"①

对于李贤注的两种不同解释。清人姚振宗按断说："章怀太子言《七经纬》有《孝经》无《论语》，言《七经谶》反是。而《七经纬》及图书中《孝经》义者独多，似《孝经》《论语》并合而为'七经'也。"②

综上所述，可知东汉时期出现的包括《孝经》在内的"七经"说，一方面说明"七经说"与谶纬的兴起有关；另一方面说明当时社会上已普遍将《孝经》看作与"五经"并列的经典了。

东汉史籍中多有包含《孝经》的"七经"之说。而后世学者多认为这是"五经"加上《论语》和《孝经》。甚至有人认为《孝经》与《论语》在东汉时也曾被立于学官。如皮锡瑞《经学历史》曰："《孝经》虽名为经，而汉人引之亦称传，以不在六艺之中也。汉人以《乐经》亡，但立《诗》《书》《易》《礼》《春秋》五经博士，后增《论语》为六，又增《孝经》为七。"③刘师培则曰："西汉之时，或称'六经'，或称'六艺'。厥后《乐经》失传，始以《孝经》《论语》配'五经'，称为'七经'。"④

另外，需要注意的是，虽然在汉代《孝经》与《论语》都很受社会的重视和尊崇，但根据汉代简策的规格似乎可以判定当时《孝经》的地位应该高于《论语》。古代简牍制度"以策之大小为书之尊卑"⑤，东汉简牍制度规定《孝经》之策长于《论语》之策。《仪礼·聘礼》孔疏曰："郑作《论语序》云：'《易》《诗》《书》《礼》《乐》《春秋》，策皆尺二寸，《孝经》谦，半之，《论

---

① 范晔：《后汉书》卷三十五《张纯传》，北京：中华书局，1965年版，第1196页。

② 姚振宗：《隋书经籍志考证》卷九《经部九·异说类》，载于王承略、刘心明主编：《二十五史艺文经籍志考补萃编》第十五卷第一册，北京：清华大学出版社，2014年版，第415页。

③ 皮锡瑞：《经学历史》，北京：中华书局，1959年版，第67—68页。

④ 刘师培：《经学教科书》第一课《经学总述》，《刘申叔遗书》本，南京：江苏古籍出版社，1997年版，第2074页。

⑤ 王国维：《简牍检署考》，《王国维遗书》第六册，上海：上海书店出版社，1983年版，第81页。

语》八寸策者，三分居一，又谦焉。'"①

按：这段孔疏中所引郑注所说的六经简策长度"尺二寸"有误，当为"二尺四寸"。阮元《校勘记》曰：

按《春秋序》疏云："郑玄注《论语序》以《钩命决》云'《春秋》二尺四寸书之，《孝经》一尺二寸书之'。故知'六经'之策皆称长二尺四寸。"然则此云："尺二寸"，乃传写之误，当作"二尺四寸"。下云："《孝经》谦半之"，乃一尺二寸也。又云"《论语》八寸策者，三分居一，又谦焉"，谓《论语》八寸，居六经三分之一，比《孝经》更少四寸，故云又谦焉。"②

然则可知东汉时《孝经》之策长一尺二寸，而《论语》之策只有八寸长，从而可知当时《孝经》的地位应该是高于《论语》的。

三、两晋南北朝帝王的推崇和研习提升了《孝经》的经典地位

到了两晋六朝时期，历代政府继续承袭汉代以孝治天下的国策，许多皇帝和皇太子还身体力行地宣讲和研究《孝经》。两晋南北朝各朝正史中，有关各朝皇帝、皇太子研习、宣讲和注疏《孝经》的记载纷见迭出，不胜枚举。这一现象成为本时期一种很独特的文化现象。

两晋六朝时期，政权交替频仍，战乱不断。这种政治气候直接导致了经学的衰落。然而《孝经》的研究在这种特殊的时代氛围中却显示出逆势而上之势，明显的表现就是许多帝王和皇太子对《孝经》显示出极大兴趣，并直接参加到研究者的行列。具体说来，这一时期，帝王和皇太子亲自参与研习《孝经》主要有如下代表性的事例：

（一）多位皇帝亲自撰写有关《孝经》的著述

据清四库馆臣考证："考历代帝王注是经者，晋元帝有《孝经传》，晋孝

---

① 孔颖达：《仪礼注疏》卷二十四，影印《十三经注疏》本，北京：中华书局，1980年版，第1072页。

② 孔颖达：《仪礼注疏》卷二十四，影印《十三经注疏》本，北京：中华书局，1980年版，第1076页。

武帝有《总明馆孝经讲义》，梁武帝有《孝经义疏》，今皆不存。惟唐玄宗御注列十三经注疏中，流传于世。"① 由此可知晋梁时期东晋元帝撰写过《孝经传》，东晋孝武帝撰写过《总明馆孝经讲义》，梁武帝撰写过《孝经义疏》。据《隋书·经籍志》记载："《孝经义疏》十八卷，梁武帝撰。梁有皇太子讲《孝经义》三卷，天监八年皇太子讲《孝经义》一卷。梁简文《孝经义疏》五卷……"② 由此可知萧梁时期，梁武帝与简文帝分别撰写有《孝经义疏》。

（二）许多皇帝亲自讲习《孝经》

两晋南北朝时期，许多皇帝亲自参与《孝经》的讲习，表现出对《孝经》的极大兴趣。如《晋书·穆帝纪》多次提到晋穆帝讲《孝经》的事例："（永和十二年）二月辛丑，帝讲《孝经》"③，"（升平元年）三月，帝讲《孝经》。壬申，亲释奠于中堂。"④《晋书·孝武帝纪》也记载："（宁康三年）九月，帝讲《孝经》。"⑤ 当时皇帝讲《孝经》的仪式颇为隆重，如晋孝武帝讲《孝经》的场面史书有这样的记载："宁康初，以（车）胤为中书侍郎，关内侯。孝武帝尝讲《孝经》，仆射谢安侍坐，尚书陆纳侍讲，侍中卞耽执读，黄门侍郎谢石、吏部郎袁宏执经。（车）胤与丹阳尹王混摘句，时论荣之。"⑥ 据《梁书·朱异传》记载："高祖召见，使说《孝经》《周易》义，甚悦之。……仍召异直西省，俄兼太学博士。其年，高祖自讲《孝经》，使异执读。"⑦ 由此可知梁武帝萧衍不仅非常重视《孝经》，而且也曾亲自讲过《孝经》。

北魏皇帝也多有讲《孝经》者。如《魏书·世宗纪》记载："（正始三年）十有一月甲子，帝为京兆王愉、清河王怿、广平王怀、汝南王悦讲《孝经》于

---

① 永瑢等撰：《四库全书总目》卷三二《经部·孝经类存目》，北京：中华书局，1965年版，第266页。

② 魏征等：《隋书》卷三二《经籍志一》，北京：中华书局，1973年版，第934页。

③ 房玄龄等：《晋书》卷八《穆帝纪》，北京：中华书局，1974年版，第201页。

④ 房玄龄等：《晋书》卷八《穆帝纪》，北京：中华书局，1974年版，第202页。

⑤ 房玄龄等：《晋书》卷九《孝武帝纪》，北京：中华书局，1974年版，第227页。

⑥ 房玄龄等：《晋书》卷八三《车胤传》，北京：中华书局，1974年版，第2177页。

⑦ 姚思廉：《梁书》卷三八《朱异传》，北京：中华书局，1973年版，第538页。

式乾殿。"① 按这里所谓的京兆王愉、清河王怿、广平王怀、汝南王悦都是北魏世宗元恪的兄弟，元恪亲自为其兄弟诸王讲《孝经》，显示他对《孝经》的重视。此外，《魏书》卷五五记载："出帝初，（刘廞）除散骑常侍，迁骠骑大将军，复领国子祭酒。出帝于显阳殿讲《孝经》，（刘）廞为执经。虽酬答论难未能精尽，而风采音制足有可观。"② 可知北魏末代皇帝元修（出帝、孝武帝），也曾讲过《孝经》。

（三）皇太子讲习《孝经》者更是屡见不鲜

两晋南北朝时期，历代皇帝普遍推崇《孝经》，不仅有许多皇帝亲自讲习《孝经》，而且当时许多帝王还经常布置皇太子讲习《孝经》。如《宋书·礼志四》记载："晋武帝泰始七年（271年），皇太子讲《孝经》通。""宋文帝元嘉二十二年（445年）四月，皇太子讲《孝经》通，释奠国子学，如晋故事。"③ 由此可知晋武帝与宋文帝都曾安排皇太子讲《孝经》，而且在当时似乎已形成惯例。《晋书·潘岳传》附《潘尼传》所载潘尼《释奠颂》记载："元康元年冬十二月，上以皇太子富于春秋，而人道之始莫先于孝悌，初命讲《孝经》于崇正殿。"④ 按元康为晋惠帝年号，由此可知晋惠帝曾诏令太子讲《孝经》。又据《梁书·昭明太子列传》记载："昭明太子统，……生而聪睿，三岁受《孝经》《论语》，五岁遍读五经，悉能讽诵。……（天监）八年九月，于寿安殿讲《孝经》，尽通大义。"⑤ 由此可知梁昭明太子萧统三岁就接受《孝经》教育，不到十岁时就能讲《孝经》。又据《北齐书·儒林列传》记载："武平中，皇太子将讲《孝经》，有司请择师友，帝曰：'马元熙朕师之子，文学不恶，可令

---

① 魏收：《魏书》卷八《世宗纪》，北京：中华书局，1974年版，第203页

② 魏收：《魏书》卷五五《刘芳列传》附《刘廞列传》，北京：中华书局，1974年版，第1227—1228页。

③ 沈约：《宋书》卷十七，北京：中华书局，1974年版，第485页。

④ 房玄龄等：《晋书》卷五五《潘岳传》附《潘尼传》，北京：中华书局，1974年版，第1510页。

⑤ 姚思廉：《梁书》卷八《昭明太子列传》，北京：中华书局，1973年版，第165页。

教儿.'于是以《孝经》入授皇太子".① 按武平是北齐后主高纬年号,由此可知北齐后主高纬虽粗鄙少文,但也曾为其太子择师教习《孝经》。

综上所述,可知两晋南北朝时期历代帝王普遍推崇《孝经》。当时不仅许多皇帝亲自讲习《孝经》,而且历代帝王几乎都把《孝经》研习作为太子教育的常规内容。这样就势必促进《孝经》在儒家经典体系中的地位提升。

四、《孝经》博士的设置与《孝经》经典地位的确立

前已述及,《孝经》自汉文帝时开始立博士,到武帝时因独尊五经而被罢黜,但"经师授经,亦兼授《孝经》《论语》,犹今日大学之或有预备科矣。然则汉时《论语》《孝经》之传,实广于五经,不以博士之废置为盛衰也"②。其实,从魏晋南北朝《孝经》的研究情况来看,大抵亦如此。这一时期,虽然由于朝代更替频繁,国学时废时兴,但学界对《孝经》的研究不仅未受到大的影响,甚至这一时期比汉代更重视《孝经》了。比如《孝经》博士的设置即可说明这一点。

汉武帝罢黜传记博士后,《孝经》复立博士当在西晋武帝时期。《晋书》卷七五《荀崧传》记载:"(东晋)元帝践阼,征拜尚书仆射……转太常。时方修学校,简省博士。置《周易》王氏、《尚书》郑氏、《古文尚书》孔氏、《毛诗》郑氏、《周官》《礼记》郑氏、《春秋左传》杜氏服氏、《论语》《孝经》郑氏博士各一人,凡九人。其《仪礼》《公羊》《穀梁》及郑《易》,皆省不置。"③ 而当时荀崧不同意简省《仪礼》《公羊》《穀梁》及郑《易》博士,因而上书说:"世祖武皇帝应运登禅,崇儒兴学。经始明堂,营建辟雍……太学有石经古文先儒典训。贾、马、郑、杜、服、孔、王、何、颜、尹之徒,章句传注众家之学,

---

① 李百药:《北齐书》卷四四《儒林·马敬德列传》附《马元熙列传》,北京:中华书局,1973年版,第591页。

② 王国维:《汉魏博士考》,《观堂集林》卷四,北京:中华书局,1959年版,第181—182页。

③ 房玄龄等:《晋书》卷七五《荀崧传》,北京:中华书局,1974年版,第1976—1977页。

置博士十九人。九州之中,师徒相传,学士如林。"[1]

从上述记载可以推出如下两条结论:

西晋时已设置包括《孝经》在内的各经博士共有十九人,至东晋元帝时简省为九博士。

东晋元帝恢复博士制度时,将西晋时期的十九博士简省为九博士,但《孝经》博士仍然位列九博士之中,不在简省之列。在如此大的简省幅度中,《孝经》博士仍然保留下来了,可见《孝经》在当时的地位是相当高的,甚至超过了《仪礼》《公羊》《穀梁》及《易》的地位。

南北朝时也多见《孝经》立于学官的记载。《宋书·百官志》载:"国子祭酒一人,国子博士二人,国子助教十人。《周易》《尚书》《毛诗》《礼记》《周官》《仪礼》《春秋左氏传》《公羊》《穀梁》各为一经,《论语》《孝经》为一经,合十经。"[2]这说明《论语》在刘宋时位列"十经"之列。只是由于《论语》与《孝经》篇幅简短,因而二者合为一经,但这丝毫不影响其"经"的地位。

《隋书·经籍志·孝经》记述:"梁代,安国及郑氏二家,并立国学。而安国之本,亡于梁乱。陈及周、齐,唯传郑氏。"这说明当时不仅南朝设置了《孝经》博士,而且北周、北齐也都设置了《孝经》博士。

尤其值得注意的是,《周书·高昌传》有这样一段记载:"文字亦同华夏,兼用胡书。有《毛诗》《论语》《孝经》,置学官弟子,以相教授。虽习读之,而皆为胡语。"[3]这说明连当时少数民族建立的高昌国也将《孝经》与《毛诗》《论语》等儒家经典一起立于学官。

五、王俭《七志》把《孝经》列为"群经之首",从而强化和确立了《孝经》在儒家经典体系中的重要地位

南朝齐王俭更是在其目录学著作《七志》中直接将《孝经》列于群经之首。

---

[1] 房玄龄等:《晋书》卷七五《荀崧传》,北京:中华书局,1974年版,第1977页。

[2] 沈约:《宋书》卷三九《百官上》,北京:中华书局,1974年版,第1228页。

[3] 令狐德棻等:《周书》卷五十《异域传·高昌》,北京:中华书局,1971年版,第915页。

据陆德明《经典释文·叙录》记载："王俭《七志》，《孝经》为初。"[1] 这说明将《孝经》列于群经之首的排列方法始见于王俭的《七志》。

王俭这样推崇《孝经》，肯定不是一时心血来潮，率尔为之，而必当有其理论准备，一定是对《孝经》当时社会地位的反映。

魏晋南北朝时期，历代政府对《孝经》的推崇和倡导，致使当时有关《孝经》的著述大量出现。"据《隋书·经籍志》等著录，魏晋南北朝三百七十年间，有经学著作652部、5371卷，多为南朝作品。虽然平均每年不到两种，但是日积月累，斐然成章，尚得《易》学著作94种，《尚书》学著作41种，《诗》学著作76种，《春秋》学著作130种，《礼》学著作211种，《孝经》学著作100余种。"[2] 值得注意的是当时《孝经》学著述的数量大大超过了《易》学著作、《尚书》学著作和《诗》学著作的数量，而仅次于三《礼》学和《春秋》三传研究著作的数量。考虑到"三《礼》"和"《春秋》三传"都是三部著作，因此可以说《孝经》在当时的儒家经典体系中是最受关注、最受推崇的儒家经典。当时王俭在其目录学著作《七志》中把《孝经》列于群经之首，当就是对这种情况的主观认识和客观反映。王俭此举在某种意义上可以说强化和确立了《孝经》在儒家经典体系中的重要地位。与王俭《七志》中把《孝经》列于群经之首相对应，南朝梁沈约在编纂《宋书》时，创立了"孝义列传"这类人物总传，记述表彰了二十多位著名人物的孝行事迹。沈约《宋书》开纪传体正史设置"孝义（孝行）"类人物总传的先河。此后，南北朝各代正史（除《北齐书》以外）均设有此类孝义人物总传。如《南齐书》有《孝义列传》，《梁书》有《孝行列传》，《陈书》有《孝行列传》，《魏书》有《孝感列传》，《周书》有《孝义列传》。此外，臧荣绪《晋书》与唐修《晋书》均有《孝友传》[3]。这种"孝义（孝行）"类人物总传的出现既体现了两晋南北朝时期历代政府推行以

---

[1] 陆德明：《经典释文·序录》，北京：中华书局，1983年版，第3页。

[2] 舒大刚：《中国孝经学史》，福州：福建人民出版社，2013年版，第141页。

[3] 臧荣绪：《晋书》卷十六《孝友传》，参见清汤球辑、杨朝明校补《九家旧〈晋书〉辑本》，郑州：中州古籍出版社，1991年版，第135—136页。

"孝"治天下的国策影响下的社会风尚，又从另一个角度反映了《七志》把《孝经》列于"群经之首"的社会文化原因。

余论

两汉魏晋南北朝时期实现了《孝经》由准经典向经典转化的过程。两晋以后《孝经》博士的设立则正式确立了《孝经》的经典地位。而王俭《七志》将《孝经》列于"群经之首"则体现了《孝经》经典地位的巩固和强化。此后，《孝经》得到历代王朝政府的推崇和重视。如唐宋时期编纂完成的《十三经注疏》，其中十二种都是选用汉晋人所作古注，只有《孝经注》为唐玄宗"御注"。据《唐会要》记载："十年六月二日上注《孝经》颁于天下及国子学。至天宝二年五月二十二日，上重注亦颁于天下。"[1] 由此可知，唐玄宗非常重视《孝经》，曾先后两次亲自为《孝经》作注，并"颁于天下"。

汉唐时期虽然儒家经学体系的基础是五经系统，但《孝经》被看作基础性经典。正如郑玄《六艺论》所说："孔子以六艺题目不同，指意殊别，恐道离散，后世莫知根源，故作《孝经》以总会之。"[2] 到宋代，在程朱理学的影响下，《四书》的地位大幅度提升，而"五经"与《孝经》的地位相应地有所下降。"正因为朱子认为《大学》已解奠定了一切书的根基，读《四书》是读其他一切的基础，在通往五经的道路上，《孝经》已经没有任何地位。也就是说，拆解了汉唐注疏所构成的经学体系之后，在宋明理学视野中，为五经提供门径的不再是《孝经》，而是《四书》。"[3] 不过，《孝经》的地位在宋代虽有所下降，但仍有学者认为《孝经》的思想内容非常重要，位居"群经之首"。如北宋范祖禹《进古文孝经说札子》说："愚窃以圣人之行，莫先于孝；书，莫先于《孝经》。……伏惟陛下方以孝治天下，此乃群经之首、万行之宗，傥

---

① 王溥：《唐会要》卷三六《修撰》，上海：上海古籍出版社，2016年版，第767页。

② 郑玄《六艺论》原书已佚，转引自邢昺《孝经注疏》卷首"御制序并注"下邢疏，影印《十三经注疏》本，北京：中华书局，1980年版，第2539页。

③ 陈壁生：《孝经学史》，上海：华东师范大学出版社，2015年版，第270页。

留圣心则天下幸甚。"①

在《四书》学风行天下的大背景下，明代许多学者为维护和提升《孝经》的地位而提出《孝经》与《论语》《孟子》《大学》和《中庸》相辅相成的论断。如余时英在《孝经集义序》中说："昔者夫子与群弟子论求仁者不一而足。而于《论语》首篇直以孝弟为为仁之本；《孟子》七篇所撰无非仁义，要其实总归于事亲从兄；《大学》以孝者所以事君，为治国平天下之要；《中庸》亦以为政在于修身，而归之亲亲为大。由是而观，则知《四书》固道德之蕴奥，若《孝经》一书又所以立其本而养正焉者也。"② 赵镗《孝经集义后序》则曰："是书关涉世教，与《大学》相表里。"③ 黄道周则在《孝经集传》序言中说："臣观《孝经》者道德之渊源，治化之纲领也。六经之本皆出《孝经》，而《小戴》四十九篇、《大戴》三十六篇、《仪礼》十七篇，皆为《孝经》疏义。"④ 黄道周认为《孝经》是六经之本，是国家治理和教化的纲领。并认为大小戴《礼记》与《仪礼》为《孝经》的解释性的注疏之作，从而将《孝经》与礼融合，提升了《孝经》的地位。

综上所述，可知宋明理学兴起之后，随着《四书》地位的提升，《孝经》在儒家经典体系中的地位有所下降，但宋代以降的历代学者为维护《孝经》的经典地位进行了多方面的努力。尤其值得注意的是，继唐玄宗为《孝经》作注之后，清代顺治帝颁行《御定孝经注》一卷，雍正帝颁行《御纂孝经集注》一卷，此外还有顺治帝与康熙帝接力完成的《御定孝经衍义》一百卷。由此可见清王朝对《孝经》的尊崇。康熙帝在《御定孝经衍义·序》中说："自昔

① 范祖禹：《范太史集》卷十四，影印文渊阁《四库全书》第 1100 册，台北：台湾商务印书馆，1986 年版，第 205 页。

② 余时英：《孝经集义序》，载于〔明〕朱鸿编《孝经总类》酉集，《续修四库全书》第 151 册，上海：上海古籍出版社，2002 年版，第 231 页。

③ 赵镗：《孝经集义后序》，载于〔明〕朱鸿编《孝经总类》酉集，《续修四库全书》第 151 册，上海：上海古籍出版社，2002 年版，第 232 页。

④ 黄道周：《孝经集传·序》，影印文渊阁《四库全书》第 182 册，台北：台湾商务印书馆，1986 年版，第 157 页。

圣王以孝治天下之义，而知其推之有本，操之有要也。夫孝者百行之源，万善之极。……世祖章皇帝弘敷孝治，懋昭人纪，特命纂修《孝经衍义》，未及成书。朕缵承先志，诏儒臣搜讨编辑，……书成，凡一百卷，镂版颁行，并制叙言冠于简端。庶几嘉与海内共遵斯路，家修子弟之职，人奉亲长之训，协气旁流，休风四达，以成一代敦厚鸿庞之治。斯则朕继述先烈，尊经崇本之志也夫。"① 康熙帝撰写的这段序言不仅陈述了《御定孝经衍义》的写作缘起，而且讲述了本书的宗旨就是"弘敷孝治，懋昭人纪"，"以成一代敦厚鸿庞之治"。也就是继承前代以孝治天下的国策，通过推广、弘扬孝德，培养社会的敦厚风气，从而提高社会凝聚力，达到天下大治的目标。这段序文不仅阐述了康熙帝之所以组织学者编纂《御定孝经衍义》的动因，也在一定程度上阐释了《孝经》自汉迄清一直得到历代王朝尊崇、《孝经》学一直长盛不衰的深层社会原因。

（本文是作者在山东大学儒学高等研究院 2018 年 11 月 2—4 日主办的"现代视域下的儒家孝文化高峰论坛"上所作的学术报告；后发表于《管子学刊》2021 年第 4 期。）

① 叶芳蔼、张英、韩菼等奉敕编：《御定孝经衍义》卷首康熙《御制孝经衍义序》，影印文渊阁《四库全书》第 718 册，台北：台湾商务印书馆，1986 年版，第 1 页。

《孝经》在儒家经典体系中的地位变迁
——以两汉魏晋南北朝时期为讨论中心

《论语》何时成为经典考论
——兼与秦晖先生商榷

丁　鼎　刘文剑

　　《论语》在儒家文献体系中占有非常重要的地位，但《论语》何时被列于儒家经典却是现代学术界一个有争议的话题。清华大学秦晖先生十几年前发表《〈论语〉是怎么成为经典的？》一文，认为《论语》直到宋代才成为经典。他说："其实孔子以后很长（长达千年以上）一段时间，《论语》虽然被儒者看作一部重要的书，但在宋以前，儒家的人是没有把它当作经典的。那时儒家崇奉的是《易》《诗》《书》《礼》《乐》和《春秋》'六经'，所谓《乐》是典礼音乐，当时没有记谱法，所以只是口耳相传并无经书。有书的就是'五经'。那时的儒家一直就讲这'五经'或者'六经'。……《论语》的地位绝对无法与'五经'相比。直到北宋中期以后，刘敞首倡'七经'之说，《论语》才首次列入其中。南宋末年，朱熹把《论语》和《孟子》《大学》《中庸》列为'四书'，并抬高至'五经'之前，当时又出现了'十三经'之说，也把《论语》列入。所以，《论语》被尊为经典，并非古儒传统，而是宋明理学的特点。即使把儒家学派当作信奉的对象，《论语》本身在儒家学派中的地位也是值得讨论的。"①

秦文主要结论有二：一是宋以前儒家学者没有把《论语》当作经典，二是北宋刘敞首倡"七经"之说，《论语》才首次列入其中。无独有偶，2017年11月25日，北京师范大学哲学与社会学学院强昱教授在"济南市传统文化研究会成立十周年庆典学术报告"②中也强调指出《论语》在汉代只是相当于《急就章》类的识字课本，直到宋代才被程朱推崇，被列为四书之一，成为经典。秦晖、强昱两位先生均认为《论语》直到宋代才成为经典。考诸有关文献，可知这个结论有悖于史实，似是而非，有进一步探讨的必要！兹具论如下。

一、西汉时期，《论语》的地位近于"六经"

（一）《论语》在西汉初期曾设置博士

赵岐《孟子题辞》曰："汉兴，除秦虐禁，开延道德，孝文皇帝欲广游学之路，《论语》《孝经》《孟子》《尔雅》皆置博士，后罢传记博士，独立五经而已。"③按赵岐之说，《论语》在汉文帝时与《孟子》《尔雅》一起被设立了"博士"，也就是学术史上通常说的"传记博士"。刘歆《移太常博士书》则曰："至孝文皇帝，始使掌故朝错从伏生受《尚书》。《尚书》初出于屋壁，朽折散绝，今其书见在，时师传读而已。《诗》始萌牙。天下众书往往颇出，皆诸子传说，犹广立于学官，为置博士。"④刘歆虽然并没有罗列所立博士之名目，

① 秦晖：《〈论语〉是怎么成为经典的？》，《南方周末》，2007年7月12日 D26 版。
② 该庆典学术报告会于2017年11月25日在山东师范大学齐鲁文化研究院一楼报告厅举行。
③ 孙奭：《孟子注疏》卷首，影印《十三经注疏》本，北京：中华书局，1980年版，第2663页。
④ 班固：《汉书》卷三十六《楚元王传》，北京：中华书局，1962年版，第1968—1969页。

但从其所谓"诸子传说，广立学官，为置博士"来看，《论语》当包含其中，也就是说汉武帝独尊儒术之前，文帝时《论语》即已被立于学官，设置了博士，具有很高的社会地位。后来汉武帝设立五经博士后，罢黜"传记博士"。但《论语》的地位和影响并没有因此而降低和削弱，诚如王国维在《汉魏博士考》中所说："至《论语》《孝经》，则以受经与不受经者皆诵习之，不宜限于博士而罢之者也。"① "然则汉时《论语》《孝经》之传实广于五经，不以博士之废置为盛衰也。"②

(二) 在石渠阁会议上，《论语》曾与五经一起被并列为讨论对象

汉宣帝于甘露三年（公元前 51 年），"诏诸儒讲五经同异，太子太傅萧望之等平奏其议，上亲称制临决焉。乃立梁丘《易》、大小夏侯《尚书》、穀梁《春秋》博士。"③ 这次会议史称石渠阁会议。石渠阁会议是汉代历史上与盐铁会议和白虎观会议齐名的三次著名会议之一。本次会议由皇帝亲自参与，邀请各经各家的主要代表人物与会，规模之盛大、讨论问题之广泛，在中国历史上是前所未有的。本次会议对西汉以来经学领域的许多重大问题进行了较全面深入的讨论和决断，对汉代学术乃至中国古代经学史都有着重大意义。

本次会议主要讨论了《易》《书》《诗》《礼》《春秋》等五经的许多相关问题。会议讨论内容最后形成结论性的记录文件，称为《石渠议奏》。虽然《石渠议奏》后来散佚了，但《汉书·艺文志》"六艺"类文献著录了一百六十五篇《议奏》。其中包括《书议奏》四十二篇（班固自注曰："宣帝时石渠论"）、《礼议奏》三十八篇（班固自注曰："石渠"）、《春秋议奏》三十九篇（班固自注曰："石渠论"）和《五经杂议》十八篇（班固自注曰："石渠论"）。值得注意的是其中还著录有《论语议奏》十八篇（班固自注曰："石渠论"）。这说明在石渠阁会议上除了讨论五经之外，还把《论语》列入讨论

① 王国维：《观堂林集》，北京：中华书局，1959 年版，第 178 页。
② 王国维：《观堂林集》，北京：中华书局，1959 年版，第 182 页。
③ 班固：《汉书》卷八《宣帝纪》，北京：中华书局，1962 年版，第 272 页。

范围，因而形成了《论语议奏》十八篇。由此可见，当时《论语》虽然不在"五经"之数，但其地位已经很接近"五经"。

既然在石渠阁会议上形成了《论语议奏》，那么就可以肯定当有几位《论语》专家出席了本次会议。根据有关文献记述，可以推知当时的《论语》专家韦玄成以淮阳中尉的身份出席了本次会议，而且韦玄成可能就是《论语议奏》的执笔者。据《汉书·韦贤传》（附子玄成传）记载，韦玄成的父亲韦贤（鲁国邹人）是当时著名的兼通《礼》《尚书》和《诗》的著名经师，曾担任丞相。"玄成字少翁，以父任为郎，常侍骑。少好学，修父业。"①《汉书·儒林传》也记载："韦贤治《诗》，事大江公及许生，又治《礼》，至丞相。传子玄成，以淮阳中尉论石渠，后亦至丞相。"②据唐陆德明《论语注解传述人》记述："《论语》者……汉兴，传者则有三家：鲁《论语》者，鲁人所传，即今所行篇次是也。常山都尉龚奋、长信少府夏侯胜、丞相韦贤及子玄成、鲁扶卿、太子少傅夏侯建、前将军萧望之并传之，各自名家。"③实际上韦玄成不仅"修父业"，学习过《礼》《尚书》和《诗》，而且也曾随从父亲学习过鲁《论语》，是当时著名的《论语》专家。宣帝诏开石渠阁会议时，韦玄成曾"受诏，与太子太傅萧望之及《五经》诸儒杂论同异于石渠阁，条奏其对"④。这里所谓"条奏其对"，当就是指韦玄成在石渠阁会议上参与讨论并撰写《论语议奏》而言。

(三) 刘歆将《论语》列于《七略》之"六艺略"

西汉哀帝年间，刘歆奉诏继承父亲刘向之事业，校理中秘图书，并在刘向所撰《别录》的基础上，撰成《七略》这部具有划时代意义的目录学著作。后来东汉明帝时班固任兰台令史、典校秘书，对刘歆《七略》"删去浮冗，取

《论语》何时成为经典考论——兼与秦晖先生商榷

① 班固：《汉书》卷七三《韦贤传》，北京：中华书局，1962 年版，第 3108 页

② 班固：《汉书》卷八十八《儒林传》，北京：中华书局，1962 年版，第 3609 页。

③ 陆德明：《经典释文》卷一《序录·论语注解传述人》，《四部丛刊》本，第 15 页。

④ 班固：《汉书》卷七三《韦贤传》，北京：中华书局，1962 年版，第 3113 页。

其指要"①，编纂成我国历史上第一部史志目录《汉书·艺文志》。虽然《七略》一书已经亡佚，但由于《汉书·艺文志》是取《七略》之"指要"而成书，因此我们可以从《汉书·艺文志》中窥见《论语》在西汉时期的社会地位和学术地位。《汉书·艺文志》依照《七略》之体例，将书籍分为六艺、诸子、诗赋、兵书、数术、方技等六略（即六部）。六略中，六艺居首，六艺也即六经，《艺文志》"序六艺九种"，依次为：《易》《书》《诗》《礼》《乐》《春秋》《论语》《孝经》《小学》。由此可以推知，在刘歆《七略》的文献体系中，《论语》属于六艺略，与《诗》《书》《礼》《乐》《易》《春秋》六经并列，而不属于诸子略，其地位远高于《老子》《管子》《墨子》《庄子》《孟子》等其他诸子书。

此外，《汉书·艺文志》中还详列了"六艺九种"之家数：《易》十三家，《书》九家，《诗》六家，《礼》十三家，《乐》六家，《春秋》二十三家，《论语》十二家，《孝经》十一家，《小学》十家。《论语》有十二家之多，仅次于《春秋》的二十三家、《易》与《礼》的十三家，位居第四。虽然不能以家数之多寡来判定各种典籍的地位，但《论语》的家数高居"六艺九种"的第四位，也从一定程度上反映了《论语》地位之高，及其在西汉时期研究之盛况。也从一个侧面说明西汉时期《论语》的地位及其重要性基本上与《诗》《书》《礼》《乐》《易》《春秋》等"六艺"（六经）不相上下。

二、东汉时期，《论语》已取得了与"五经"并列的经典地位

《论语》至东汉时尽管还未正式立学官设博士，但已取得了与六经并举的经典地位，这可以从东汉后期产生了包括《论语》在内的"七经"之说和刻立了包括《论语》在内的熹平石经等事件中得到佐证。

（一）东汉时出现了包括《论语》在内的"七经"说

《后汉书·赵典传》李贤注引谢承《后汉书》曰："（赵）典学孔子七经、河图、洛书，内外艺术，靡不贯综，受业者百有余人。"② 这里所谓的"七经"

---

① 班固：《汉书》卷三十《艺文志》颜师古注，北京：中华书局，1962 年版，第 1702 页。

② 范晔：《后汉书》卷二十七《赵典列传》，北京：中华书局，1965 年版，第 947 页。

显然是在"六艺"（六经）基础上的扩展，其中是否包括《论语》呢？《后汉书·张纯传》有言："纯以圣王之建辟雍，所以崇尊礼义，既富而教者也。乃案七经谶、明堂图、河间《古辟雍记》、孝武太山明堂制度，及平帝时议，欲具奏之。"唐李贤注曰：七经谓《诗》《书》《礼》《乐》《易》《春秋》及《论语》也。① 按：张纯为两汉之际人，西汉成帝时为侍中，东汉光武帝时官至太仆、大司空。张纯在奏章中提到"七经谶"，而当时的"谶"就是指"谶纬"或"纬书"，是指附经而行的以怪力乱神之说阐释儒家经典的图书。准此可知至迟在东汉早期即已出现了包括《论语》在内的"七经"说。换言之，当时学界已出现了把《论语》看作"经"的观点。因此，秦晖先生断言"北宋刘敞首倡'七经'之说"显然是不符合历史实际的。

不过需要注意的是：虽然李贤在前引《后汉书》注中明确说"七经"就是"六经"加上《论语》，但李贤《后汉书》注还明确说"七纬"是依附于"六经"的六类纬书再加上依附于《孝经》的一类纬书。如《后汉书·方术列传·樊英传》载："樊英字季齐，南阳鲁阳人也。少受业三辅，习京氏《易》，兼明五经，又善风角、星算，河洛七纬、推步灾异。"李贤注曰："七纬者，《易》纬《稽览图》《乾凿度》《坤灵图》《通卦验》《是类谋》《辨终备》也；《书》纬《璇机钤》《考灵耀》《刑德放》《帝命验》《运期授》也；《诗》纬《推度灾》《记历枢》《含神务》也；《礼》纬《含文嘉》《稽命征》《斗威仪》也；《乐》纬《动声仪》《稽耀嘉》《汁图征》也；《孝经》纬《援神契》《钩命决》也；《春秋》纬《演孔图》《元命包》《文耀钩》《运斗枢》《感精符》《合诚图》《考异邮》《保乾图》《汉含孳》《佑助期》《握诚图》《潜潭巴》《说题辞》也。"② 两汉时期的"纬书"或"谶纬"都是附经而行的，是两汉时期一些方士化的儒生和儒学化的方士假托孔子或黄帝、尧、舜等神圣人物用阴阳五行、天人感应、符命等神学迷信观点对《诗》《书》《易》《礼》《春秋》等儒家经典进行解释和阐

① 范晔：《后汉书》卷三十五《张纯列传》，北京：中华书局，1965年版，第1196页。
② 范晔：《后汉书》卷八十二上《方术列传·樊英传》，北京：中华书局，1965年版，第2721—2722页。

发的著作。上引这段李贤注将《孝经》纬列于"七纬"之中，准此可以推知《孝经》当时也被列于儒家经典之列。既然当时有人将《孝经》纬列于"七纬"之中，那么似乎可以推断当时可能也有人将"六经"加《孝经》合称为"七经"。这可能是当时另一种"七经"说，不能据此将《论语》排挤出"七经"之外。

（二）东汉熹平石经中刻有《论语》

东汉灵帝熹平四年（175年），蔡邕"以经籍去圣久远，文字多谬，俗儒穿凿，疑误后学"为由，与五官中郎将堂谿典、光禄大夫杨赐、谏议大夫马日䃅、议郎张驯、韩说、太史令单飏等"奏求正定《六经》文字，灵帝许之。邕乃自书丹于碑，使工镌刻立于太学门外"[①]。蔡邕奉诏刻立的这批石经就是经学史上著名的熹平石经。因其所刻经文字体为隶书一种字体，故又称为一字石经（或一体石经），以区别于曹魏正始年间以篆文、古文、隶书三种字体刻写的三字（体）石经。熹平石经中除了《诗》《书》《礼》《易》《春秋》等五经之外，还有哪部经典呢？答案是还有《论语》。

《隋书·经籍志》记载："一字石经《周易》一卷，一字石经《尚书》六卷，一字石经《鲁诗》六卷，一字石经《仪礼》九卷，一字石经《春秋》一卷，一字石经《公羊传》九卷，一字石经《论语》一卷。"[②] 这里所载的"一字石经《论语》"，无疑就是据熹平石经的摹写本（或拓本）。

《后汉书·蔡邕传》李贤注引《洛阳记》曰："太学在洛城南开阳门外，讲堂长十丈，广二丈。堂前《石经》四部。本碑凡四十六枚，西行《尚书》《周易》《公羊传》，十六碑存，十二碑毁。南行《礼记》，十五碑悉崩坏。东行，《论语》三碑，二碑毁。礼记碑上有谏议大夫马日䃅、议郎蔡邕名。"[③] 这里明确说明熹平石经中刻有《论语》。不过需要说明的是《洛阳记》中所谓的《礼记》并非小戴《礼记》，而是指作为"五经"之一的《仪礼》。考熹平石经中仅刻有《仪礼》十七篇，并无今传世本小戴《礼记》。据此可知熹平石经所谓

---

① 范晔：《后汉书》卷六十下，北京：中华书局，1965年版，第1990页。

② 魏征等：《隋书》卷三十二，北京：中华书局，1973年版，第945—946页。

③ 范晔：《后汉书》卷六十下，北京：中华书局，1965年版，第1990页。

《礼记》当是指《仪礼》而言。《后汉书·卢植传》载："时始立太学《石经》，以正《五经》文字。植乃上书曰：'臣少从通儒故南郡太守马融受古学，颇知今之《礼记》特多回冗。……愿得将能书生二人，共诣东观，就官财粮，专心研精，合《尚书》章句，考《礼记》失得，庶裁定圣典，刊正碑文。'"① 卢植上书中所谓的《礼记》，也是指《仪礼》十七篇，而不是指小戴《礼记》四十九篇。

北宋赵明诚《金石录》在记述"熹平石经"时云："今余所藏遗字有《尚书》《公羊传》《论语》，又有《诗》《仪礼》。"② 由此可见赵明诚所看到的"熹平石经"残石经文，除《尚书》《公羊传》《诗》和《仪礼》之外，还有《论语》。

南宋洪适《隶释》卷十四，胪列石经残碑五种，分别是：石经《尚书》残碑、石经《鲁诗》残碑、石经《仪礼》残碑、石经《公羊》残碑、石经《论语》残碑。③ 并对《论语》残碑描述如下："右石经《论语》残碑，九百七十有一字，前四篇、后四篇之文也，每篇必计其章，终篇又总其字，又载盍、毛、包、周有无不同之说，以今所行板本校之，亦不至甚异。"④

综合上述《隋书·经籍志》、《后汉书》李贤注、赵明诚《金石录》和洪适《隶释》的有关记载，可以断言"熹平石经"中除《周易》《尚书》《鲁诗》《仪礼》和《春秋公羊传》等五经之外，还有（而且是唯有）《论语》。据此可以说明当时"五经"之外的儒家经典唯有《论语》取得了与"五经"并列的地位。

三、魏晋南北朝时期，《论语》正式立于学官，"七经说"普遍流行

魏晋南北朝时期，战乱频仍，社会动荡，政权不断更迭，文化日趋多元，

---

① 范晔：《后汉书》卷六十四《卢植列传》，北京：中华书局，1965年版，第2116页。
② 赵明诚：《宋本金石录》，北京：中华书局，1991年版，第385页。
③ 洪适：《隶释·隶续》，北京：中华书局，1986年版，第149页。
④ 洪适：《隶释·隶续》，北京：中华书局，1986年版，第155页。

玄、道、佛大盛。当时，儒学独尊的格局虽被打破，但其作为主流意识形态的地位并未丧失。相反，在儒释道互相辩难、互相融合、互相吸收的过程中，通过援佛入儒、援道入儒，儒学获得了前所未有的大发展。在这样的社会文化背景之下，《论语》学较两汉时期有了长足的发展。魏晋南北朝时期，《论语》注释专著数量大增，据唐明贵先生统计，计有84部，比两汉时期的18部在数量上多4倍多①。何晏《论语集解》、皇侃《论语义疏》这两部对后世产生重大影响的丰碑式的《论语》学著作就产生于这一时期。尤其值得注意的是，《论语》在曹魏时期正式立于学官，设博士，地位得到进一步提升，正式列于"经"的行列。与此相应，包括《论语》在内的"七经"说正式形成。

（一）《论语》在曹魏时期立于学官，设博士

《三国志·魏书·王肃传》载："初，肃善贾、马之学，而不好郑氏，采会同异，为《尚书》《诗》《论语》《三礼》《左氏》解，及撰定父朗所作《易传》，皆列于学官。"②王肃，字子雍，生当魏晋之际，善治贾逵、马融之古文之学，而不喜欢混合今、古的郑玄之学。王肃采集诸家之同异，遍注群经，撰定其父王朗所作《易传》，并注解《尚书》《诗》《论语》《三礼》《左氏》，当时都立于学官，设博士。曹魏时王肃《论语注》"列于学官"标志着《论语》已被官方列于经典，取得了与五经分庭抗礼的地位。

（二）两晋与南北朝时期，《论语》也沿袭魏制立于学官

《晋书》卷七五《荀崧传》记载："（东晋）元帝践阼，征拜尚书仆射……转太常。时方修学校，简省博士。置《周易》王氏、《尚书》郑氏、《古文尚书》孔氏、《毛诗》郑氏、《周官》《礼记》郑氏、《春秋左传》杜氏服氏、《论语》《孝经》郑氏博士各一人，凡九人。其《仪礼》《公羊》《穀梁》及郑《易》，皆省不置。"③这是说东晋元帝恢复博士制度时，决定将西晋时期的

---

① 唐明贵：《论语学史》，北京：中国社会科学出版社，2009年版，第168页。

② 陈寿：《三国志》卷十三，北京：中华书局，1959年版，第419页。

③ 房玄龄等：《晋书》卷七十五《荀崧传》，北京：中华书局，1974年版，第1976—1977页。

十九博士简省为九博士，但《论语》博士仍然位列九博士之中，不在简省之列。《晋书·荀崧传》记载，荀崧当时不同意简省《仪礼》《公羊》《穀梁》及郑《易》博士，并上书说："世祖武皇帝应运登禅，崇儒兴学。经始明堂，营建辟雍……太学有石经古文先儒典训。贾、马、郑、杜、服、孔、王、何、颜、尹之徒，章句传注众家之学，置博士十九人。九州之中，师徒相传，学士如林。"① 据荀崧上书可知，西晋时设置的各经博士共有十九人，至东晋元帝时简省为九博士。在如此大的简省幅度中，《论语》博士仍然保留下来了，可见《论语》在当时的地位是相当高的，甚至超过了《仪礼》《公羊》《穀梁》及《易》的地位。

南北朝时也多见《论语》立于学官的记载。《宋书·百官志》载："国子祭酒一人，国子博士二人，国子助教十人。《周易》《尚书》《毛诗》《礼记》《周官》《仪礼》《春秋左氏传》《公羊》《穀梁》各为一经，《论语》《孝经》为一经，合十经。"② 这说明《论语》在刘宋时位列"十经"之列。只是由于《论语》与《孝经》篇幅简短，因而二者合为一经，但这丝毫不影响其"经"的地位。

《隋书·经籍志》不仅将《论语》列于经部，而且还在论述《论语》类文献时说："古《论》先无师说，梁、陈之时，唯郑玄、何晏立于国学，而郑氏甚微。周、齐，郑学独立。至隋，何、郑并行，郑氏盛于人间。"③ 这里所谓郑玄、何晏，就是指郑玄《论语注》与何晏《论语集解》。由此可知，不仅南朝梁、陈之时，郑玄《论语注》与何晏《论语集解》"立于国学"，而且北朝时周、齐时，郑玄《论语注》也"独立"于国学。

尤其值得注意的是，《周书·高昌传》有这样一段记载："文字亦同华夏，兼用胡书。有《毛诗》《论语》《孝经》，置学官弟子，以相教授。虽习读之，

---

① 房玄龄等：《晋书》卷七十五《荀崧传》，北京：中华书局，1974年版，第1977页。
② 沈约：《宋书》卷三十九《百官上》，北京：中华书局，1974年版，第1228页。
③ 魏征等：《隋书》卷三十二《经籍一》，北京：中华书局，1973年版，第939页。

《论语》何时成为经典考论——兼与秦晖先生商榷

而皆为胡语。"①这说明连当时少数民族建立的高昌国也将《论语》与《毛诗》《孝经》等儒家经典一起立于学官。

(三) 包括《论语》在内的"七经"说在魏晋南北朝时期普遍流行

前已述及，东汉时期似乎就有了包括《论语》在内的"七经"说，但那时"七经"说还不普及，只偶尔见于文献记述。而到了魏晋南北朝时期，"七经"说则被普遍接受和认可，并广为流传。兹例举如下：

1. 西晋傅咸作《七经诗》。南宋·王应麟《困学纪闻》曰："《春秋正义》云：'傅咸为《七经诗》，王羲之写。'今按《艺文类聚》《初学记》载傅咸《周易》《毛诗》《周官》《左传》《孝经》《论语》诗，皆四言，而阙其一。"②按傅咸(239—294)字长虞，西晋文学家。曹魏司隶校尉傅玄之子。曾任太子洗马、尚书右丞、御史中丞等职。西晋元康四年(294年)去世，时年56岁。傅咸所作的《七经诗》是集《周易》《毛诗》《周官》《左传》《孝经》《论语》《诗经》等七部经典的文句为诗，是现存所知最早的集句诗。唐代的《艺文类聚》《初学记》对傅咸所作《七经诗》诗文有记载，成书于明代的《汉魏六朝百三家集》《古诗纪》录有《孝经诗》二章、《论语诗》二章、《毛诗诗》二章、《周易诗》一章、《周官诗》二章、《左传诗》一章。生当魏晋之际的傅玄既然在其所作《七经诗》中把《论语》作为"七经"之一来看待，说明当时包括《论语》在内的"七经"说应该已经成为普遍流行的说法

2. 北周樊文深著有《七经异同说》《七经义纲略论》等关于七经的专门性论著。《周书·樊深传》载："樊深，字文深……既专经，又读诸史及《苍》《雅》、篆籀、阴阳、卜筮之书。学虽博赡，讷于辞辩，故不为当时所称。撰《孝经》《丧服问疑》各一卷，撰《七经异同说》三卷，《义经(纲)略论》并月(目)录三十一卷，并行于世。"③中华书局本《周书》据《册府元龟》《隋

---

① 令狐德棻等：《周书》卷五十《异域传·高昌》，北京：中华书局，1971年版，第1229页。
② 王应麟：《困学纪闻》卷八，上海：上海古籍出版社，2015年版，第289页。
③ 令狐德棻等：《周书》卷四五《儒林·樊深》，北京：中华书局，1971年版，第811—812页。

书》《旧唐书》《新唐书》将《义经略论》改为《义纲略论》、《月录》改为《目录》①。另,《隋书·经籍志》于经部《论语》类下著录"《七经义纲》二十九卷,樊文深撰;《七经论》三卷,樊文深撰"②。其中的《七经义纲》当即是《周书》本传中所谓《义纲略论》,二者或当是同书异名。樊深有关"七经"的这两部著作已经亡佚,而且《周书》与《隋书》也均未说明七经之目,因此七经之中是否包括《论语》难以断言。不过或许可以根据《隋书·经籍志》能略探其大概。《隋书·经籍志》将《七经义纲》和《七经论》这两部著作均著录于经部《论语》类下,或许说明这两部书与《论语》有着密切的关联,也就是说,樊氏《七经论》中所谓的"七经"应包含有《论语》。

四、唐代将不仅将《论语》作为明经科的必考科目,而且将《论语》刻立于开成石经之中

（一）《论语》是唐代明经取士的必考科目之一

唐代实行科举制,明经科是其中最重要的常科之一。"凡诸州每岁贡人,其类有六:一曰秀才,二曰明经,三曰进士,四曰明法,五曰书,六曰算。"③所谓"明经",就是明习儒家经学,就是通过对儒家经典内容的考试来选拔精通经学的人才。下文中将要提到刊刻开成石经的核心人物郑覃就是明经科出身。关于唐代明经科考试,国家有统一的规定和标准:"其明经各试所习业,文、注精熟,辨明义理,然后为通。正经有九:《礼记》《左传》为大经,《毛诗》《周礼》《仪礼》为中经,《周易》《尚书》《公羊》《穀梁》为小经。通二经者,一大一小,若两中经;通三经者,大、小、中各一;通五经者,大经并

---

① 王钦若等:《册府元龟》卷六〇六《学校部》载:"樊深……撰《七经异同说》三卷,《义纲略论》并目录三十卷,并行于世。"《隋书》卷三二《经籍志》:"《七经义纲》二十九卷,樊文深撰;《七经论》三卷,樊文深撰。"《旧唐书·经籍志》与《新唐书·艺文志》均载樊文深撰《七经义纲略论》三十卷。

② 魏征等:《隋书》卷三二《经籍志》,北京:中华书局,1973年版,第938页。

③ 李林甫等:《唐六典》,陈仲夫点校本,北京:中华书局,1992年版,第44页。

通。其《孝经》《论语》并须兼习。"① 据此可知，当时明经科考试课目有正经和兼经之分，《论语》与《孝经》属于兼经，意即无论明几经，无论明何经，都必须兼习《论语》与《孝经》；而《论语》则是每一位参加明经试的人都必须考试的，属于必修课。由此可见，《论语》在当时明经科考试中不仅已被列于经典，而且是较其他经典更重要的"经"。

（二）《论语》是开成石经十二经之一

唐文宗太和四年（830年），时任工部侍郎郑覃上奏文宗，效仿东汉刻立熹平石经之举，勘校经书，正定文字，刻立于石，垂范将来。《旧唐书》本传载："覃长于经学，稽古守正，帝尤重之。覃从容奏曰：'经籍讹谬，博士相沿，难为改正。请召宿儒奥学，校定六籍，准后汉故事，勒石于太学，永代作则，以正其阙。'从之。"② 文宗皇帝批准了郑覃的奏请。于是太和七年（833年）开始刊刻石经，开成二年（837年）完成，因其完成于开成年间，故称开成石经。

开成石经共刊刻了十二部经书。计有：《易》九卷、《书》十三卷、《诗》二十卷、《周礼》十卷、《仪礼》十七卷、《礼记》二十卷、《春秋左氏传》三十卷、《公羊传》十卷、《穀梁传》十卷、《孝经》一卷、《论语》十卷、《尔雅》二卷。开成石经共114石，迄今保存完好，一石不缺，现藏西安碑林博物馆。开成石经的刊刻，一方面使包括《论语》在内的十二经成为不刊之典；另一方面说明《论语》在唐代朝廷确认为"经"当是不刊之论。

五、结论

综上所述可知，西汉时期，《论语》已与"六艺"并列，或者说是附于"六艺"之后，最起码算是准经典。东汉时期不仅出现了包括《论语》在内的"七经"说，而且把《论语》刊刻于熹平石经之中，说明其时《论语》已被朝廷确认为"经"，只是当时尚未立于学官而已。魏晋南北朝时期，《论语》正式立

---

① 李林甫等：《唐六典》，陈仲夫点校本，北京：中华书局，1992年1版，第45页。

② 刘昫等：《旧唐书》卷一七三《郑覃传》，北京：中华书局，1975年1版，第4490页。

于学官，设博士；包括《论语》在内的"七经"说普遍流行，说明其时《论语》已正式成为"经"。唐代，《论语》不仅是明经科考试的经学课目之一，而且还被刻立于开成石经之中。准此可知，《论语》成为经的时间，远早于秦晖先生所说的宋代。东汉时期《论语》就已经成为七经之一了。即使从立学官、设博士算起，也可以断言早在曹魏时期《论语》就已经成为朝廷确认的"经"了！此外，包括《论语》在内的"七经"说早在东汉就出现了，并普遍流行于魏晋南北朝时期，而并非由北宋刘敞所"首倡"。

（本文原刊于《〈论语〉学研究》第一辑，青岛出版社 2018 年 12 月）

《论语》何时成为经典考论——兼与秦晖先生商榷

皇侃《礼记义疏》之诠释体例及时代特色

张 帅 丁 鼎

皇侃是南北朝礼学研究的集大成者之一。他是三国书法家皇象后人，师承礼学名家贺玚，通五经，尤精于三礼。皇侃礼学当时在国子学备受推崇，曾给礼学造诣很深的梁武帝讲《礼记义》[1]，所著《礼记讲疏》收藏于官府。除了《南史·儒林传》所载《礼记讲疏》与《礼记义》以外，皇侃还有《丧服文句义疏》《丧服问答目》见于《隋书·经籍志》。[2]

《隋书·经籍志》记载皇侃名下还有《礼记义疏》一书，这部书应该就是《礼记义》。《礼记义疏》是皇侃礼学著述的代表作，也是唐代孔颖达《礼记正义》据以编纂成书的底本。《礼记正义·序》云："爰从晋、宋，逮于周、隋，其传《礼》业者，江左尤盛。其为义疏者，南人有贺循、贺玚、庾蔚（之）、崔

---

① 李延寿：《南史》卷七一《儒林传》，北京：中华书局，1975年版，第1744页。

② 魏征等：《隋书》卷三二《经籍志一》，北京：中华书局，1973年版，第920—922页。

灵恩、沈重、（范）宣、皇甫侃[①]等；北人有徐道明、李业兴、李宝鼎、侯聪、熊安（生）等。其见于世者，唯皇、熊二家而已。……今奉敕删理，仍据皇氏以为本，其有不备，以熊氏补焉。"[②]据此可知《礼记正义》主要据皇侃《礼记义疏》删理成书。

皇侃《礼记义疏》后来散佚，马国翰在《玉函山房辑佚书》中将皇侃《礼记义疏》佚文辑佚整理成册。另外皇侃《礼记义疏》流传于后世的还有一段非常珍贵的残卷——《礼记子本疏义》[③]，乃皇侃的学生郑灼抄自皇侃《礼记义疏》，保存了《礼记·丧服小记》皇疏[④]的部分内容。拙作《〈礼记正义〉据皇侃〈礼记义疏〉删理成书考述》一文通过对比《礼记子本疏义》与《礼记正义》，比较系统地论述了《礼记正义》据皇侃《礼记义疏》删理成书的基本义例。拙作指出，《礼记正义》在引用、概括、删减皇疏时基本不加标注，所以很有可能皇疏大部分内容都遗存在孔颖达《礼记正义》中，只是我们现在很难辨识。孔颖达等人只有在认为皇疏有误或皇疏有违郑注或是皇疏相对经、注有合理的创新之处时，才加以标志[⑤]。这说明《礼记正义》在明确标识皇疏时，是有一定的体例的，而这个体例也会用于对南北朝其他礼学注疏的剪取，所以《礼记正义》中有明确标识的皇疏之诠释体例很有可能在某种程度上体现出南北朝礼学的共性。

目前学界对皇侃《礼记义疏》进行专门研究的主要有焦桂美[⑥]、潘斌[⑦]、

① 按：皇甫侃，当为"皇侃"之误。《四库提要》已指出：明北监本以皇侃为皇甫侃，误。吕友仁整理《礼记正义》（上海：上海古籍出版社，2008 年版）已改正。

② 孔颖达：《礼记正义·序》，影印《十三经注疏》本，北京：中华书局，1980 年版，第 1222—1226 页。

③《礼记子本疏义》，现存于日本早稻田大学图书馆，早稻田大学已公布其清晰影像，网址：http://www.wul.waseda.ac.jp/kotenseki/html/ro12/ro12_01134/index.html。

④ 皇疏为本文皇侃《礼记义疏》之简称，下同。

⑤ 张帅、丁鼎：《〈礼记正义〉据皇侃〈礼记义疏〉删理成书考述》，《古典文献研究》第 15 辑，南京：凤凰出版社，2012 年版，第 507—513 页。

⑥ 焦桂美：《皇侃〈礼记义疏〉略论》，《船山学刊》2010 年第 2 期，第 89—92 页。

⑦ 潘斌：《皇侃〈礼记〉学探论》，《青海社会科学》2008 年第 2 期，第 103—106 页。

王启发①以及乔秀岩等人②。这几位学者的著述对于我们的研究都有很重要的参考作用。本文将在已有的研究基础上,拟从《礼记正义》中为数不少明确标识是皇疏的内容以及《礼记子本疏义》残卷,来探寻皇侃《礼记义疏》诠释经注的体例,以期能对皇侃《礼记义疏》有更全面的认识,并进而探寻皇侃《礼记义疏》所体现出的时代文化特色。

一、依托声训之法来阐发对礼义的主观认识

皇侃《礼记义疏》继承了汉学的特点,比较重视对字词的训释,在这方面,皇侃比较擅长运用声训之法。声训之法,古已有之,此法在先秦文献已有萌芽,到汉代得到推广,如郑玄注经,声训之例多见,张舜徽先生在《郑学丛著》中有两节内容专门概述郑玄声训之例③。皇侃注经,亦好用此法,如《礼记·丧服小记》经云:"苴杖,竹也。削杖,桐也。"皇疏云:"必用桐者,桐者,同也,明其外虽削,而心本同也。且桐随时凋落,此为母丧,示外被削杀,服从时除,而终身之心裳常与父同也。"④皇侃释"桐"为"同",明显就是声训之法。皇侃认为为母服丧之削杖用"桐",就是为了表明子女为母所服丧服虽相对为父的规格要低一等,但是子女对母亲与对父亲的终身思念之情是一样的。

再如《礼记·王制》经云:"夏曰禘",皇疏云"禘者,次第也。夏时物虽未成,宜依时次第而祭之。"皇侃云"禘"为"次第"之义,也是运用声训之法。皇侃进一步引申云:"夏时物虽未成,宜依时次第而祭之。"依皇氏之意,禘为次第之义,为夏时之祭,但先秦文献中夏时之祭多不名"禘"。如《诗经·小雅·天保》曰:"禴祠烝尝,于公先王。"《周礼·春官·大宗伯》曰:

---

① 分别见王启发:《南朝皇侃的〈礼记学〉及其经学史价值》(上),《湖南科技大学学报(社会科学版)》2018年第5期,第154—162页,与王启发:《南朝皇侃的〈礼记学〉及其经学史价值》(下),《湖南科技大学学报(社会科学版)》2018年第6期,第167—178页。

② [日]乔秀岩:《义疏学衰亡史论》,上海:三联书店,2017年版,第127—160页。

③ 张舜徽:《郑学丛著》,济南:齐鲁书社,1984年版,第108—119页。

④ 皇侃:《礼记子本疏义》,现存于日本早稻田大学图书馆。

"以祠春享先王，以禴夏享先王，以尝秋享先王，以烝冬享先王。"《礼记·名堂位》曰："是故夏礿、秋尝、冬烝。"《尔雅·释天》曰："春祭曰祠，夏祭曰礿，秋祭曰尝，冬祭曰蒸。"这几篇中夏祭都名"禴（礿）"。《礼记·郊特牲》曰："春禘而秋尝。"此篇春祭而非夏祭名禘。古书中夏祭名"禘"的除了上文的《礼记·王制》，再就只有《礼记·祭统》了，《祭统》曰："凡祭有四时：春祭曰礿，夏祭曰禘，秋祭曰尝，冬祭曰烝。"针对古书"禘"祭所指的分歧，郑玄云"此盖夏殷之祭名。周则改之，春曰祠，夏曰礿，以禘为殷祭。《诗·小雅》曰：'礿祠烝尝，于公先王。'此周四时祭宗庙之名。"按：此是郑玄弥缝之说，用以调和古书记载的矛盾。郑玄认为《王制》谓夏祭为"禘"是夏时与殷时之礼；依周礼，夏祭应名"禴（礿）"。周时禘祭已是殷祭，而非一般四时之祭。皇侃并未说明他文夏祭不名"禘"之原因，其所作结论之理据并不充分，值得商榷。

魏晋南北朝时期是中国声韵学的一个自觉的时期，如三国魏人李登著有《声类》，西晋吕静著有《韵集》。给五经注音的专著也渐渐出现，如东晋徐邈就著有《正五经音训》。到梁代时对声调之学也开始重视起来，据《梁书·沈约传》载："（沈约）撰《四声谱》，以为'在昔词人累千载而不悟，而独得胸衿，穷其妙旨'。自谓入神之作。武帝雅不好焉，尝问周舍曰：'何谓四声？'舍曰：'天子圣哲是也。'然帝竟不甚遵用约也。"[1] 从上文可见皇侃所处的梁代是声韵之学的一个大发展时期。比皇侃稍晚一点的陆德明就专门著有《经典释文》这本释音之作。到隋文帝时期，陆法言等人又合著了《切韵》。上文中提到的梁武帝、沈约、周舍等人也都是礼学大家，皇侃作为其中的一分子，自然也会受到这种风潮的影响。所以皇侃诠释经、注好用声训之法，既与郑玄释经的传统有关，也与当时的声韵之学的大发展有关。不过虽然表面上看，皇侃好用声训之法，似乎是继承了郑学之传统，但是张舜徽《郑学丛著》中言明，郑玄用声训之法有比较严格的体例，相对郑玄注，皇侃在运用声训的

皇侃《礼记义疏》之诠释体例及时代特色

———————————
① 李延寿：《南史》卷五七《沈约传》，北京：中华书局，1975年版，第1414页。

方法时，显得比较随意，皇侃并非全都是真心去寻找字词的本义，很多情况下只是通过因声求义这种方式，来阐发个人的礼学思想。所以上文皇疏无论是释"桐"为"同"，还是释"禘"为"次第"，皇侃并未给出相关的文献证据，而主要是表达自己的礼学理念，从这方面看，皇侃礼学研究相对于郑学，主观性更强。

二、义疏体框架下的"疏亦破注"

南北朝义疏体经注之通例为既释经文又释注文。皇侃《礼记义疏》就是当时很有代表性的义疏体著述。《礼记义疏》所释之注就是郑注，《北史·儒林传》云：

> 大抵南北所为章句，好尚互有不同。江左，《周易》则王辅嗣，《尚书》则孔安国，《左传》则杜元凯。河洛，《左传》则服子慎，《尚书》、《周易》则郑康成。《诗》则并主于毛公，《礼》则同遵于郑氏。南人约简，得其英华；北学深芜，穷其枝叶。考其终始，要其会归，其立身成名，殊方同致矣。①

上面引文明确指出"《礼》则同遵于郑氏"，即无论南朝还是北朝，当时的礼学研究都以郑玄注为宗。不过南朝与北朝礼学在遵郑注的程度上是不一样的，北朝礼学严守郑注，疏不破注，而南朝礼学虽主宗郑注，却更具怀疑精神，多有疑注甚至疑经之处。下文将探析皇疏与郑注不同之论，其表现如下：

（一）提出与郑注不同的新说

皇侃若认为郑注有明显错误，会直接点明注文有误。如《礼记·曾子问》经云："孔子曰：'非礼也。古者男子外有傅，内有慈母，君命所使教子也，何服之有？'"郑玄注云："大夫、士之子，为庶母慈己者服小功，父卒乃不

·302·

---

① 李延寿：《北史》卷八一《儒林传上》，北京：中华书局，1974 年，第 2709 页。

服。"皇疏云："有'士'误也。"① 皇侃认为郑注所谓"大夫、士之子"不应该
有"士"。皇侃之所以明确指明郑注有误，是因为《仪礼·丧服》"君子子为
庶母慈己者。传曰，君子子者，贵人之子也。为庶母何以小功？以慈己加
也。"郑玄注云："士之妻自养其子。"② 既然郑玄已认为"士之妻自养其子"，
则"为庶母慈己者服小功"就不应该包括士之子，所以皇侃直接指明"有'士'
误也"。相对皇侃疏文直接指明郑注有误，作为北朝礼学家的代表熊安生则
不认为郑注有误，熊安生《礼记义疏》云："士之適（嫡）子无母，乃命妾慈己，
亦为之小功。"③ 即熊安生认为虽士之妻自养其子，但若此嫡子无母，其父之
妾慈己，则此慈己之妾亦是此子之慈母，此子应为其慈母服小功。

皇侃认为郑玄之说有不合理时，有时会提出自己的见解，表现一定的创
新精神。如《礼记·月令》经云："季冬之月……命有司大难，旁磔，出土牛，
以送寒气。"又《论语》"乡人傩"，郑玄注云："十二月命方相氏，索室中驱
疫鬼。"《月令》经文所记载之傩为季冬十二月之傩，《论语》"乡人傩"，依
郑玄注认为也是十二月之傩。既然是"乡人傩"，则必是乡人（民众）都参与
其中。由此可以看出郑玄认为十二月之傩民众应参与。皇侃云："以季春国
难，下及于民。"④ 就是说皇侃认为季春国傩，民众参与，言外之义，季冬大
傩，不及民，即民众不参与。按：这个问题，皇侃在《论语集注义疏》有详细
论述，他认为"十二月傩（季冬之傩）虽是阴，既非一年之急，故民亦不得同
傩也"⑤。

---

① 孔颖达：《礼记正义》卷一八，影印《十三经注疏》本，北京：中华书局，1980 年版，第
1393 页。

② 贾公彦：《仪礼注疏》卷三三，影印《十三经注疏》本，北京：中华书局，1980 年版，第
1119 页。

③ 孔颖达：《礼记正义》卷一八，影印《十三经注疏》本，北京：中华书局，1980 年版，第
1393—1394 页。

④ 孔颖达：《礼记正义》卷一七，影印《十三经注疏》本，北京：中华书局，1980 年版，第
1383 页。

⑤ 皇侃：《论语义疏》第三册，上海：古书流通处影印《知不足斋丛书》，1926 年版。

(二) 另取他说

皇侃《礼记义疏》既主要遵循郑注，又时有弃郑注而从他说之处。如《礼记·王制》经云："天子犆礿，祫禘、祫尝、祫烝。"郑玄注云："鲁礼，三年丧毕而祫于大祖，明年春禘于群庙。自尔之后，五年而再殷祭，一祫一禘。"①

依上引文，郑所云"五年而再殷祭，一祫一禘"指的是每五年之内要举行一次祫祭、一次禘祭两次大的祭祀。郑玄又在《驳五经异议》里明确提到"三年一祫，五年一禘，百王通义"②。而皇侃则在《礼记义疏》中引用他人之说，云："虞夏祫祭，每年皆为。"③也就是说皇侃认同虞、夏两代，每年都有祫祭之说，而郑玄则认为自虞到周，都是"三年一祫，五年一禘"。

总之在义疏体大的框架下，皇疏违郑注之处甚多，这与北朝及唐代的三礼义疏之学有明显的不同。北朝的三礼义疏之学也会在郑注之外提出新的见解，但是北朝三礼学从不直接批判郑注；同样其后唐代孔颖达的《礼记正义》虽然以皇侃《礼记义疏》为主体删理成书，但是凡是皇侃疏文有违郑注之处，《礼记正义》则直接点明皇疏为误。可以说北朝与唐代三礼义疏多"疏不破注"，而以皇侃《礼记义疏》为代表的三礼义疏则多"疏亦破注"。

三、遗存问答体式，思辨色彩浓厚

礼学体系庞大，且有严密的逻辑性，同时礼学又有很强的实践性与应用性，善治礼者必要有很强的逻辑推理能力以及分析解决实际问题的能力。魏晋南北朝时期，原本佛学与玄学领域谈辩的风气就很浓厚，而礼学领域又有大量可以进行辩难的题材，所以佛、玄领域内的谈辩之风很快流行于礼学领域，正如牟润孙先生云：

---

① 孔颖达：《礼记正义》卷一二，影印《十三经注疏》本，北京：中华书局，1980年版，第1336页。

② 孔颖达：《礼记正义》卷一二，影印《十三经注疏》本，北京：中华书局，1980年版，第1336页。

③ 孔颖达：《礼记正义》卷一二，影印《十三经注疏》本，北京：中华书局，1980年版，第1336页。

润孙则以为讲服制可以推理，可以论名分，可以讲比例，为经学上论辩佳题。魏晋以来，论辩丧服问题之文字，保存于《通典》中者犹有十五卷，皆是礼无明文，而须后人以名理讨论者。讨论服制不始于魏晋，而盛于魏晋谈玄时者，以论名理与玄相同。桓温听人讲《礼记》，便觉咫尺玄门，似即缘于玄、礼均论名理，所争论之问题不同，而辩论之方法与条例则一致也。①

牟润孙先生指出礼学领域的丧服制度因为"可以推理，可以论名分，可以讲比例，为经学上论辩佳题"。诚如牟先生所言，皇疏残卷《礼记子本疏义》中就记载了为数不少互相问难的内容。如《丧服小记》经云："庶子不祭祖者，明其宗也。"郑玄注云："祢则不祭矣。言不祭祖者，主谓宗子、庶子，俱为适士，得立祖祢庙者也。"《礼记子本疏义》载皇侃疏云：

> 或问曰："若宗子为下士，庶子为上士，此上士得祭祖庙不耶？"答曰："立祖庙在宗子家，而供以上牲，宗子主之也。"又问曰："若如此，则宗子为下士，而庶子亦不得祭，郑何意举俱为上士耶？"答："早则有义，若宗子为下士，不得自立祖庙，而为庶子立之，又用上牲，不敢云已有祝，故辞云为介子某荐其常事，若自为上士，则自为祖立庙，用上牲，则庶子上士无复此事，故云不祭也。"②

按：上文经注提出宗子、庶子同为嫡士，其庙祭之例为庶子不祭祖。皇侃疏文则通过问答的形式针对此例的变例展开讨论，即问者提出一个问题：当宗子为下士，庶子为上士，此时庙祭之例该如何处理。答者答道：此时应在宗子之家立家庙，由庶子提供上牲，由宗子主祭。问者又问道：既然宗子为下士，庶子为上士，庶子都不得主祭，郑注何必要专门指出宗子、庶子都要为上士的情况？答者又答曰：如果宗子为下士，不得自立祖庙，庶子在宗子家代宗子立之，但不得代替宗子祭庙。而如果宗子、庶子都为上士，则不需

---

① 牟润孙：《论魏晋以来之崇尚谈辩及其影响》，《注史斋丛稿》，北京：中华书局，1987年版，第330页。

② 皇侃：《礼记子本疏义》，现存于日本早稻田大学图书馆。

庶子为宗子立庙。皇疏通过两问两答的形式，比较清楚地解释了郑注之深意以及经例之变例，有利于加深对经义的理解。

可以看出，皇疏所记问答辩难之语充满了逻辑思辨性，有利于启迪思维，将礼学问题进行深入分析。孔颖达在编订《礼记正义》时出于学术统一之需要，将皇疏中问难之语删除殆尽。

以上三点，可以看出皇侃《礼记义疏》一方面继承汉学或郑学，另一方面对传统多有批判，多有创新。张恒寿先生认为："惟由皇侃诸人书中，推寻佛儒杂糅及以后演进之痕迹，庶可见思想发展之路径，亦无损于宋儒之创新。"①牟润孙先生认为："同为义疏，于宋则有助于义理之树立，于清则建考据之基础"。②这说明张、牟二人都认为南北朝三礼义疏兼具汉学与宋学两方面特点，上继汉学的"我注六经"之风，下启宋学的"六经注我"之风。

四、属辞比事，探寻行文与行礼的规律

《礼记·经解》云："属辞比事，《春秋》教也。"何谓"属辞比事"，郑玄云："属，犹合也。《春秋》多记诸侯朝聘、会同，有相接之辞，罪辩之事。"孔颖达进一步解释："属，合也；比，近也。《春秋》聚合、会同之辞，是属辞，比次褒贬之事，是比事也。"③郑、孔只把"属辞"局限于《春秋》中聚合、合同之辞。"比事"只局限于比次褒贬（罪辩）之事。曹元弼在《礼经学》中将"属辞比事"推广到对礼经的研究，他在《礼经学》中云：

> 礼有礼之例，经有经之例，相须相成。……《传》曰："属事比辞，春秋教也。"……凌氏释礼例，属事也。今释经例，比辞也。④

---

① 张恒寿：《六朝儒经注疏之佛学影响》，《中国社会与思想文化》，北京：人民出版社，1989年版，第408—409页。

② 牟润孙：《论儒释两家之讲经与义疏》，《注史斋丛稿》，北京：中华书局，1987年版，第302页。

③ 孔颖达：《礼记正义》卷五十，影印《十三经注疏》本，北京：中华书局，1980年版，第1609页。

④ 曹元弼：《礼经学》，《续修四库全书》第94册，上海：上海古籍出版社，第567—568页。

可见曹先生明确区分了礼之例与经之例，他认为"属事"为求礼例之法，"比辞"则为求经例之法①。所谓经例就是经文行文的规律，礼例就是经文所记载的礼的运行的规律。

（一）属辞以求经例

古人著书，多喜发凡起例，于《春秋》之学最盛，蒋伯潜先生云：

> 《春秋》之"微言"，不能于文字中求之；其"大义"则固可于文字中求之矣。于文字中求《春秋》之"义"，则必"属辞比事"，以寻绎《春秋》书法之异同，而发现其所以同异之点，此即所谓"例"也。②

蒋先生所云之"书法"为经文行文之例，可称为《春秋》之经例。三《礼》中也有书法行文的规律，即礼书之经例。皇侃《礼记义疏》佚文保存了对《礼记》经例的发掘与阐释。如《礼记·表记》经云："子言之：'归乎，君子隐而显，不矜而庄，不厉而威，不言而信'。"皇疏云：

> 皆是发端起义，事之头首，记者详之，故称"子言之"。若于"子言之"下更广开其事，或曲说其理，则直称"子曰"。③

依皇侃之意，《表记》中有一条非常明显的经例，即凡经云"子言之"，都是经文要引用孔子之语来开启一个大的论题，若经文要将此论题从不同角度展开分别加以论述，依经例则以"子曰"引出孔子之语。如经文云："子言之：'归乎，君子隐而显，不矜而庄，不厉而威，不言而信。'"其下经文分别云：

> 子曰："君子不失足于人，不失色于人，不失口于人。是故君子貌足畏也，色足惮也，言足信也。《甫刑》曰：'敬忌，而罔有择言在躬。'"

---

① 按：曹氏所谓之"属事比辞"应与《礼记·经解》所谓"属辞比事"同，"属"与"比"在文中意思差不多，都有连属比较之义。

② 蒋伯潜：《十三经概论》，上海：上海古籍出版社，1983年版，第462页。

③ 孔颖达：《礼记正义》卷五四，影印《十三经注疏》本，北京：中华书局，1980年版，第1638页。

子曰:"裼袭之不相因也,欲民之毋相渎也。"

……①

子曰:"君子慎以辟祸,笃以不揜,恭以远耻。"

从上下文可见,此一"子言之"以及其后数"子曰"所引孔子诸语都是围绕着如何在行礼时保持虔敬之心这一论题的。

(二)比事以求礼例

古礼繁复,千头万绪,但是在不同的古礼仪节之间有着共同的规律,掌握这些礼的一般原则与规律,有利于后人更好地学礼、习礼,这种规律就是礼例。三礼典籍中已记载不少礼例,如:"凡执币者不趋,容弥蹙以为仪。执玉者则唯舒,武,举前曳踵。"②

皇侃《礼记义疏》继承并发扬了这一传统,花大精力发掘礼例。如《礼记·王制》经云:"凡养老,有虞氏以燕礼,夏后氏以飨礼,殷人以食礼,周人修而兼用之。"其中提到了殷代的食礼。那么何为"食礼"?其礼有何规则与节目?经传并无明文,皇疏云:

> "食礼"者,有饭有肴,虽设酒而不饮,其礼以饭为主,故曰食也。
> 其礼有二种:一是礼食,故《大行人》云诸公三食之礼有九举,及《公食大夫礼》之属是也。二是燕食者,谓臣下自与宾客旦夕共食是也。按:郑注《曲礼》"酒浆处右"云:"此大夫士与宾客燕食之礼。"③

有关食礼的记载散见于《周礼》《仪礼》《礼记》等经文及传注中,皇侃通过归纳指出食礼应遵循的共同规律,即食礼之礼例就是"有饭有肴,虽设酒而不饮,其礼以饭为主",并指明食礼可以分为两种,一种是礼食,一种是

---

① 孔颖达:《礼记正义》卷五四,影印《十三经注疏》本,北京:中华书局,1980年版,第1638页—1644页。

② 贾公彦:《仪礼注疏》卷七,影印《十三经注疏》本,北京:中华书局,1980年版,第978页。

③ 孔颖达:《礼记正义》卷五四,影印《十三经注疏》本,北京:中华书局,1980年版,第1345页。

燕食。

不仅皇侃重视礼例，南北朝礼学都有这种特点。如笔者在《北朝儒宗熊安生治礼探析》中已指出熊氏在其《礼记义疏》就有多处对礼例的探寻①。归纳、发明礼例固然是为了解经的需要，由此可以更好地从例的角度来理解复杂的经文；另一方面，所发明的礼例可以直接转换为现实的礼制，可以促进现实的礼制建设。据《晋书·礼志》载："昔汉氏之初，承秦灭学之后，采摭残缺，以备郊祀。自甘泉后土，雍宫五畤，神祇兆位，多不经见。并以兴废无常，一彼一此，四百余年"。②其中所谓"多不经见"，指的是汉代礼制建设多不依经典进行。魏晋以后，礼制建设开始自觉地以礼学经典为指导，特别是到了皇侃所处的梁代，在梁武帝的大力推动下，五礼制度终于成熟，而在五礼制度建设过程中，礼经中现成的礼文不足以指导现实的礼制建设，这就需要礼学家从三礼经、注中去总结、发明相关礼的运行规律，从而指导现实的礼制建设。正如《宋书·礼志三》云："夫《礼记》残缺之书，本无备体，折简败字，多所阙略。正应推例求意，不可动必征文。"③其中所谓"推例求意，不可动必征文"正是由礼例来指导现实礼制建设的意思。

五、刻意强调经义的逻辑一贯性，维护经典权威

《礼记》一书，共有四十九篇，成于众手，各篇体例差别很大，有的篇章基本由独立的片段拼凑而成，各段之间几乎没有什么逻辑关系，如《曲礼》《檀弓》等，有的篇章内部上下文之间的逻辑性相对要强一些，如《大学》《中庸》《学记》《乐记》等；另外《礼记》各篇在某些问题上的前后观点甚至相左。皇疏特别注意这方面的问题，在对经文进行诠释时，采取了有针对性的方法进行处理，使前后文义在逻辑上显得更具一贯性。皇侃主要采取了三种方法：一是通过对经文的重新诠释，疏理前后经文之间的逻辑照应关系；二

---

① 张帅：《北朝儒宗熊安生治礼探析》，《求索》2012年第5期，第72页。

② 房玄龄等：《晋书》卷一九《礼志上》，北京：中华书局，1974年版，第583页。

③ 沈约：《宋书》卷一六《礼志三》，北京：中华书局，1974年版，第426—427页。

是通过分科段的方法来厘清经文内部的逻辑结构层次；三是弥缝前后经文之间的矛盾，解决经文之间的逻辑龃龉问题。

如《礼记·丧服小记》经云："王者禘其祖之所自出，以其祖配之。"皇侃疏云：

> 前明亲亲，此辨尊尊而尊也。其祖，始祖也，自出谓所感帝其祖配之。若周之先祖出自灵威仰也。唯天子以此礼，故云不王不禘也。①

上条经文云："亲亲以三为五，以五为九。上杀，下杀，旁杀，而亲毕矣。"对比前后经文，皇侃认为前后两条经文之间有一种逻辑照应关系，即上条经文隐含着"亲亲"之义，此条经文则隐含着"尊尊"之义。孔颖达等人在编《礼记正义》时将此类皇疏大多删除，大概是孔颖达等认为此类皇疏属于过度阐发，并不符经文本义。以上是皇侃采用的第一种方法，即重新诠释上下经文之间的逻辑照应关系。

又如《史记·乐书》云：

> 凡音之起，由人心生也。人心之动，物使之然也。……礼乐刑政，其极一也，所以同民心而出治道也。

《史记正义》引皇疏云：

> 此章有三品，故名为《乐本》，备言音声所起，故名乐本。夫乐之起，其事有二：一是人心感乐，乐声从心而生；一是乐感人心，心随乐声而变也。②

皇侃将此章命名为《乐本》章，此章又分为三段（品）。其中第三段又分为二重，《史记正义》引皇疏云：

> 此《乐本章》第三段也。前第一段明人心感乐，第二段明乐感人心，此段圣人制正乐以应之。此段自有二重：自"凡音"至"反人道"为一重，却应第二段乐感人心也；又自"人生而静"至"王道备矣"为一重，却应

---

① 皇侃：《礼记子本疏义》，现存于日本早稻田大学图书馆。

② 司马迁《史记》卷二四《乐书第二》张守节正义，北京：中华书局，1959年版，第1179—1186页。

第一段人心感乐也。①

皇疏运用分科段之法将《乐记》分为十一章，每章分段分重，皇侃又特别强调不同章、段、重之间都有逻辑结构关系。以上是皇疏采用的第二种方法，即针对《乐记》等内部逻辑性较强的篇章，皇疏采用分科段并归纳段义的方法来厘清经文内容的逻辑结构层次。

再如《礼记·王制》经云："大夫祭器不假。祭器未成，不造燕器。"《礼记·礼运》经云："大夫具官，祭器不假，声乐皆具，非礼也。"细比较两则经文，前云大夫"祭器不假"为是，后云大夫"祭器不假"为非，前后文义矛盾，针对这一矛盾，皇疏云：

> 此谓有地大夫，故祭器不假。若无地大夫，则当假之，故《礼运》云"大夫祭器不假，声乐皆具，非礼也"，谓无地大夫也。②

此处皇疏运用了弥缝之法，认为《王制》与《礼运》在"祭器不假"这一问题之所以前后矛盾，是因为《王制》是针对有地大夫而言的，而《礼运》是针对无地大夫而言的。按：弥缝之法，从郑玄注经已大量使用，最常见的是用不同朝代来解释前后经文观点不一的情况，皇侃继承此法，目的就是解释经文前后观点矛盾之处。以上是皇侃采用的第三种方法，即弥缝前后经文矛盾。

焦桂美、乔秀岩都注意到皇侃释经的这一特点③。皇侃采用以上三种方法，其目的基本上是一致的，就是使《礼记》全文逻辑更具一贯性，有时候为了达到这一目的，甚至不惜过度阐发，如上举第一例。乔秀岩由此认为南北朝义疏为"文字通理之学"，而非清人考据实学④。笔者认为以皇侃为代表的

---

① 司马迁《史记》卷二四《乐书第二》张守节正义，北京：中华书局，1959年版，第1184页。

② 孔颖达：《礼记正义》卷一三，影印《十三经注疏》本，北京：中华书局，1980年版，第1347页。

③ 分别见焦桂美：《皇侃〈礼记〉义疏略论》（《船山学刊》2010年第2期，第91页），与〔日〕乔秀岩：《义疏学衰亡史论》（上海：三联书店，2017年版，第130页）。

④ 〔日〕乔秀岩：《义疏学衰亡史论》，上海：三联书店，2017年版，第221页。

南北朝礼学家之所以通过对经文的重新诠释，使经义更具逻辑上的前后一贯性，主要是为了维护经典的权威。因为南北朝时期是中国传统礼制建设的一个非常关键时期，这一时期五礼制度建设深入开展，礼学家针对现实的礼制难题进行讨论时，首先要求议礼的理论根据即三礼经典本身在逻辑上经得起推敲，具有较高的权威性，只有这样才能更好地指导现实的礼制建设。

上述皇侃《礼记义疏》诠释体例的五个特点其实在一定程度上反映了南北朝尤其是南朝三礼义疏诠释体例的共性，从中都可以看出南北朝礼学发展的某些共同趋势。比如说南北朝礼学既好沿用汉学的声训之法，又好阐发己意；既主要遵循郑学，又有怀疑精神，多有对郑学的批判，同时还好辩难，这都说明南北朝礼学有上承汉学、下启宋学的特质。另外南北朝礼学多好发明礼例并刻意追求经文的前后逻辑一致性与当时的礼制建设密切相关。

（本文原刊于《历史文献研究》总第 45 辑，广陵书社 2020 年 10 月）

庾蔚之礼学研究

张 帅

　　所谓礼学，主要包括礼经学与礼仪学，这种分类，最早见于杨志刚先生的《中国礼学史发凡》。所谓礼经学主要是指对《礼记》《仪礼》《周礼》乃至《大戴礼记》等礼学经典进行研究的学问；所谓礼仪学主要是关于"仪制的撰作与仪制的研究"的学问[①]。目前学界已有礼经学或礼仪学的相关研究成果，但是将礼经学与礼仪学结合起来研究的成果尚不多见。魏晋南北朝时期礼学相当发达，那一时期的礼学家多既从事专门的礼经学研究，又参与当时的礼制建设，并将礼经学研究成果运用到礼制建设中去，在这一过程中所流传下来的相关著述或言论就是礼仪学。相对于其他朝代，这一时期的礼学家更好地将礼经学与礼仪学结合了起来。刘晓东先生曾高度评价这一时期的礼学研

[①] 杨志刚：《中国礼学史发凡》，《复旦学报（社会科学版）》，1995 年第 6 期。杨先生于文中将礼学分为礼经学、礼仪学、礼论、泛礼学四类，主体是礼经学与礼仪学。

究，云："经过六朝的礼家的讨论和制定，不但弥合了先秦古礼在时代上的落差，而且成功地将经过调整更新了的礼仪制度变成了礼教观念的适宜载体，使礼学不是转型而是蜕变，从而保证了礼教观念的延续。"①

庾蔚之是魏晋南北朝时期比较重要的礼学家，目前流传于后世的庾氏著述既有礼经学类又有礼仪学类，综合研究这两方面著述，可以从整体上研究庾蔚之的礼学特点及贡献，有助于我们管窥魏晋南北朝礼学的部分特质，还有助于为礼学史研究做出一点探索。

一、庾蔚之生平及其著述述略

庾蔚之是南北朝初期有代表性的一位礼学家。据《宋书》记载："元嘉十五年，征次宗至京师，开馆于鸡笼山，聚徒教授，置生百余人。会稽朱膺之、颍川庾蔚之并以儒学，监总诸生。"② 可见在刘宋初期，庾蔚之在儒生中的影响仅次于大儒雷次宗。又据《宋书·臧焘徐广傅隆传》载："颍川庾蔚之、雁门周野王、汝南周王子、河内向琰、会稽贺道养，皆托志经书，见称于后学。蔚之略解《礼记》，并注贺循《丧服》行于世云。"③ 这又说明庾蔚之是刘宋时五位最著名的经学家之一。

有关庾蔚之的生平，史书没有专门为其立传，《经典释文·序录》有简单的记载："庾蔚之，《略解》十卷（字季随，颍川人，宋员外常侍）。"④ 颍川庾氏在东晋时曾与琅琊王氏、陈郡谢氏齐名，到南朝时颍川庾氏衰落，庾蔚之有可能属于颍川庾氏一支。有关庾蔚之所任其他官职，《宋书》有记载：

> 大明元年二月，有司又奏："太常鄱阳哀王去年闰三月十八日薨。今为何月末祥除？"下礼官议正。……太常丞庾蔚之议："礼，正月存亲，故有忌日之感。四时既已变，人情亦已衰，故有二祥之杀。是则祥

---

① 刘晓东：《论六朝时期的礼学研究及其历史意义》，《文史哲》，1998 年第 5 期。

② 沈约：《宋书》卷九三《隐逸列传》，北京：中华书局，1974 年版，第 2293 页。

③ 沈约：《宋书》卷五五《臧焘徐广傅隆传》，北京：中华书局，1974 年版，第 1553 页。

④ 陆德明：《经典释文》，北京：中华书局，1983 年影印通志堂本，第 12 页。

忌皆以同月为议，而闰亡者，明年必无其月，不可以无其月而不祥忌，故必宜用闰所附之月。闰月附正，《公羊》明议，故班固以闰九月为后九月，月名既不殊，天时亦不异。若用闰之后月，则春夏永革，节候亦舛。设有人以闰腊月亡者，若用闰后月为祥忌，则祥忌应在后年正月。祥涉三载，既失周期之义，冬亡而春忌，又乖致感之本。譬今年末三十日亡，明年末月小，若以去年二十九日亲尚存，则应用后年正朝为忌，此必不然。则闰亡可知也。"通关并同蔚之议，三月末祥。①

从上文可见庾蔚之在刘宋孝武帝大明元年还任过太常丞一职，太常丞是礼官，庾蔚之所参与的这场讨论是关于鄱阳哀王小祥祭的日期，因鄱阳哀王在前一年闰三月去世，则来年的小祥祭是在三月还是四月，对于这个问题礼学家的看法不一致。庾蔚之以其深厚的礼学素养，力驳众议，认为鄱阳哀王的小祥祭应在来年三月，他的结论得到了朝廷的认可。这说明庾蔚之在当时应该是朝廷比较倚重的礼家。

目前学界专门对庾蔚之礼学著述进行研究的主要有焦桂美先生的《庾蔚之〈礼记略解〉评述》一文②，该文主要是从诠释经典的一般视角来对《礼记略解》进行解读，由于写作体例的限制，该文的礼学特色并不突出，且并未研究庾蔚之的礼仪学著述及议礼言论。庾蔚之的礼学著述，据《隋书·经籍志》记载有三十一卷《丧服》、一卷《丧服世要》、二十卷《礼论钞》、六卷《礼答问》、十卷《礼记略解》、《丧服要记注》。《隋志》还记载十六卷（或二十卷）《庾蔚之集》。③马国翰《玉函山房辑佚书》中有《礼记略解》的辑本，共保存了104条佚文。本人曾与吾师丁鼎共同发表过《庾蔚之礼学著作考证与辑佚》一文，对庾蔚之礼学著述进行了比较全面的辑佚工作，该文"共在《梁书》与《礼记正义》中为庾蔚之所注《丧服要记》辑录了2条佚文；在《通典》中为庾氏《礼答问》辑录了1条佚文；在《颜鲁公集》《礼记正义》《通典》与《晋书》

① 沈约：《宋书》卷十五《礼志二》，北京：中华书局，1974年版，第402—403页。
② 焦桂美：《庾蔚之〈礼记略解〉评述》，《船山学刊》，2009年第1期。
③ 魏征等：《隋书》卷三五《经籍志四》，北京：中华书局，1973年版，第1074页。

庾蔚之礼学研究

中共为庾氏《礼论钞》辑录了82条佚文；除此之外，我们还通过考证，对马国翰《玉函山房辑佚书》所辑庾氏《礼记略解》不当之处进行了匡补"①。以上所列举庾氏所有著述可以分为两类，礼经学以《礼记略解》为代表，礼仪学以《通典》所存大部分庾蔚之著述佚文为代表。② 本文将在所作辑佚工作的基础上，全面研究现存庾蔚之的礼学著述及议礼言论，以期对庾蔚之的礼学研究做出较全面客观的评价。

二、庾蔚之礼经学研究

本文主要依据《礼记略解》来探析庾蔚之礼经学研究的特点与成就。《礼记略解》一书，留于后世的只有约百条佚文，我们只能从现存佚文中进行寻绎，尽可能多地了解庾蔚之礼经学之特点与贡献。值得注意的是本人在拙作《〈礼记正义〉据皇侃〈礼记义疏〉删理成书考述》一本中曾比对孔颖达《礼记正义》与皇侃《礼记义疏》残稿（《礼记子本疏义》），发现《礼记正义》在引用《礼记义疏》时所引用的大部分内容都不标明出自皇侃，凡是专门标明出自皇侃之处，主要有三种情况：一是孔颖达等认为《礼记义疏》有误，故而需要特别指出；二是孔颖达等认为《礼记义疏》在郑注的基础上对经文有了更新或更深入的理解；三是孔颖达等认为《礼记义疏》有了明显违背郑注的观点。③ 从这一点我们有理由相信，主要保存在《礼记正义》中的《礼记略解》佚文虽少，但多能体现《礼记略解》之特点。本文从《礼记略解》之诠释体例、方法及特点入手进行研究，在这方面《礼记略解》既体现了时代的共性，又有其本身独特的个性，在对其研究的过程中，我们同时又将《礼记略解》在名物、仪节、制度、礼义方面的创新与贡献展示出来。《礼记略解》之诠释体例、方法及特点主要表现在以下几方面：

---

① 张帅、丁鼎：《庾蔚之礼学著作考证与辑佚》，《齐鲁师范学院学报》，2015年第3期。
② 这只是粗略的分类，《通典》之中也不乏单纯关于礼经学问题的讨论，但是庾蔚之的著述整体上可分为礼经学与礼仪学两类是无疑的。
③ 张帅、丁鼎：《〈礼记正义〉据皇侃〈礼记义疏〉删理成书考述》，《古典文献研究》第15辑，2012年，第500页。

（一）诠释体例：义疏体，既释经文，又释郑注

南北朝经学著述的体例，最突出的特点就是义疏体，相对于汉代的只释经文的传注体来看，义疏体既释经文又释注文。南北朝的经学著述多冠以义疏之名，庾蔚之的《礼记略解》并未冠以义疏之名，不过从其诠释体例来看，既释经文又释注文。如《礼记·内则》经云："舅姑若使介妇，毋敢敌耦于冢妇。"郑注："虽有勤劳，不敢掉磬。"郑注之"掉磬"究竟为何义，《礼记略解》云："齐人谓之差评。"[①] 从这条可以看出，《礼记略解》专门对郑注进行疏解。

又如《礼记·檀弓上》经文云：

> 子路有姊之丧，可以除之矣，而弗除也。孔子曰："何弗除也？"子路曰："吾寡兄弟而弗忍也。"孔子曰："先王制礼，行道之人，皆弗忍也。"子路闻之，遂除之。

郑注云："行道，犹行仁义。"对于这段经文郑玄只解释了其中的"行道"，大概郑玄认为经文本身比较简单明了，不需要再进一步注解。作为孔子的高徒子路为什么会有违礼的行为，郑玄并未解释。庾蔚之认为，子路之所以会逾期而未除服是有原因的，庾氏云：

> 子路缘姊妹无主后，犹可得反服，推己寡兄弟，亦有申其本服之理，故于降制已远而犹不除，非在室之姊妹欲申服过期也。是子路已事仲尼，始服姊丧，明姊已出嫁，非在室也。[②]

庾蔚之认为子路在追随孔子以后才服其姊之丧，此时其姊必然已出嫁。庾氏推测子路认为依礼出嫁之女若无主后，服丧人可以反服其本服，那么子路本人因为少兄弟，他认为也有理由申其本服。庾蔚之的这段论述，其实就是针对经文的疏解。

① 孔颖达：《礼记正义》卷二七，影印《十三经注疏》本，北京：中华书局，1980 年版，第 1463 页。

② 孔颖达：《礼记正义》卷六，影印《十三经注疏》本，北京：中华书局，1980 年版，第 1279 页。

既然《礼记略解》是义疏体，既释经文也释郑注，所以《礼记略解》在学术传承上必然是宗郑为主的。其实宗郑学，是南北朝礼学的一个普遍特点，《北史·儒林传》有明确记载：

　　　　大抵南北所为章句，好尚互有不同。江左，《周易》则王辅嗣，《尚书》则孔安国，《左传》则杜元凯。河洛，《左传》则服子慎，《尚书》、《周易》则郑康成。《诗》则并主于毛公，《礼》则同遵于郑氏。南人约简，得其英华；北学深芜，穷其枝叶。考其终始，要其会归，其立身成名，殊方同致矣。①

　　这里明确说明了南北朝时，无论南学还是北学，在礼学领域，"《礼》则同遵于郑氏"。

　　（二）释注特点：虽宗郑亦破郑

　　虽然南北朝三礼义疏都宗郑注，但是宗郑的程度是不一样的，南朝三礼义疏在宗郑为主的同时，敢于疑注，多有破注之处，而北朝三礼义疏则是笃守郑注，这说明南朝礼学学风要相对活跃，创新性较强。笔者曾在《论南北朝三礼义疏对郑学的扬弃》一文中指出南朝三礼义疏对郑注的背离体现在两个方面：一是"弃郑注而用他说"，二是"弃郑注而自立新说"②。《礼记略解》也体现了南朝礼学的这种风格。

　　1. 弃郑注而用他说

　　如《礼记·王制》经云："将徙于诸侯，三月不从政。自诸侯来徙家，期不从政。"对于这条经文，郑注没有进行详细解释，不过针对《周礼·旅师》"凡新甿之治皆听之，使无征役"条经文，郑玄所作注解可以为上文《礼记·王制》之经文作注脚，郑注云："《王制》曰：'自诸侯来徙家，期不从政。'以地美恶为之等。七人以上授以上地，六口授以中地，五口以下授以下地，与旧

---

① 李延寿：《北史》卷八一《儒林传上》，北京：中华书局，1974 年版，第 2709 页。
② 张帅：《论南北朝三礼义疏对郑学的扬弃》，《历史文献研究》第 34 辑，2014 年，第 19 页。

民同。旅师掌敛地税而又施惠散利，是以属用新民焉。"① 从《周礼·旅师》郑注可以看出郑玄认为《王制》所谓"自诸侯来徙家"之人指的是普通百姓。而庾蔚之与王肃则都认为"自诸侯来徙家"之人指的是仕者，即"仕者从大夫家出仕诸侯，从诸侯退仕大夫"②。这是庾蔚之弃"郑注而用他说"之一例。

2. 弃郑注而自立新说

这一方面，本人在《论南北朝三礼义疏对郑学的扬弃》一文中举了一个《礼记略解》的例子，这个例子比较典型，在此作进一步详细说明。《礼记·丧服小记》经云："庶子不为长子斩，不继祖与祢故也。"按依《丧服》之义，若父为嫡，则可以为长子服斩衰之服，而《丧服小记》则从另一个角度来说明这个道理，即若父是庶子，则不可以为长子服斩衰之服。经文并未明言几世嫡可以为长子服斩衰。马融认为要五世之嫡方可以为长子服斩衰，对于这个问题，郑注云："言不继祖祢，则长子不必五世。"言外之意，郑玄认为某人只要既是父之嫡又是祖之嫡，即二世嫡就可以为长子服斩衰之服，根本不必五世嫡。不过不管是五世嫡还是二世嫡，都必须是祖之嫡，那么是父之嫡则是不言而喻的。经文为什么不单云"不继祖"却要云"不继祖与祢"，郑注在此处并未明言。不过在《仪礼·丧服》经文"庶子不得为长子三年，不继祖也"处，郑玄对以上问题作了交待，郑注云："《小记》曰'不继祖与祢'，此但言'祖'不言'祢'，容祖祢共庙"，依郑玄之意，《丧服》云"不继祖"，而《丧服小记》云"不继祖与祢"是因为《丧服》是针对祖祢共庙的情况而言的，言外之意《丧服小记》则是针对祖祢不共庙的情况而言的。所谓"祖祢共庙"是针对官师等下士而言的，一般的上士有二庙，即祖祢不共庙。而《丧服》为什么只讨论下士祖祢共庙的情况，这是令人费解的，这应该是郑玄针对《丧服》与《丧服小记》内容的差异而强加弥缝，他所作的解释不太能令人满意。

---

① 贾公彦：《仪礼注疏》卷十六，影印《十三经注疏》本，北京：中华书局，1980年版，第745页。

② 孔颖达：《礼记正义》卷十三，影印《十三经注疏》本，北京：中华书局，1980年版，第1347页。

庾蔚之礼学研究

对于这个问题，庾蔚之《礼记略解》云：

> 既义系于祖，则不须及祢，更以或者疑不系祖之言是道庶子之长，故此记跱言不系祖与祢，以明据庶子言之也。①

庾蔚之认为《丧服小记》之所以云"不继祖与祢"，完全是为了防止误解。从现代语法学来看，"不继祖与祢故也"前的主语省略了，这句话的主语既可能是"庶子不为长子斩"中的"庶子"，也可能是其中的"长子"，若经文只写"不继祖"，则容易被人误解所谓"不继祖"是针对"庶子"之"长子"而言的，那么此处的"祖"就成了"庶子"的父，这样一来就不是二世嫡为长子服斩衰，而是一世嫡就可以为长子服斩衰了，这就违背了经文之意，经文云"不继祖与祢"则完全避免了误解的可能。② 相比郑、庾二说，庾说要更合理一些。

（三）释礼之法：释例与释义

古礼仪节繁复，不过在不同的仪节之间，存在着一些一以贯之的规律，这说明古人在行礼时是有章可循的，后人将存在于不同仪节之间的规律称之为礼例。把握好礼例，在学礼的过程中就能执简驭繁。规律是客观的，也即礼例是客观的。古人行礼，不仅仅是只追求一种规则、秩序，更重要的是在遵循这种规则与秩序的同时，感受某种精神或观念的感染与教化，这种精神或观念就是礼义。曹元弼在《礼经学》中云："礼之所尊，尊其义也，义所以为例也，例所以为礼也。"③ 可见礼义处于礼的体系中的最高层，由礼义可以

---

① 《礼记子本疏义》，现存于日本早稻田大学图书馆，早稻田大学已公布其清晰影像，网址：http://www.wul.waseda.ac.jp/kotenseki/html/ro12/ro12_01134/index.html。下文引用此文时，将不再标注网址。按：《礼记子本疏义》乃皇侃学生郑灼手抄皇侃《礼记义疏》之残稿，该书此处引用庾蔚之《礼记略解》之说又被孔颖达《礼记正义》二次征引，《礼记正义》所征引庾氏之说有删节。见拙作《〈礼记正义〉二次征引〈礼记〉旧疏探析》，《古籍整理研究学刊》，2012年第3期。

② 张帅：《论南北朝三礼义疏对郑学的扬弃》，《历史文献研究》第34辑，2014年，第19页。

③ 曹元弼：《礼经学》，《续修四库全书》第94册，上海：上海古籍出版社，2002年版，第557页。

统摄礼例，由礼例可以统摄礼仪。曹先生之论比较系统而科学地阐释了礼义、礼例与礼仪之间的关系。《礼记》本身主要就是诠释《仪礼》的，释例与释义之法，在《礼记》本书中早已有之，《礼记略解》在对《礼记》的诠释过程中，一方面将《礼记》中的释例与释义之法诠释清楚，另一方面还将这两种方法推广运用，现分述如下：

1. 释例

清人陈澧曾云：“《仪礼》难读，昔人读之之法，略有数端：一曰分节；二曰绘图；三曰释例。今人生古人后，得其法以读之，通此经不难矣。”[1] 他总结的读《仪礼》三法中“释例”之“例”，指的就是礼例。《仪礼》本身就总结了一些礼例，如“凡执币者不趋，容弥蹙以为仪。执玉者则唯舒，武，举前曳踵。”[2] 也有后人专门对《礼仪》之例进行提炼研究的，最著名的是清人凌廷堪的《礼经释例》。《礼记》是《仪礼》之传，其中涉及礼例的地方也很多。礼例有正例，也有变例，正例是指某礼在一般情况下的运用规律，变例则是它在特殊情况下的权变运用。经文揭示正例的情况比较多，而礼在实际运用过程中会遇到许多特殊情况，因此揭示礼的变例对于礼的实际运用有非常重要的意义。庚蔚之在《礼记略解》中就多处用到了依正例推导变例之法。

如《礼记·曾子问》经文云：“三月而庙见，称来妇也，择日而祭于祢，成妇之义也。”经文主要揭示妇人新嫁到男方，如何庙见其已亡公婆之例。不过经文并未说明若其公婆有一人尚在人世，该妇人如何见生者与庙见亡者。庚蔚之《礼记略解》云：“昏夕厥明，即见其存者，以行盥馈之礼，至三月不须庙见亡者。”[3] 庚氏所揭之例实为经文所揭之例的变例，即妇人来男方家第二天先见在世的公或婆，行盥馈礼，因已正式见过公或婆，所以三月后就

·321·

庚蔚之礼学研究

---

① 陈澧：《东塾读书记》，北京：生活·读书·新知三联书店，1998年版，第138页。
② 贾公彦：《仪礼注疏》卷七，影印《十三经注疏》本，北京：中华书局，1980年版，第978页。
③ 孔颖达：《礼记正义》卷十八，影印《十三经注疏》本，北京：中华书局，1980年版，第1392页。

不须再行庙见之礼。按所谓正例与变例都是相对而言的，庾蔚之所揭之例相对《礼记·曾子问》所揭之例是变例，而《礼记·曾子问》所揭之例相对《仪礼·士昏礼》所记载新妇正式见男方在世父母之例也可称为变例。

又如《曾子问》"君之丧服除，而后殷祭，礼也"条，庾蔚之疏云：

> 今月除君服，明月可小祥，又明月可大祥，犹若久丧不葬者也。若未有君服之前，私服已小祥者，除君服后，但大祥而可。已有君服之时，已私服或未小祥，是以总谓之殷祭，而不得云再祭。①

经文所揭是大夫、士先有私丧，后又为君服丧之例，须为君服丧除服以后，再为私服行小祥、大祥祭，也叫殷祭之例。庾蔚之所揭示的是该例之变例，即若为君服丧除服以前，其私服已进行了小祥祭，则为君服丧除服之后只行大祥祭即可。而且庾蔚之还专门指出这两例都为殷祭，既然都名殷祭，不得称第二例为再祭，那么二例必然就是一正例一变例。

2. 释义

《礼记·效特牲》云"男女有别，然后父子亲，父子亲然后义生，义生然后礼作。"这说明《礼记》认为先有义后有礼。礼义即礼例背后蕴藏的人文精神、价值观念等，人在循礼时都会潜移默化地感到这种礼义，受其影响。客观的礼例都是受到这种形而上的礼义统摄的。庾蔚之在《礼记略解》中就非常重视对礼义的揭示。

如《礼记·丧服小记》经文云："故期而祭，礼也。期而除丧，道也。祭不为除丧也。"郑注："礼：正月存亲，亲亡至今而期，期则宜祭。期，天道一变，哀恻之情益衰，衰则宜除，不相为也。"依郑玄之意，从亲亡到小祥祭那一日正好一年，小祥祭之月正是上一年亲亡之月，所以这一月为纪念亡亲，要有祭祀。到这一天正好过了一年，对亡亲的哀恸之情也日益衰减，所以到了这一天，也应该除服。所以祭与除服是同一天发生的两件事。庾蔚之《礼记略解》云："谓除丧虽由哀衰，而除丧之时，必致感，感故有祭，除祭不必

---

① 孔颖达：《礼记正义》卷十九，影印《十三经注疏》本，北京：中华书局，1980年版，第1397页。

皆在亲亡之月，卒哭与禫皆是。"① 庚蔚之认为是否要进行祭祀，关键不在于时间，而在于是否有"致感"之礼义，只要有"感"，就应该祭礼，所以卒哭祭与禫祭，也是因为有"感"而在当日进行祭祀。笔者个人认为庚蔚之的解释要比郑玄更好一些，庚氏之论从是否有"感"之礼义出发，不仅诠释了"祭不为除丧"之义，而且将卒哭祭、禫祭与小祥祭统摄起来了。

再如《礼记·丧服小记》经文云："生不及祖父母、诸父、昆弟，而父税丧，己则否。"郑注：

> 谓子生于外者也。父以他故居异邦而生己，己不及此亲存时归见之，今其死，于丧服年月已过乃闻之。父为之服，己则否者，不责非时之恩于人所不能也，当其时则服。

郑玄认为因父亲在他邦生子，此子来不及与父邦之亲人在世的时候相见，若此亲人已去世，并且已经过了服丧的日期之后，此子才听说了这件事，在这种情况下，该父要为其亡故亲人追服，该子则不必。孔疏申郑注云："然己在他国后生，得本国有弟者，谓假令父后又适他国，更取所生之子，则为己弟，故有弟也。"② 即此父后来又去他国并生子，此子为己弟。王肃云："以为计己之生，不及此亲之存，则不税。若此亲未亡之前而己生，则税之也。"又云："昆弟为诸父之昆弟也。"③ 王肃认为如果自己生时，父邦之亲已过世，则不追服；若父邦之亲在自己出生后过世，就要追服。王肃又认为"昆弟"指的是诸父之昆弟。刘知、蔡谟认为"昆弟"之"弟"为衍文。④ 庚蔚之《礼记略解》云："生不相见，恩所以不能已过，则许以不税者，岂宜己不能追也？兄犹不能追己，则余人可知也。"⑤ 庚蔚之认为没有必要去追究"昆弟"具体

庚蔚之礼学研究

---

① 皇侃：《礼记子本疏义》，现存于日本早稻田大学图书馆。

② 孔颖达：《礼记正义》卷三二，影印《十三经注疏》本，北京：中华书局，1980 年版，第 1497 页。

③ 同上。

④ 同上。

⑤ 皇侃：《礼记子本疏义》，现存于日本早稻田大学图书馆。

所指，他认为"昆弟"背后有一种礼义，即"昆弟"代表为诸亲追服的界限，若兄不能为弟追服，弟不能为兄追服，昆弟之间尚不能互相追服，其余关系更疏远的亲属就更不用追服了。

三、礼经学指导下的礼仪学研究

庾蔚之的礼仪学著述主要保存在《礼论钞》《礼答问》等著作中，除此之外相关典籍所记载的数条庾蔚之在朝廷上的议礼之论也属于礼仪学范畴。庾蔚之的礼仪学著述佚文及议礼言论主要保存在《通典》之中，本人在拙作《庾蔚之礼学著述考证与辑佚》一文中已将《通典》所保存的庾蔚之的礼仪学著述及议礼言论进行了辑佚与整理，① 庾蔚之的礼仪学著述或言论在杜佑的《通典·礼典》中占有非常重要的地位。《通典·礼典》所记载内容，主要有两部分，一是有关历代礼制的变迁，二是历代礼家针对现实礼的问题所展开的讨论。第二部分内容所记载的每一个讨论的议题前都有一个带"议"字标志的小标题，如"宗室助祭议""旁亲丧不废祭议""夺宗议""公除祭议""居官归养父母议""皇太子监国及会宫臣议"等等。在刘宋诸礼家中，庾蔚之的观点被《通典》引用最多，由此可见杜佑对庾蔚之的重视程度，也可见庾蔚之在刘宋礼仪学领域的重要地位。通览《通典·礼典》，我们可以看出魏晋南北朝礼学家在礼仪学方面的研究与讨论都是以礼经学为指导的，他们之间的水平高低优劣主要表现在对经典理解程度的差异以及是否能更好地将理论运用到实践方面。庾蔚之作为其中的佼佼者，在这几方面表现得更突出，具体来看，主要表现在以下几点：

（一）吃透经典，准确释礼

魏晋南北朝礼家在议礼时普遍以经典为指导，主要指三《礼》《大戴礼记》《春秋》三传及《论语》等经典中有关礼的内容。刘晓东先生在《论六朝时期的礼学研究及其历史意义》一文中阐明了六朝议礼、修礼的三点依据：

---

① 张帅、丁鼎：《庾蔚之礼学著作考证与辑佚》，《齐鲁师范学院学报》，2015 年第 3 期。

"依据古代礼籍,考查前代惯例,参酌当代所宜。"① 虽然魏晋南北朝各家议礼都以经典为指导,但是面对现实的礼制问题时,各家纷争却很多,其中一个重要的原因就在于对经典的理解不同,礼家对经典把握得越准确、理解得越深刻,在结合现实进行释礼时,所做出的结论就越准确、越服众、越可行。庾蔚之就因为对经典深刻而准确的把握,在释礼时常常能做出超出他人的论断。

如《天子为庶祖母持重服议》条,记载的是礼学家关于晋安帝如何为太皇太后李氏服丧的讨论,因太皇太后李氏并非晋安帝祖父简帝的皇后,只是妃子,依礼李氏只能称为晋安帝的庶祖母,所以此段标题是《天子为庶祖母持重服议》。从各家讨论来看,徐广认为《左传》即有母以子贵之义,且礼书又有祖不压孙之说,则晋安帝为其庶祖母太皇太后李氏服丧时,应按承重之孙为祖母服丧的规格重服。太常殷茂认为,李氏虽名号尊为太皇太后,但是并非简文帝皇后,而当今皇帝乃继承祖宗之正体,不宜为庶祖母持重,所以应为李氏轻服。徐野人认为殷茂提出的皇帝为李氏轻服的论点于礼籍并无依据,鲁文公为其祖母成风重服,成风也是鲁庄公的妃子,《左传》并未讥讽鲁文公,这说明《左传》是认可鲁文公的做法的。另外汉代也有天子为庶祖母重服的先例,因此晋安帝应为当时太皇太后李氏重服。车胤也认为既然汉代已有先例,则当今皇帝应按先例为李氏重服。可以看出,当时的礼家大多认同其天子为庶祖母(先帝的生母)重服,朝廷也认可了这一观点并加以施行。当时以上诸礼家所持古书经典的依据主要是来自《春秋》三传,他们在三《礼》典籍中并未找出非常可靠的依据,针对这个问题,庾蔚之云:

> 《公羊》明母以子贵者,明妾贵贱,若无嫡子,则妾之子为先立。又子既得立,则母随贵,岂谓可得与嫡同耶?成风称夫人,非礼之正,《穀梁》已自为通。《小记》云:"大夫降其庶子,其孙不降其父",此谓凡庶子,故郑玄云"祖不厌孙"耳,非谓承祖之重而可得申其私服也。庶子为后,不

---

① 刘晓东:《论六朝时期的礼学研究及其历史意义》,《文史哲》,1998 年第 5 期。

得服其母，以废祭故也。则己卒，己子亦不得服庶祖母可知矣。《小记》言："妾子不代祭"，《穀梁传》言："于子祭于孙止"，此所明凡妾，非谓有加崇之礼者也。古今异礼，三代殊制。汉魏以来，既加庶以尊号徽旗章服，为天下小君，与嫡不异，故可得服重而庙祭，传祀六代耳，非古有其议也。①

从庾蔚之这段言论可以看出，他主要针对徐广等人之论中涉及的礼学问题进行分析。他认为《春秋公羊传》虽然明确提了母以子贵的观点，但是其母虽贵，也不能完全等同于嫡母。徐广等人所谓的"祖不厌孙"，实际上是郑玄对《礼记·丧服小记》"大夫降其庶子，其孙不降其父"的注解，庾蔚之指出这里所谓的庶子只是一般的庶子，并非承重的庶子，庶子若承重为后，则不得为其本生之母服衰，则其子也不得为其父之本生母也即其庶祖母服衰。庾蔚之又指出《礼记·丧服小记》妾母不世代祭祀的观点及《春秋穀梁传》子祭孙不祭的观点都是针对凡妾而言的。总之庾蔚之认为依古礼，君王的本生庶母与嫡母是不一样的，君王并不可以为其父之本生庶母服衰，徐广等人的理论依据是不合经典本义的。汉魏以后是因为在皇帝的本生庶母身上加以尊号徽旗章服，这时的庶母的地位与嫡母无异，该皇帝之子才可以为该皇帝本生庶母重服。

从以上诸家讨论可以看出，庾蔚之的释礼的确表现出他对经典有更深刻的理解，更好地从礼学学理上正本清源，为现实的礼制建设提供了更加牢靠的理论基础。

（二）结合现实，以礼制礼

魏晋南北朝时期，在真正进行五礼制度建设的过程中，礼学家发现不仅《仪礼》的记载是远远不够的，所有经典所记载的礼相对现实的礼制建设来说都是不够的。随着礼的实践的不断深入，出现了许多新的情况，如何规范新的礼仪使之既符合古礼要求，又适应现实需求，这就需要礼家在吃透经典的

---

① 杜佑：《通典》卷八一《天子为庶祖母持重服议》，北京：中华书局，1988年版，第2198—2199页。

基础上，依据现实需求，制定出新礼。为了解决这个问题，诸礼家将礼经学研究中的释例与释义之法运用到现实的议礼活动之中，做到以礼制礼。当然仪礼学领域的以礼制礼与礼经学领域的释例与释义最大不同在于，释例与释义只要符合礼经学理论即可，以礼制礼则要在礼学理论与现实需求之间做一个平衡。庾蔚之以礼制礼时主要运用以下两种方法：

1. 以例制礼

礼学家在礼经学研究时，比较注重运用释例之法，释例在礼经学研究中还是为了系统地诠释礼经。礼学家在制定新礼时，必须在已知礼的运行规律或原则基础上进行推理，这种运行规律就是礼例。礼家首选礼例作为制定新礼的礼学知识依据，因为已知的礼例是相对客观的，礼家在议礼时首选以例制礼之法，就是运用已知的礼例推导出新例或变例，这样推导出的结论就减少了主观色彩，更易于达成共识。庾蔚之运用以例制礼这种方法时，显得非常娴熟，其所作结论常常具有很强的说服力。

如《天子为母党服议》条，记载魏太和六年（232年）魏明帝外祖母安成乡敬侯夫人去世，礼家讨论皇帝是否应为敬侯夫人服丧。太常韩暨认为天子于外祖母无服。尚书赵咨、散骑常侍缪袭等人都认为汉代有天子为外祖母服丧先例，故明帝应为敬侯夫人服丧。以上诸人都没有从礼学上为魏明帝是否为敬侯夫人服丧找到理由。庾蔚之云：“礼，父所不服，子不敢服。嫡子为妻之父母服，则天子、诸侯亦服妻之父母可知也。妻之父母犹服，况母之父母乎！”① 按：庾蔚之所谓“嫡子为妻之父母服”之例出自《礼记·丧服小记》“世子不降妻之父母”，而“父所不服，子不敢服”之例出自《丧服传》，庾蔚之由“父所不服，子不敢服”之例与“嫡子为妻之父母服”之例推导出“天子、诸侯亦服妻之父母”之例，既然天子、诸侯可为妻之父母服丧，则必定为母之父母服丧。可见庾蔚之是由礼例推导礼例，最终得出天子可以为外祖父（母）服丧的结论。

---

① 杜佑：《通典》卷八一《天子为母党服议》，北京：中华书局，1988年版，第2200—2201页。

2. 以义制礼

前文已述,庾蔚之在对《礼记》的诠释过程中就非常重视对礼义的研究,研究礼义,不仅可以使百姓受到礼的精神、观念的陶冶与教化,还可以制定新礼。《礼记·礼运》云:"故礼也者,义之实也,协诸义而协,则礼虽先王未之有,可以义起也。"对此庾蔚之《礼记略解》云:"谓先王制礼,虽所未有,而此事亦合于义,则可行之以义,与礼合也。"① 庾蔚之明确认为有的礼仪制度虽先王未制定,但是只要合于义,后人就可以依义制礼。魏晋南北朝诸礼家在制礼、议礼时,虽然可以通过以例制礼的方法从现有的礼例推导出新例、变例来制礼,但是还会有一些新情况是无法用已有礼例来推导的。这时候礼家就从礼义出发,先从礼书中抽象出礼义,在礼义指导下制定新礼。相较其他礼家,庾蔚之更重视运用此法。如《为诸王殇服议》条,云:

> 晋新蔡王年四岁而亡,东海王移访太常。博士张亮议:"圣人因亲以教爱,亲不同而殇有降杀,盖由知识未同成人故也。七岁以下,谓之无服之殇。《记》曰:'臣不殇君,子不殇父。'东海与新蔡,别国旁亲,尊卑敌均,宜则同殇制而无服也。"国子祭酒杜夷议:"诸侯体国,备物典事,不异成人,宜从成人之制。"宋庾蔚之谓:"嗣子之体,不以成人为义,故经有诸侯嫡子之殇服。臣子不殇君父,宫臣得服斩耳。自余亲自依其本服。《记》云:'能执干戈以死社稷,则以成人服之。'先儒又推年未二十而冠婚及为大夫者,皆不为殇。至若诸侯继体象贤,君临一国,事过大夫远矣,而可反殇之乎?"②

从引文可见,晋新蔡王年仅四岁而亡,其亲人如何为其服丧成了一个大问题。如果是普通人四岁亡,则属于无服之殇。如果是诸侯王,因礼书中已有臣不殇君之义,则其国之宫臣依礼应为新蔡王服斩衰,不过其亲属如何为其服丧,则礼无明文。张亮认为新蔡王年仅四岁而亡,那么东海王作为其旁

① 孔颖达:《礼记正义》卷二二,影印《十三经注疏》本,北京:中华书局,1980年版,第1426页。

② 杜佑:《通典》卷八二《为诸王殇服议》,北京:中华书局,1988年版,第2234页。

亲，应该依殇制无服。杜夷认为新蔡王与东海王都属诸侯王，身份地位相体敌，所以东海王应按成人之礼为新蔡王服丧。庾蔚之认为是否为未成年服殇，不应以是否成年为义，所以宫臣须为未成年君王服斩衰之礼。《礼记·檀弓》记载鲁国少年汪踦为保家卫国而死，鲁国人以成人之礼为其服丧，得到了孔子的赞同，这进一步说明是否服殇，年龄并非唯一要考虑的因素，若亡者行大义，则可打破年龄的限制，为其重服。汪踦为国献身，鲁人按成人之礼为其服丧，这里面体现了古人贤贤之义。先儒已推论年未二十已行冠、婚之礼或已为大夫者，虽未有成人之龄，但已有成人之义，也可不必为其服殇。新蔡王为诸侯王，继体象贤，其亲人应该也按成人之礼为其服丧，这符合尊尊之义。

当然所谓"以例制礼"与"以义制礼"只是笔者为了研究的方便人为进行的分类，礼家在推导新礼时，以例制礼与以义制礼往往是交错在一起的。

如《兄弟俱封各得立祢庙议》条，云："晋中山王睦上言乞依六蓼之祀皋陶，杞鄫之祀相立庙。按睦，谯王之弟，兄弟俱封，今求各立祢庙，下太常议。"[1] 这段话记载了与庙祭礼相关的史实，即西晋中山王司马睦请求祭祀祢庙，此前一直是由其兄谯王司马逊主持祭祀祢庙，现在司马睦因得封诸侯，因此上书朝廷，请求立祢庙，朝廷下旨太常讨论这件事。按《礼记·丧服小记》云："庶子不祭祢者，明其宗也。"《礼记·曾子问》对这一基本原则进一步说明："宗子为士，庶子为大夫，以上牲祭于宗子之家。"即就算庶子为大夫，宗子仅仅为士，庶子也要提供上牲于宗子之家祭祢庙，若依《曾子问》的原则进一步推理的话，作为庶子的司马睦应该是没有权力祭祢的。但是《礼记·丧服小记》所揭"庶子不祭祢"之例及《礼记·曾子问》对此例的解释，都是针对士与大夫而言的，礼经并未明言当庶子为诸侯时，"庶子不祭祢"之例是否完全如经文施行。针对这一问题，礼学家展开了激烈的讨论。博士刘熹认为中山王虽为诸侯，但为庶子，不得立祢庙，其后代可以为中山王司马

庾蔚之礼学研究

---

[1] 杜佑：《通典》卷五一《兄弟俱封各得立祢庙议》，北京：中华书局，1988年版，第1428页。

睦立庙。司徒荀颛认为中山王可以自立称庙。荀颛之论得到了朝廷的认可，依据是谯王与中山王的父亲并非诸侯，从诸侯这一等级来看，兄弟二人的地位是一样的，即礼不相压，二人可各自立庙。但是当时朝廷在这一问题上显得摇摆不定，后又否定了先前的决定。虞喜认为若父为诸侯，则庶子虽为诸侯，也不得自立称庙；若父非诸侯，而嫡子、庶子都为诸侯，则庶子也可立称庙。徐禅认为中山王作为庶子不得立称庙。针对前人的讨论，庾蔚之云：

> 大夫、士，尊不相绝，故必宗嫡而立宗，承别子之嫡谓之宗子，收族合食纠正一宗者也。故特加齐缞三月之服。至四小宗则服无所加，唯昆弟之为人后，姊妹虽出，一降而已。《曾子问》"宗子为士，庶子为大夫，以上牲祭于宗子之家"。郑云"贵禄重宗也"。（上牲，大夫少牢者也。）《小记》"庶子不祭祢者，明其宗也。"（明尊宗，不敢别祭也。）至诸侯尊绝大夫，不得以太牢祭卿大夫之家，是以经无诸侯为宗服文，则知诸侯夺宗各自祭，不复就宗祭也。又诸侯别子封为国君，亦得各祭四代。何以知其然？诸侯既不就祭，人子不可终身不得享其祖考，居然别祭四代。或疑神不两享，举鲁郑祭文祖厉足以塞矣。徐以弟禄卑于兄，不得两祭；虞以为可两祭，由于父非诸侯：又未善也。①

从引文可以看出，庾蔚之认为中山王与谯王可以各自立庙，他认为经典中的确有"庶子不祭祢"之例，且若宗子为士，庶子为大夫，庶子必须以上牲祭于宗子之家，但这只是在宗统下的礼例。而中山王是诸侯，这就涉及了君统的问题。吾师丁鼎已论证，礼书早有宗统不得干扰君统之义②，在君统下，"庶子不祭祢"之例应有变例，就是"诸侯夺宗各自祭，不复就宗祭"。庾蔚之进一步明确中山王与谯王可以各自祭祢，与他们的父亲是否是诸侯并无关系，若诸侯之庶子被封君，该子也可获得上祭四代的权力。所以他认为虽然虞喜所作结论正确，但理论依据有瑕疵。从引文可以看出，庾蔚之所作论证

---

① 杜佑：《通典》卷五十一《兄弟俱封各得立称庙议》，北京：中华书局，1988 年版，第 1429—1430 页。

② 丁鼎：《〈仪礼·丧服〉考论》，北京：社会科学出版社，2003 年版，第 273—276 页。

还是比较严密的，最后对自己论证过程所可能出现的漏洞进行补充说明，如当他提出"诸侯夺宗各自祭，不复就宗祭"之变例时，就想到了有人会有"神不两享"之义来问难，他举古时鲁国为周文王立庙与郑国为周厉王立庙之事例足以弥补其理论可能出现的漏洞。庾蔚之在这段讨论中是结合了以例制礼与以义制礼的方法，他由"庶子不祭祢"之例推导出"诸侯夺宗各自祭，不复就宗祭"之例的关键是结合尊尊、亲亲及宗统服从君统之义。当然庾蔚之做出这样的结论应该也跟当时的社会现实需求有关。从西晋朝廷对这个问题一直显得举棋不定可以看出，西晋时期的宗统与君宗的关系与古时已不完全相同，西周时期，诸侯王还可以称为君，而到西晋时期，诸侯王是否仍享有君的地位，这在当时已有分歧，从庾蔚之所作结论可以看出一直到刘宋时期，诸侯在当时仍有相当的实力，仍可处于君统体系之中。

通过比较庾蔚之的礼经学与礼仪学研究，我们可以看出其礼仪学研究是在礼经学研究的指导下进行的。魏晋南北朝礼学家灿若星辰，当时的学术界互相辩论、问难的风气非常活跃，要想在辩难之中拔得头筹，首先必须要做到更深入地把握礼学经典，其次要运用合理的方法。庾蔚之将礼经学研究中的释例与释义之法运用到礼仪学研究之中，再加之其对经典把握得比较深刻，所以他多能做出比较合理的论断。当然礼经学与礼仪学毕竟是有所区别的，礼仪学除了要受礼经学的指导以外，还要考虑前朝的先例与现实的需求。从整体来看庾蔚之礼学研究宗郑而不唯郑，重视礼例与礼义的研究，重视丧服研究，很好地将礼经学与礼仪研究结合起来，当然这些特点很多也体现了南朝礼学研究的共性，这更说明了庾蔚之是当时有代表性的礼学家。从微观上看，庾蔚之在礼学研究上观点多有创新，议礼、论礼多得其正，由于文本的阙如及本文研究篇幅的限制，本文还未将庾蔚之礼学的创新与贡献全面地展现，这是我们今后进一步工作的方向。

（本文原刊于《经学文献研究集刊》第十八辑，上海书店出版社 2017 年 11 月）

庾蔚之礼学研究

陆九渊心学思想初探

刘文剑

　　黑格尔在其《哲学史讲演录·导言》中指出："哲学开始于一个现实世界的没落。"这一思想是十分深刻的，哲学之所以兴盛于季世，是因为只有这时该社会及其文化的内在构架以及潜藏于其中的精神实质才有可能暴露出来，供哲学家们反省和理解。南宋时期，内忧外患十分尖锐，各种矛盾十分突出，这种错综复杂的社会现实催生了思想领域的大发展大繁荣，当朱熹在构建理学逻辑结构时，以陆九渊为代表的"心学"也在形成之中。朱、陆学术观点虽有某些不同，但其根源是相同的，同宗孔孟，其归旨也是一样的，皆为成仁成圣之学。所以黄宗羲说：

　　　　二先生（朱熹、陆九渊）同植纲常，同扶名教，同宗孔、孟。即使意见终于不合，亦不过仁者见仁，智者见智，所谓"学焉而得其性之所近"，

原无有背于圣人，矧夫晚年又志同道合乎！ ①

一、陆九渊生平简介

陆九渊，字子静，号存斋，江西抚州金溪（今属江西）人，生于南宋高宗绍兴九年（1139年）春季二月，卒于光宗绍熙三年冬季十二月（1193年），南宋著名理学家、思想家、教育家，宋明理学心学一派的创始人。曾在贵溪象山建精舍讲学，自号象山居士，后世称象山先生。

陆九渊生于没落的官宦家庭，青少年时代在金溪度过，他的八世祖陆希声曾任唐昭宗相，五代末期，陆希声之孙陆德迁携家避乱，始迁居金溪，"买田治生，资高闾里"，但到陆九渊父亲陆贺时，家境已经衰落，依靠经营药肆与塾馆的束脩维持生计。陆贺"生有异禀，端正不伐，究心典籍，见于躬行"，治家教子有方，著闻于州里，赠宣教郎。

据《年谱》记载，陆九渊兄弟六人，按长幼之序依次为：九思，字子疆；九叙，字子仪；九皋，字子昭，号庸斋；九韶，字子美，号梭山居士；九龄，字子寿，号复斋；九渊，字子静，号存斋。陆九渊年纪最少，从小深受父兄影响，接受儒家文化熏陶，四兄陆九韶、五兄陆九龄对他启导最多，江西陆学由他们三兄弟创建而成。《宋元学案》有《梭山复斋学案》与《象山学案》，专述陆九韶、陆九龄与陆九渊生平事迹与学术思想，据此可知，江西陆学，陆九韶是奠基人，陆九龄、陆九渊进而拓展之。梭山、复斋早逝，故陆九渊集其大成，遂成为南宋显学之一。后世将陆九渊和陆九龄并称为"江西二陆"，以比河南二程。

绍兴三十二年（1162年）陆九渊参加乡试，以《周礼》中举，考官为王景文；乾道七年（1171年）他再次参加乡试，以《易经》再中举。乾道八年壬辰，试南宫，做两卷，一为"易卷"，一为"天地之性人为贵论"。时考官为吕祖谦，吕祖谦与陆九渊从未谋面，读到答卷，击节叹赏，称道不已，对同官说

①《宋元学案》卷五十八《象山学案》，陈金生、梁运华点校，北京：中华书局，1986年版，第1887页。

"此卷超绝有学问者，必是江西陆子静之文，此文断不可失也"①。遂中选。同年五月，廷对，赐同进士出身。陆九渊的思想、文风个性是十分鲜明的，而吕祖谦的鉴赏眼光也令人钦佩，时贤杨简称赞吕祖谦"能识先生之文于数千人之中"②。

陆九渊的一生可大致分为五个阶段：第一，绍兴九年到绍兴二十一年，即1岁至13岁，为志学时期，历时13年；第二，从绍兴二十二年到乾道九年，即14岁至35岁，为应举时期，历时22年；第三，从淳熙元年（1174年）到淳熙八年，即36岁至43岁，为宦游时期，历时8年，先后任隆兴府靖安县主簿、建宁府崇安县主簿；第四，从淳熙九年到淳熙十三年，即44岁至48岁，为在朝时期，历时5年，先后任太学国子正、敕局删定官；第五，从淳熙十四年到绍熙三年（1192年），即49岁至54岁，为弘道时期，历时六年。淳熙二年，为防金侵犯，知荆门军，然而壮志未酬身先死，仅仅一年又三个月，卒于任中，享年54岁。

纵观陆九渊一生的政治活动和学术理路，一是提出了一套治国的方案和设想；二是筑荆门城郭，整顿军纪，巩固边防；三是在与朱熹的辩论中，明确了各自的分歧，构建了"心学"哲学逻辑结构。

陆九渊是一代大儒，心学创始人，却从不著书，没有一部经学注疏之作，留给后人的只有书信、奏表、序文、讲义、程文、祭文等文字。宁宗开禧元年（1205年），由其长子陆持之编《遗文》二十八卷，外集六卷，陆九渊门人杨简作序。开禧三年秋天，由陆九渊的学生抚州太守高商老（浙江括苍人），刊《陆象山文集》于郡庠。嘉定五年（1212年）陆持之又"裒而益之"，合三十二卷，江西提举袁燮作序，刊于江西苍司。理宗嘉熙元年（1237年）陈埙刊《陆象山语录》，自为序。其后裔孙陆邦瑞刊于家塾"槐堂书斋"。《四部丛刊·象山先生全集》，影印明嘉靖四十年（1561年）江西刊本，有袁燮、杨简的序，当

---

① 《陆九渊集》卷三十六《年谱》，钟哲点校，北京：中华书局，1980年版，第486—487页。下引该书，只注卷次及页码。

② 《陆九渊集》卷三十三《象山先生行状》，第388页。

为嘉定本三十二卷的复刻；其后四卷为谥议、行状、语录、年谱，合三十六卷。《四部备要》本《象山全集》则为清李穆堂评点本的重排，基本与《丛刊》本同，附录年谱略详。1980年，中华书局以上海涵芬楼影印嘉靖本《象山先生全集》为底本，以传世另一嘉靖本、清道光二年（1822年）金溪槐堂书屋刻本校勘，并参校明成化陆和刻本、正德十六年（1521年）李茂元刻本、万历四十三年（1615年）周希旦刻本，刊印点校本《陆九渊集》。

二、陆九渊主要学术思想

陆九渊向以继孟子之传统自诩，他说："孟子云：'尽其心者知其性，知其性则知天矣。'心只是一个心，某之心，吾友之心，上而千百载圣贤之心，下而千百载复有一圣贤，其心亦只如此。心之体甚大，若能尽我之心，便与天同。为学只是理会此'诚者自成也，而道自道也'，何尝腾口说？"① 孟子"心"的内涵，主要是指仁义礼智四端，而陆九渊的"心"亦是如此。孟子的"心"已经有哲学本体的意蕴，但表述得不甚明确，而陆九渊则明确以"心"为宇宙本体，并继承和发挥了程颢"心是理"的命题，而建立了以"心即理"为核心的"心学"体系。

（一）"宇宙便是吾心"的本体论

陆九渊最著名的心学命题，就是"心即理""宇宙便是吾心，吾心即是宇宙"，他将"宇宙""心"和"理"等同起来，既把"宇宙""理"归之于"心"，同时又将"心"消融于"宇宙"和"理"，三者成为一个不可分割的整体。

陆九渊从小就比同龄人成熟和稳重，善于思考，勤学好问。4岁的时候，忽然有一天他问父亲："天地何所穷际？"父亲莞尔一笑，并未作答。陆九渊随即陷入沉思之中，以至于废寝忘食，并且有点魔怔的意思，父亲呵斥了他一番，他才恢复正常，关于"天地何所穷际"的追思也就告一段落。但正是这一天地之问，陆九渊的心智便通向了哲学沉思之路，为以后的皇皇心学埋下了一颗种子。这个问题虽然搁下了，但是陆九渊的心中对此一直有疑问，转

---

①《陆九渊集》卷三十五《语录下》，第444页。

眼到了13岁，他从古书上读到对"宇宙"二字的释文："四方上下曰宇，古往今来曰宙。"至此猛然醒悟，疑惑顿消，说道："元来无穷。人与天地万物皆在无穷之中者也。"继而奋笔疾书："宇宙内事乃己分内事，己分内事乃宇宙内事"。意思就是说，宇宙内的事就是自己分内的事；自己分内的事就是宇宙内的事。他由此得出结论：

> 宇宙便是吾心，吾心即是宇宙。东海有圣人出焉，此心同也，此理同也；西海有圣人出焉，此心同也，此理同也；南海北海有圣人出焉，此心同也，此理同也。千百世之上至千百世之下，有圣人出焉，此心此理，亦莫不同也。[①]

东、西、南、北海，是指四方空间，即"宇"；千百载之上、千百载之下，是指古今时间，即"宙"。包括天地人在内的一切事物都存在于无穷无尽、无边无际的宇宙之中，宇宙具有时间和空间上的无限性，而人的思维活动总是要指向无限，现实的一切无不可以成为人心思考和感知的对象，宇宙作为人心感知的对象具有无限性，正说明人心可以以无限作为思考的对象。在陆九渊看来，宇宙的无限就是吾心突破有限的阻碍而进入无限的津梁，此关节一经打通，宇宙和吾心就可以在无限这个共同点上达到合一，宇宙便是吾心，吾心即是宇宙。

陆九渊通过宇宙观念进入到心与理关系的体证和推阐。古圣先贤同存在于此一无限时空即宇宙中，其所秉得推扬的就是宇宙之理，而这宇宙之理不会因为时空的转换而有所改变。时间上的千万世之隔和空间上的东西南北海之异都只是表象，并不造成圣人在心理上的差异。相反，只要是圣人，则"此心此理"无不一贯，无不相通，无不尽同。圣人之心所充盈所包含的无不是义理。陆九渊说："千古圣贤若同堂合席，必无尽合之理。然此心此理，万世一揆也。"[②] 即是说，陆九渊并不否认不同时期的圣贤因时代差异而表现出在具体问题和观念上有所不同，但"此心此理"确实亘古不变的，不会因为时移

---

①《陆九渊集》卷三十六《年谱》，483页。

②《陆九渊集》卷三十四《语录上》，第405页。

世易而产生差谬。

> 吾所明之理，乃天下之正理、实理、常理、公理，所谓"本诸身，证诸庶民，考诸三王而不谬，建诸天地而不悖，质诸鬼神而无疑，百世以俟圣人而不惑者也。"学者正要穷此理，明此理。①

那么这个"理"究竟是什么呢？

> 天覆地载，春生夏长，秋敛冬肃，俱此理。②

> 此理塞宇宙，谁能逃之？顺之则吉，违之则凶。③

由此可见，理有两个方面的内涵：一是春生夏长的自然规律，二是顺吉违凶的伦理纲常。理充塞于宇宙之间，和宇宙一样无穷无尽、至大无限，它贯通于天、地、人三极之中，是天、地、人和鬼神万物都必须遵循而不可违背的规定、法则，因而也就是学者所要学习的最高义理，陆九渊说："塞宇宙一理耳，学者之所以学，欲明此理耳。此理之大，岂有限量？程明道所谓有憾于天地，则大于天地者矣，谓此理也。"④

"理"是万事万物必须遵守的法则和规定，所以它就具有一种绝对的客观性，它不是由人的主观意志创造出来的，因而也不会随人的主观意志而生灭，它是一种普遍的存在。陆九渊称之为宇宙"所固有"。他说"道在天下，固不可磨灭，然人能弘道，非道弘人。"⑤"此理在宇宙间，固不以人之明不明、行不行而加损。"⑥《陆九渊集》所载语录中，也有多条关于理、道此种性质的论述，如："古之君子，知固贵于博，然尽知天下事，只是此理。所以博览者，但是贵精熟，知与不知元无加损于此理。""此理塞宇宙，如何由人杜撰得？""道在宇宙间，何尝有病，但人自有病。千古圣贤只去人病，如何增损

---

① 《陆九渊集》卷十五《与陶赞仲（二）》，第194页。

② 《陆九渊集》卷三十五《语录下》，第450页。

③ 《陆九渊集》卷三十四《语录上》，第418页。

④ 《陆九渊集》卷十二《与赵咏道（四）》，第161页。

⑤ 《陆九渊集》卷一八《删定官轮对札子》（二），第222页。

⑥ 《陆九渊集》卷二《与朱元晦》（二），第26页。

陆九渊心学思想初探

得道。"在陆九渊眼里，"理"就是宇宙的实质和本原。

在这一点上，陆九渊和朱熹是相同的，但是陆九渊并没有止步，他认为朱熹将"理"与"心"析为二，是有弊病的，而应该把"理"归结到"心"。在陆九渊这里，心一方面具有感知能力，是一个思维器官，"心于五官最尊大""思则得之"；另一方面，仁义礼智等品质是人与生俱来的，先验地存在于人心之中，人的本心都是一颗赤子之心。以此为前提，陆九渊将心和理合二为一，"盖心，一心也，理，一理也，至当归一，精义无二，此心此理，实不容有二。"① "人皆有是心，心皆具是理，心即理也"。② 心能感而遂通，充塞宇宙，于是心具是理，与理相合。在陆九渊这里，心和理实现了统一，"心外无理"。

需要指出的是，陆九渊的心不是小我的个体之心，而是超越个体的、具有普遍性的大我之心。"心只是一个心，某之心，吾友之心，上而千百载圣贤之心，下而千百载复有一圣贤，其心亦只如此。"③ 陆九渊的心，朋友的心，千百年之前圣贤的心，千百年之后圣贤的心都是相同的。因为，心即是理，而理是不为尧存不桀亡的天道、是父慈子孝的人伦纲常，天道人伦是亘古不变的，所以心也是不变的，不论个体差异，不论地域差别，不论古往今来，人同此心，心同此理。但实际上人是形形色色、千差万别的，有智愚圣贤不肖之分，这是因为人的赤子之心被世俗所蒙蔽，所以为学治道就要"切己自反""发明本心"。

心即是理，心和理统一起来了，那么心、理与宇宙万物之间怎么统摄起来呢？陆九渊承继和发展了孟子"万物皆备于我"的思想，在陆九渊看来，"心"与万物的关系，如同镜中观花，吾心就好比镜子，万物就好比花朵，花朵映照在明镜中，万物浮现在吾心中，用陆九渊的话来讲就是"万物森然于

---

① 《陆九渊集》卷一《与曾宅之》，第4—5页。
② 《陆九渊集》卷十一《与李宰（二）》，第149页。
③ 《陆九渊集》卷三十五《语录下》，第444页。

方寸之间，满心而发，充塞宇宙，无非此理"①，心念一动处，万物便在心的关照之下明朗起来。这样，陆九渊就把"心""理"和"宇宙"统一起来，建构了心学的本体论基础。

（二）"六经皆我注脚"的方法论

陆九渊既然认为"心即理""宇宙便是吾心，吾心即是宇宙"，在陆氏这里宇宙、理（或者道）与心是统一的，那么以此为前提，必然有之相应的为学进德之方，这就是陆九渊留给后世的一个著名哲学命题——"六经注我，我注六经"。据《陆九渊集》卷三十四《语录上》记载：

> 或问先生何不著书？对曰："'六经注我，我注六经。'韩退之是倒做，盖欲因学文而学道。"

这不仅是陆九渊对为什么不著书立说的回答，更表达了自己的治学理念和为学之方，并进一步指出韩退之（韩愈）是倒行，因为他由"文"入"道"（因学文而学道），在陆九渊看来这种"我注六经"的求道方式，颠倒了"文"和"道"的顺序，是本末倒置的"倒做"。

"我注六经"即以训诂的方法理解典籍的本意，达到对儒学经典的本真的把握，就经作注，经注相贯，多用语言解释，重视以训诂为基础的文献考据，发挥微言大义是其末节。"六经注我"则具有鲜明的时代特征，文献典籍只是文献解释者用来表述思想、体证本心、明理问道的工具，重视微言大义的发挥，而以训诂考据为末节。

"我注六经"，注重"经文"的解释，是汉代以降盛行的求道为学方式，但陆九渊并不赞同这种方式。从陆九渊的学术渊源来看，主要宗承孟子，其门人詹阜民说："某尝问：'先生之学亦有所受乎？'曰：'因读《孟子》而自得之。'"② 陆九渊自己也宣称："窃不自揆，区区之学，自谓孟子之后至是而始一明也。"③ 可见他是以孟子的承继者自命的。陆九渊在与他人书信及教导门

陆九渊心学思想初探

①《陆九渊集》卷三十四《语录上》，第423页。

②《陆九渊集》卷三十五《语录下》，第471页。

③《陆九渊集》卷十《书·与路彦彬》，第134页。

人时，所称引最多的也是孟子。明代大儒王阳明也指出：

> 有象山陆氏，虽其纯粹和平若不逮于二子（指周、程二氏——引者注），而简易直截，真有以接孟子之传。其议论开阖，时有异者，乃其气质意见之殊，而要其学之必求诸心，则一而已。故吾尝断以陆氏之学，孟氏之学也。①

陆九渊继承了孟子"自得""求放心""万物皆备于我""人皆可以为尧舜"等思想，认为为学求道之目的是去除蒙蔽，发明本心，所谓读圣贤书都是为此目的服务的，用陆九渊的话来讲就是"六经皆我注脚"：

> 《论语》中多有无头柄的说话，如"知及之，仁不能守之"之类，不知所及，所守者何事；如"学而时习之"，不知时习者何事。非学有本领，未易读也。苟学有本领，则知之所及者，及此也；仁之所守者，守此也；时习之，习此也。说者说此，乐者乐此，如高屋之上建瓴水矣。学苟知本，六经皆我注脚。②

由上可知，"六经皆我注脚"是以"学苟知本"为前提的。陆九渊指出，《论语》中有许多没头没脑的话，一般读者之所以觉得难以理解，是因为他们拘泥于文字和书写文本，而不知更为根本的东西——即所谓"本领"。为学不能停留在枝节末梢，而应该把握根本，如果理解和诠释能够追溯到这种"根本"的话，那就能够做到"六经注我"了，六经也就是为我服务的注脚了。

陆九渊的这一思想是在和朱熹的对比和辩论中逐渐明朗起来的，因此必须将两者放在一起进行比对，才更容易理解和把握。朱熹认为，儒家经典万理俱备，世人要穷理非读这些经籍不可。他说："六经是三代以上之书，曾经圣人手，全是天理。""圣贤所以教人之法，具存于经。有志之士，固当熟读深思而问辨之。"所以，"为学之道，莫先于穷理；穷理之要，必在于读书"。以四书五经为代表的儒学经典不仅是中国文化精神的源泉，而且也是人们明

---

① 《王阳明全集》卷七《象山文集序》，吴光等编校，上海：上海古籍出版社，1992年版，第245页。

② 《陆九渊集》卷三十四《语录上》，第395页。

天理辨人伦的本源。因此要想实现修身、齐家、治国、平天下的人生理想，就不能离开儒家经典的学习。陆九渊基于"发明本心"的心学立场，认为儒学经典本身不能构成人生价值的终极根源，不过是我心的注脚罢了。认为学问的根本在于发明本心，不能拘泥于书本章句之学，"若能涵养此心，便是圣贤。读《孟子》须当理会他所以立言之意，血脉不明，沉溺章句何益"[①]？并进一步指出："今之学者读书，只是解字，更不求血脉。"[②] 当然，陆九渊并不排斥书本知识学习和研究儒学经典。针对朱熹指责其"尽废讲学"的批评，他反驳道："人谓某不教人读书……何尝不读书来？只是比他人读得别些子。"[③] 意思是说，不是不要读书，而是不要像朱熹一派那样拘泥于词章考据，读得支离破碎罢了。

两者的分歧，世人多以"尊德性"与"道问学"来加以分野。朱熹主张"读书明理"，强调"道问学"。陆九渊主张"发明本心"，强调"尊德性"。黄宗羲《象山学案》云："按先生之学，以尊德性为宗。"[④] 陆九渊说："既不知尊德性，焉有所谓道问学？"[⑤] 他认为，"尊德性"是立本，"道问学"是求末。主张"立本"，反对"逐末"。他说："凡物必有本末。且如就树木观之，则其根本必差大。吾之教人，大概使其本常重，不为末所累。然今世论学者却不悦此。"[⑥] 企图通过"躬行践履""提斯省察"，达到"悟得本心"的目的。

其实，无论是陆九渊还是朱熹，都不主张将"尊德性"与"道问学"割裂开来，只不过在"尊德性"与"道问学"的统一方式上，两者存在根本分歧。朱熹力图从知识论的角度去实现二者的统一：由"道问学"而"尊德性"，读书和格物也就成为"为学"与"求道"的首要任务；而陆九渊则主张从实践论

---

① 《陆九渊集》卷三十五《语录下》，第445页。

② 《陆九渊集》卷三十五《语录下》，第444页。

③ 《陆九渊集》卷三十五《语录下》，第446页。

④ 《宋元学案》卷五十八《象山学案》，陈金生、梁运华点校，北京：中华书局，1986年版，第1885页。

⑤ 《陆九渊集》卷三十四《语录上》，第400页。

⑥ 《陆九渊集》卷三十四《语录上》，第407页。

的角度去实现二者的统一：由"尊德性"而"道问学"，发掘道德本心比读书和格物更为根本。陆九渊讲求"尊德性"，并非重行轻知，更不是否认"为学"的重要性。在和友人的一次对话中，陆九渊说道："博学、审问、慎思、明辨、笃行，博学为先，力行在后。吾友学未博，焉知所行者是当为？是不当为。"①"博学"先于"力行"，而且也是判断"行"之妥当与否的依据。但陆九渊讲的"博学"，真正的出发点和根基乃是"知本"，即对道德"本心"的发明，而不是"读书"。这样，在本源意义上，"知"与"行"、"道问学"与"尊德性"就是统一的。"道问学"不仅是"知"，"尊德性"也不仅是"行"，"知"与"行"是不能二分的，但两者在路径上有本末之别：发掘道德本心为"本"，读书格物为"末"，抓"本"而不忘"末"是陆九渊的基本思路。

---

① 《陆九渊集》卷三十五《语录下》，第443页。

陈献章自得之学及其学术担当

刘文剑

黄宗羲说:"有明之学,至白沙始入精微。"[①] 黄宗羲的这一评价,较客观地揭示了陈献章对明代心学崛起所起的作用。陈献章(1428—1500),字公甫,号石斋,广东新会白沙里人,世称白沙先生,白沙村濒临西江入海之江门,故后世称其学为江门之学。陈献章毕其一生于学术,完成了明代儒学由理学向心学的转变,成为明代心学的奠基人。其思想体现在讲学和大量的性理诗中,陈献章常常以诗为道,寓道于诗,有两千多首诗作传世,其诗作在他生前就已经刊刻流行,另有书简、序跋、祭文等约五百篇,后人将其编为《白沙子集》。

陈献章在宋明理学史上是一个承前启后、转变风气的重要人物,他的学

---

① 黄宗羲:《明儒学案》卷五《白沙学案上》,沈芝盈点校,北京:中华书局,2008年版,第79页。下引该书,只注卷次及页码。

术思想也有一个宗朱（熹）转而宗陆（九渊）的过程，提出了"以自然为宗"的学术宗旨，并主张不离日用、于时事出处体现"本心"，标立"天地我立，万化我出，宇宙在我"的世界观，倡导"静中养出端倪"的为学方法。他的思想有别于程朱学派，开创了自己的心学体系。

一、道为天地之本

关于宇宙的生成问题，陈献章承继了程朱理学的一贯思想，认为"气"是宇宙构成的基本元素：

> 天地间一气而已，屈信相感，其变无穷。[1]

> 元气之在天地，犹其在人之身，盛则耳目聪明，四体常春；其在天地，则庶物咸亨，太和絪缊。[2]

> 元气塞天地，万古常周流。闽浙今洛阳，吾邦亦鲁邹。星临雪乃应，此语非谬悠。[3]

陈献章认为"元气"是构成万物的基本要素，元气的周流运转是古今变迁的动因。这正是宋代理学中根据《周易》而形成的一般的宇宙生成观念：张载把"气"认作是"本体"，是万事万物的最后根源；朱熹把"气"看作是"形而下之器"，是"生物之具"，只有"理"才是"生物之本"。陈献章虽然认为元气是构成万物的基本要素，但气并不是世界的根本，在"气"与"道"的关系上，他认为"道"是根本的，"道为天地之本"。他说：

> 道至大，天地亦至大，天地与道若可相侔矣。然以天地而视道，则道为天地之本；以道视天地，则天地者，太仓之一粟，沧海之一勺耳，曾足与道侔哉？天地之大不得与道侔，故至大者道而已。[4]

"至大"即大到极点、无限大，"相侔"即相等、等同。一般认为天地与道

---

① 陈献章：《陈献章集》卷一《云潭记》，北京，中华书局，198年版，第41页。

②《陈献章集》卷一《祭先师康斋墓文》，第107页。

③《陈献章集》卷四《五日雨霎》（二），第305页。

④《陈献章集》卷一《论前辈言铢视轩冕尘视金玉》（上），第54—55页。

一样，都是无限大的，其实，从天地的角度看道，道是天地的根本；从道的角度看天地，天地不过是太仓里的一粒米、大海中的一滴水而已。通过这个比喻，天地与道孰大孰小，孰本孰末，一目了然，两者有天壤之别，不可同日而语。

陈献章将"道"与天地（气）相比，认为"道为天地之本"，这和朱熹将"理"与"气"相比，认为"理"是"生物之本"的观点极为相近。如朱熹说："天地之间，有理有气。理也者，形而上之道也，生物之本也；气也者，形而下之器也，生物之具也。"[①] 但在"道（理）"的超越性根源上，两者的解释是不同的：朱熹援引《易传》的太极和周敦颐的"无极"来加以阐释，而陈献章则径以老庄为解：

> 或曰："道可状乎？"曰："不可。此理之妙不容言，道至于可言则已涉乎粗迹矣。"

> 曰："道不可以言状，亦可以物乎？"（陈献章）曰："不可。物囿于形，道通于物，有目者不得见也。""何以言之？"（陈献章）曰："天得之为天，地得之为地，人得之为人。状之以天则遗地，状之以地则遗人。物不足状也。"[②]

陈献章以"不可言"来解释"道"之无形体，以"天得之为天，地得之为地，人得之为人"来解释"道"为万物之根源，与老、庄极为相似。因为《老子》阐述"道（一）"为万物根源时正是这样说的："天得一以清，地得一以宁，神得一以灵，谷得一以盈，万物得一以生，侯王得一以为天下贞"。而《庄子》在描绘"道"之不可闻见时也是如此说的："夫道，有情有信，无为无形，可传而不可受，可得而不可见。"这就预示着陈献章思想的进一步发展，不是程、朱的方向，而是另外的方向。事实正是这样，陈献章思想进一步发展，就是他提出万物、万理具于一心的观点，向着陆九渊的方向走去。

---

① 朱熹：《晦庵先生朱文公文集》卷五十八《答黄道夫》，《朱子全书》，上海：上海古籍出版社、安徽教育出版社，2002年版，第2755页。
②《陈献章集》卷一《论前辈言铢视轩冕尘视金玉》（下），第56页。

二、道心合一

陈献章虽然认为"道为天地之本",但他并不像朱熹那样,认为理(道)是独立于万物之先的某种绝对存在,而是认为有此"心"方有此理,有此"诚"方有此物。他说:

> 君子一心,万理完具。事物虽多,莫非在我。①

> 夫天地之大,万物之富,何以为之也?一诚所为也。盖有此诚,斯有此物;则有此物,必有此诚。则诚在人何所?具于一心耳。心之所有者此诚,而为天地者此诚也。②

"君子一心,万理完具""则诚在人何所?具于一心耳",陈献章将作为天地万物之本的道或理,放置于人的心中,人心即道即理,这和陆九渊的"心即理""宇宙便是吾心,吾心即是宇宙"的观念是相同的。道为万物根本,而道与心又是合一的,所以"天地我立,万化我出,宇宙在我":

> 终日乾乾,只是收拾此理而已。此理干涉至大,无内外,无终始,无一处不到,无一息不运。会此则天地我立,万化我出,而宇宙在我矣。得此霸柄入手,更有何事?往古来今,四方上下,都一齐穿纽,一齐收拾,随时随处,无不是这个充塞,色色信他本来,何用尔脚劳手攘。舞雩三三两两,正在勿忘勿助之间。曾点些儿活计,被孟子一口打并出来,便都是鸢飞鱼跃。③

在陈献章的思想体系中,"理"与"道"是同一程度的思想范畴,他既说"道为天地之本",也讲"理为天地万物主本","理""道"是永恒的存在,它遍布于天地万物之中,天地万物及其万般变化都是由"道"所创造和支配的,义理无穷无尽,如果对此条分缕析,那么工夫就会无穷无尽。陈献章显然不赞同无穷无尽的格物之功,他认为人们只要领会"道"、掌握"道"、依循

---

①《陈献章集》卷一《论前辈言铢视轩冕尘视金玉》(中),第55页。

②《陈献章集》卷一《无后论》,第57页。

③《陈献章集》卷二《与林郡博》(七),第217页。

"道"，那么我心就是"理"、就是"道"，只要做到心理为一，心与道俱，就能达到未尝致力而应用不遗的境界。对于理，既要悟到它的无穷无尽，更要悟到它的自然而然，不待安排。理凝聚则在一心，散开则在万事万物，古往今来，四方上下，正是理的本处所在，从这个角度看，宇宙万物都是自自然然的，它本来如此，非有强力使然。既要认识天地万物之理，同时又要认识到它的自然本性。在陈献章看来，孔子的"吾与点也"，就是赞扬曾点的无所拘泥之心，孟子向往的"鸢飞鱼跃"也是这种勿忘勿助的自然超然。所以在陈献章这里，宇宙万物对他是舒卷自如的：卷则"终日乾乾，收拾此理"，舒则"色色信他本来，何用尔脚劳手攘"。只觉到卷，则易拘执；只有放开手脚，拓展心胸，对于宇宙万物既识其卷，又觉其舒，才能洒脱自如。用这种"道心合一"的境界来关照宇宙万物，便是自然无事：

> 宇宙内更有何事，天自信天，地自信地，吾自信吾；自动自静，自阖自辟，自舒自卷；甲不问乙供，乙不待甲赐；牛自为牛，马自为马；感于此，应于彼，发乎迩，见乎远。故得之者，天地与顺，日月与明，鬼神与福，万民与诚，百世与名，而无一物奸与其间。乌乎，大哉。[1]

三、"于静中养出端倪"的为学工夫

"道通于物""心为道舍"是陈献章为学工夫的理论前提，道为天地之根本，天得之而为天，地得之而为地，人得之而为人，道寓于万物，同样寓于人。陈献章认为"人具七尺之躯，除了此心此理，便无可贵"[2]，又说："心乎，其此一元之所舍乎！"[3]道，在心中；心，在身上。所以，反诸自身，便能得道，为学就应当求诸本心："为学当求诸心，必得所谓虚明静一者为之主，徐取古人紧要文字读之，庶能有所契合，不为影响依附，以陷于徇外自欺之弊，

---

① 《陈献章集》卷三《与林时矩》，第 242 页。
② 《陈献章集》卷一《禽兽说》，第 61 页。
③ 《陈献章集》卷一《仁术论》，第 57 页。

此心学法门也。"①

陈献章并不认同朱熹读一书格一物的为学之道，认为那样太烦琐支离，反倒束缚拖累了本心，格物越多离真理越远，因为"人心上容留一物不得，才著一物则有碍"②。这或许是受老子"为学日益，为道日损"思想的影响，认为人们获得有关具体事物的知识越多，就越难认识和把握形而上的道。

因此，陈献章提出了求诸心的心学法门，以静坐为主，以读古人书为辅，对朱熹所主张的"一书不读，则阙了一书道理"，陈献章提出了不同的看法：

> 六经，夫子之书也；学者徒诵其言而忘味，六经一糟粕耳，犹未免于玩物丧志。……学者苟不但求之书而求诸吾心，察于动静有无之机，致养其在我者，而勿以闻见乱之，去耳目支离之用，全虚圆不测之神，一开卷尽得之矣。非得之书也，得自我者也。盖以我而观书，随处得益；以书博我，则释卷而茫然。③

即使如六经之类的圣贤之书，如果"学者徒诵其言而忘味"，只见其文而不解其意，不能用心灵穿透言辞，领略语言背后的意蕴，使六经与我心相契合，那么所读之书也不过是一团糟粕罢了，这样的读书无异于玩物丧志。因此，陈献章反对"以书博我"，主张"以我观书"，领悟书的要义，不拘泥于故纸堆。因为自炎汉以来，积累了数百千年的书籍，可谓汗牛充栋，如果拘泥于辞章，这么多的书穷尽一生也不可能读完，如果没有自己的思考体会，就会被书牵着鼻子走，读得再多，也是懵然无知。陈献章的这种观念和陆九渊的"六经皆我注脚"有异曲同工之妙。

"为学当求诸心""以我观书"的心学法门就是陈献章著名的功夫论——"学贵自得"。何谓"自得"？

> 自得者，不累于外，不累于耳目，不累于一切，鸢飞鱼跃在我。知

①《陈献章集》卷一《书自题大塘书屋诗后》，第68页。（"为学当求诸心，必得所谓虚明静一者为之主"一句书中断为"为学当求诸心必得，所谓虚明静一者为之主"，不确）

②《明儒学案》卷五《白沙学案上·与谢元吉》，第85页。

③《陈献章集》卷一《道学传序》，第20页。

此者谓之善，不知此者虽学无益也。①

具足于内者，无所待乎外。②

"自得之学"是求诸于内而不是求诸于外，是得之于我，而不为外物所累，用现代认识论的语言表述，就是说不以外物为认识的对象，不依靠耳目感官，不受任何外来的干扰，而把握表象背后的规律。自得不仅是为学之方，也是人生修养：一方面，自得是内求、反求，是自我体认，其条件是"勿助勿忘"；另一方面自得的宗旨是得外在的鸢飞鱼跃之机——自然之真机。于是，"自得"便是由"自"之内求，而达外之"得"。这外在的"得"也是一种"自"有的内在涵养。换言之，当你在"勿助勿忘"中达到把握鸢飞鱼跃的自然之真机，你便进入"浩然自得"的境界——一种物我两忘的自信、自立，以及不为世俗的利益得失、荣辱贵贱所左右的道德境界："士从事于学，功深力到，华落实存，乃浩然自得，则不知天地之为大、死生之为变，而况于富贵贫贱、功利得丧、屈信予夺之间哉！"③

实现自得的最佳方法就是静坐。陈献章认为"为学须从静中坐养出个端倪来，方有商量处"④。所谓端倪，就是心体，亦即"道""理"。它是静坐体悟所得，也只有静坐体悟才能"自得"。所以，他又说："学劳扰则无由见道，故观书博识，不如静坐。"⑤静坐之所以是"养出端倪"、达到"道心合一"的最佳方法，是因为唯有静坐，进入"无己""无欲"的精神状态，方可使心上不着一物，既"无累于外物"，又"无累于形骸"⑥，从而由静而虚，由虚而明，由明而神，实现吾心与此理的"凑泊吻合"。

陈献章所言的无欲，并非摒除人的一切物质欲望，而只是"克去有我之

---

①《陈献章集》附录二《编次陈白沙先生年谱卷二》，第825页。

②《陈献章集》卷一《风木图记》，第48页。

③《陈献章集》卷一《李文溪文集序》，第8页。

④《陈献章集》卷二《与贺克恭黄门》（二），第133页。

⑤《陈献章集》卷三《与林友》（二），第269页。

⑥《陈献章集》卷二《与太虚》，第225页。

私"①，使心不为外物所累、所碍。所谓"有我之私"，就是对自身过分在乎，对功业过分看重，若拘泥于此，便成了一种私欲，心便受累，这样的心是"有累之心"，不能与道相感应；而没有这种私欲的心，则"廓然若无"，不受外物所累，便能与道相感应，这样的心就是"圣贤之心"。静坐就是由"有累之心"通往"圣贤之心"的幽径，这便是从静中养出端倪的精义所在。对此，陈献章曾根据自己的经历现身说法：他自江西辞别吴与弼老师回乡后，闭门读书，然而"未得"，于是，求简约，行静坐，"久之，然后见吾此心之体隐然呈露，常若有物。日用间种种应酬，随吾所欲，如马之御衔勒也。体认物理，稽诸圣训，各有头绪来历，如水之有源委也。于是涣然自信曰：'作圣之功，其在兹乎！'有学于仆者，辄教之静坐"。②陈献章一心苦读，未有所得，于是静坐，静坐久了，心之体便隐然呈露出来，最终达到了心、理吻合的境界，至此，便达到一定的理性高度，即由掌握必然而进入了一种自由之境，于是对"日用间种种应酬"，便能得心应手，随心所欲，既能"体认物理"，又能稽合"圣训"。因此，在陈献章看来，这便是"作圣之功"，并将此作为一条宝贵的认识经验，向求学者加以推介。

当然"静坐"并不排除读书，陈献章教授学生，"朝夕与论名理。凡天地间耳目所闻见，古今上下载籍所存，无所不语"③，由此可见，陈献章对书本知识是非常重视的。其实，所谓静坐就是一个思考和领悟的过程，而这必须以知识为前提；另外，陈献章教导学生要有贵疑精神，而"疑"也必须建立在一定知识的基础之上，如果脑子空空便没有"疑"的对象，又谈何"疑"？所以陈献章的静坐并不排除知识，陈献章自身的经历也说明了这一点，如果没有前期的苦读圣贤垂训之书，再怎么静坐，也不会有后来的自得之学。如果不读书，静坐就是空想，读而后思、而后疑，才是正确的为学之道，这也是对孔子"学而不思则罔，思而不学则殆"精神的践履。后世理解陈献章的静坐，

①《陈献章集》卷二《与张廷实主事》（七），第 162 页。
②《陈献章集》卷二《复赵提学佥宪》，第 145 页。
③《陈献章集》卷一《送李世卿还嘉鱼序》，第 16 页。

洙泗儒林跬步集

往往以为其重静坐而轻视读书，这种理解失之偏颇。

四、结语

陈献章生逢明初，当其时朱学为显学，天下士子非程朱之书不读，非程朱之学不讲。一家独大，必然导致学术僵化，丧失生机。对此，陈献章发出了"圣贤久寂寞，六籍无光辉"的感慨，"男儿生其间，独往安可辞"？① 陈献章铁肩担道义，孜孜不倦，兀兀穷年，创自得之学，开明代心学之端，打破了朱学一统的局面，为儒学的发展注入了新鲜血液。

陈献章宗濂溪之学，但又集理学诸家之长，开创了著名的"自得之学"，提出了道为天地之本、道心合一的宇宙本体论，"于静中养出端倪"的方法论。陈献章上承陆九渊，下启王阳明，是明代心学的关键性人物，故黄宗羲对陈献章备极赞扬之情："先生之学，以虚为基本，以静为门户，以四方上下、往古来今穿纽凑合为匡郭，以日用、常行、分殊为功用，以勿忘、勿助之间为体认之则，以未尝致力而应用不遗为实得。远之则为曾点，近之则为尧夫，此可无疑者也。故有明儒者，不失其矩矱者亦多有之，而作圣之功，至先生而始明，至文成而始大。"②

弘治十三年（1500年），陈献章去世，享年73岁。是年七月葬在圭峰山麓，送葬者数千人。二十一年后，正德十六年（1521年）十一月十二日，改葬阜帽峰下，湛若水撰《改葬白沙先生墓志》。万历二年（1574年），神宗皇帝下诏建白沙家祠。万历十三年，陈献章以翰林院检讨的身份从祀孔庙，成为广东从祀孔庙的唯一一人。

（本文原刊于《特区理论与实践》2019年第3期）

---

① 《陈献章集》卷四《自策示诸生》，第281页。
② 《明儒学案》卷五《白沙学案上》，第80页。

孔广森世系考辨

丁　鼎　王　聪

　　孔广森(1752—1786),字众仲,一字㧑约,号㢅轩,山东曲阜人,清代著名经学家、音韵学家。孔广森天资聪颖,年十九中进士,入选翰林院庶吉士,一时间世人争相逢迎,冀相缔交。然而其生性淡泊,潜心著述,不愿与达官要人交往,后告养归乡,侍亲读书,不复出仕。孔广森曾跟随戴震、姚鼐等大师学习,博涉群经。著有《春秋公羊经传通义》十一卷、叙一卷,《诗声类》十三卷,《大戴礼记补注》十四卷,《礼学卮言》六卷,《经学卮言》六卷等。其所著《春秋公羊经传通义》一书曾得到梁启超的高度评价:"清儒头一位治《公羊传》者为孔㢅轩(广森),著有《公羊通义》,当时称为绝学。"[1]

　　孔广森出身曲阜孔门世家。关于其世系问题,相关文献记述多有歧异:或认为孔广森为孔子第七十代孙;或认为孔广森为孔子第六十八代孙。二者

---

① 梁启超:《中国近三百年学术史》,北京:东方出版社,1995年版,第216页。

必有一误。二者孰是孰非呢？笔者拟在本文中根据相关文献记述对这一问题进行一番辨证，以便绳愆纠缪，对孔广森及曲阜孔氏家族文化的研究工作有所裨益。

一、关于孔广森为孔子七十代孙的文献记述

清代乾嘉时期以降，有许多文献记述孔广森为孔子第七十代孙。

（一）清代著名经学家阮元《定香亭笔谈》卷四记载：

> 孔广森，字众仲，号㢺轩，孔子七十代孙，居曲阜。①

（二）阮元为孔广森《仪郑堂文》所作叙录亦有相同记载：

> 孔广森，字众仲，号㢺轩，孔子七十代孙，居曲阜。②

（三）清代著名目录学家周中孚在其《郑堂读书记》卷二经部二中非常明确地记述：

> 广森，字众仲，号㢺轩，曲阜人，至圣第七十世孙。③

（四）中华书局标点本《清史列传》卷六八《孔广森传》记载：

> 孔广森，字㢺轩，山东曲阜人。孔子六十八代孙，袭封衍圣公传铎之孙，户部主事继汾之子。④

这段文字记载似乎存在歧义：似乎既可以把"孔子六十八代孙"理解为前句主语孔广森的宾语，也就是把孔广森理解为孔子的第六十八代孙；也可以把"孔子六十八代孙"看作是下文（孔）传铎的定语，也就是把孔传铎理解为孔子的第六十八代孙（详见下文）。而我们认为这段文字是说孔传铎为孔子的第

---

①《丛书集成新编》第79册《定香亭笔谈》卷四，台北：新文丰出版公司，1985年版，第617页。

②阮元：《〈仪郑堂文〉叙录》，《丛书集成新编》第77册，台北：新文丰出版公司，1984年版，第612页。

③《国家图书馆藏古籍题跋丛刊》第10册，北京：北京图书馆出版社，2002年版，第321页。

④王钟翰点校：《清史列传》，北京：中华书局，1987年版，第5527页。

六十八代孙（理由见下）。然则，作为孔传铎的孙子，孔广森就只能是孔子的第七十代孙。

二、关于孔广森为孔子六十八代孙的文献记述

尽管前述多种清代文献明言孔广森为孔子第七十代孙，但与此同时，也有更多的清代文献和后人相关著述谓孔广森为孔子第六十八代孙，或貌似谓孔广森为孔子第六十八代孙。

（一）清代嘉庆翰林学士钱林所作《文献征存录》是一部清代学者传记集。该书明确记载：

> 孔广森，字象[①]仲，孔子六十八代孙也。祖传铎，袭封衍圣公。父继汾，户部主事。[②]

（二）清末学者钱仪吉所编纂《碑传集》汇集了清初至嘉庆年间二千余著名人物的家传、行状和墓志、碑铭，在清史文献学上有特殊贡献。中华书局点校本《碑传集》卷一三四《孔广森传》记载：

> 孔广森，字众仲，又字㧑轩，孔子六十八代孙，袭封衍圣公传铎之孙、户部主事继汾之子。[③]

（三）赵尔巽、缪荃孙、柯劭忞等人编撰的《清史稿》卷四八一《孔广森传》记载：

> 孔广森，字众仲，曲阜人，孔子六十八代孙，袭封衍圣公传铎之孙，户部主事继汾之子。[④]

（四）徐世昌编纂的《清儒学案》卷一百九《㧑轩学案》记载：

> 孔广森字众仲，一字扙约，号㧑轩，孔子六十八代孙，袭封衍圣公

---

① "象"，原文如此，疑当为"众"，形近而讹。

② 钱林：《文献征存录》（二），台北：明文书局，1985年版，第461页。

③ 钱仪吉：《碑传集》，北京：中华书局，1993年版，第4007页。

④ 赵尔巽：《清史稿》，北京：中华书局，1977年版，第13207页。

传铎之孙。^①

（五）北京师范大学陈其泰先生所著《清代公羊学》一书中写道：

孔广森（乾隆十七年至乾隆五十一年，1752 至 1786）字众仲，一字㧑

约，号顨轩。山东曲阜人，孔子六十八代孙，袭"衍圣公"传铎之孙。^②

另外，陈其泰先生在《孔广森的公羊学著述及其误区》一文中也有相同

的记述："孔广森（1752—1786）字众仲，一字㧑约，号顨轩。山东曲阜人，孔

子六十八代孙，袭'衍圣公'传铎之孙。"^③

（六）南开大学赵永纪先生主编的《清代学术辞典》记载：

孔广森（1752—1786）经学家、音韵学家、数学家。字众仲，一字㧑

约，又号顨轩。山东曲阜人，孔子 68 代孙，乾隆三十六年进士，改翰林

院庶吉士，散馆授检讨。^④

（七）杨新勋先生校注的《经学卮言》一书前言部分"孔广森与《经学卮

言》"中说：

孔广森（1752—1787），字众仲、㧑约，号顨轩，山东曲阜人。他是孔

子的第六十八代孙，清代著名的经学家、音韵学家和数学家。^⑤

按：孔广森卒于乾隆五十一年，即公元 1786 年，该书谓其卒于 1787 年，误。

（八）王锷先生在《三礼研究论著提要》一书中写道：

孔广森（1752—1786）字众仲，一字㧑约，号顨轩，清曲阜（今属山

东）人。孔子六十八代孙，袭封衍圣公。^⑥

按：王锷先生认为孔广森袭封了衍圣公之职，误。（详见下文。）

---

① 徐世昌编纂，沈芝盈、梁运华点校：《清儒学案》卷一百九《顨轩学案》，北京：中华书

局，2008 年版，第 4293 页。

② 陈其泰：《清代公羊学》，北京：东方出版社，1997 年版，第 79 页。

③ 陈其泰：《孔广森的公羊学著述及其误区》，载《孔子研究》1992 年第 2 期。

④ 赵永纪主编：《清代学术辞典》，北京：学苑出版社，2004 年版，第 423 页。

⑤ 杨新勋校注：《经学卮言》（前言），上海：华东师范大学出版社，2010 年版，第 1 页。

⑥ 王锷：《三礼研究论著提要》，兰州：甘肃教育出版社，2001 年，第 193 页。

（九）河南新郑学院文学院甘良勇先生在《论孔广森的〈大戴礼记补注〉——兼评阮元"王聘珍〈大戴礼记解诂〉优于孔广森〈大戴礼记补注〉"说》一文中写道：

> 孔广森（1752—1787），字众仲、㧑约，号顨轩，山东曲阜人。孔广森是孔子第六十八代孙，乾隆三十六年（1771）进士，改翰林院庶吉士，散馆授检讨。①

按：甘良勇的观点与杨新勋的观点一致，不仅都认为孔广森为孔子第六十八代孙，而且都将孔广森的卒年误为1787年。

（十）曲阜师范大学硕士研究生牛兴芬在其学位论文《〈大戴礼记补注〉训诂研究》中记述说：

> 孔广森（1752—1786），字众仲，一字㧑约，号顨轩，山东曲阜人。孔子第六十八代孙，是衍圣公传铎之孙，户部主事继汾之子。②

上举十种清人文献与近现代学者的著述均认为（或貌似认为）孔广森为"孔子六十八代孙"。如此之类的记述不胜枚举，兹不赘述。

三、孔广森为孔子七十代孙考述——兼论孔广森世系致误的原因

综上所述，可知关于孔广森的世系存在着"孔子六十八代孙"与"孔子七十代孙"的不同说法。考诸相关文献记述，我们认为孔广森实际上应为孔子第七十代孙，而谓其为"孔子六十八代孙"之说实为误解。不过需要注意的是：前引十条有关孔广森为"孔子六十八代孙"的文献记述情况有所不同：钱林《文献征存录》、赵永纪《清代学术辞典》与杨新勋《经学卮言》校注前言及其他记述谓孔广森为"孔子六十八代孙"直接就是错误的；而《碑传集》《清史稿》及《清儒学案》等原始文献所谓"孔子六十八代孙"是指孔广森的

---

① 甘良勇：《论孔广森的〈大戴礼记补注〉——兼评阮元"王聘珍〈大戴礼记解诂〉优于孔广森〈大戴礼记补注〉"说》，载《历史文献研究》2015年第1期。
② 牛兴芬：《〈大戴礼记补注〉训诂研究》，曲阜：曲阜师范大学文学院硕士学位论文，2010年4月，第1页。

祖父孔传铎而言，并不是指孔广森而言。可能由于点校者的理解有问题，也可能是点校者的标点有问题，致使读者误认为孔广森是"孔子六十八代孙"。

《碑传集》《清史稿》及《清儒学案》等相关文献关于孔广森的世系的记述基本相同，即："孔广森……孔子六十八代孙，袭封衍圣公传铎之孙，户部主事继汾之子。"按照现代点校者的标点来理解，似乎孔广森为孔子第六十八代孙。可是参考其他相关文献记述，再细细校读这几句文字，便可以知道这里所谓"孔子六十八代孙"是指孔广森的祖父孔传铎而言，并不是指孔广森而言。既然孔广森的祖父为"孔子六十八代孙"，那么孔广森就应该是"孔子七十代孙"。也就是说《碑传集》《清史稿》及《清儒学案》等相关文献的记载本身并没有错误，问题出在后世点校者的标点上，"孔子六十八代孙"与"袭封衍圣公传铎之孙"之间不应该用逗号（可将逗号改为顿号，或将逗号删去），标点上的使用不当造成了读者的误读和误解。

众所周知，古人著书写作时，并不用我们今天通用的标点符号，后人为方便阅读、理解古籍，才对古书进行标点。就"孔广森……孔子六十八代孙，袭封衍圣公传铎之孙，户部主事继汾之子"这句话而言，"孔子六十八代孙"与"袭封衍圣公传铎之孙"之间如果用逗号，表明这两个句子成分是并列关系，都是用来说明主语"孔广森"的身份的。这样就造成了误解，致使读者误认为孔广森为孔子第六十八代孙。原文的作者应该并不是说孔广森为孔子第六十八代孙，而是说孔广森是孔子第六十八代孙孔传铎之孙。但由于点校者使用标点不当，不可避免地会引起读者的误会（当然也有可能点校者本身就误解了这几句文字的语意）。实际上现代许多学者之所以误认为孔广森为孔子第六十八代孙，其原因可能主要就是出于对这类有关记述的误读和误解。

例如，由美国学者恒慕义主编，中国人民大学清史研究所翻译的《清代名人传略》（中）之中记述："孔广森（字众仲、㧑约，号㩾轩），1752—1786。学者。山东曲阜人，孔子后裔第七十代孙（按《清史稿》作六十八代孙——译者）。"① 该书原文认为孔广森为孔子第七十代孙，是正确的。但译者却援引《清史稿》，认为孔广森为孔子第六十八代孙。由此可见，由于标点本《清史稿》中"孔子六十八代孙袭封衍圣公传铎之孙"一语断句有误，从而造成了后人对孔广森世系的误解。

再如，清代江藩《国朝汉学师承记》卷六"孔广森"条下并未记述孔广森的世系，但北京大学漆永祥先生却在笺释中考证说：

> 阮元《揅经室续集》卷二《拟儒林传稿·孔广森传》引《孔氏大宗支谱》："孔子六十八代孙，袭封衍圣公传铎之孙，户部主事继汾之子。"又《仪郑堂文》阮元《叙录》称"孔子七十代孙"，误。②

实际上，阮元明白其《拟儒林传稿·孔广森传》引《孔氏大宗支谱》所谓"孔子六十八代孙"与前述《碑传集》《清史稿》及《清儒学案》一类文献的相关记述是一样的，均是指孔传铎而言。因而其《仪郑堂文》称孔广森为"孔子七十代孙"是正确的。而漆永祥先生可能是受前述《碑传集》《清史稿》及《清儒学案》一类文献相关记述现代标点的影响，误认为孔广森为孔子第六十八代孙，并认定阮元"孔广森系孔子第七十代孙"为误说。

关于"孔广森……孔子六十八代孙袭封衍圣公传铎之孙，户部主事继汾之子"这句话标点不当的问题，已有专家学者注意到了，并以不同的方法加以纠正。

例如：《清史列传》卷六八《孔广森传》关于孔广森世系的记载与《清史稿》完全相同，但校点者王钟翰先生却把标点作了改进：

> 孔广森，字㧑轩，山东曲阜人。孔子六十八代孙，袭封衍圣公传铎之孙，户部主事继汾之子。③

① ［美］恒慕义主编：《清代名人传略》（中），西宁：青海人民出版社，1990年版，第359页。

② 江藩撰，漆永祥笺释：《汉学师承记笺释》（下），上海：上海古籍出版社，2006年版，第632页。

③ 王钟翰点校：《清史列传》，北京：中华书局，1987年版，第5527页。

《清史稿》于"山东曲阜人"之后加逗号，而王钟翰先生将其改为"句号"，表示此后的"孔子六十八代孙"，并不是承前指孔广森而言，而是蒙后指其后的"袭封衍圣公传铎"而言。这样就可以得出孔传铎为孔子第六十八代孙，而孔广森为孔子第七十代孙的正确判断。由此可见王钟翰先生点校的《清史列传》相比《清史稿》虽然只是改动一个标点，但这一改动非常重要。这一改动就可以避免对孔广森世系的误解。

再如：杨向奎先生在其《清儒学案新编》第四卷"孔广森《𪩘轩学案》"中写到孔广森的世系时，其文字略同于《清史稿》和《清史列传》等原始文献，但标点也作了改进：

> 孔广森（公元一七五二年，清乾隆十七年——公元一七八六年，乾隆五十一年）字众仲，号𪩘轩，一字㧑约。山东曲阜人，孔子六十八代孙、袭封衍圣公传铎之孙。①

杨先生在"孔子六十八代孙"与"袭封衍圣公传铎之孙"两个句子成分之间采用"顿号"，表明"孔子六十八代孙"与"袭封衍圣公"一样，均是作为"孔传铎"的定语而存在的，都是用来说明孔传铎的身份的。也就是说"孔子第六十八代孙"是指孔传铎而言，而不是指孔广森而言。

又如：华中师范大学陈冬冬博士在其《〈碑传集〉〈清史列传〉等三书〈孔广森传〉标点勘误一则》一文中指出，《清史列传》卷六八《孔广森传》与《清史稿》卷四八一《孔广森传》的记载大同小异，两书均存在标点错误。陈博士认为《清史稿》与《清史列传》所记"孔子六十八代孙"与"袭封衍圣公传铎之孙"之间不当断，应为"孔子六十八代孙袭封衍圣公传铎之孙"。"孔子六十八代孙袭封衍圣公"这几个字是用来表明孔传铎身份的，孔子六十八代孙指的是孔传铎。由此得出结论：孔广森为孔子第六十八代孙孔传铎的孙

---

① 杨向奎：《清儒学案新编》第四卷，济南：齐鲁书社，1994年版，第82页。

子,所以孔广森应为孔子第七十代孙。^①陈冬冬博士的说法基本是合理的,其结论也是正确的。但他认为《清史列传》卷六八《孔广森传》与《清史稿》卷四八一《孔广森传》均存在标点错误却是有问题的,因为《清史列传》标点与《清史稿》的标点并不相同。前已述及,《清史列传》的标点改进是正确的,基本上可以让读者正确地理解:孔传铎是"孔子六十八代孙",并进而推断出孔广森为"孔子七十代孙"的正确结论。

又如:曲阜师范大学硕士研究生孙敬友在其学位论文《孔广森〈公羊春秋经传通义〉简论》中写道:"孔广森,字众仲,一字扬约,号㢅轩,曲阜人,孔子六十八代孙袭封衍圣公传铎之孙,户部主事孔继汾之次子。"^②其标点与陈冬冬博士的观点一致,在"孔子六十八代孙"与"袭封衍圣公传铎之孙"之间不加逗号,从而正确地表示出"孔子六十八代孙"是孔传铎的定语,并非指孔广森而言。

实际上,大量相关文献记述可以证明孔广森并非孔子六十八代孙,而是孔子七十代孙。如,孔子第七十七代嫡长孙孔德成于1937年修订的《孔子世家谱》初集卷三之一《大宗户》记载:

> 六十八代,五百五十人。传铎,字牗民,号振路,又号静远。清康熙四十年赐二品冠服。雍正元年袭封衍圣公,诰受光禄大夫。……子六:继濩、继溥、继泂、继汾、继涑、继澍。^③

> 六十九代,六百七十八人。继濩,字体和,又字观成,号纯斋……未袭封而薨,年二十三,赠光禄大夫,衍圣公。子二:广榮、广柞。……继汾,字体仪,号止堂。恩贡生,乾隆丁卯科举人,内阁中枢军机处行走,户部广西司主事。……子七:广林、广森、广懋、广册、广衡、广规、

———————

① 参见陈冬冬:《〈碑传集〉〈清史列传〉等三书〈孔广森传〉标点勘误一则》,载《中国史研究》2010年第4期。

② 孙敬友:《孔广森〈公羊春秋经传通义〉简论》,曲阜:曲阜师范大学历史学院硕士学位论文,2011年4月,第2页。

③ 孔德成:《孔子世家谱》初集卷三之一《大宗户》,第23页。

广廉。[1]

七十代，六百零六人，现在十五人。广棨，字京立，号石门。诰授光禄大夫，袭封衍圣公。……广森，字众仲，号顨轩，又号㧑约。乾隆辛卯恩科进士，官翰林院检讨。学究汉儒，与兄广林齐名。[2]

根据上引《孔子世家谱·大宗户》的记载，可知孔传铎确实是孔子的第六十八代孙。孔继汾为孔传铎的第四子。而孔广森为孔继汾的次子。因此孔广森为孔子的第七十代孙无可怀疑。前述王锷先生《三礼研究论著提要》谓孔广森“袭封衍圣公”，当是受《碑传集》《清史稿》及《清儒学案》的标点所误导。因为这一代的衍圣公为孔广森的伯父孔继濩的嫡长子孔广棨，轮不到孔广森袭封衍圣公。

再如，曲阜师范学院历史系整理编纂的《曲阜孔府档案史料选编》第三编《清代档案史料》第一册《孔氏宗族》记载：

孔子六十八代孙袭封衍圣公臣孔传铎谨奏：……[3]

孔子世家谱行辈告示：袭封衍圣公府为晓谕事。照得立行辈所以分尊卑，定表字所以别长幼。迩来我祖人满数万丁，居连数百里。岂唯目不能偏识，而且耳不能偏闻。若无行辈则昭穆紊，无表字则称谓不伦。在前业经奉旨更定。今依所定吉字开列于后。凡我族人俱当遵照后开行辈，取名训字。有不钦依世次随意妄呼者，不准入谱。明洪武三十三年定十字，希、言、公、彦、承、宏、闻、贞、尚、衍；清乾隆五年二月十七日定十字，兴、毓、传、继、广、昭、宪、庆、繁、祥。[4]

上引第一条记载说明孔传铎确实是孔子第六十八代孙。而上引第二条记

---

① 孔德成：《孔子世家谱》初集卷三之一《大宗户》，第 36 页。

② 孔德成：《孔子世家谱》初集卷三之一《大宗户》，第 51 页。

③ 曲阜师范学院历史系：《曲阜孔府档案史料选编》第三编《清代档案史料》第一册，济南：齐鲁书社，1980 年版，第 490 页。

④ 曲阜师范学院历史系：《曲阜孔府档案史料选编》第三编《清代档案史料》第一册，济南：齐鲁书社，1980 年版，第 259 页。

载说明孔子后裔的辈分取字有严格规定，"广"字辈为"传"字辈的孙辈。既然孔传铎为孔子第六十八代孙，那么孔广森必然为孔子第七十代孙。

又如，孔继汾《阙里文献考》卷十记载：

> 六十八代传铎，字振路，生而恭谨和厚，无圭棱。……六十九代继濩，字体和，好读书，能强记。……七十代广棨，字京立。雍正二年，年十二，以衍圣公嫡长孙授二品冠服。①

按：《阙里文献考》为孔广森之父孔继汾所撰述，收录了孔子、孔门弟子、历代大儒以及孔氏家族后代共一千余人的传记，具有极高的史料价值，可信度较高。孔继汾在《阙里文献考》中记载自己的父亲孔传铎为孔子第六十八代孙，应该是确切无疑的。由此可以推知孔广森作为孔继汾的次子、孔广棨的堂弟必然是孔子第七十代孙。

此外，姚鼐《惜抱轩文集》卷一三《孔信夫墓志铭》记载：

> 信夫讳继涑，孔子之六十九世孙，而曲阜衍圣公讳传铎之季子也。……乾隆三十三年，余主山东乡试，得君（笔者按：君指孔继涑）及君兄户部（笔者按：君兄、户部指孔继汾，孔继汾曾任户部主事）之子广森，时广森才十七岁，而君年四十余，名著海内久矣。②

姚鼐为清代经学家、文学家，其在《惜抱轩文集》中指明孔继涑为孔子第六十九代孙，孔继汾为孔继涑兄长。所以孔继汾同样为孔子第六十九代孙，那么孔继汾之子孔广森当为孔子第七十代孙。

综上所述，可知孔广森确实当为孔子第七十代孙，并非孔子第六十八代孙。《碑传集》《清史稿》《清儒学案》及《清史列传》等文献所谓"孔子六十八代孙"实际上均是指孔广森的祖父孔传铎而言。我们认为导致孔广森

---

① 孔继汾：《阙里文献考》卷一〇，《续修四库全书》第0512册，上海：上海古籍出版社，2001年版，第49页。

② 姚鼐：《惜抱轩文集》卷一三《孔信夫墓志铭》，《续修四库全书》第1453册，上海：上海古籍出版社，2001年版，第97页。

世系错误的原因，除了个别原始文献的记述疏误之外，主要是由于后人对相关文献的标点不当，以及后人的误读和误解。可能许多文献记述的原作者并不认为孔广森为孔子第六十八代孙，但后人在标点时，未加以细查深究，断句不当，于是便使传文产生歧义，误导了读者，致使后世有学者不仅对其世系产生了误解，误认为他是孔子第六十八代孙，甚至有学者误认为孔广森为衍圣公，从而对孔广森及曲阜孔氏家族文化的研究工作带来了一定困扰。

（本文原刊于《孔子学刊》第七辑，2016 年 9 月）

孔广森世系考辨